Richard Stengel

# Handbuch für Schmeichler & Arschkriecher

Richard Stengel

# Handbuch für Schmeichler & Arschkriecher

Aus dem Amerikanischen
von Karin Schuler

Piper
München Zürich

Die amerikanische Originalausgabe erschien 2000 unter dem Titel »You're too kind. A brief history of flattery« bei Simon & Schuster, New York.

ISBN 3-492-04356-9

Satz: EDV-Fotosatz Huber/Verlagsservice G. Pfeifer, Germering
Druck und Bindung: GGP Media, Pößneck
Printed in Germany

FOR MARY

*By heaven I think my love as rare as any*
*she belied with false compare.*

# Inhalt

# Einleitung

## Es ist so angenehm, getäuscht zu werden

Wunderbarer, geneigter Leser: Ich werde dieses Buch nicht mit einer Huldigung an Ihre Urteilskraft beginnen, denn ein Mensch von Ihrer Bildung wird sicher immun gegen solche Schmeicheleien sein. Sie werden so offensichtliche Lobhudeleien bestimmt durchschauen und sie sofort zurückweisen. Jemand mit so viel Selbstbewußtsein und Scharfblick wie Sie würde keinen Schmus und keine Kriecherei wollen, sondern vielmehr Freimut und die reine Wahrheit.

Also, nehmen Sie es nicht persönlich, lieber Leser, aber ich habe da doch meine Zweifel.

Wir glauben gern, daß der Mensch um so weniger empfänglich für Schmeichelei sei, je höher er auf der Erfolgsleiter steige. Tatsächlich ist aber offenbar das Gegenteil der Fall. Menschen mit hohem Selbstwertgefühl und hoher Bildung verstehen das Lob, das ihnen entgegengebracht wird, eher als kluge Beurteilung denn als Schmeichelei. Menschen mit niedrigem Selbstwertgefühl dagegen sind sehr viel vorsichtiger. *Meine Güte, wie klug der junge Schmidt doch ist, daß er erkennt, wie großartig ich bin.* »Eigenliebe«, sagt La Rochefoucauld, »ist der größte aller Schmeichler.« Menschen, die Dummköpfe nicht ertragen können, ertragen Schmeichler mit Vergnügen. (Also sind Schmeichler keine Dummköpfe.) Ich werde Ihnen also einfach schmeicheln, indem ich Ihnen nicht schmeichle – die vielleicht höchste Stufe der Schmeichelei überhaupt.

Wenn ich Freunden erzählte, daß ich an einem Buch über Schmeichelei arbeitete, holten sie kurz Luft, lächelten und sagten dann mit theatralischem Tonfall: »Was für eine großartige Idee! Ja, das wird bestimmt ein ganz phantastisches Buch. Du bist genau der richtige Mann dafür.« Beim ersten Mal dachte ich zunächst noch: *Hmm, sie finden die Idee anscheinend wirklich gut* – und dann erst hörte ich die Ironie heraus. So funktioniert Schmeichelei: Wir sind alle nur zu gern bereit, zu glauben, was wir glauben wollen.

Dieser ironische Tonfall verschleiert heutzutage fast jede Schmeichelei, ja eigentlich jedes Lob. Was wir heute unter Schmeichelei verstehen, ist häufig von einer augenzwinkernden Schlauheit begleitet, einer Art Vorbehalt, die sagt: *Wir alle wissen, es ist Schmeichelei, also haltet mich nicht für einen gewundenen kleinen Arschkriecher, wenn ich es anbringe.* Heute mühen wir uns, neue Techniken des Lobs zu finden, denn die traditionellen Methoden gelten als abgedroschen.

Ein Großteil des *öffentlichen* Lobs ist witzig und ironisch geworden und wird gewissermaßen in Gänsefüßchen gesagt, weil niemand als kriecherischer Speichellecker gelten will. Gelegentlich hört man in Nachmittags-Talkshows noch einmal echte Superlative wie in den Siebzigern – »Du bist der Beste«, »Du bist der Größte«. Dieses verbale Schulterklopfen ist das Erbe der verschiedenen Bewegungen zur Stärkung der Selbstachtung in den letzten drei Jahrzehnten. Solche Superlative haben die Schmeichelei relativ gemacht. Wenn jeder »der Beste« ist, dann ist es niemand – oder wir alle.

Schmeichelei ist in letzter Zeit verdeckter, versteckter geworden. Als ich in New York City Anfang der achtziger Jahre als Zeitschriftenredakteur anfing, war der Chefredakteur ein barscher, stocktrockener Typ, der meinem Eindruck nach allergisch auf Heuchler reagierte und für Smalltalk völlig unzugänglich schien. Meine große Angst war, einmal zufällig allein mit ihm im Aufzug zu fahren, denn ich wußte ganz genau, daß mir nichts einfallen würde, worüber ich mit ihm reden könnte.

Kurz nachdem ich dort angefangen hatte, gab es eine Art Kennenlern-Treffen für neue Mitarbeiter. Ich glaube, es war irgendein Unternehmensberater, der den Chefredakteur dazu drängte, den neuen Angestellten damit ein bißchen Nestwärme oder etwas in der Art zu geben. Bei diesem Treffen gab sich der Chefredakteur alle Mühe, freundlich zu sein, und schenkte uns sogar die Andeutung eines Lächelns. Statt über die Zeitschrift und ihre Geschichte zu reden, griff er allerdings darauf zurück, die Ereignisse der Woche und seine Ideen für eine bestimmte Titelstory darzulegen. Einer der jungen Autoren hob die Hand und sagte todernst: »Ich glaube wirklich, das ist eine brillante Idee Ihre Einfälle sind immer so scharfsinnig, allen anderen so weit voraus. So richtig klug.«

Ich schaute mich nach den Leuten um, ob sie grinsten oder mit den Augen rollten. Das taten sie nicht. Ich wandte mich dem Chefredakteur zu, um zu sehen, ob dieser grobe Klotz, dessen Riecher für alles Faule berühmt war, nur noch kurz Luft holte, um diesem kleinen Schleimscheißer in seinen heuchlerischen Arsch zu treten. Nein. Der Chefredakteur lächelte freundlich. Am Schluß des Treffens lud er den Journalisten ein, ihm ein Memo mit eigenen Vorschlägen für eine Titelgeschichte zu bringen. Ich war wie vor den Kopf geschlagen. Dieser Mann war wirklich ein hervorragender Redakteur, klug, nüchtern, mit einer guten Nase für versteckte Hintergedanken. Aber diese sehr offensichtliche Schmeichelei ging durch seine Verteidigungslinien wie das sprichwörtliche Messer durch die Butter. »Jeder mag Komplimente«, sagte schon Abraham Lincoln.

Heute ist so direkte Schmeichelei seltener als damals, glaube ich. Diese eindeutigen Steilvorlagen sind rar geworden, aber geschobene Bälle, die ganz harmlos ins Tor trudeln, die gibt es immer noch. Wir sind heute subtiler, was die Schmeichelei angeht. Wir möchten nicht ertappt werden. Die Beobachter sind zynischer. Wir wollen nicht zu *ernst* wirken. Wir sind versierter in den raffinierten Kunstgriffen der »Eindrucksmanipulation«, wie die Soziologen sagen. Öffentliche Schmeichelei ist weniger übertrieben, aber die Menschen schmeicheln im privaten Bereich immer noch hemmungslos, als eine Art Ersatz, weil sie in der Öffentlichkeit nicht mehr so überschwenglich sein dürfen: *Ich konnte das bei der Mitarbeiterbesprechung nicht so deutlich machen, aber ich möchte Ihnen noch sagen, daß Ihr Vorschlag großartig war.*

Heute nehmen wir beinahe jedes Lob als Schmeichelei. Wir machen uns selten die Mühe, zwischen beidem zu unterscheiden, und so ist das Lob zu einer Unterkategorie der Schmeichelei geworden. Schmeichelei war nie sehr schmeichelhaft, aber jetzt ist durch unsere leicht voreingenommene, strategische Betrachtung auch das normale Lob verdorben. Was sagt es über unsere Kultur aus, daß wir nicht zwischen Lob und Schmeichelei unterscheiden oder jedes Lob durchweg als Schmeichelei betrachten?

Es ist zum Klischee geworden, zu verkünden, daß wir in einem ironischen Zeitalter leben. Aber was bedeutet das eigentlich? Zunächst einmal haben wir alle ein eher lockeres, skeptisches Verhältnis zur Wahrheit. Wir alle pflegen heute einen moralischen Relativismus. Niemand glaubt noch uneingeschränkt an das Wahre, Schöne, Gute – wenn er es denn je getan hat. Die aufklärerische Vorstellung von der Wahrheit als einem höchsten Gut ist auf der Strecke geblieben. Nichts ist mehr ganz ehrlich gemeint. Nichts ist unstrategisch.

Ironie gedeiht immer in Zeiten, in denen die Idee der Wahrheit selbst relativ ist. Aber die allgegenwärtige Ironie bringt auch eine Art zynische moralische Lethargie hervor. Wir sind der moralischen Unterscheidungen überdrüssig. Solche feinen Unterschiede werden mit einem Grinsen oder einem Achselzucken abgetan. Wir hüllen uns in das, was Christopher Lasch »schützende Oberflächlichkeit« genannt hat. Wenn alle Wahrheit relativ ist, dann ist Schmeichelei einfach nur ein anderer Weg, sie zu vermitteln.

Wenn ich mit jemandem rede, den ich nicht sehr gut kenne, denke ich nicht mehr: *Sagt diese Person mir die Wahrheit?*, sondern ich überlege: *Wie nahe an der Wahrheit ist das, was sie mir sagt?* Ich glaube nicht, daß die Menschen heutzutage mehr täuschen und betrügen; ich glaube, sie sind selbstbewußter, klüger und pragmatischer, was zwischenmenschliche Beziehungen angeht. Unsere Sicht der Wirklichkeit ist nuancierter, und das ist an sich nicht schlecht. Heute versuchen anständige Menschen, so nahe wie möglich bei der Wahrheit zu bleiben. Weniger anständige gehen so weit von der Wahrheit weg, wie es ihnen nützt.

Die Wurzel des Wortes »Ironie« ist der griechische Begriff *eiron,* was wir als »Heuchler« übersetzen würden. So stellen wir uns auch gern die Schmeichelei vor – als Heuchelei, als eine besondere Form der Wahrheitsmanipulation. Aber Schmeichelei unterscheidet sich von der Heuchelei, denn Schmeichelei ist ein Dehnen jener Wahrheit, die wir selten hinterfragen.

Wenn jemand mir erzählt, er sei sehr verständnisvoll, dann frage ich mich, ob das wahr sein kann. Wenn jemand mir erzählt, ich sei sehr verständnisvoll, *naja, hmm, dann hat er das sehr klug bemerkt.* In vieler Hinsicht funktioniert die Schmeichelei wie eine wärmegelenkte Rakete, nur daß sie nicht auf die Temperatur, sondern auf unsere Eitelkeit reagiert. Und Eitelkeit ist, wie die Weisen uns sagen, der universalste menschliche Charakterzug überhaupt. Wir alle wollen gemocht werden. Wir alle wollen geschätzt werden. Schmeichelei trifft fast immer ihr Ziel, weil dieses Ziel selbst – Sie, ich, jeder – sich alle Mühe gibt, getroffen zu werden. Wir haben keine natürliche Verteidigung dagegen. Wir zweifeln nicht, weil wir glauben wollen. Wie John Locke sagte, finden wir es alle »angenehm, getäuscht zu werden«. Wenn die Schmeichelei eine Lüge ist, dann doch eine, die wir nicht hinterfragen wollen.

Ein Arbeitsgrundsatz der Anthropologie lautet: Am wichtigsten ist es, das zu untersuchen, was eine Gesellschaft als gegeben hinnimmt. Wir nehmen Schmeichelei als gegeben hin. Wir gehen davon aus, daß es sie schon immer gab und immer geben wird. In diesem Buch werde ich nicht das wissenschaftliche Prinzip der Knappheit anwenden, also nur von den spartanischsten Voraussetzungen ausgehen, wenn ich einen Beweis führe. Ich werde die Schmeichelei in einem weiteren, umfassenderen Sinne in den Blick nehmen. Es wird Beispiele geben, bei denen Sie vielleicht sagen werden: *Also nein, das ist nun wirklich keine Schmeichelei mehr.* Aber ich möchte lieber zu weit als zu kurz greifen.

Bevor ich weitermache, lassen Sie mich noch schnell eine kurze Arbeitsdefinition aufstellen. Schmeichelei ist strategisches Lob, Lob mit einem Ziel und Zweck. Es kann zu dick aufgetragen oder übertrieben oder vielleicht treffend und wahrhaftig sein, aber es ist Lob, das auf ein Ergebnis ausgerichtet ist, sei es gesteigerte Zuneigung oder ein Büro mit Fenster. Es ist eine Art Realitätsmanipulation, die die Heraushebung eines anderen zum eigenen Vorteil nutzt. Es kann auch echtes Lob sein.

Ich werde nicht viel Zeit auf die alltäglichen, pflichtgemäßen Formen der Schmeichelei verwenden, die wir in der sogenannten höflichen Gesellschaft einsetzen. Ja, wir sagen der Kellnerin, die

Paella sei köstlich gewesen, auch wenn sie wie Tapetenkleister geschmeckt hat. Wir erzählen dem Firmenanwalt, daß es schön war, mit ihm zu reden, auch wenn wir sein Geschwätz über den sich verändernden rechtlichen Status von Immobilieninvestmentfonds ziemlich langweilig fanden. Es gibt auch rudimentäre Schmeicheleien, Rituale, über die wir nicht mehr nachdenken, wie etwa die Formel »Mit freundlichen Grüßen« unter einem Brief. Dieser Typ der Schmeichelei ist etwas, das wir gewohnheitsmäßig anwenden, während der ursprüngliche Wunsch zu gefallen schon lange weggefallen ist. Und im Zeitalter von e-mail und Handy gibt es eine neue Etikette, die diese alten Wendungen als nutzlos und lästig verwirft.

Dann gibt es da die Fälle, in denen Schmeichelei obligatorisch ist: Die Braut ist immer schön. Der Verstorbene war immer gut. Wenn wir zu einer Vernissage gehen, müssen wir dem Künstler etwas Schmeichelhaftes sagen. Wenn wir jemandem mit einem Neugeborenen besuchen, müssen wir das Baby süß finden. In solchen Situationen gilt es als ungehobelt, nichts zu sagen; fehlendes Lob wirkt verdächtig. Wir spielen mit, weil wir verstehen, daß Schmeichelei unter solchen Umständen ein Schmiermittel ist, das die Zivilisation funktionieren läßt. Ohne sie herrscht, wie der Soziologe Erving Goffman es ausdrückte, Chaos im Salon. Gesellschaftliche Stabilität beruht zu einem Gutteil auf Täuschung. »Auf jeder Ebene«, schrieb der Philosoph George Steiner, »ist die linguistische Fähigkeit zu verheimlichen, falsche Auskunft zu geben, offen zu lassen, zu vermuten und zu erfinden unerläßlich für das Gleichgewicht des menschlichen Gewissens und die Entwicklung des Menschen in der Gesellschaft.« Wir müssen jeweils die Miene aufsetzen, die der Miene des Menschen gerecht wird, dem wir gerade begegnen.

Es gibt viele nützliche Analogien für die Schmeichelei. Schmeichelei ist eine Art Propaganda, in der die Informationen, wie der Historiker Daniel Boorstin sagt, »absichtlich verzerrt« sind. Wie Propaganda sind auch Schmeicheleien Informationen, die von einem emotionalen Appell abhängen, den wir glauben wollen. Schmeichelei ist auch eine Art Maske, eine Maske, die den Schmeichler schützt und größer macht, indem sie angeblich die Person, der er schmeichelt, größer macht.

Die Quintessenz all dieser Metaphern ist, daß Schmeichelei ganz und gar nicht das ist, was sie zu sein vorgibt, daß es hier eine Trennung zwischen Anschein und Wahrheit gibt. Um noch eine weitere Metapher zu gebrauchen: Schmeichelei ist doppelzüngig, sie ist zweischneidig, sie sagt scheinbar das eine, während sie doch etwas anderes ausdrückt. Und der Grund dafür liegt darin, daß sie etwas zu verbergen hat. Ihr Erfolg hängt davon ab, wie gut sie alle anderen Motive außer einer selbstlosen Aufrichtigkeit verbirgt. Schmeichelei ist im Grunde Sprache, die dem Eigennutz dient, während sie ihn gleichzeitig verheimlicht.

## Schöne Lügen

Montaigne schrieb, es sei das Schöne an der Wahrheit, daß sie mehr als ein Gesicht habe: »Die Kehrseite der Wahrheit hat jedoch hunderttausend Erscheinungsformen und verfügt über einen unbegrenzten Spielraum.«

Fast alle Definitionen der Lüge beschreiben gleichzeitig auch die Schmeichelei. Lügen ist allgemein definiert als das Irreführen einer Person durch eine andere. Spieltheoretiker nennen Lügen »strategische Verzerrung«. Während Lügen jedoch traditionell als eine Form sozialer Devianz behandelt wurde, blieb Schmeichelei innerhalb der gesellschaftlichen Normen. Im schlimmsten Falle ist sie ein minderes Vergehen.

Es gibt zwei Hauptarten der Lüge: durch Verheimlichung oder durch falsche Darstellung. Schmeichelei neigt eher zum letzteren: Wir verfälschen oder übertreiben die Wahrheit. (Wobei es auch eine Art Schmeichelei ist, aus taktischen Gründen Kritik zu unterlassen, wenn sie angebracht wäre.) Lügen kann passiv sein; Schmeicheln ist üblicherweise aktiv. Lügen kann man, so glauben wir, an bestimmten Anzeichen erkennen, Schmeichelei jedoch kaum. Lügner fühlen sich oft schuldig, Schmeichler selten.

Während eine Lüge manchmal aufgedeckt werden kann *(Nein, mein Herr, entgegen Ihrer Aussage kann ich unumstößlich beweisen, daß Sie in der Nacht des 27. nicht zu Hause waren.)*, ist das bei Schmeicheleien schon schwieriger. Schmeichelei ist meist subjektiv, Lüge objektiv. Und es geht um weniger. Wenn man wirklich einmal bei einer Schmeichelei ertappt wird, hat man wenigstens seine Hochachtung vor dem Geschmeichelten bewiesen. »Was einem Menschen wirklich schmeichelt«, sagte George Bernard Shaw, »ist die Tatsache, daß man ihn der Schmeichelei für würdig befindet.« Selbst wenn wir sie durchschauen, sind wir selten wütend. Normalerweise bedanken wir uns. »Wir lieben Schmeichelei«, schrieb Emerson, »selbst wenn wir uns nicht von ihr täuschen lassen, denn sie zeigt, daß wir wichtig genug sind, um hofiert zu werden.«

Aber wie alle Schmeichelei ist auch nicht alle Täuschung gleich. Es gibt Lügen und es gibt *Lügen.* Selbst Montaigne hielt fest, daß Wahrheit ein abstraktes Ideal ist, keine alltägliche Realität: »Ich will den Betrügereien ihren angestammten Platz keineswegs streitig machen, denn das hieße die Welt schlecht verstehn.« Der heilige Augustinus unterschied acht verschiedene Kategorien der Lüge. Ich werde sie nicht alle besprechen, sondern nur andeuten, daß sie von einer Lüge gegen Gottes Wort, die jemanden verletzt, bis hin zu einer Lüge reichten, die niemandem weh tut und vielleicht sogar jemanden vor Schmerz schützt. Letztere nennen wir im allgemeinen »Notlüge«. Ähnlich würde ich auch zwischen den verschiedenen Arten der Schmeichelei unterscheiden. Es gibt welche, die tatsächlich wehtun wollen, und welche, die einfach anständig sind, etwa, wenn man einem Kranken erzählt, daß er besser aussieht, oder einer sich abmühenden Studentin, daß sie Fortschritte macht. Schmeichelei wirkt selbst im schlimmsten Falle weniger tadelnswert als einfaches, direktes Lügen.

Francis Bacon erklärte, es gebe zwei Typen von Schmeichelei – bösartige und wohlwollende. Bösartige Schmeichler sind die Typen, die dich unter Absingen von Lobeshymnen um die Ecke bringen. (Nach Tacitus sind die schlimmsten Feinde die, die einen loben.) Wohlwollende Schmeichelei ist einfach übertriebenes Lob ohne besonderes Motiv. Stefano Guazzo, ein italienischer Autor des 16. Jahrhunderts, unterschied zwischen Schmeichelei und Artigkeit, einer Heuchelei ohne jede Absicht zu schaden.

Die beste Analogie, die ich für den Unterschied zwischen guter und schlechter Schmeichelei gefunden habe, stammt nicht aus der Literatur, sondern aus dem Rechtswesen, und hat mit der dahinter stehenden Absicht zu tun. Im Prozeß gegen den früheren amerikanischen Landwirtschaftsministers Mike Espy wegen Annahme unrechtmäßiger Geschenke machte der Oberste Gerichtshof einen interessanten Unterschied zwischen Geschenken und Zuwendungen oder Bestechungsgaben. Ein Geschenk, so sagte das Gericht, sei etwas, das um seiner selbst willen gegeben werde, ohne besondere Erwartung einer Gegengabe. Eine Bestechungsgabe dagegen sei etwas, das man überreiche, um etwas im Gegenzug zu erhalten, es sei das *quid* im *quid pro quo*.

Schmeichelei füllt meiner Meinung nach dieses ganze Spektrum aus. Sie kann ein Geschenk sein, das mehr oder weniger um seiner selbst willen gegeben wird, ohne Erwartung einer Gegenleistung, oder sie kann eine Bestechung sein, in der Hoffnung auf einen eigenen Nutzen. Ersteres ist harmlos und kann vielleicht sogar Gutes bewirken; letzteres ist erst einmal nur strategisch gedacht, und das angestrebte Ziel kann von dem einfachen Bedürfnis, gemocht zu werden, bis zu dem bösartigen Wunsch reichen, den Menschen zu schädigen, dem man angeblich helfen will.

Wenn Schmeichelei ein Bestechungsmittel ist, dann ist es fast immer eines, das wir bereitwillig annehmen. Wenn Schmeichelei ein Verbrechen wäre, wäre der Empfänger immer ein nicht angeklagter Mitverschwörer. Die Zuwendungen an bestochene Politiker werden üblicherweise beschlagnahmt, illegal »erworbene« Komplimente aber kann man dem Empfänger nicht mehr wegnehmen.

Der alternde Liebhaber in Shakespeares Sonett 138 in der Schlegel-Tieckschen Übertragung versteht diese Dynamik vollkommen. Es geht um eine wechselseitige Täuschung, die dadurch zur Realität wird:

*Wenn meine Liebe schwört, sie sei mir treu,*
*So glaub' ich ihr, obgleich ich weiß, sie lügt,*
*Damit sie meint, ich wäre blöd und scheu,*
*Ein Knabe noch, den leicht die Welt betrügt.*
*In Hoffnung so, daß sie für jung mich hält,*
*Obgleich sie weiß, mein Lenz ist abgepflückt,*
*Hab' ich mich gläubig ihrem Wort gestellt,*
*Und beiderseits wird Wahrheit unterdrückt.*
*Doch warum schweig' ich, daß ich alt und grau,*

*Warum sie ihre Falschheit mir verhehlt?*
*Oh, Liebe trägt die Treue gern zur Schau*
*Und liebt nicht, daß man ihre Jahre zählt.*
*Drum hört sie meines, ich ihr falsches Wort,*
*Und Lügen schmeicheln unsre Fehler fort.*

## Wer schmeichelt, gewinnt

Bei der Schmeichelei geht es aber im Grunde nicht darum, ob sie wahr oder falsch ist – Lob ist sowieso immer subjektiv –, sondern ob sie *aufrichtig gemeint* ist oder nicht. In seinen berühmten Vorlesungen zu »Aufrichtigkeit und Authentizität« definierte Lionell Trilling Aufrichtigkeit als eine »Kongruenz zwischen Äußerung und tatsächlichem Gefühl«. Für uns ist Schmeichelei auf den ersten Blick genau das Gegenteil: Wir sagen etwas, was wir nicht wirklich meinen. Etwas, das nicht echt ist.

Trilling weist darauf hin, daß die Gesellschaft uns zu einer gewissen Unaufrichtigkeit zwingt, zu einer Trennung zwischen Äußerung und tatsächlichem Gefühl, und daß die Zwänge der Gesellschaft unser wahres Selbst verdrängen (was offenbar auch ein Thema praktisch aller Künstler des 20. Jahrhunderts ist).

Trilling erklärte dies mit einer gewissen Ernsthaftigkeit, aber für uns im 21. Jahrhundert hört sich diese Erklärung ziemlich banal an. Zu sagen, daß die Gesellschaft uns alle dazu zwingt, unaufrichtig zu sein, ist heutzutage einfach nur noch eine Binsenweisheit. Manche würden es ironisch nennen, aber ich finde, es ist einfach eine praktische Einstellung. Wir glauben nicht, daß es eine Tugend der Aufrichtigkeit gibt, weil Aufrichtigkeit nicht als Wahrhaftigkeit empfunden wird, sondern als eine Art unbedarfter Naivität. Aufrichtig zu sein heißt, sich in die Karten schauen zu lassen – es ist, mit anderen Worten, eine Verliererstrategie. Aufrichtigkeit gilt, selbst als Lebensstil, als alter Hut, als knorrig, als *ernst* – und das ist das meistgefürchtete Wort im modernen kritischen Lexikon.

Schmeichelei wird nicht als *schlecht* oder *falsch* angesehen, weil sie als ein zulässiges Hilfsmittel im Spiel gilt. Schmeichelei ist nicht schlecht, weil der Einsatz aller gerade noch erlaubten

Mittel nicht schlecht ist. Schmeichelei ist nicht schlecht, weil Strategie und Berechnung nicht schlecht sind. Schmeichelei ist nicht schlecht in einer Welt, in der dreiundzwanzigjährige Cybermillionäre Sun-Tzus *Kunst des Krieges* und Machiavellis *Fürst* lesen müssen. Und schließlich ist Schmeichelei nicht schlecht, weil offene Falschheit, ganz zu schweigen von Unaufrichtigkeit, keine Konsequenzen mehr zu fürchten hat. Öffentliche Lügen werden heute als gesellschaftliche Fehltritte behandelt, irgendwo zwischen falschem Parken und Fahren unter Alkoholeinfluß. Menschen, die in der Öffentlichkeit lügen, werden nicht einmal mehr rot dabei. Der überall verbreitete Gebrauch des Wortes »Fehlinformation« als ein Synonym für etwas, was wir früher »Lügen« genannt hätten, deutet schon an, daß wir offensichtliche Irreführungen gern vermeiden, indem wir sie durch weniger offensichtliche wie Verschleierung und Gewundenheit ersetzen.

Heute denken wir über Schmeichelei ein wenig wie Hegel, der den Ausdruck von der »Heldenhaftigkeit der Schmeichelei« benutzte. Damit meinte er, daß das Individuum die grundsätzliche Falschheit der Gesellschaft erkannt und kühn begriffen hat, daß es mitspielen muß, um vorwärts zu kommen. Dies, so Hegel, gab dem Menschen nicht weniger, sondern mehr Freiheit, und es machte ihn zu einem raffinierteren Spieler im großen Spiel. Der Einsatz der Schmeichelei erinnert also ein bißchen an Pascals Wette: Man ist nur verdammt, wenn man sie nicht einsetzt.

Ein weiterer Grund dafür, daß die Schmeichelei ihren unmoralischen Beigeschmack verloren hat, liegt darin, daß wir keinen inneren moralischen Kompaß mehr besitzen. Wir bilden uns unsere Meinung von uns selbst meist auf Grund der Meinung anderer von uns. Das moderne Individuum ist, wie alle von Rousseau bis Riesman betont haben, besessen davon, wie es von anderen wahrgenommen wird. Wir haben weniger Vertrauen in unsere eigene Wahrnehmung von uns selbst als in das Bild, das sich andere von uns machen. »Der Wilde lebt in sich«, schrieb Rousseau. »Der soziale Mensch weiß nur in der Meinung anderer zu leben, und er bezieht die Empfindung seines eigenen Seins gewissermaßen allein aus ihrem Urteil.« *(Anmerkung nur für Rezensenten:* Aber ich bin mir durchaus bewußt, daß einige kluge, maßvolle und gut geschriebene Meinungen wertvoller sind als andere.)

In einer Gesellschaft, in der wir durch die Meinung anderer leben, sollte der Wert der Schmeichelei einfach immer weiter steigen. Wenn wir den Meinungen anderer überproportionalen Wert beimessen, warum sollten wir überproportionales Lob nicht noch höher schätzen? In einer Gesellschaft, in der es weniger persönliche und individuelle Gültigkeit gibt, wird Schmeichelei immer wertvoller. In diesem Sinne haben wir einen größeren Bedarf an Lob als je zuvor. Es bestätigt uns vor uns selbst. Es stützt unsere fragmentierten Identitäten. Und außerdem ist es wirklich sehr, sehr angenehm.

Also spielen wir das Spiel. Wir tun unser Bestes, um aufrichtig zu wirken, sowohl beim Machen wie auch beim Entgegennehmen von Komplimenten. (Hinter einem »Sie schmeicheln mir« steckt kein Vorwurf der Doppelzüngigkeit oder der strategischen Manipulation, sondern eine Demonstration falscher Bescheidenheit.) Zugegeben, wir sind nicht mehr so gut darin, aufrichtig zu spielen. Der Anzug paßt nicht mehr so gut, wie er sollte. Ob das daran liegt, daß wir uns unserer selbst oder der Doppelbödigkeit stärker bewußt sind oder daß wir einfach realistischer sind, weiß ich nicht. Aber wir haben offenbar die nötigen Kniffe verlernt. Wie André Gide es ausgedrückt hat: »Wir können nicht beides: aufrichtig sein und aufrichtig scheinen.« Aber wir tun doch immer noch unser bestes, um so zu tun, als könnten wir es.

## Die Goldene Regel der Schmeichelei

Die Griechen waren Idealisten. Sie glaubten, daß es so etwas wie eine absolute Wahrheit gebe. Die Natur selbst war die ungeschönte Wahrheit, und die Sprache war nur unser armseliger Versuch, einen hübschen Behälter dafür zu finden.

Aber Wahrheit ist ein Konzept, dem die Natur indifferent gegenübersteht. Tatsächlich bevorzugt die natürliche Auslese nach Meinung der Evolutionsbiologen sogar oft die Täuschung. Bestimmte ungiftige Schlangen haben im Laufe der Evolution ein ähnliches Aussehen wie giftige entwickelt, um nicht von ihren natürlichen Feinden gefressen zu werden. Man sagt zwar, der Mensch sei das einzige Lebewesen, das lüge, aber nach Meinung des Evolutionsbiologen Robert Trivers täuschen viele Tierarten einander und nutzen den Betrug als erfolgreiche Überlebensstrategie. Die besten Betrüger bringen ihre Gene dann in die nächste Generation ein. »Die konventionelle Sicht«, so Trivers, »daß die natürliche Auslese Nervensysteme begünstigt, die immer genauere Bilder der Welt produzieren, muß eine sehr naive Sicht der Evolution des Geistes sein.« Die Täuschung liegt in unseren Genen.

Nach Meinung der Evolutionsbiologen hat sich auch noch eine andere Verhaltensform durch Anpassung entwickelt: der sogenannte reziproke Altruismus. Trivers faßt dieses Verhalten mit dem Sprichwort »Eine Hand wäscht die andere« zusammen. Ich würde sagen (und tue es auch in den folgenden Kapiteln), daß Schmeichelei eine Erscheinungsform des reziproken Altruismus ist. Schmeichelei ist eine Art Gunstaustausch. Ich lobe dich und du lobst mich, und zusammen retten wir unsere Gene in die nächste Generation hinüber – oder verschaffen unserer Internet-Firma die ersten öffentlichen Aufträge. Es ist anzunehmen, daß wir beide gewinnen, wenn ich dir schmeichle und du größer und stärker bist als ich und mich aufgrund meiner Schmeicheleien vor dem Säbelzahntiger rettest. Ich habe dann immer noch die Chance, meine DNA in der Evolutionslinie unterzubringen. Es war Darwin, der als erster darauf hinwies, daß das Verlangen nach Bestätigung und Lob im Instinkt verwurzelt ist.

Wenn wir uns die Schmeichelei aus rein utilitaristischer Perspektive anschauen – also aus dem philosophischen Blickwinkel heraus, daß alles, was das Glück steigert, gut ist und alles, was es schmälert, schlecht –, dann ist Schmeichelei etwas Gutes. Wenn sie anständig funktioniert, macht Schmeichelei den Geschmeichelten wie auch den Schmeichler ein bißchen glücklicher. Und das gilt sogar, wenn der *Geschmeichelte* den *Schmeichler* durchschaut. (Der Schmeichler ist immer noch glücklich, weil er nicht weiß, daß er ertappt wurde, und der Geschmeichelte ist glücklich, weil er wenigstens weiß, daß er einer Schmeichelei für würdig befunden wurde.)

John Stuart Mill sagte, daß Christus' Goldene Regel – *Behandle andere so, wie du gern von ihnen behandelt werden möchtest* – die Quintessenz des Utilitarismus sei. Die Goldene Regel ist im

Grunde einfach ein gegenseitiger Austausch von Gefälligkeiten – genau wie die Schmeichelei. In einer neuen Studie zur Ingratiation, wie die Soziologen die Schmeichelei auch nennen, erklärt der Sozialwissenschaftler Edward Jones die Goldene Regel, die hier gilt: »Wir bringen andere dazu, uns Dinge zu geben, die wir dringender wollen als sie selbst, indem wir ihnen Dinge geben, die sie dringender wollen als wir.« Bei der Schmeichelei haben beide Seiten ein Interesse daran, die Täuschung zuzulassen. Beide Parteien haben etwas zu gewinnen, wenn sie mit der Lüge kooperieren. Gemäß der Spieltheorie ist der Austausch von Schmeicheleien (ich schmeichele Ihnen und Sie sagen Danke) das Gegenteil eines Nullsummenspiels (weil niemand verliert) und das Gegenteil eines vollkommenen Informationssystems (weil niemand weiß, was wirklich abläuft). Es ist eine Transaktion, die beide Parteien weiterbringt.

## Schmeichelei macht den Neuen Menschen

Schmeichelei ist nicht unwandelbar. Sie ist nicht immer gleich gewesen. Sie hat sich mit der Menschheit verändert. Während ich diese unorthodoxe Geschichte der Schmeichelei erzähle, werde ich auch die langsame Transformation von einer Welt des Charakters zu einer der Persönlichkeit nachzeichnen, die über Jahrhunderte hinweg laufende Entwicklung von einer Welt, in der viel als sicher angenommen wurde und wenig zweifelhaft war, hin zu einer, in der wenig als sicher gilt und vieles im Zweifel ist; von einer Welt, in der Wahrheit und Moral klar erschienen, hin zu einer, in der sie unscharf und relativ sind.

Schmeichelei war einst eher institutionell als individuell, eher allgemein als persönlich gehalten. Es ging meist um Rollen, um Ämter, um Archetypen – man schmeichelte dem Amt des Königs und seinen königlichen Attributen, aber nicht seinem persönlichen Charakter oder seinen Fähigkeiten. Das wäre undenkbar und absolut impertinent gewesen. Der Aufstieg des Individuums in der Renaissance änderte auch das Wesen der Schmeichelei. Der Übergang von einer Welt, in der die Menschen sich selbst als Sklaven oder Zahnräder im Getriebe sahen, hin zu einer Welt, in der sie sich als einzigartig und individuell betrachteten, bedeutete auch, daß man seine Schmeichelei jetzt auf die besonderen Attribute der Person zuschneiden mußte, der man gefallen wollte. Heute schmeichelt man nicht mehr dem Amt, sondern dem Mann oder der Frau, der oder die es innehat.

Die Wahrnehmung der Schmeichelei veränderte sich mit der Gesellschaft, die freier und demokratischer wurde. Sobald eine Gesellschaft nicht mehr so streng hierarchisch gegliedert war, verlor Schmeichelei ihre Gefährlichkeit, war kein Übergriff mehr auf das, was etabliert war und als richtig galt. Wenn alles, was *ist,* richtig ist, wie Browning sagte, dann muß alles, was das *Bestehende* verändert, falsch sein. Aber sobald die soziale Mobilität positiv gesehen wurde, verlor die Schmeichelei viel von ihrem sündigen Charakter. Schmeichelei wurde in gewisser Hinsicht zu einem Werkzeug des Aufstiegs unter vielen, nicht so nützlich wie ein Studienabschluß, aber doch wirksamer als ein neuer Schlips.

Tatsächlich wurde sie, wie wir im Kapitel über die Hofliteratur der Renaissance sehen werden, zu einem Instrument des sozialen Wandels. Herzöge werden geboren, nicht gemacht, aber Schmeichelei war ein Weg, um den Herzog dazu zu bringen, Land zu vergeben oder einen Untertanen zum Edelmann zu machen, auch wenn er nicht als solcher geboren war. Später wurde Schmeichelei zu einem Motor der Demokratie, denn sie half den Menschen, nicht aufgrund ihrer Herkunft aufzusteigen, sondern nach ihrem (wahrgenommenen) Verdienst. Sie half, Türen zu öffnen, die bis dahin verschlossen waren. Wir haben den Kreis geschlossen, denn in einer Demokratie sind wir alle Könige, also auch alle Höflinge.

Amerika, der Schmelztiegel der modernen Demokratie, erfand eine neue Form der Schmeichelei. Vergessen wir die geschniegelten Ziereien in Europa; amerikanische Schmeichelei war so nüchtern und praktisch wie der Amerikaner selbst. In Amerika besteht die einzige Sünde, wie Emerson sagte, darin, Beschränkungen einzuführen. In der Alten Welt wurde die Schmeichelei durch Beschränkungen geboren und starb an der Mobilität. In der Neuen Welt war es genau anders herum: Die Schmeichelei verabscheute jede Beschränkung und blühte mit der Mobilität auf. Schmeichelei konnte einen überallhin bringen. Auf Hochglanz polierte Schuhe, ein Lächeln und ein Kompliment konnten die Eintrittskarte in die Mittelschicht sein. Genau wie Amerika die Massenproduktion vervollkommnete, so machte es sich auch die Schmeichelei zu eigen und brachte sie zu einem neuen Höhepunkt. Heute kann man am Muttertag (einem weiteren Triumph des produzierenden Gewerbes) ein Dutzend Grußkarten kaufen, die der lieben alten Mutter sagen, wie wunderbar sie ist. Und man hat die Wahl zwischen aufrichtig gemeinten und ironischen.

## Wo ist das Problem?

Ich glaube, Sie können mir zustimmen, wenn ich sage, daß ein verdientes Lob etwas uneingeschränkt Gutes ist. Die Frage ist: Wie sieht die Kehrseite von unverdientem Lob aus? Mit anderen Worten, geht die Schmeichelei auf Kosten der Moral?

Ich glaube, die Kehrseite von unverdientem Lob ist, daß es die Menschen unzugänglich für Selbstkritik macht, und unfähig, irgendeine Art von Kritik zu ertragen. Ich habe ganz allgemein festgestellt, daß Menschen, die nicht selbstkritisch – oder aber völlig unsicher – sind, jede Kritik als Angriff auffassen. Man sieht dies oft bei Politkern und Filmstars. Bei Schmeicheleien vermuten sie keine Hintergedanken, wohl aber bei Kritik. Menschen ohne die Fähigkeit zur Selbstkritik machen immer und immer wieder dieselben Fehler und weigern sich dann, die Verantwortung dafür zu übernehmen – eine gute Beschreibung des modernen Narziß, der einen Mangel an Selbstsicherheit und ein hohes Anspruchsdenken in sich vereint – eine sehr unattraktive Mischung – und sich selbst nie die Schuld an irgend etwas gibt.

Man könnte auch anführen, daß Schmeichelei wirtschaftliche Kosten und Ungerechtigkeiten verursacht, wenn etwa eine weniger fähige Person einer kompetenteren allein aufgrund ihrer Schmeicheleien und Arschkriecherei vorgezogen wird. Aber ist das wirklich unfair? Ich bin mir da nicht so sicher. Zunächst einmal ist das nicht so häufig der Fall, wie man denken könnte. Untersuchungen zeigen, wie wir in einem späteren Kapitel sehen werden, daß Schmeichelei die persönliche Zuneigung verstärkt, nicht aber die Kompetenzwahrnehmung. Zugegeben, bei gleicher

Leistung wird der gewiefte Schmeichler den Job kriegen. Man könnte argumentieren, daß Schmeichelei einfach eine weitere nützliche Eigenschaft ist und daß der oder die für die Einstellung Verantwortliche diese Eigenschaft unbewußt honoriert. Und schließlich wird der Neuzugang die Schmeichelei auch einsetzen, um bei der Arbeit erfolgreich zu sein, und damit dem Chef gut zuarbeiten. Nichts hat mehr Erfolg als erfolgreiche Schmeichelei.

Zur Unterscheidung von bösartiger und wohlmeinender Schmeichelei merkt Francis Bacon noch an: »Manches Lob geht aus guten Wünschen und der Verehrung hervor.« Dazu zitiert er den Ausdruck des Plinius: *laudando praecipere* – belehren indem man lobt. Jemandem etwas beizubringen, indem man ihn lobt, ist eine der Grundlagen der Zivilisation; wir vermitteln unsere Werte, indem wir sie bei unseren Kinder verstärken – und bei uns selbst. Wenn meine Nichte Amanda ein schwieriges Wort richtig buchstabiert, lobe ich sie. Wenn mein Sohn Gabriel seinen Freund mit seinem Spielzeug spielen läßt, lobe ich ihn. Im Laufe der Zeit haben viele Untersuchungen belegt, daß Kinder, denen ihr Lehrer sagt, daß sie seiner Einschätzung nach klug sind, bei Tests besser abschneiden, als sie es sonst getan hätten. Lob macht den Menschen besser und klüger. »Durch Schmeichelei sind mehr Menschen zur Tugend hin- als durch Prügel von der Sünde losgekommen«, schrieb der englische Romanschriftsteller Robert Smith Surtees. Und wenn wir manchmal übermäßig oder unverdient loben, um jemandem Mut zu machen, dann ist das kein Verbrechen.

Wie Sie sicher schon bemerkt haben, habe ich einen kleinen Kunstgriff angewandt und ganz nebenbei die Schmeichelei in eine Unterkategorie des Lobes statt der Lüge verwandelt. Eine klassische Definition der Schmeichelei lautet: »unaufrichtiges Lob«. Aber doch Lob. Ich habe die beiden Begriffe ausgetauscht, weil meinem Eindruck nach nicht zuviel, sondern zu wenig gelobt wird. Zugegeben, es gibt die absurde und hohle Schmeichelei bei Filmstars und sonstigen Berühmtheiten. Aber ich spreche nicht von unverdientem Lob, sondern von verdientem. Man muß auch das Loben einmal loben, um sicherzustellen, daß Lob dort, wo es angemessen ist, auch gespendet wird.

In seinem Gedicht zum Tod von William Butler Yeats lobt W. H. Auden den irischen Dichter nicht für seine schriftstellerischen Fähigkeiten oder einfach dafür, daß er Schwerter zu Pflugscharen machte, sondern dafür, daß er Schmerz in eine Art Freude verwandelte und uns lehrte, wie wir etwas Gutes auch dort finden können, wo wir leicht nur Schlechtes sehen. Sein Gedicht ist ein Loblied auf das Lob an sich.

*Folge Dichter, folg bedacht*
*Bis zum tiefen Grund der Nacht,*
*Deine Stimme, unzerstört,*
*Helfe uns, daß Jubel währt;*
*(...)*
*In des Herzens Wüsten laß*
*Quellen strömen heilend Naß,*
*In der Tage Kerker lehr*
*Freien Mann das Wort: ich ehr.*

Wenn ich die Wahl hätte, in einer Welt ohne Lob oder in einer mit zu viel Lob zu leben, würde ich ohne zu zögern die letztere wählen. Wie freudlos wäre die Welt ohne Lob – oder Schmeichelei.

## Ein oder zwei Worte zur Etymologie der Schmeichelei

Der Ursprung des Wortes »schmeicheln« ist erst seit dem 15. Jahrhundert eindeutig zu fassen (so schreibt Kluges *Etymologisches Wörterbuch der deutschen Sprache* kurz angebunden: »Weitere Herkunft unklar«).[1] Das Verb soll von dem mittelhochdeutschen Wort *smeichen* abstammen und ursprünglich »streichen« bedeutet haben. Parallel gibt es auch eine altenglische Bildung *smâcian* mit der Bedeutung »schmeicheln, streicheln«. Noch heute findet man das Fachwort *schmeichen*, »den Aufzug eines Gewebes mit Schlichte glätten«. All diese Bedeutungen verweisen auf die Handlung des Glättens, Streichens und Streichelns.

Ganz offenbar gibt es eine buchstäbliche und eine figurative Beziehung zwischen der Handlung und dem Wort. Darauf verweisen auch die vielen Metaphern für das Schmeicheln, die auf eine *Berührung* abheben: um den Bart gehen, einseifen, einwickeln, auf die Schulter klopfen, hätscheln, kraulen, sich aufdrängen ...

»Zärtlich darüber hin streichen, durch streichende Berührung liebkosen« ist nach einem anderen etymologischen Wörterbuch die Ausgangsbedeutung des Wortes,[2] und Streicheln und Liebkosen ist sicher eine einschmeichelnde Tätigkeit. Schimpansen können nicht sagen: »Ich finde dein Haar wunderschön«, aber wie wir sehen werden, streicheln und lausen sie einander immer wieder aus strategischen Gründen. Wir berühren jemanden, während wir reden, als eine Art körperlicher Schmeichelei durch eine Demonstration besonderer Wärme oder Nähe. Die Berührung durch den König verhieß Gunst und Gnade. Jesus heilte durch Handauflegen. Irgendwann in der Geschichte des Wortes wurde das buchstäbliche »Streicheln« zum figurativen »Schmeicheln«.

Von seinem ersten Auftauchen an hatte das Wort eine negative Konnotation. Die frühesten Definitionen verstanden Schmeicheln als ein schweres moralisches Versagen, als einen Versuch, die moralische Ordnung völlig durcheinanderzubringen. Die alten Griechen betrachteten Schmeichelei als eine unerlaubte Technik, die sich die Schwächen der Menschen zunutze machte und die Gesellschaft sprengen konnte. Satan war natürlich der Erzschmeichler, wie Milton sagt. Aber es war Dante, der den Schmeichlern den schwärzesten Namen in der Geschichte überhaupt zuschrieb. Er siedelte sie im achten Höllenkreis an, nur einen Schritt vom siebten entfernt, den die Tyrannen, Mörder, Selbstmörder, Gotteslästerer, Sodomiten und Wucherer bevölkerten. In Dantes Kosmologie sind Schmeichler schlimmer als Heuchler, Diebe, Astrologen und diejenigen, »die Verleumdung und Zwietracht säen«.

*Dort standen wir, und drunten in dem Graben*
*Da sah ich Leute eingetaucht im Kote,*
*Der schien geschöpft aus menschlichen Aborten.*

*Und während meine Augen drunten forschten,*
*Erschien ein Kopf, der so vom Kote triefte,*
*Daß man nicht sah, ob geistlich oder weltlich.*
*Der schrie mich an: »Warum bist du so gierig,*
*Mich mehr als andere Garstige zu sehen?«*
*Und ich zu ihm: »Wenn ich mich recht erinnre,*
*Hab ich dich schon mit trocknem Haar gesehen.*
*Du bist Alessio Interminei aus Lucca,*
*Darum betracht' ich dich vor allen andern.«*
*Und darauf er, sich seinen Schädel schlagend:*
*»Das Schmeicheln hat mich hier hereingetrieben,*
*An dem sich meine Zunge nie gesättigt.«*[3]

Kein besonders schönes Bild.

Dante benutzt das italienische Wort *lusinghe* für Schmeichelei, aber der üblichere italienische Begriff ist *adulazione* von der lateinischen Wurzel *adulatio* mit der Bedeutung des überschwenglichen oder kriecherischen Lobes, der gedankenlosen Ehrung. Dies ist sicher auch ein Teil unseres Verständnisses von Schmeichelei, aber das deutsche Wort »Schmeichelei« hat keine Wurzel im Lateinischen. Die Idee ist dieselbe, die Entstehung des Wortes eine andere.

Von Anfang an gehört zum Wortfeld der Schmeichelei, daß sie etwas Illegitimes ist, etwas Täuschendes, Unerlaubtes. Wahrheit ist der Goldstandard, also ist Schmeichelei Alchimie. Gottes Wort ist die Wahrheit, also muß täuschende Sprache vom Teufel kommen. Sie steht der Sünde der Götzenanbetung nahe. So heißt es bei Wieland in der Beschreibung eines Fürstenhofs: »Lauter abschätzige Sklaven zu seinen Füßen, lauter schändliche, der Schamröte unfähige Schmeichler an seinem Ohr.«[4]

Ein Schmeichler ist in der Folge dann also jemand, der, wie es das *Etymologische Wörterbuch* schon für das 15. Jahrhundert belegt, »durch Lobhudelei seine Ziele erreichen will«, ein »Schönredner«.

Wenn wir die Entwicklung der Wortbedeutung verfolgen, so wird sie weniger pejorativ, je mehr wir uns dem 20. Jahrhundert nähern. In Gesellschaften, die sowohl hierarchisch aufgebaut wie auch christlich geprägt waren, war Schmeichelei gefährlich. Sie galt als moralisch tadelnswert wie auch als potentiell destabilisierend. In der Renaissance wurden die Gesellschaften demokratischer und mobiler, und die Schmeichelei begann einige ihrer abschätzigen Konnotationen zu verlieren. Sie wurde weniger als kosmische Sünde und eher als weltliche Schwäche angesehen. Davon zeugen auch die späteren Definitionen im *Etymologischen Wörterbuch des Deutschen*: »jemandem guttun, jemandes Selbstbewußtsein heben«. Schmeichelei fördert die Eitelkeit und steigert das Selbstwertgefühl. Shakespeare zeigt beide Bedeutungen, die eher traditionelle Sicht der Schmeichelei als einer Sünde und die modernere als etwas, ja, etwas Nettes. Dazu braucht er nur einen einzigen Vers in *Julius Cäsar:*

*Doch sag' ich ihm, daß er die Schmeichler haßt,*
*Bejaht er es, am meisten dann geschmeichelt.*[5]

Auch heute noch schmeicheln wir, indem wir den Menschen erzählen, sie seien immun gegen Schmeichelei. (Und wenn sie zustimmen, sind sie es nicht.)

Wenn wir sagen, wir fühlten uns durch etwas »geschmeichelt«, oder wenn wir eine Bemerkung »schmeichelhaft« finden, dann meinen wir damit, daß wir uns freuen und uns ein bißchen geehrt fühlen, aber zu bescheiden sind, es wirklich anzuerkennen. Wir sind erfreut und entzückt, ein bißchen selbstzufrieden, vielleicht sogar ein bißchen betört. Es ist ein leichtes Schulterklopfen. Wenn wir sagen: »Sie schmeicheln mir«, dann heißt das: »Sie sind zu gut zu mir« oder »Sie verwöhnen mich, und ich schätze das wirklich.«

Wenn wir uns selbst schmeicheln, versuchen wir, unsere eigene Einbildung zufriedenzustellen. Wir steigern unser Selbstwertgefühl. Auch diese Definition aus dem 18. Jahrhundert findet sich im *Etymologischen Wörterbuch:* »etwas schöner darstellen als die Wirklichkeit«. Das ist zum Beispiel der Maler, der sein Modell gutaussehender, hübscher, jünger, klüger macht, als es die Person im wahren Leben ist. Hyacinthe Rigaud gibt dem alten Ludwig XIV. in seinem berühmten Bild die strammen Beine eines jungen Baryshnikov. »Ein Maler soll nicht schmeicheln« hat somit zwei Konnotationen: Er »soll nicht durch verschönte Darstellung des Abgebildeten seine Gunst zu erlangen suchen«, aber auch: Er »soll den Abgebildeten nicht schöner darstellen, als er ist«.[6]

Die ultimative Schmeichelei besteht dann darin, zu behaupten, ein schmeichelhaftes Bildnis sei die reinste Wirklichkeit. Nur wenige von uns können die Wahrheit wirklich ertragen, also muß sie ein bißchen retuschiert werden.

Und schließlich gibt es noch die Möglichkeit, Schmeichelei als Schönfärberei oder ein Überspielen von Fehlern und Mängeln zu sehen. Dies ist auch die Schmeichelei des Aus- und Weglassens, des Übersehens und Wegschauens. Wir beobachten diese Form in unseren gesellschaftlichen Ritualen, mit denen wir schmeicheln, indem wir öffentliches Versagen ignorieren, als sei es nicht wichtig oder gar nicht wert, überhaupt kommentiert zu werden. Manchmal schmeichelt man auch, indem man einfach nichts sagt.

## Kapitel 1

# Jeder hat eine Hierarchie

### Kratzt du mir den Rücken, kratz' ich dir den Rücken

Beobachten Sie einmal Menschen, die Schimpansen im Zoo beobachten. Sie kichern und grinsen und zeigen mit dem Finger, als ob sie eine Truppe gelenkiger Slapstick-Komödianten vor sich hätten. Und doch ist es ein nervöses, leicht unbehagliches Lachen, weil die Schimpansen so sehr ... naja, so sehr wie wir aussehen, nur kleiner, behaarter und – sagen wir – weniger reif. Man sagt ja, daß die Affen den Menschen einen Spiegel vorhalten, aber es ist eine Art Spiegelkabinett, in dem wir ein verzerrtes Bild von uns selbst sehen, eine Art Comic-Karikatur unserer Ururahnen, ein Familienalbum der Menschheit aus einer früheren Entwicklungsphase. Wenn wir Kleinkindern in einem Käfig zuschauen würden, fänden wir das wahrscheinlich nicht so amüsant.

Schimpansen sind unsere nächsten Verwandten. Wir haben 98 Prozent unserer DNA mit ihnen gemeinsam. Wie wir sind Primaten gesellige Tiere, die in Gruppen leben. Und wie wir bilden sie soziale Hierarchien. Aber Schimpansen sind beileibe nicht die einzige hierarchisch strukturierte Spezies. Unsere Kenntnis der Hierarchien im Tierreich verdanken wir zumindest teilweise einem norwegischen Biologen namens Thorleif Schjelderup-Ebbe, der in den zwanziger Jahren des 20. Jahrhunderts furchtbar viel Zeit damit zubrachte, Hühner zu beobachten.[1] Er stellte fest, daß eine Gruppe von Hennen, die man zusammensperrt, sich bald in einem linearen System anordnet, in dem jeder Vogel seinen Platz kennt, von der Henne an der Spitze bis ganz nach unten. A hackt B, B hackt C, C hackt D und so weiter. Schjelderup-Ebbe gab diesem Vorgang einen Namen: Hackordnung.

Auch Schimpansen haben eine Hackordnung. An ihrer Spitze steht das Alpha-Männchen. Man kann es ganz leicht erkennen. Führen Sie eine Gruppe Schulkinder zum Schimpansengehege im Zoo und lassen Sie sie nach dem »Chef« (oder noch besser dem »Anführer«) der Schimpansen suchen. Sofort werden sie auf den einen Schimpansen zeigen, der aufrechter steht, der arrogant umherstolziert, dessen Brust aufgebläht ist und den die anderen Schimpansen streicheln oder liebkosen. Das Alpha-Männchen ist der König, der Chef des Haufens, der Vorstandsvorsitzende, der Häuptling, der Leitwolf, der Boß, und alle in der Gruppe machen den Kotau vor ihm, im wörtlichen wie im übertragenen Sinn.

Das Alpha-Mänchen umgibt sich mit einer Art Gefolge aus anderen Schimpansen, die weniger dominant sind als er, aber dominanter als andere. (Nennen wir sie stellvertretende Vorstandsvorsitzende.) Andere Männchen, die sich in der Nähe des Alpha-Männchens aufhalten, tragen ihren Kopf immer leicht gesenkt. Es sieht fast so aus, als duckten sie sich. Das Alpha-Männchen kann ziemlich angsteinflößend wirken. Sein Haar ist oft gesträubt, wenn es herumstolziert. So sieht es größer und bedrohlicher aus. Untergeordnete Männchen machen sich selbst durch Verbeugungen und Katzbuckeln kleiner und weniger bedrohlich. Das Alpha-Männchen kommandiert die Beta-Männchen herum, die wiederum die Gamma-Männchen und so weiter.

Wissenschaftler sprechen von einer »Dominanz-Unterordnungs-Hierarchie«, was im Grunde heißt, daß jedes Tier auf der Suche nach Nahrung, Paarungspartnern und anderen Ressourcen eine Art Kompromiß eingeht, um sich in dieses soziale System einzuordnen. Wie die Hühner lernen auch die Schimpansen, wer stärker und wer schwächer ist, und schließen auf dieser Grundlage Bündnisse. Und es gibt Hinweise darauf, daß der Aufbau einer stabilen Hierarchie wenn schon nicht zum Glück, so doch wenigstens zu Fruchtbarkeit und Stabilität führen kann.

Es bietet Vorteile, vor dem Alpha-Männchen zu kuschen und sich sein Wohlwollen zu erhalten. Eigentlich liegt es im genetischen Eigeninteresse der Schimpansen, sich so zu verhalten, denn das Alpha-Männchen hat nicht nur den ersten Anspruch auf die besten Happen, auf Schutz und Schatten, sondern kontrolliert auch den Zugang zu den Weibchen. Einige Alpha-Männchen behalten praktisch alle empfängnisbereiten Weibchen für sich. Forschungen haben ergeben, daß Alpha-Männchen allein in jeder Gruppe durchschnittlich 80 Prozent aller Paarungen mit Weibchen vollziehen. Eine solche Stellung hat also ihre Privilegien.

Ein überzähliges Männchen in einer Schimpansengesellschaft hat es, anders als ein männlicher Single bei Dinner-Parties in Uptown-Manhattan, ziemlich schwer: Mehr noch, untergeordnete Männchen sind normalerweise soziale Parasiten und überaus entbehrlich. Sie bekommen nicht gerade die besten Tischdamen und haben im allgemeinen nur mit Erlaubnis des Alpha-Männchens Zugang zu Weibchen. Da aber Schimpansen wie alle Geschöpfe danach streben, ihre Gene an die nächste Generation weiterzugeben, ist diese Erlaubnis ein absolut erstrebenswertes Ziel. Schimpansen tun nahezu alles, um dem großen Boß zu gefallen und sich dadurch ein Mädchen für den Samstagabend zu sichern.

## Machiavelli für Menschenaffen

Das Charakteristikum der Primaten – wie der Stolz der Löwen, das Gegacker der Gänse – ist ihre Schlauheit. Der Begriff ist angemessen, weil Schimpansen nach Aussage von Primatologen clevere Manipulatoren sind.[2] Sie betrügen einander, sie verstecken Nahrung vor Rivalen, sie flirten hinter dem Rücken der anderen, sie schlagen absichtlich blinden Alarm, sie planen Aufstände, sie spielen einander Streiche, sie schmieden Bündnisse gegeneinander, sie sind Verschwörer.

Und sie sind ausgebuffte Politiker. Frans de Waal hat seinem fesselnden Buch über das Leben unter Primaten in einem Zoo im holländischen Arnhem im niederländischen Original den Titel *Chimpansee politiek* gegeben. Politik war seiner Meinung nach das treffendste Wort, um die komplizierten Beziehungen zwischen in Gruppen lebenden Schimpansen zu beschreiben. Politik hat etwas mit Macht und Status zu tun, sagt er, und Schimpansen streben mit derselben Gier nach beidem wie wir. »Der soziale Aufbau der Schimpansengesellschaft«, so schreibt de Waal, »ist fast zu menschlich, um wahr zu sein«.[3]

Jeder Primatologe, auch de Waal, kann Geschichten von den Feinheiten schimpansischer Vernebelungstaktik erzählen, von kunstvollen Manipulationen, von kleineren Männchen, die sich bei größeren einschmeicheln, von Bündniswechseln, Putschen und feindlichen Übernahmen. Es gibt die Theorie, daß es gerade diese soziale Interaktion – die Bildung einer komplexen Hierarchie – auf einer sehr frühen Stufe der menschlichen Geschichte war, die die Entwicklung des Gehirns einen großen Schritt voranbrachte.

»Machiavellistisch« ist das Wort, daß Primatologen immer wieder benutzen, um das Verhalten der Schimpansen zu beschreiben. Dominante männliche Hominiden, so schreibt der Anthropologe Robin Fox, sind »beherrscht, gerissen, kooperativ«. Machiavelli hätte es selbst nicht besser ausdrücken können. Und auch de Waal schreibt: »Schimpansen überlegen sich stets, was sie tun.«[4] Und sie sind überaus opportunistisch. Sie zaudern und schwanken nicht wie Hamlet. Wenn sie eine Schwäche bei einem Konkurrenten sehen, nutzen sie sie aus – und zwar sofort.

Schimpansen sind Strategen. Sie zeigen Verhaltensweisen, die wir bei Menschen als Arglist oder Betrug bezeichnen. De Waal geht davon aus, daß Schimpansenmännchen oft sogenannte »Dreiecksverbindungen« bilden. Wie in einem Politthriller erzählt de Waal die Geschichte von einem ehrwürdigen Alpha-Männchen, das von einem jungen Rivalen vom Thron gestoßen wird, ein Bündnis mit einem anderen mächtigen Schimpansen schließt und den Prätendenten vertreibt. König Lear hatte es im Vergleich dazu noch leicht, muß man sagen.

Schimpansen nutzen solche Bündnisse, um eine, wie de Waal es nennt, »minimale Gewinnkoalition« zu bilden. Während Schimpansenmännchen also alles daran setzen, Macht zu erobern, und dies mit Hilfe von Koalitionen auch schaffen, interessieren sich Schimpansenweibchen eher für Verbindungen mit Weibchen, die sie mögen, nicht unbedingt aber mit jenen, die ihnen helfen würden, ihren Status zu erhöhen. Schimpansenweibchen trachten nicht ständig danach, einander zu übertrumpfen. Sie entwickeln einen Status quo und erhalten ihn dann aufrecht.

Gleichzeitig aber wollen und müssen sie fressen, und so tauschen sie oft Sex gegen Nahrung.

Wie jedes Tier tun auch Schimpansen alles, was in ihrem genetischen Eigeninteresse liegt, und Täuschung und Betrug haben sich als ein integraler Bestandteil dieses Eigennutzes erwiesen. Ein Schimpansenmännchen wirft sich nach einem heimlichen Treffen mit einem Weibchen aus dem Harem des Alpha-Männchens, das davon gar nichts weiß, diesem um so hingebungsvoller zu Füßen. Schimpansen, die die bestehende Rangordnung umstürzen wollen, verhalten sich dem Alpha-Männchen gegenüber sehr ehrerbietig, während sie heimlich Bündnisse mit anderen Artgenossen schmieden. Schimpansenmännchen, die in Machtkämpfen um die Unterstützung der Gruppe wetteifern, machen sich daran, Weibchen zu lausen und mit ihren Kindern zu spielen – was sie normalerweise nicht tun –, ganz wie amerikanische Präsidentschaftskandidaten, die Mütter umwerben und Babys küssen.

## Die Goldene Regel der Primaten

Die häufigste gesellschaftliche Aktivität unter Schimpansen ist das sogenannte Lausen.[5] Es hat sowohl praktische wie auch soziale Aspekte: Es ist eine Möglichkeit, einem Artgenossen an Körperteilen, an die er selbst nicht herankommt, von Zecken und anderen Partikeln zu reinigen, aber es bietet auch die Möglichkeit, ein anderes Gruppenmitglied zu besänftigen und zu streicheln oder sein Wohlwollen zu gewinnen. Es hat eine beruhigende Wirkung auf den Empfänger. Weiche zischende und schnalzende Geräusche begleiten die Fellpflege, eine langweilige, mühsame Arbeit.

Jeder laust irgendwann einmal das Alpha-Männchen, aber das Alpha-Männchen laust niemanden. Die weniger mächtigen Schimpansenmännchen lausen die mächtigeren, und die Weibchen lausen die Männchen – nur wenn die Schimpansenweibchen brünstig sind, werden sie von den Männchen gelaust. Männchen lausen einander gern bei Streitigkeiten, um Spannungen abzubauen.

Wenn die Weibchen nicht brünstig sind, werden sie von den Männchen im allgemeinen ignoriert. Wenn sie aber das sind, was Primatologen »attraktiv« nennen, dann überschlagen sich die Männchen vor Fürsorge. Ein Männchen kann ein Weibchen stundenlang lausen, manchmal ohne zum Ziel zu kommen – sie verschmäht seine Avancen einfach, auch wenn er ihr zudem noch Fleisch und anderes Futter bringt in der Hoffnung, sie gewogener zu stimmen.

Für die Weibchen ist Sex ein strategisch einsetzbares Mittel. Er ist die wertvollste Währung, die sie im Spiel um Macht und Einfluß zu bieten haben. Weibliche Bonobos, die den Menschen genetisch noch näher stehen als die Schimpansen, haben mindestens zwanzig Gesten und Rufe, um ihre Paarungsbereitschaft anzuzeigen.[6] Für Bonoboweibchen ist Sex nicht einfach Sex: Er ist ein Weg, an Nahrung heranzukommen; er ist eine Form der Besänftigung, um die Spannungen innerhalb der eigenen Gruppe oder beim Treffen mit einer anderen Gruppe zu reduzieren – er bietet kurz gesagt eine Möglichkeit, die Harmonie zu bewahren.

Das Alpha-Männchen akzeptiert das Lausen als eine verdiente Huldigung. Aber es ist ganz und gar nicht so, daß ein Schimpanse, irgendein Schimpanse, einfach zu ihm – oder zu irgendeinem anderen Artgenossen – gehen und ihn lausen kann. Schimpansen müssen einander erst »grüßen«. Die Begrüßung besteht aus verschiedenen Grunzern und Verbeugungen, während derer der untergeordnete Schimpanse zum dominanten emporschaut. In einigen Fällen vollführt ein Schimpanse eine Reihe tiefer Verbeugungen, die so schnell aufeinander folgen, daß Primatologen dieses Verhalten als »Nicken« bezeichnen. Manchmal küßt der Begrüßende die Füße des Alpha-Männchens und bringt Gegenstände, etwa ein Blatt oder einen Stock, als eine Art Opfer dar. Eine andere Form dieses »Affinitätsverhaltens«, wie es ein Primatologe nennt, besteht darin, daß ein Schimpanse »einen anderen freundschaftlich anschnaubt«.[7] Weibchen stecken dem Alpha-Männchen zur Begrüßung ihr Hinterteil entgegen, damit er es anschauen und daran riechen kann. Manchmal erlaubt das Alpha-Männchen rangniederen Männchen sogar, seinen Hodensack zu tätscheln, wodurch sich beide ihrer gegenseitigen Wertschätzung versichern. Das Alpha-Männchen sagt damit: »Ich traue Dir«, und der Rangniedere sagt: »Ich verehre Dich«. Die Bosse in der Menschenwelt allerdings legen kaum großen Wert auf solche Huldigungen.

Begrüßungen fungieren als eine Art ritualisierter Bekräftigung der sozialen Hierarchie, sie zeigen, wer ganz oben ist und wer nicht. Außerdem sind sie mit dem höflichen Verhalten der Menschen zu vergleichen, die den Hut lüften, sich grüßen, sich verbeugen oder jemandem die Tür öffnen. An der »Begrüßung« der Schimpansen kann man ablesen, wer der Ranghöhere ist. Schimpansen sind sich immer ihres Platzes in der Gruppe bewußt und können ziemlich ungemütlich werden, wenn jemand vergißt, sie anständig zu grüßen. Mit anderen Worten: Wenn jemand meinen Status angreift, indem er mich nicht grüßt, könnte das zu einem Kampf führen.

Für Schimpansenmännchen ist die Macht offenbar vor allem deshalb so verlockend, weil ein gewisser Status damit verbunden ist. Jane Goodall schrieb, daß Schimpansen oft »allerlei Risiken, selbst das ernster Verletzungen, auf sich nehmen«, um einen höheren Status zu erlangen. Wie wir schon gesehen haben, bedeutet ein hoher Status oft einen größeren Fortpflanzungserfolg. Anders als Weibchen sehen Männchen das Hauptmotiv für einen Zusammenschluß mit anderen Schimpansen offenbar in dem Streben nach einem höheren Status. Ein Schimpansenmännchen geht nicht einfach mit einem Kumpel ein Bier trinken, um sich die Zeit zu vertreiben; es muß etwas für ihn dabei herausspringen.

## Die Schimpansen sind wie wir

Es wirkt vielleicht etwas seltsam, daß ich ein Buch über Schmeicheleien mit einer ausführlichen Beschreibung des Verhaltens von Schimpansen beginne, aber ich hoffe, daß allen, die bis jetzt durchgehalten haben, der Grund klar geworden ist. Dieses Verhalten kommt uns beunruhigend vertraut vor. Anders als wir haben Schimpansen allerdings nicht die Fähigkeit, die ausgefeilten Erklärungen zusammenzubasteln, mit denen wir unsere feigeren Verhaltensweisen oft rechtfertigen. Sie handeln einfach so, wie ihre Bedürfnisse es ihnen vorgeben. »Das Gruppenleben der Schimpansen«, so sagt de Waal, »gleicht einem Markt für Macht, Sex, Zuneigung, Unterstützung, Intoleranz und Feindseligkeit«.[8] Das klingt, als spräche er von Washington oder Hollywood. »Je länger Wissenschaftler sich mit Primaten befassen«, schreibt der Primatologe John Mitani, »desto schwieriger finden sie es, die Züge zu erkennen, die uns von unseren evolutionären Cousins unterscheiden.«[9]

Ich habe in den meisten Fällen versucht, meine Beschreibung des Schimpansenverhaltens nicht zu vermenschlichen, aber das ist nicht gerade leicht. Ich bin mir nicht einmal sicher, ob es wissenschaftlich richtig ist, es nicht zu tun, denn immerhin sind wir ihre direkten Nachfahren, und ihr Verhalten ähnelt dem unseren so sehr. Wir *vertierlichen* unser Verhalten die ganze Zeit – wir schlingen ein Essen herunter, der Verteidiger hetzt wie ein Hund auf dem Fußballfeld umher, die Verbindungsstudenten benehmen sich wie Tiere, ein junger Schriftsteller äfft den Stil der alten Meister nach. Evolutionsbiologen sind der Ansicht, daß wir bei den Primaten den Zugang zum Verständnis von Liebe, Aggression, Freundschaft und Sprache finden könnten – warum dann also nicht den Zugang zur Schmeichelei, die sich doch aus all diesem zusammensetzt?

Schimpansen sagen einander nicht: »Du siehst heute wieder großartig aus!«, aber die Verbeugungen, das Lausen, die Koalitionen der weniger Mächtigen mit den Mächtigeren, die Gunstbeweise, all das spiegelt dasselbe *quid pro quo*, das auch die Grundlage einer Art menschlicher Schmeichelei, der strategischen Form, bildet. Aus einer anthropologischen Perspektive heraus unterscheidet sich das Kriechen vor dem Alpha-Männchen nicht vom Bückling des höfischen Gefolges vor Ludwig XIV. oder von der Unterwürfigkeit der Adligen, die dem Pharao die Füße küssen. (De Waal schildert eine »hohle« Begrüßung zwischen dem abgesetzten Alpha-Männchen und seinem Nachfolger, die auch als Schilderung von George Bushs frostiger Begrüßung Bill Clintons bei dessen Amtseinsetzung im Jahr 1993 durchginge.)

De Waal beschreibt diesen Typ des Primatenverhaltens – die Verbeugungen, das Kriechen – als »opportunistisch, eine Möglichkeit, sich bei jenen einzuschmeicheln, die einem helfen können«. »Dieses allgemeinmenschliche System«, schreibt de Waal, »der Ansammlung und Wiederverteilung von Gütern durch den Häuptling oder seine moderne Entsprechung, den Staat, deckt sich ganz mit den Gewohnheiten der Schimpansen.« Nur haben diese keine Sprache, um ihr Verhalten rational zu erklären. Ihr Machtstreben ist de Waals Ansicht nach nicht größer als das der Menschen, es ist nur offensichtlicher.[10]

Die weniger mächtigen Schimpansen, die sich den stärkeren in der Hoffnung auf sozialen Aufstieg unterordnen, unterscheiden sich in nichts von unzähligen namenlosen Stellvertretern, die ihren Bossen in den Arsch kriechen, oder von jungen Sozii in großen Anwaltskanzleien, die vor den Seniorpartnern buckeln. Die Schimpansenmännchen, die brünstige Weibchen lausen und rohes Fleisch als Geschenk anbieten, sind die weniger geschliffenen Vorgänger der Männer mit ihren Blumen und Pralinen, die ihren Angebeteten süße Nichtigkeiten ins Ohr flüstern.

Weil wir uns so stark mit dem Verhalten der Schimpansen identifizieren, mag es vielleicht ein bißchen harsch geklungen haben, als ich oben schrieb, daß die Weibchen Sex gegen Nahrung tauschen. Aber ich würde behaupten, das wir ähnliches auch häufig über uns selbst sagen, allerdings weniger direkt oder derb. Ich zitiere jetzt eine der scharfsichtigsten Anthropologinnen unserer Kultur, Miss Manners. »Es ist Brauch, eine Serie von Rendezvous mit einer aufwendigen Bewirtung und nur einer leichten Andeutung von Zuneigung zu beginnen«, schreibt sie einer jungen Dame, die sie um Ratschläge zur Brautwerbung gebeten hat. »Wenn der Grad der Zuneigung wächst, kann der Aufwand der Bewirtung proportional gesenkt werden. Wenn die Zuneigung an sich der einzige Sinn und Zweck des Zusammenkommens ist, sprechen wir nicht mehr von Rendezvous. Unter keinen Umständen darf das Essen weggelassen werden.«

## Jeder will auf der sozialen Leiter nach oben

»Unser soziales System ist ein soziales System von Menschenaffen«, schreibt de Waal. Der universelle menschliche Hunger nach Status und die ebenso universell vorhandenen Hierarchien, die so viele Evolutionsbiologen beobachtet haben, sind offenbar Züge, die wir von unseren Primaten-Vorfahren geerbt haben. Anthropologen haben gezeigt, daß schon einjährige Kinder in einer Gruppe Statushierarchien bilden. Nachdem sie einen Kampf verloren haben, lassen Kinder überall auf der Welt ihren Kopf demütig hängen – Hierarchie gibt es bei unseren kleinsten Kindern und bei unseren nächsten Verwandten. Überall, so schreibt Darwin, »zeigt ein stolzer Mann sein Gefühl der Überlegenheit anderen gegenüber, indem er seinen Kopf und seinen Körper aufrecht hält«. Eine gelungene Beschreibung des Alpha-Männchens.

Und wo es eine Hierarchie und eine Asymmetrie in den Machtbeziehungen gibt, dort gibt es auch unausweichlich Techniken, Verhaltensweisen, Strategien – man mag es nennen, wie man will –, die dem Einzelnen helfen, in dieser Hierarchie aufzusteigen. Eine dieser Techniken ist, sich bei jemandem einzuschmeicheln und dafür Schutz oder einen Vorteil einzutauschen – eine Definition der strategischen Schmeichelei.

»Es ist gut, der König zu sein«, sagte Mel Brooks einmal in einem ansonsten unbedeutenden Film. Aber wenn man nicht der König sein kann (sagen wir, wenn man Prinz Andrew ist), dann muß man eine andere Strategie wählen. In der Natur, wie im menschlichen Zusammenleben, kann auch eine etwas gewundene Strategie funktionieren. Ein Tier muß vielleicht einen Teil seiner Nahrung abgeben und den Kopf beugen, aber es vermeidet damit den äußerst gefährlichen Kampf mit einem mächtigen Männchen um die Vorherrschaft als Alpha-Tier. Einige Männchen rechnen wahrscheinlich so: Es ist besser, sich einen sicheren und warmen Platz zu suchen und nachher die Reste aufzusammeln.

Sagen wir, Sie ziehen im Urwald umher, und Ihnen ist kalt, Sie sind hungrig und schwach. Sie stoßen auf einen Zwei-Meter-Alpha-Mann, der gerade ein saftiges Filetstück eines Tieres mampft, das er gerade erlegt und gebraten hat. Jetzt können Sie natürlich versuchen, ihm eins über den Kopf zu geben und sein Abendessen zu stehlen – oder Sie versuchen, sich irgendwie einzuschmeicheln in der Hoffnung, daß er Sie (a) nicht töten wird und (b) vielleicht sogar beschließt, sein Mahl mit Ihnen zu teilen. Was ist Ihrer Meinung nach die bessere Strategie? Ich wette darauf, daß die Gene, die Ihnen raten, dem Knaben keins auf die Nase zu geben, sondern sich zu ihm zu setzen und beiläufig zu erwähnen, was für eine schöne und edle Nase er doch hat, die größere Chance besitzen, es bis in die nächste Generation zu schaffen. Sich mit ihm anzufreunden, durch Schmeichelei oder auf irgendeinem anderen Weg, liegt in Ihrem ureigensten genetischen Interesse.

Tatsächlich hat die Evolution offenbar letztendlich die heuchlerischen Schwächlinge den großmäuligen Schlägern vom Typ eines Samson oder Schwarzenegger vorgezogen. Gefällige Konversation schlägt brutale Kraft um Längen. »Überleben des Tüchtigsten« heißt nicht automatisch »Überleben des Stärksten«, sondern manchmal auch »Überleben des Schleimigsten«. Als unsere Art vor fünfzigtausend Jahren das machte, was die Anthropologen den großen Sprung nach vorn nennen, waren es die kleineren, klügeren Typen, die über die großen Radaubrüder triumphierten. Der MIT-Professor Steven Pinker hat das die Rache der Zukurzgekommenen genannt.[11] Die Männer, die überlebten – und deren Nachkommen wir sind –, waren wahrscheinlich nicht die Jungs, die sich auf dem Spielfeld um den Ball prügelten, sondern diejenigen, die sich möglichst lange in der Kabine herumdrückten. Es war der Triumph Woody Allens über Hulk Hogan.

Statushierarchien finden sich überall in der Natur und in menschlichen Gesellschaften aller Art, und wo es Statushierarchien gibt, gibt es auch Schmeichelei, denn Schmeichelei ist eine Technik, den eigenen Status zu erhöhen. Keine Gesellschaft in der Geschichte der Menschheit ist je wirklich egalitär gewesen. Und überall wo es das gibt, was die Soziologen asymmetrische Beziehungen nennen, gibt es auch Untergeordnete, die versuchen, zu einem dominanten Status aufzusteigen. Wo es eine vertikale Mobilität gibt, gibt es auch Schmeichelei.

Seien wir offen: In jeder Gesellschaft ist es eine kluge Überlebensstrategie, sich bei den Leuten mit hohem Status beliebt zu machen. Sagen wir, Sie haben den König um den Finger gewickelt – jetzt kann er Ihnen gestatten, den Kreuzzug gegen die Ungläubigen ausfallen zu lassen. Wo, glauben Sie, haben Sie größere Chancen, einen Erben in die Welt zu setzen? Mit einer

Lanze in der Hand auf einem Pferd in Spanien oder nach einem Tanz mit einem Dämchen bei Hofe?

Natürlich ist ein niedriger Status niemals so erstrebenswert wie ein hoher (wie schon Sophie Tucker sagte: »Ich war reich und ich war arm, und reich ist besser.«), aber manchmal hat er seine Vorteile. Wenn das niedrige Selbstwertgefühl unter anderem dazu dient, Menschen mit hohem Status mit Hilfe dieser Unterwürfigkeit zufrieden zu stellen, dann, so meint der Autor Robert Wright, hat man es auf lange Sicht besser als jene, die die großen Jungs herausfordern und eins auf die Nase kriegen. Im Zweifel immer schleimen. Eine treue Nummer Zwei, die sich nie beschwert und nie vergißt, den Boß ins Rampenlicht zu schieben (denken Sie an die Vizepräsidenten der Vereinigten Staaten), bekommt oft die Chance, zur Nummer Eins aufzusteigen.

Berühmtheit bringt in unserer Gesellschaft einen hohen Status – vielleicht sogar den höchsten überhaupt. In Manhattan, wo ich lebe, treffe ich viele Menschen, die ihren Wert und ihre Selbsteinschätzung ganz offenbar daran messen, wie eng sie mit berühmten Menschen befreundet sind. Ihre Freundschaft oder Bekanntschaft mit den Stars erlaubt es ihnen, im Gespräch ganz beiläufig deren Namen zu erwähnen oder den eigenen Namen in den Klatschspalten zu lesen. Die Menschen tun offenbar fast alles, um mit Berühmtheiten in Kontakt zu kommen. Sie wollen andere mit solchen »Freundschaften« beeindrucken, und oft schaffen sie das ja auch, weil fast alle dem gleichen Wahn verfallen sind.

So jämmerlich das auch ist: Es sind wirklich nur wenige Menschen immun dagegen. Wie Robert Wright mit bewundernswerter Offenheit bekennt: »Wer zum Beispiel einen halbwegs berühmten Bekannten hat, findet selbst bescheidene Talente an ihm respektabel, vergibt ihm kleinere Kränkungen und gibt sich besondere Mühe, ihn nicht im Stich zu lassen.«[12] Die Schmeichelei besteht nicht so sehr darin, daß wir ständig »Wie wunderbar!« sagen, sondern darin, daß wir den berühmten Freund an einem weniger strengen Maßstab messen als unsere anderen, nicht berühmten Freunde. Wenn Sie sich mit Ihrer Schwester zum Kaffee verabredet haben und sie eine Dreiviertelstunde zu spät kommt, machen Sie ihr wahrscheinlich Vorwürfe wegen ihrer egoistischen Unpünktlichkeit – bei Madonna würden Sie es sicher durchgehen lassen.

Jemanden als sozialen Aufsteiger oder als Selbstdarsteller zu bezeichnen, ist im allgemeinen nicht gerade ein Kompliment. Ich möchte aber behaupten, daß es einfach neutrale Begriffe für eine fundamentale menschliche Verhaltensweise sind. Einige Menschen gehen einfach nur schamloser damit um als andere. Eigentlich glaube ich sogar, daß auf der Grundlage der Prinzipien der Evolutionsbiologie soziales Aufsteigertum und Selbstdarstellung so alt wie die Welt sind und sich als evolutionär erfolgreiche Strategien erwiesen haben. Wir sind darauf programmiert, die soziale Leiter hinaufzusteigen und uns selbst zu vermarkten. Es liegt in unseren Genen.

Nun bedeutete das damals im Urwald nicht, daß man eine Menge Geld für das Metropolitan Museum of Art stiftete, um ins Kuratorium berufen und zu Wohlfahrtsbällen eingeladen zu werden. Damals gaben wir dem Alpha-Männchen ein Stück unseres gerade erlegten Wollmammuts, oder wir zogen ihm die Zecken aus dem Bart. Jedenfalls ist ein solches Benehmen immer genetisch belohnt worden. Es wurde in der Kultur der Primaten belohnt, am Hof von Tutanchamun oder Elisabeth I., an der Wall Street, in Washington und in Hollywood.

Im Lande unserer Vorfahren kam man mit Bescheidenheit zu nichts. Heute ist es wichtig, die soziale Leiter hinaufzusteigen und sich selbst anzupreisen, aber dabei möglichst wenig aufzufallen. Diejenigen, denen das Etikett des Aufsteigers und Selbstdarstellers anhaftet, sind entweder so erfolgreich, daß sie Neid provozieren, oder so trampelig, daß ihre Tricks und Intrigen ins Auge springen. Im beiden Fällen kann der Schuß nach hinten losgehen.

Menschen die mit ihren Kontakten zu Berühmtheiten hausieren gehen, betonen immer die »Freundschaft«. »Wir sind wirklich gute Freunde, wissen Sie.« Es würde wohl nicht reichen, nehme ich an, wenn man sagen würde: »Ich treibe mich nur mit Madonna herum, weil das meinen Status erhöht.« Aber im Grunde ist es doch wohl so, daß Freundschaft ganz allgemein – gar nicht zu reden von der Freundschaft mit berühmten Menschen – einfach ein Auswuchs der Jagd nach einem höheren Status ist. Die natürliche Auslese rechnet nicht mit Freundschaft. Von ihrem Standpunkt aus ist, wie Robert Wright meint, »Status-Aufwertung der Hauptzweck der Freundschaft«. Man kann vielleicht sogar sagen, der einzige Zweck. Bei den Schimpansen sind die meisten männlichen Zusammenschlüsse ein Ergebnis der Status-Jagd und erfüllen in den Grundzügen auf dem Gebiet der Loyalität, des Vertrauens, der Hilfsbereitschaft das, was wir Freundschaft nennen würden. Das heißt, daß zwei Schimpansen, die sich auf diese Weise zusammenschließen, auf uns Außenstehende wie Freunde wirken würden. Sie können zusammen das »affige« Gegenstück zum Fußballspiel ansehen, aber sie machen es nicht aus Freundschaft, sondern zum Zweck des Status- oder Machterwerbs. Der Instinkt für Freundschaft könnte einfach eine evolutionäre Anpassung sein, die bei diesem Vorhaben hilfreich ist.

»Jemanden zu mögen«, schreibt Robert Trivers, »ist das Gefühl, das eine altruistische Partnerschaft initiiert und erhält. Es ist grob gesagt eine Bereitschaft, jemandem einen Gefallen zu tun.« Jemanden zu mögen ist sicher ein Vorläufer der Freundschaft, und Schmeichelei macht uns liebenswerter. Die Gleichung sieht so aus, daß wir Menschen mögen, die nett zu uns sind, und wir nett zu Menschen sind, die wir mögen. Im Austausch gegen unsere Schmeichelei bietet unser Gegenüber seine Freundschaft an. Das ist der Gefallen. Das ist der Tausch.

## Die Goldene Regel der Natur

In *Die Abstammung des Menschen*, Darwins Alterswerk, schreibt der Vater der Evolutionslehre von dem »niederen Motiv«, anderen in der Hoffnung auf eine künftige Gegenleistung zu helfen. Als Kind der viktorianischen Zeit verachtete Darwin solche Transaktionen. Für ihn war Großzügigkeit ein Wert an sich, ohne jedes Motiv der Gegenleistung, aber er bemerkte, daß solche unfeinen Transaktionen in der Tierwelt gang und gäbe sind.

Evolutionsbiologen haben einen Begriff für dieses »niedere Motiv« gefunden: sie nennen es »reziproken Altruismus«. Sie haben festgestellt, daß, obwohl die natürliche Auslese eigentlich nahelegt, daß jeder Organismus seinen eigenen genetischen Vorteil zu maximieren versucht, offenbar ein gewisser Grad an Kooperation statt völligem Egoismus tatsächlich allen hilft. Anscheinend liegt es in unserem eigenen Interesse, nicht immer unser eigenes Interesse zu verfolgen.

Reziproker Altruismus ist nicht gerade das, was wir als Wohltätigkeit oder Großzügigkeit bezeichnen. Reziproker Altruismus ist vielmehr eine Art berechneter Gefallen, eine Handlung oder Geste, für die man eine Gegenleistung erwartet. Während Altruismus als ein Verhalten beschrieben wird, das bei einigem persönlichem Einsatz und ohne Gedanken an eigene Gewinne jemand anderen zugute kommt, praktiziert die Natur einen eigennützigeren Altruismus. Dahinter steht die Vorstellung: *Natürlich helfe ich dir, wenn ich glaube, daß du mir im Gegenzug hilfst; andernfalls – keine Chance.*

Evolutionsbiologen haben mit Hilfe der Spieltheorie eine Gleichung entwickelt, die die Funktionsweise des reziproken Altruismus zusammenfaßt. Im Grunde lautet sie: *Eine Hand wäscht die andere*, mit dem einschränkenden Zusatz: »Wenn du mich aufs Kreuz legst, lege ich dich auch aufs Kreuz.« Eigentlich läuft alles auf das Sprichwort hinaus: »Was du nicht willst, das man dir tu, das füg' auch keinem anderen zu«, inklusive der Erlaubnis, Ungerechtigkeiten wie Nettigkeiten gleichermaßen zurückzuzahlen. Gegenseitig zugesicherte Wohltaten oder gegenseitig zugesicherte Schädigung, je nach Lage der Dinge. Nach de Waal sind »Eine Hand wäscht die andere« und »Auge um Auge, Zahn um Zahn« die Grundprinzipien des Verhaltens bei den Schimpansen.

In *Adaptation and Natural Selection* beschreibt George Williams den reziproken Altruismus mit mathematischer Eleganz: »In einfachen Worten: Ein Individuum, das Freundschaftsbeziehungen maximiert und Zwistigkeiten minimiert, hat einen evolutionären Vorteil, und die Selektion müßte Charaktereigenschaften begünstigen, die der Optimierung der persönlichen Beziehungen zuträglich sind.«[13] Ich würde behaupten, daß Schmeichelei eine Strategie zur Optimierung dieser persönlichen Beziehungen ist und somit einen Evolutionsvorteil darstellt. Es gibt keinen Zweifel, daß in der Wildnis – oder aber auch im Konferenzzimmer – Schmeichelei die Überlebenschancen eines Individuums erhöht. Sie ist eine Form der Kooperation, allerdings eine etwas abseitige, denn während der reziproke Altruismus indirekt egoistische Ziele verfolgt, bekennt sich die Schmeichelei offen dazu.

Schmeichelei muß, zumindest in der Natur, nicht bewußt sein. Wir setzen die evolutionäre Logik, so erklärt Wright, nicht durch bewußte Berechnungen um, sondern indem wir unseren Gefühlen und Intuitionen folgen, die er die »Handlanger der Evolution« nennt.[14] In der Kultur der Primaten denken die Schimpansen sicher nicht: »Das Alpha-Männchen hat gerade mit ein paar Stöcken und Blättern einen Sonnenschutz gebaut; ich werde ihm sagen, wie sehr ich seine Arbeit bewundere, und dann läßt er mich vielleicht mit darunter.«

Schmeichelei wird oft ohne Planung oder Vorsatz eingesetzt. Wir wissen, auch ohne darüber nachzudenken, daß uns jemand, den wir loben, wahrscheinlich eher mag. Studien aus den fünfziger Jahren des 20. Jahrhunderts unter College-Studenten legen nahe, daß wir Menschen mögen, die wir beeinflussen, besonders wenn sie einen höheren Status haben. Die Studie wurde unter Verbindungsstudenten durchgeführt, und sie zeigte, daß junge Männer die Menschen, denen sie halfen, lieber mochten, wenn sie davon ausgingen, daß diese Menschen einen höheren Status hatten. Allerdings waren sie sich dieser Tatsache überhaupt nicht bewußt. Wenn Sie also den Drang verspüren, jemandem zu sagen, daß er heute wirklich wieder großartig aussieht, dann sind Sie vielleicht nicht einfach ein erbärmlicher Speichellecker, sondern folgen damit einer tiefen evolutionären Logik.

Schmeichelei unter Primaten wie unter Menschen ist eine indirekte Form der Konkurrenz. Das heißt, sie ist ein Weg, den direkten Wettbewerb zu vermeiden, der ziemlich gesundheitsgefährdend sein kann. Direkter Wettbewerb in der Natur kann in einem Schlag auf die Nase oder einem zerschmetterten Schädel enden. Direkter Wettbewerb am Arbeitsplatz kann bedeuten, daß plötzlich für alle offen zutage tritt, daß Sie Ihre Arbeit nicht gut genug machen. Sollte man da nicht lieber so konkurrieren, daß man seine eigenen Interessen dabei wahrt? Sollte man nicht lieber auf Umwegen konkurrieren, auf denen man eine bessere Erfolgschance hat?

Schmeichelei ist das Mittel der Wahl, wenn man weiß, daß man in direktem Wettbewerb wahrscheinlich unterliegen würde, entweder weil man schwächer ist oder weil man von der dominanten Hierarchie ausgeschlossen ist oder aus tausend anderen Gründen. Schmeichelei bietet also eine Möglichkeit, tatsächliche oder angenommene Beeinträchtigungen, natürliche oder soziale Nachteile zu überwinden. Und wenn sich herausstellt, daß Ihre Arbeit dank eigener Leistung besonders gut ist, um so besser. Dann brauchen Sie sich keine Gedanken darüber machen, daß Sie womöglich etwas bekommen, das Sie nicht verdienen.

Im übrigen ist Schmeichelei preiswert. Menschliche Schmeichelei ist eine billigere Form reziproken Austauschs als alles, was es in der Schimpansengesellschaft gibt, und zwar aus einem einfachen Grund: Der Großteil unserer Schmeichelei läuft verbal ab, ein Schimpanse muß im allgemeinen wirklich etwas *tun*. Ein Kompliment, wie ausgefallen auch immer, ein kriecherisches Dankschreiben, eine schleimige Vorstellung, all das erfordert sehr geringe Investitionen. Beim Lausen oder Verbeugen oder Nahrungverschenken muß man sich schon ein bißchen mehr anstrengen.

Tiere sagen einander im Grunde: *Zeig mir den Vorteil für mich – und zwar bevor ich dir helfe.* Weil ihre eigene Investition sehr arbeitsintensiv ist, erfordert sie echtes Engagement. Bei der menschlichen Schmeichelei ist das Angebot immateriell, es erfordert wenig Einsatz. Es sind nur Worte. Vielleicht ist der Wunsch, Schmeichelei in Worte zu fassen, ein Motor bei der Entwicklung der Sprache gewesen. Es war immerhin Darwin, der feststellte, daß die Sprache sich zum Teil als eine Möglichkeit entwickelte, Menschen zum eigenen Vorteil zu manipulieren.

## Auf Lügen steht keine Strafe

Reziproker Altruismus heißt nicht, daß man Suppe an Obdachlose ausgibt oder in Kalkutta Leprakranke badet. Er ist nicht ohne Hintergedanken, er ist noch nicht einmal besonders ehrenhaft. Die natürliche Auslese schert sich nicht darum, ob man ehrlich ist oder nicht oder welche Motive man verfolgt. Sie erlaubt

Betrug, fördert ihn sogar. Der Eindruck einer in irgendeiner Form altruistischen Geste allein reicht schon aus, um den Austausch in Gang zu bringen. In anderen Worten: Es kann reichen, nett zu wirken, ohne wirklich nett zu sein, oder man kann sich eine gute Tat als Verdienst anrechnen, ohne sie wirklich zu tun. Der reziproke Altruismus tritt auf jeden Fall in Aktion. Die Evolution wird die Täuschung wahrscheinlich so lange begünstigen, bis eine Partei merkt, daß sie getäuscht wird. Die Evolutionspsychologie geht überdies davon aus, daß einige unserer eigenen Täuschungsmotive uns nicht zufällig, sondern aus einem tieferen Grund heraus verborgen bleiben.

In der Natur ist Nachahmung mehr als nur die ehrlichste Form der Schmeichelei; sie ist auch eine Überlebenstechnik. Die Natur kümmert sich nicht um die Wahrheit. Die natürliche Auslese begünstigt Ehrlichkeit oder Offenheit nicht. Organismen tun, was in ihrem eigenen genetischen Interesse liegt, und wenn der Betrug dazu gehört, dann gehört er eben dazu. Weil schlecht schmeckende Schmetterlinge in der Regel bunte Flügel tragen und Vögel gelernt haben, sie lieber nicht zu fressen, haben einige ziemlich wohlschmeckende Schmetterlinge eigene bunte Muster entwickelt, um hungrige Vögel abzuschrecken. Dieses Phänomen ist als Mimikry bekannt. Unscheinbare ungiftige Schlangen ahmen jetzt die auffällige Färbung hochgiftiger Schlangen nach, um Feinde abzuschrecken. Gelb-schwarz-gestreifte Insekten, die nicht stechen, sehen aus wie Wespen. Schönheit in der Natur ist oft tödlich oder aber zumindest nicht sehr ersprießlich. »... die Gene für Mimikry [werden] durch die natürliche Auslese begünstigt«, schreibt der Evolutionsbiologe Richard Dawkins in *Das egoistische Gen.*[15] Warum also sollten nicht auch die für Schmeicheleien zuständigen Gene begünstigt werden? Und der Schmeichler hat, anders als der wohlschmeckende Schmetterling, keinen natürlichen Feind in der freien Wildbahn.

Robert Trivers, der als einer der ersten über den reziproken Altruismus schrieb, ging davon aus, daß Täuschung in der Natur auch ihre eigene Entdeckung erzeugt. »Wenn beispielsweise die Täuschung ein Grundzug der Kommunikation unter Tieren ist«, schreibt er, »dann muß eine strenge Selektion wirksam sein, die darauf abzielt, Täuschungen festzustellen. Dies wiederum müßte zu einer Selektion zugunsten eines gewissen Ausmaßes an Selbstbetrug führen, eines Selbstbetrugs, der einige Tatsachen und Motive unbewußt werden läßt, damit sie nicht – durch die fast unmerklichen Zeichen der Selbstkenntnis – die ausgeübte Täuschung verraten.«[16] Mit anderen Worten: Wir betrügen uns auch selbst, um uns zu schützen. Wir glauben, daß wir ehrlich sind, auch wenn das gar nicht stimmt. Das macht gute Lügner so überzeugend.

Mit so viel Betrug draußen in freier Wildbahn muß die Auslese doch auch einige Tiere begünstigt haben, die in der Lage sind, diesen Betrug zu erkennen, denn sonst bestünde die gesamte Natur nur aus Halunken. Gleichzeitig muß die natürliche Auslese Betrüger begünstigt haben, die nicht wissen, daß sie täuschen. Wenn wir dies auf die Schmeichelei anwenden, dann wäre die logische Schlußfolgerung, daß es dort draußen ein paar Geschöpfe geben muß, die die machiavellistische Manipulation durch falsches Lob geradezu riechen können, und aus dem selben Grund auch Schmeichler, die gar nicht wissen, daß sie jemandem schmeicheln.

»Die Neigung, Lügen zu erzählen«, schrieb Jean Piaget 1932, »ist eine natürliche Neigung ... spontan und universell.« Bei der Schmeichelei geht es um eine positive Verstärkung unentdeckter Lügen. Natürlich ist nicht jede Schmeichelei eine Lüge – um so besser, wenn sie es nicht ist. Aber es gibt anscheinend wenig Unterschied in der Wirksamkeit desselben Lobes, sei es nun ehrlich gemeint oder nicht. Sie bekommen dieselbe Belohnung für den Ausspruch: »Ich finde deinen neuen Haarschnitt toll!«, egal, ob Sie wirklich dieser Meinung sind oder nicht. Es kommt darauf an, ob die Empfängerin der Schmeichelei Ihnen glaubt, und normalerweise wird sie es tun, besonders wenn sie sich selbst nicht ganz sicher ist, was ihre Frisur angeht.

Trivers' Behauptung, daß die Auslese jene begünstigen muß, die Betrug erkennen, ist offenbar im Fall der Schmeichelei nicht sehr zutreffend. Schmeichelei funktioniert, weil sie normalerweise nicht unter dem Verdacht des Betrugs steht. Die Menschen hinterfragen meist nicht, was sie gern hören. Es stimmt, die Natur hat uns anscheinend mit einer Intuition ausgestattet, die uns hilft, zwischen echten und falschen Gefühlen zu unterscheiden. Wir suchen nach Vertrauenswürdigkeit, aber wir glauben die

Falschheiten oft. Wir sind eher geneigt, die angenehme Lüge zu akzeptieren, als die unangenehme Wahrheit, die wir nicht hören wollen. Und welchen genetischen Vorteil haben wir bei den meisten Schmeicheleien, wenn wir sie aufdecken? Eigentlich keinen, es sei denn der Schmeichler will uns Böses.

Natürlich kann heuchlerische Schmeichelei verletzen. Es ist durchaus möglich, daß die natürliche Auslese Männchen begünstigt, die Weibchen in Hinblick auf ihr zukünftige Treue und Fürsorge täuschen können.[17] *Natürlich, Liebling, ich bleib zu Hause und kümmere mich um die Kinder.* Aus demselben Grund müßte sie auch Weibchen begünstigen, die solche Täuschungen durchschauen. Vielleicht sind Männer wirklich darauf programmiert, zu lügen (und sogar an ihre eigenen Lügen zu glauben), während Frauen darauf programmiert sind, diese Lügen zu durchschauen. Tatsächlich zeigen Untersuchungen, daß Männer sich durchweg netter, ehrlicher und vertrauenswürdiger darstellen, als sie eigentlich sind, während Frauen Treueschwüren skeptischer gegenüberstehen. Robert Wright erklärt, »daß uns die Evolution aus einer Spezies, deren männliche Individuen sich die weiblichen mit Gewalt gefügig machen, umgeformt hat zu einer Spezies, deren männliche Individuen für weibliche Ohren Süßholz raspeln, aber das heißt auch, daß dieses Süßholzraspeln derselben Logik gehorcht wie die physische Gewalt: es ist ein Mittel zur Manipulation weiblicher Individuen im Sinn männlicher Interessen...«[18]

Das Ergebnis ist eine gesunde weibliche Skepsis. Darwin ging davon aus, daß bei allen Tierarten das Männchen der Werbende ist. Männer legen Gelübde ab, daß sie liebevoll und treu sein werden, und Frauen müssen die Aufrichtigkeit und Haltbarkeit dieser Gelübde abschätzen. Eine andere Definition von »werben« lautet: »Sich um etwas bemühen oder etwas erbitten, vor allem mit einschmeichelnder Hartnäckigkeit«. Schmeichelei als Strategie soll die weiblichen Zweifel hinwegfegen.

Vom reziproken Altruismus scheinen alle in gewissen Maßen zu profitieren, aber man kann weitaus mehr dabei gewinnen, wenn man das System ausnutzt und damit durchkommt. Wenn ein Fremder Ihnen sein Essen anvertraut und verspricht, Ihnen nach seiner Rückkehr etwas abzugeben, dann können Sie sich sofort den Bauch vollschlagen und brauchen sich keine Gedanken darüber zu machen, daß Ihnen vielleicht nur die schlechteren Stücke bleiben, wenn er das Essen zuteilt. Das Problem dabei ist nur, daß Sie leicht erwischt werden können. Ist es also das Risiko wert? Kurzfristig gesehen bekommt man natürlich mehr Nährstoffe und Energie, wenn man nicht gerade mit der Hand in der Keksdose erwischt wird. Ausnutzung ist der Kooperation immer vorzuziehen – solange man nicht geschnappt wird. Das mag bei einem einzelnen und auf kurze Sicht durchaus funktionieren, aber letztlich wird es kontraproduktiv, wenn zu viele Individuen es zu lange so machen. Dann verwandelt sich der reziproke Altruismus in reziproke Niedertracht, und wir alle verlieren.

»Organe entwickeln sich nur, wenn ihr Nutzen ihre Kosten überwiegt«, schreibt Steven Pinker in seinem großartigen Buch *Wie das Denken im Kopf entsteht.* Auch die Schmeichelei hat sich aufgrund einer Kosten-Nutzen-Rechnung entwickelt. Und bei einer solchen Kosten-Nutzen-Rechnung steht die Schmeichelei ganz klar auf der Gewinnerseite. Sie verursacht ziemlich geringe Kosten – selbst wenn jemand denkt, daß Sie dabei unaufrichtig sind, ist das noch lange nicht strafbar. Die Menschen mögen es. Der Schriftsteller und Herausgeber Michael Kinsley hat gesagt, daß die unehrliche Schmeichelei die schmeichelhafteste ist, denn sie zeigt, wie sehr dieser Mensch sich verpflichtet fühlt, daß er sogar zu solchen Tricks greift, um sich beliebt zu machen. *Hey, ich glaube Ihnen nicht, aber ich weiß die Absicht zu schätzen.* Es steht keine Strafe auf falsche Schmeichelei. Im Gegenteil, sie hat grenzenlose Möglichkeiten. Schmeichel dem König, und plötzlich findest du dich direkt neben ihm wieder. Schmeicheln Sie Ihrem Chef, und sie können die Nummer Zwei vom Stuhl stoßen – oder vielleicht sogar den Chef selbst.

## Alles eine Sache der Chemie

Vielleicht wirkt Schmeichelei auch einfach nur wegen der Chemie. Genauer gesagt: wegen des Serotonins.

Schmeichelei kann eine sehr angenehme biochemische Reaktion im Gehirn auslösen, und es ist durchaus möglich, daß sie bei

Schimpansen und Menschen ähnlich ist. Eine neuere Studie von Michael McGuire, einem Professor an der University of California in Los Angeles, bei Vervet-Meerkatzen hat gezeigt, das dominante Männchen doppelt so viel Serotonin im Blut hatten wie rangniedere Männchen.[19] Er stellte fest, daß der Serotonin-Spiegel bei einem gestürzten Alpha-Männchen sank, während der seines Nachfolgers in die Höhe schoß. Der Serotonin-Anstieg scheint zugleich Ursache und Wirkung zu sein, aber der faszinierendste Aspekt dabei war McGuires Feststellung, daß er das Serotonin eines dominanten Männchens einfach dadurch sinken lassen konnte, indem er ihn hinter eine einseitige Spiegelwand setzte, durch die die anderen Mitglieder seiner Gruppe sein dominantes Gehabe nicht wahrnehmen konnten, er aber andererseits ihr Verhalten beobachtete. Mit anderen Worten, es war der Anblick des unterwürfigen Verhaltens seiner Günstlinge, der offenbar die neurohormonalen Veränderungen beim Alpha-Männchen bewirkte und schließlich zu einem Anstieg des Serotonins führte. Es steigt also durch das, was wir vielleicht Schmeichelei in Form von Verbeugungen und Kriechereien oder anderem unterwürfigem Verhalten nennen würden. Wenn sich also ein Höfling tief verbeugt und dem König verkündet: »Ihr seid der größte und mächtigste Mann der Welt«, bekommt der Serotonin-Spiegel einen kleinen Kick, und das macht den König glücklich. Es ist gut, der König zu sein.

Serotonin ist ein Neurotransmitter, eine chemische Substanz, die dazu eingesetzt wird, Informationen im Gehirn von Zelle zu Zelle weiterzugeben. Unser Gehirn produziert seinen Nachschub an Serotonin selbst aus Tryptophan, einer Aminoäure, die in eiweißreichen Nahrungsmitteln wie Fleisch, Fisch und Milch enthalten ist. Serotonin ist im Grunde lebensnotwendig. Würmer und Meeresschnecken produzieren es ebenso wie Schimpansen und Professoren. Jüngste Studien haben ergeben, daß Serotonin unter anderem die Sinnesnerven beruhigt, die Hunger- und Schmerzgefühle vermitteln, und auch Neuronen im limbischen System des Gehirns ruhigstellt. Niedrige Serotoninwerte spielen offenbar auch eine Rolle bei Depressionen (suizidgefährdete Menschen haben extrem niedrige Serotonin-Spiegel) und bei Gewalttätigkeit (eine Studie mit Wiederholungstätern in den Niederlanden zeigt, daß sie ebenfalls äußerst wenig Serotonin im Blut haben). Anders herum führt ein höherer Serotonin-Spiegel offenbar zu größerem Glück oder Zufriedenheit. Prozac, die amerikanische Glücksdroge aus der Apotheke, steigert den Serotonin-Nachschub im System, sorgt dafür, daß er länger erhalten bleibt, und macht den Patienten dadurch rundum zufriedener.

McGuire schreibt in seiner Studie, daß eher der Anblick unterwürfigen Verhaltens als die eigentliche Erlangung von Macht an sich den Serotonin-Spiegel der Schimpansen ansteigen läßt. Das schmeichelnde Verhalten also und nicht die Leistung, die man erbracht hat, um jemanden dazu zu bringen, daß er einem schmeicheln will, erzeugt die positive Verstärkung in Form von Serotonin, das das Gehirn durchflutet. Negatives Feedback, so schreibt McGuire, läßt den Serotonin-Spiegel sinken. Wir können davon ausgehen, daß Schmeichelei – die *per definitionem* eine positive Rückmeldung ist – die Serotonin-Produktion ankurbelt. Ob ein hoher Serotonin-Spiegel das Ergebnis eines hohen Status ist oder die Erlangung eines hohen Status das Ergebnis eines hohen Serotonin-Spiegels, weiß offenbar niemand. Aber es gibt eine klare Korrelation zwischen hohem Status und hohen Serotonin-Werten, und wir wissen, daß ein hoher Status dazu beiträgt, daß sich die Menschen besser fühlen.

Viele Sozialwissenschaftler weisen darauf hin, daß Macht an sich schon ein gutes Gefühl entstehen läßt. (McGuire und ein Kollege zeigten in einer anderen Untersuchung, daß die Funktionäre von Studentenverbindungen um 25 Prozent höhere Serotonin-Werte haben als normale Mitglieder.) »Alle Untersuchungen zeigen, daß geistige Gesundheit und Zufriedenheit mit sich selbst mit dem Status zusammenhängen«, sagt Dr. David Kipnis von der Temple University. »Je mehr Ressourcen man kontrolliert, desto besser fühlt man sich.« Anders herum fühlt man sich um so schlechter, je weniger Ressourcen man kontrolliert. Macht mag korrumpieren (und glücklich machen), aber Machtlosigkeit korrumpiert ganz sicher.

Wie man es auch wendet, es sieht so aus, als sei Schmeichelei oder etwas, das ihr nahe kommt, biologisch vorgegeben. Ob sie von der Evolution begünstigt wird, weil sie hilft, die Gene an die nächste Generation weiterzugeben, oder ob sie eine positive chemische Reaktion hervorruft, weil sie den Menschen hilft, zu überleben, weiß niemand. Aber offenbar ist Schmeichelei dem Überleben und Gedeihen förderlich, und wenn man der Empfänger von Schmeicheleien ist, fühlt man sich mächtig. Und das wiederum ist, wie Henry Kissinger uns freundlicherweise mitgeteilt hat, das beste Aphrodisiakum.

Doch die natürliche Auslese kümmert sich nicht um die Moral. Bestimmte Verhaltensweisen werden begünstigt, nicht weil sie gut oder schlecht sind, sondern weil sie einem Geschöpf beim Kampf ums Überleben helfen. Schmeichelei ist, denke ich, eine dieser Verhaltensweisen. Und aus der Perspektive der Evolution ist sie weder moralisch noch unmoralisch, sondern einfach nützlich.

Fühlen Sie sich also nicht schuldig, wenn Sie schmeicheln, um etwas zu bekommen, das Sie haben wollen. Es ist der Lauf der Natur. Gewissen ist, so hat es H. L. Mencken gesehen, einfach »die innere Stimme, die uns davor warnt, daß jemand zuschauen könnte«. Und denken Sie daran: Wenn jemand zuschaut, ist Schmeicheln vielleicht der beste Weg, mit ihm fertigzuwerden.

Kapitel 2

# Man *kann* Schmeicheleien mit ins Grab nehmen

## Bleib, wie du bist – du bist vollkommen

Ägypten wirkte schon in der Augen der antiken Menschen altertümlich. Die Griechen des 1. Jahrhunderts betrachteten die Pyramiden mit derselben Ehrfurcht wie wir den Parthenon. Tausend Jahre bevor die Minoer ihren Palast in Knossos auf Kreta errichteten, stand die Kultur der Ägypter schon in voller Blüte. Neunhundert Jahre bevor Moses die Israeliten in die Wüste führte, waren sie eine religiöse Nation. Die ägyptische Kultur überdauerte beinahe drei Jahrtausende von etwa 3100 v.Chr. an, eine Zeitspanne, die um die Hälfte länger ist als die Zeit von Christi Geburt bis zum Bau des Computer-Chips, mit dessen Hilfe ich diesen Satz tippe.

Denken Sie einen Moment an all die verblüffenden, das Leben verändernden Umwälzungen, die zwischen Christi Geburt und heute stattfanden. In der gleichen Zeitspanne veränderte sich im antiken Ägypten beinahe gar nichts. In der modernen Kultur ist Veränderung vielleicht das einzig Beständige, im alten Ägypten war sie der beständige Feind. Für die Ägypter war Veränderung gleichbedeutend mit Chaos und deshalb unbedingt zu vermeiden. Sie fürchteten jede Art von Abweichung in ihrer Kultur, und ihr Reich veränderte sich in drei Jahrtausenden weitaus weniger stark als Europa und Amerika in den zwei Jahrzehnten zwischen den beiden Weltkriegen.

Die Ägypter haßten Veränderungen, weil in ihrer Kosmologie die Welt in dem Moment vollkommen war, in dem sie von den Göttern geschaffen wurde – alles, was sich veränderte, nagte an ihrer Vollkommenheit. Ihre Einstellung war: *Es ist nicht kaputt, also muß man es auch nicht reparieren.* Alles war, wie es sein sollte – heil, vollständig, richtig. Vollkommenheit bedeutete ewige Beständigkeit.

Die Kultur der Ägypter war zutiefst konservativ. Harmonie war der Status quo. In unseren Augen ist der soziale Wandel ein Schlüssel zur Weiterentwicklung der Kulturen. Doch im Grunde ist Trägheit ein Fundament erfolgreicher sozialer Systeme, und die Ägypter schafften es, diese Trägheit jahrtausendelang zu kultivieren. Es gab eine eingeschliffene Routine. Mark Twain definierte einmal einen Engländer als jemanden, der die Dinge so tut, wie man sie schon immer getan hat. Er kannte die alten Ägypter nicht.

Ägypten war eine hierarchische Gesellschaft, in der es für jeden einen Platz gab und jeder seinen Platz kannte. An der Spitze stand der Gottkönig, der Pharao, und unter ihm standen in absteigender Reihenfolge die Wesire, die Provinzstatthalter, die höchsten Beamten – die alle dem Adel entstammten –, gefolgt von den Priestern, Schreibern, niederen Beamten, Arbeitern, Dienern und Bauern. Es gab kaum soziale Mobilität – und in einem solchen Falle, mit strenger Hierarchie und wenig sozialer Mobilität, wird die Schmeichelei so formell und streng wie die Hierarchie, die sich in ihr spiegelt.

Die Rolle der Schmeichelei in einer konservativen Kultur ist ebenso unveränderlich wie alles andere auch. In einer Kultur mit sozialer Mobilität muß sich die Schmeichelei den Veränderungen anpassen und variiert mit der Hierarchie. Sie kann oft ein Mittel zur Veränderung sein, ein Motor der sozialen Mobilität, eine Möglichkeit, auf der sozialen Leiter emporzuklettern. Aber in einer Kultur ohne Leitern ist die Schmeichelei so statisch und schichtenabhängig wie die Hierarchie. Über Jahrtausende hinweg bleiben die Formen der Schmeichelei so kodifiziert und ritualisiert wie alles andere in der Gesellschaft.

Schmeichelei im alten Ägypten war etwas Unpersönliches und Monumentales. Sie war auf Größe angelegt. Die Pyramiden sind die größten Grabsteine, die die Welt je gesehen hat; Tribute, wie Samuel Johnson bemerkte, »an die Unzulänglichkeit menschlichen Besitzes«. Sie waren monumentale Übungen in Eitelkeit und übergroße Reklametafeln für ihre Besitzer, große öffentliche

Arbeiten, die Hunderttausende in Arbeit und Brot hielten. Sie waren Denkmäler für die Ewigkeit, und jede sollte nur der Eitelkeit eines einzelnen schmeicheln.

Die Könige des alten Ägypten waren keine Sklaven der Götter, sondern selbst Götter. Als König und Gott war der Pharao allen Untertanen alles. Er war der Kopf von Kirche und Staat – wobei das allerdings kein großer Unterschied war. Seit dem Beginn der ägyptischen Kultur wurden die Könige im allgemeinen ungeheuer groß dargestellt, während alle anderen – selbst ihre Frauen – wie Liliputaner aussahen. Im Jahr 1500 v.Chr. schrieb ein Beamter über den König: »Er ist ein Gott, durch dessen Handeln man lebt, Vater und Mutter aller Menschen, allein bei sich selbst, niemand gleicht ihm.« Dieses Kompliment ist kaum zu übertreffen.

In der ägyptischen Kosmologie war der König notwendig, um das Gleichgewicht der göttlichen Ordnung aufrechtzuerhalten. Der König repräsentierte Stabilität. Auf Erden war er das absolute Zentrum eines ganz auf dieses Zentrum ausgerichteten Lebens. Und schließlich hingen alle Ämter vom König ab, alle Gunstbeweise und Ehrungen kamen von ihm, aller Reichtum und alle Macht gingen von ihm aus. Ein Pharao, Cheti II., soll bemerkt haben: »Das Königtum ist ein guter Beruf.«[1] Aber einer, an den man schwer herankam.

Die ägyptische Gesellschaft war selbst wie eine Pyramide aufgebaut. An der Spitze stand der Pharao, unter ihm der Wesir, gefolgt von den Adligen und hohen Beamten. Der Wesir war der stellvertretende Befehlshaber. Weil er aber nie König werden konnte und es auch nie wollte, fand er Trost darin, so viele Titel wie nur möglich anzuhäufen. Der Wesir war nicht einfach ein Wesir; er war der Siegelträger des Königs, der Einzige Gefährte des Königs, der Aufseher der Felder und der Königlichen Residenz. Bei den Statthaltern wurde die anfangs durch Delegation übertragene Macht, die zivile Verwaltung zu leiten, allmählich zu einem erblichen Recht. Die Armee bot wahrscheinlich die besten Aufstiegsmöglichkeiten in der ägyptischen Gesellschaft, denn ein tapferer Krieger von niedriger Herkunft konnte dann und wann ins Beamtentum gelangen. Ein anderer Weg war die Ausbildung zum Schreiber. Sie wurde bei besonderen Verdiensten gewährt, aber üblicherweise waren nur die Kinder der Wohlhabenden gebildet genug, einen Platz zu ergattern. (Wenn sie nicht gerade irgendwelche Listen anfertigten, verbrachten die Schreiber den Großteil ihrer Zeit damit, Loblieder auf den König zu verfassen.) Am untersten Ende der Pyramide stand die bei weitem größte Gruppe der Bauern und Arbeiter.

In der ägyptischen Gesellschaft war es das größte Ziel auf Erden, die Wertschätzung des Pharao zu gewinnen, und die größte Belohnung, in seiner königlichen Gunst zu stehen. Die Oberschicht bestand aus einer kleinen Erbkaste von Soldaten, Priestern und Beamten, die die öffentlichen Arbeiten überwachten, Recht sprachen und die ausgeklügelte ägyptische Bürokratie am Laufen hielten. Die wichtigste Auszeichnung für jeden ägyptischen Adligen (die auch immer auf ihren Gräbern in Stein festgehalten wurde) lautete: »Er war überaus begünstigt und geschätzt vom König.« Oft verbrachten sie ihr ganzes Leben auf der Jagd nach einem freundlichen Wort aus dem Munde des Pharao. Und natürlich setzten sie als Köder ihre Komplimente ein, mit denen sie den König überschütteten.

Nur für den Fall, daß jemand nicht wußte, wie man einem Pharao richtig schmeichelt, gab es Texte, die wir heute als Benimm-Ratgeber bezeichnen würden, Vorläufer der Hofliteratur der Renaissance (siehe Kap. 6). Einer der bekanntesten war die *Lehre des Ptahhotep*, die im Alten Reich geschrieben und von unzähligen Generationen altägyptischer Schuljungen studiert wurde. Wie Machiavellis *Fürst* und Castigliones *Hofmann* bietet auch dieses Buch Rat und Belehrung zum Verhalten bei Hofe. Wie jene Bücher behandelt es auch und vor allem die Kunst des Einschmeichelns. Und wie die Briefe Lord Chesterfields, das große Hofhandbuch des 18. Jahrhunderts, ist es in Form von Ratschlägen eines alternden Wesirs an seinen weltfremden Sohn verfaßt. Es verbindet allgemeingültige Beobachtungen zum Alltagsleben mit konkreten und detaillierten Empfehlungen zur Hofetikette. Hier finden sich nicht die Alltagsweisheiten eines klugen alten Onkels, sondern die strikten Vorschriften des Leiters einer Militärakademie. Schließlich blieb die ägyptische Etikette über Jahrhunderte hinweg völlig unverändert.

Zum Beispiel beschreibt der Autor ganz genau, wie man sich seinen Vorgesetzten gegenüber verhalten sollte: demütig und gehorsam. Immer.

*Wenn du ein Gast bist*
*am Tische eines, der größer ist als du,*
*dann nimm, was er dir gibt, wie man es dir vorlegt.*
*Blicke nicht auf das, was vor ihm liegt,*
*sondern blicke immer nur auf das, was vor dir liegt.*
*Durchbohre ihn nicht mit vielen Blicken –*
*der Ka haßt es, so bedrängt zu werden.*
*Halte deinen Kopf gesenkt, bis er dich anspricht,*
*und rede nur, wenn er dich angesprochen hat.*
*Lache nur, wenn er gelacht hat,*
*das wird ihm sehr angenehm sein,*
*und deine Haltung wird dem Herzen wohltun ...*
*Der Große gibt, wenn einer nicht aufdringlich ist.*[2]

Zuerst die Schmeichelei, dann die Belohnung. »Lache, wenn er gelacht hat« ist eine der vollkommensten und elegantesten Regeln des Kriechertums. Die Soziologen des 20. Jahrhunderts haben einen nicht annähernd so eleganten Begriff dafür erfunden: Meinungskonformität. Die Regel ist immer erfolgreich angewandt worden, und sie gehörte seit jeher zum Glaubensbekenntnis jedes Schmeichlers.

Ptahhotep war anders als spätere Führer des Hoflebens nicht am Charme interessiert. Es ging ihm nicht um ein angenehmes Wesen. In einem so rigiden System wie dem ägyptischen war kein Platz für Charme, wenn es ihn denn überhaupt gab. Ptahhotep empfiehlt einen rein strategischen Einsatz der Schmeichelei.

Denn wie der Wesir schreibt: »Der Große gibt, wenn einer nicht aufdringlich ist.« Sowohl die Demut, zu der er rät, wie auch die Gunst, die im Austausch gewährt wird, sind rein formelhaft. Die Gleichung lautet: *Sei demütig, und er wird dir wohl gesonnen sein, und derjenige, dem er wohl gesonnen ist, bekommt viel.* Aber es gibt keine Alternative zur Demut, denn wenn man sich über den Status quo hinwegsetzt, kostet das nur den eigenen Kopf.

*Wenn du in einem Vorzimmer bist,*
*dann stehe oder sitze, wie es dir zusteht*
*und wie es dir vom ersten Tage an beigebracht worden ist.*
*Mißachte das nicht; vermeide, daß du zurückgewiesen wirst ...*
*Gott (d.h. der König) ist es, der die Plazierung verbessert,*
*der den Platz eines beweglichen Mannes vorrückt;*
*aber nicht wird man vorangebracht, wenn man seine Ellenbogen gebraucht.*[3]

Erkenne den Status quo an. Sage kein mißbilligendes Wort. Schuster, bleib bei deinen Leisten. Stelle deine Vorgesetzten nicht in Frage. Eine unbeugsame Regel: Bring das Boot nie ins Schwanken. In einer konservativen Gesellschaft sollte man keine Kritik üben. Die jeweiligen Machthaber machen alles so, wie sie es wollen, also verweist jede Kritik, wie gewunden auch immer, auf sie zurück. In einer Gesellschaft, die sich seit Jahrhunderten nicht verändert hat, für Veränderungen einzutreten, steigert die Beliebtheit bei den Herrschenden nicht gerade. Kritik fällt wie ein Bumerang auf den Kritiker zurück. Verleumdung ist das Gegenteil von Schmeichelei, und der *ka* haßt so etwas mehr als alles andere. Die Forderung des *ka* ähnelt dem, was Ihre Großmutter Ihnen immer gesagt hat: Wenn du nichts Nettes über jemanden zu sagen hast, dann sag gar nichts. (In unserer modernen Schmeichelkultur müssen Sie damit allerdings vorsichtig sein, denn Schweigen wird meist als Kritik ausgelegt.)

Doch nicht jedes Schweigen ist gleich. Ptahhotep schreibt über eine Form des Schweigens, die besonders schmeichelhaft sein kann: das Zuhören. Aufmerksames Zuhören ist eine starke Form des Einschmeichelns. Es gibt dem Sprecher ein gutes Gefühl und erhöht seine Wertschätzung des Zuhörers. In den Managerhandbüchern, die in den letzten Jahrzehnten so reißenden Absatz fanden, wird es immer als die Geheimwaffe aller Untergebenen dargestellt.

Zuhören, so sagt Ptahhotep, tut nicht nur dem Zuhörer gut (man lernt nicht während man spricht, sagt ein japanisches Sprichwort), sondern schmeichelt auch dem Sprecher. Und es hinterläßt bei ihm den Eindruck, daß der Zuhörer klug ist.

*Wen Gott liebt, der kann hören,*
*aber nicht kann hören, wen Gott verwirft.*
*Hören ist besser als alles andere, es führt zu schöner Beliebtheit, ...*
*während Irrgang dem widerfährt, der nicht hört.*[4]

Gott, also der Pharao, haßt jene, die nicht zuhören, denn sie schenken ihm keine Aufmerksamkeit. Der Mangel an Aufmerksamkeit, an Beachtung, ist das Gegenteil der Schmeichelei. Es ist eine Art Feindseligkeit. Niemand wird gern ignoriert.

Wenn wir von großen Schmeichlern hören, denken wir an gewandte Redner, aber auch große Zuhörer schmeicheln mit ihrer gespannten Aufmerksamkeit. Zuhören kann eine aktive Tätigkeit sein. Es gibt aggressive Zuhörer, die dem Menschen schmeicheln, dem sie zuhören, indem sie jeden Ausdruck, jede Silbe, jede Nuance aufzusaugen scheinen. Haben Sie einmal Bill Clinton bei einer Wahlkampfveranstaltung beobachtet? Wenn jemand eine Frage stellte, steckte er das Mikrophon in die verschränkten Arme (ein Zeichen, daß er nicht reden wird, bevor der Fragende fertig ist), lehnte sich zum Sprechenden hinüber, neigte oft ein Ohr in seine Richtung. Seine Augenbrauen zogen sich vor Konzentration zusammen, seine Augen wurden zu ruhigen Seen der Einfühlung. Welcher Wähler ist nicht geschmeichelt, wenn ihm der Führer der freien Welt mit so gespannter Aufmerksamkeit lauscht?

Aber nicht bei allen Ratschlägen Ptahhoteps geht es um das Einschleimen beim Boß. Einige beschäftigen sich auch mit der richtigen Strategie, selbst ein geachteter Führer zu werden. Der Führer, so sagt er, muß das Vertrauen der Menschen gewinnen. Aber selbst dabei gibt es ein verborgenes Motiv: Er sollte auch das eigene Ansehen steigern.

*Wenn du mit Menschen zu tun hast,*
*dann gewinne dir Anhänger als ein vertrauenswürdiger Mann.*
*Vertrauenswürdig zu sein ist gut für deinen Namen.*
*Wer nicht den Begehrlichkeiten seines Leibes gehorcht,*
*beherrscht die Dinge, ...*

*Wenn er dann ein führender Mann geworden ist,*
*dann entspricht seine Reputation seiner Autorität ...*
*Du hast (dann) einen guten Namen, und es gibt kein*
*Gerede über dich ...*
*man rühmt dich hinter deinem Rücken.*[5]

Von Ptahhotep über Platon und Castiglione bis zu Dale Carnegie wird (wie wir noch sehen werden) die Größe gemessen am Lobpreis der anderen, dem erstrebenswertesten Ziel ehrgeiziger Menschen. Und schon tausend Jahre vor Aristoteles erklärt Ptahhotep wie später auch der griechische Philosoph, daß Ansehen das höchste Ziel ehrgeiziger Männer sei. Für Ptahhotep ist das Vertrauen der Menschen nicht so sehr ein Ziel an sich, sondern vor allem ein Mittel, um Ansehen zu gewinnen, ein Mittel, um als vertrauenswürdiger Mann zu gelten. Sein Ratschlag wirkt vielleicht ein bißchen fragwürdig, ist aber ganz und gar nicht heuchlerisch. Er kann sich anders als spätere Hofphilosophen nicht vorstellen, daß Ansehen und Verhalten im Widerspruch stehen könnten.

## Ein kleines Stück des Himmels

Für den Ägypter war die Vorbereitung auf den Tod die eigentliche Aufgabe des Lebens, denn er glaubte, daß man alles mitnehmen kann, wenn man stirbt. Die Maxime der Ägypter lautete: *Wenn man nicht alles Nötige mitnimmt, wird es keine sehr angenehme Reise.* Unter anderem deshalb bestatteten sie ihre Toten mit unzähligen Kissen: Man wollte es auf der Reise ins Jenseits bequem haben. Und der ägyptische Adel reiste nicht mit der Kutsche.

Sie glaubten an ein Leben nach dem Tode, das genau so war wie dieses Leben, nur besser. Das Leben nach dem Tod war eine Art Sammlung der weltlichen Genüsse: besseres Essen, mehr Geld, zeitlose Schönheit, vollkommener Sex, immer nur Spiele und keine Arbeit.[6] Im Jenseits gab es keine Tränen. Tod ohne Tränen; Tod, aber keine Steuern.

Die Wände ägyptischer Gräber zeigen das Jenseits, wie man es sich damals vorstellte. Es ähnelt dem Diesseits durchaus: Menschen fahren Boot auf dem Nil, jagen Enten in den Sümpfen, picknicken am Fluß, trinken Wein in schattigen Gärten. Der Himmel war ihrer Vorstellung nach einfach eine vollkommene Erde – nicht so sehr eine bessere Welt, sondern vielmehr die Rückkehr in das Paradies, das die Welt im Moment der Schöpfung gewesen war.

Weil die altägyptische Religion so vom Tode besessen war, bestand die größte Leistung in einem hohen Rang nicht nur im Diesseits, sondern auch im Jenseits. Es gab auch im Tod eine Hackordnung, die noch strenger beachtet wurde als die im Leben. Jeder, der sich ein anständiges Grab leisten konnte, sparte keine Kosten, um es mit allem auszustatten, was er im Jenseits brauchte – also erst einmal alles, auf das man auch im Diesseits nicht verzichten wollte: Nahrung, Kleidung, Möbel, Werkzeuge und Spiele, um sich die Zeit in der Ewigkeit zu vertreiben. Dahinter stand die Vorstellung einer sehr langen Reise. Einem Mann zu sagen, daß er gut auf das Jenseits vorbereitet sei, galt als großes Kompliment. Je höher man im Leben gestiegen war, desto mehr Vorbereitungen traf man für den Tod. Tutanchamun wurde mit genügend frischem Obst und Gemüse für eine ganze Division der ägyptischen Armee beigesetzt. Könige und Adlige wurden mit den Gegenständen bestattet, die sie im Leben am liebsten hatten. (Dem gleichen alten Prinzip folgend gab Frank Sinatras Familie dem alten Schwerenöter eine Flasche Jack Daniels, ein Päckchen Camels und ein Einwegfeuerzeug mit ins Grab.)[7]

Tutanchamun war kein großer Pharao – im Gegenteil, er war völlig durchschnittlich, ein unreifer junger König, der in keiner Hinsicht Besonderes leistete. Wir kennen seinen Namen einfach deshalb, weil sein Grab nicht ausgeraubt war, als man es entdeckte. Er kam im 14. Jahrhundert v.Chr. als Zehnjähriger auf den Thron und starb mit neunzehn, ohne je ein Schlachtfeld zu Gesicht bekommen zu haben. Dennoch ist sein Grab voller Bilder von ihm als großem Krieger. Tutanchamun, der einen Streitwagen im rasenden Lauf lenkt. Tutanchamun, der seine Streitmacht in den Kampf führt. Tutanchamun, der triumphierend mit einer Schar Gefangener aus der Schlacht zurückkehrt. Die

Großartigkeit seines Grabes – und der Text der dort angebrachten Inschriften – läßt glauben, daß Tutanchamun ein ägyptischer Napoleon gewesen sei. Aber er war ein Niemand, ein Nichts, eine Null.

Sein Hof und sein Gefolge schmeichelten ihm sogar noch nach seinem Tod – eigentlich besonders nach seinem Tod –, und zwar nicht wegen irgendeines Verdienstes, das er im Leben errungen hatte, sondern aus Pflichtbewußtsein, Loyalität und in der unausgesprochenen Erwartung, daß jemand das Gleiche für sie tun würde, wenn ihre Zeit kam. Wenn reziproker Altruismus den Lebewesen hilft, ihre Gene in die nächste Generation hinüberzuretten, dann leistete die reziproke Bestattungspolitik der Ägypter etwas, das ihnen noch wichtiger war: Sie rettete ihre Seele in das Leben nach dem Tod hinüber. Ins Diesseits schaffte es jeder; die Leistung bestand darin, es ins Jenseits zu schaffen.

Im Falle Tutanchamuns war diese Schmeichelei im Tode noch aufwendiger als im Leben. Man scheute keine Kosten. Sein eigentliches Grab, der innerste Sarg, war aus 110 Kilogramm purem Gold gegossen. Sein mumifizierter Körper war in mehrere hundert Meter feinstes Leinen gehüllt und mit 143 Wertgegenständen geschmückt: goldenen Sandalen, goldenen Ringen, Halsbändern, Armbändern, Anhängern, Amuletten. Es gab Dutzende zierlicher Fächer, die ihm Kühlung zufächeln konnten, falls es ihm zu warm werden sollte, mehrere Dutzend Statuetten von Dienern, die ihm aufwarteten, dazu noch zwei Streitwagen und ein zerlegbares Feldbett. Eine wunderbar bemalte Holztruhe, auf deren Brettern er im Kampf dargestellt war, enthielt Schuhwerk zum Wechseln und war hilfreich mit dem Etikett: SANDALEN SEINER MAJESTÄT. LEBEN, GESUNDHEIT, STÄRKE! beschriftet.

Eine sehr lange Zeit in der ägyptischen Geschichte war das Jenseits nicht jedem zugänglich. Der Himmel war nicht das kleinste bißchen demokratisch. Mehr als eintausendfünfhundert Jahre lang war der Pharao der einzige Mensch in der ägyptischen Gesellschaft, der sich auf ein Leben nach dem Tod freuen konnte. Nur er allein würde in die Ewigkeit segeln. Nur er allein würde nach seinem Tod auferstehen. Die großen Grabanlagen mit all ihrem Reichtum, mit all den tausenden Mannstunden Arbeitsaufwand, dienten alle nur dazu, diesem einem Mann in die Ewigkeit zu verhelfen – die nicht gerade überfüllt war. Der ägyptische Himmel wurde nur von den Pharaonen bevölkert. Er war der exklusivste Club, den man sich vorstellen kann. In einem religiösen Text fragt ein König den Schöpfergott Atum, wie lange sein Leben denn währe. Atum antwortet: »Dir ist bestimmt, Millionen und Abermillionen Jahre zu leben, die Lebensspanne von Millionen.«[8] Das ist Schmeichelei für die Ewigkeit.

Nach ihrem Tod wurden die Pharaonen üblicherweise siebzig Tage lang einbalsamiert. Der mumifizierte Körper wurde auf einer Barke zur Schau gestellt. Die Wandgemälde auf den Mauern der Pharaonengräber zeigen tausende Trauernde. Tatsächlich heuerten die Ägypter oft professionelle Trauergäste an, die die Reihen beim königlichen Begräbnis auffüllten und auf ein Zeichen hin zu weinen begannen. Dies ist vielleicht der früheste Beleg für solche »Begräbnis-Claqueure«.

Um etwa 1800 v.Chr. nahm das Jenseits auch die Familie des Pharao, den Adel und das höfische Gefolge auf. Die Adligen erreichten die Unsterblichkeit durch ihre Nähe zum König – und wenn das kein Anlaß zur Schmeichelei war, dann weiß ich nicht, wie ein solcher Anlaß aussehen sollte. Je näher man dem Pharao stand, desto größer war die Wahrscheinlichkeit, daß man ins Jenseits gelangte. Begehrt war ein Grab mit Blick auf das des Pharao, denn der Pharao hatte ja zu dieser Reise eingeladen. Bei der Wahl der Begräbnisstätte kam es nur auf eines an: die Lage, die Lage, die Lage. Im Tode wollte man dem König noch näher sein als im Leben. Hier winkte die ultimative Belohnung für ein Leben als Speichellecker: Unsterblichkeit.

Der Himmel öffnete sich allmählich für das gemeine Volk. Man durfte Diener mitbringen, besonders wenn sie sich zu Lebzeiten um ihren Herrn und Meister verdient gemacht hatten. Das klingt eigentlich ganz gut, bis man feststellt, daß die getreuen Gefolgsleute getötet wurden, um den Pharao auf seiner Reise zu begleiten. Dann wurden sie mit ihrem dahingeschiedenen Herrn beigesetzt. Die gute Nachricht war, daß man in den Himmel kam; die schlechte, daß nur noch zwanzig Minuten Zeit bis zur Abfahrt waren. Im Grunde ist es eine weitere, extreme Form von

Selbstschmeichelei, Diener zu töten, damit man auch im Tode nicht auf ihre Dienste verzichten muß.

Gegen Ende des Mittleren Reiches war das Jenseits völlig demokratisiert. Alle Männer und Frauen konnten mit einem Leben in einer anderen Welt rechnen. Diese Änderung gab den einfachen Ägyptern einen Grund, ihrer Nationalreligion zu huldigen, denn jetzt hatten sie dabei etwas zu gewinnen. Sie waren Teil des Systems. Doch als sich die Möglichkeiten für die arbeitenden Schichten vergrößerten, mußte der Adel zeigen, daß er immer noch etwas Besseres war. Gerade als die einfachen Ägypter eine Chance auf das Jenseits und ein Grab bekamen, begann die Aristokratie, ein zweites Grabmal für jedes ihrer Mitglieder anzulegen, weiter entfernt von der Stadt und den Gräbern der Plebs, eine Art Landhaus für die Zeit nach dem Tode.

## Monumente für die Ewigkeit

Die Könige von Ägypten bauten lieber Nekropolen für sich selbst als Metropolen für ihre Untertanen. Stellen Sie sich vor, daß alle Gebäude, die Donald Trump je gebaut hat, an einem Ort stünden und nur einen Bewohner hätten: ihn selbst. Und nicht nur bis zu seinem Tode. (In Anbetracht von Mr. Trumps übergroßer Eitelkeit klingt das Beispiel gar nicht so weit hergeholt.) Stellen Sie sich vor, der Präsident der Vereinigten Staaten würde von seinem Amtsantritt an das gesamte Verkehrs- und Bau-Budget des Landes benutzen, um sich nicht nur eine Präsidentenbibliothek, sondern gleich eine ganze Stadt zu bauen, die den einzigen Zweck hätte, ihm als Stätte der ewigen Ruhe zu dienen. In dem Moment, in dem ein Pharao den Thron bestieg, begann er seine Grabanlage zu planen.

Nehmen wir die Pyramide des Cheops in Giseh. Baubeginn war bei Thronbesteigung; man brauchte zwanzig Jahre, um sie zu bauen, Zehntausende Arbeiter und etwa sechs Millionen Tonnen Steine, die größtenteils an die achthundert Kilometer weit bis zur Baustelle transportiert werden mußten. Und all das vor der Erfindung des Rades. Der wichtigste Antrieb beim Transport dieser gigantischen Granitstücke war die menschliche Muskelkraft.

Im Grunde wurden sogar die Pyramiden selbst und die zu ihrem Bau nötigen Techniken von einem Höfling entwickelt, der seinem König gefallen wollte. Vor etwa 4700 Jahren erbaute Imhotep, der Wesir König Djosers, eine Stufenpyramide als Totentempel für seinen Chef. Sein Chef mochte sie. Und von da an versuchte jeder Höfling, die vorherige Pyramide noch zu übertreffen, um die Bauwut seines Pharao zu befriedigen.

Wenn es um Prachtbauten geht, war Ramses II. absolut unschlagbar. Ramses herrschte etwa siebenundsechzig Jahre lang und war dem Bauwahn verfallen. Er errichtete für sich in Abu Simbel eine Reihe von Tempeln, deren Eingang zwischen zwei zweiundzwanzig Meter hohen, aus dem Fels herausgehauenen Statuen lag, die ihn selbst darstellten. Das ist etwa so, als würde Teddy Roosevelt beschließen, ganz Mount Rushmore nur seiner eigenen Person zu weihen. Damit nicht der geringste Zweifel darüber aufkommen konnte, wer hier begraben lag, zeigen die beiden Ramses-Statuen in Abu Simbel ihn sitzend, und die Statuen seiner direkten Familienangehörigen reichen ihm nicht einmal bis zum Knie.

Für die Pharaonen waren die Gräber eine Art Werbung – sie hoben die Bedeutung ihrer Inhaber hervor. Im Tal der Könige, dessen Flanken mit Gräbern durchsetzt sind, füllten der Pharao und sein Hof die Wände ihrer Gräber mit dem Verzeichnis ihrer Taten. Die Inschriften auf den Außenseiten der Tempel sind Reklametafeln, die die Größe jener Menschen, die in ihnen begraben liegen, in alle Welt hinausposaunen. Die Baumeister und Kunsthandwerker arbeiteten wie ein ständiger Stab von Presseagenten für den Pharao, warben für ihn und sein Image, ließen seine Erfolge größer erscheinen.

Ramses betrachtete sich als einen König unter Königen, einen Krieger unter Kriegern. Aber sein militärischer Ruhm beruht weniger auf seinen Heldentaten als auf seinen Worten. Seine tatsächlichen militärischen Leistungen sind bescheiden, aber die Berichte seiner Stärke und seines Muts wurden auf den Wänden jedes größeren Tempels, der zu seiner Zeit entstand, eingemeißelt. Wie jeder Pharao verkündete er Erfolge, wo eigentlich von Fehlschlägen zu berichten gewesen wäre, zögerte nie, einen Sieg zu erfinden, auch wenn vielleicht gar nichts passiert war. Es gab keine Zeitungen oder Fernsehreportagen, die ihm hätten widersprechen können. Für Ramses war der erste Geschichtsentwurf in Stein gehauen. Er übertraf die übrigen Pharaonen nicht so sehr in seinen Schlachten als vielmehr einfach an schierer Wandfläche. Bilder zeigen ihn als Riesen, der ganze Divisionen der Feinde Ägyptens ausradiert. An einem Tempel kann man lesen, daß die Darstellung der besiegten Feinde Ägyptens »eine Lehre für eine Million Generationen« sein solle. (Er wußte allerdings, wie er seiner Ehefrau schmeicheln konnte. Die Inschrift über dem Eingang zu ihrem Tempel lautet: SIE, FÜR DIE DIE SONNE SCHEINT.)[9] Im alten Ägypten war das Wort der Vater der Tat. Wenn etwas gesagt oder aufgeschrieben war, dann war es geschehen.

Auch die ägyptischen Namen sind – wie Namen quer durch die Geschichte – eine Form der Schmeichelei und der Eigenwerbung. Nofretete, der Name der sagenhaften ägyptischen Schönheit, bedeutet »Die Schöne ist gekommen«. Ägyptische Könige führten fünf Namen in ihrem vollständigen Titel. Namen hatten wie alle Worte eine Art Zauberkraft im alten Ägypten. Um diese Kraft zu bannen, befahl der neue Pharao oft, den Namen seines Vorgängers von den Grabwänden zu entfernen. Es war, als ob allein schon der Name ihn verfolge und, wenn er verschwunden war, seine Macht verlöre. Ein ägyptisches Sprichwort lautete: »Den Namen des Toten auszusprechen bedeutet, ihn wieder lebendig zu machen.« Das wollten die Pharaonen für sich selbst natürlich erreichen, aber ihren Vorgängern verwehren. *Es genügt nicht, daß ich jetzt auf dem Thron sitze – meine Vorgänger müssen völlig ausradiert werden.*

Auf den Grabwänden der Könige und ihres engeren Kreises wurden die Grabeigentümer mit ihrem Rang, ihren Titeln und den Opfergaben, die sie jeweils erhalten hatten, genannt. Es waren quasi Kurzbiographien. Sie klingen für den modernen Leser, so die Ägyptologin Miriam Lichtheim, »wie ein übertriebenes Eigenlob«.[10] Und doch sind sie weniger Epitaphe als vielmehr Petitionen zur Erlangung der Ewigkeit – der Tote bringt seinen Fall vor die Götter, die über das ewige Leben zu entscheiden haben. Es hat also keinen Sinn, bescheiden zu sein: Eigenwerbung und Übertreibung sind angesagt. Die Inschriften klingen wie Bewerbungsschreiben, die mit dem Satz beginnen: »Ich bin der beste Mann für den Job, und hier sind die Gründe dafür.«

Der Stil wurde schließlich formelhaft und beinhaltete einen Tugendkatalog in symmetrisch aufgebauten Sätzen. Bei den Höflingen des Pharao bestehen die Autobiographien nur aus einer Auflistung der Gefallen, die sie dem König getan haben, und einer Beteuerung, wie sehr sie der König dafür liebte. Sie sind voller Eigenlob und beschreiben die Schmeicheleien, mit denen der Pharao sie belohnte.

Bestimmte Behauptungen tauchen immer wieder auf. Die Inschriften betonen ständig, daß der Verstorbene freundlich, großzügig, ehrlich, gerecht, großmütig und tolerant gewesen sei.[11] In der Ministerialbürokratie war es offenbar Brauch hervorzuheben: »Ich gab den Hungrigen Brot und kleidete die Nackten.«

In der *Autobiographie des Uni* ist eine Inschrift des Statthalters von Oberägypten und Haushofmeisters des Königs aus der 6. Dynastie wiedergegeben. Sie ist typisch für die Lobhudelei, mit der die Adligen sich selbst umgaben. In einem Abschnitt erklärt sie: »Seine Majestät machte mich zum Oberaufseher von Nechen (Hierakonpolis), weil Seine Majestät Vertrauen zu mir hatte, mehr als zu jedem anderen seiner Diener.« Dann erklärt er, der König habe ihn gebeten, ohne Aufsehen einen Streit im königlichen Harem zu schlichten. »Nur ich allein, wegen meiner Vortrefflichkeit und weil ich fest eingepflanzt war in das Herz Seiner Majestät und weil Seine Majestät Vertrauen zu mir hatte. ... Niemals zuvor hatte einer wie ich eine Geheimsache aus dem Harem des Königs gehört, aber mich ließ Seine Majestät sie hören, weil ich vortrefflich war in dem Herzen Seiner Majestät über jeden seiner Beamten hinaus, über jeden seiner Adeligen hinaus, über jeden seiner Diener hinaus.«[12]

Ich denke, wir haben verstanden, was er uns sagen will.

Die kleineren privaten Gräber haben ihre eigenen Mini-Werbetafeln, die mit den wundervollen Eigenschaften des Inhabers prahlen. In Edfu ist auf der Stele des Bulter Merer aus dem Mittleren Reich zu lesen:

*Ich war verantwortlich für das Schlachten und die Darbringung der Opfer in zwei Tempeln für den Herrscher. Ich opferte für dreizehn Herrscher, ohne daß mir je ein*

> *Unglück zustieß. ... Man hat mir nicht in die Augen gespuckt, wegen des Werts meiner Rede, der Sachkunde meines Ratschlags, und der Kraft meines Arms. Ich tat, was die Großen wollten, was meine Haushaltung rühmt; ein Mensch, der von seinen Gefährten geliebt wird. Ich habe in der ersten Reihe gestanden; ich habe mir Ansehen erworben.*[13]

Seine Arbeit hatte ihn zu einem Leben in Speichelleckerei verurteilt, und er rühmt sich seiner Leistungen in diesem Job.

## Wenn das Leben nur die Kunst nachahmen würde

Für die Pharaonen war Größe wichtig. Sie wurden immer in einem Maßstab dargestellt, der die normalen Menschen als Zwerge erscheinen ließ. Sie waren Riesen, die die Erde beherrschten; alle anderen waren Pygmäen. Wenn es darum ging, den Pharao abzubilden, war der Realismus außer Kraft gesetzt. Eine naturalistische Darstellung galt als nicht schmeichelhaft genug. Um zu schmeicheln, muß man die Natur nachbessern. Der Pharao wurde immer größer, schöner, jünger und stärker dargestellt, als er in Wirklichkeit war.

In der ägyptischen Kunst fehlen alle Tricks, mit denen Künstler Perspektive vortäuschen – Verkürzung, Überschneidung der Figuren, relative Größe –, fast völlig. Das liegt nicht daran, daß die Ägypter die Perspektive etwa nicht gekannt hätten; wesentlich war, daß der Pharao nie »in Perspektive« gezeigt werden durfte. Er stand außerhalb der Perspektive. Er stand jenseits der Perspektive.

Sein Porträt war von der Konvention vorgeschrieben. Als ernste, strenge Ikone wirkte er zeitlos, unveränderlich, der ruhende Pol in einer sich wandelnden Welt. Später, in der 4. und 5. Dynastie, dem sogenannten Alten Reich, wurden die Nebendarsteller, Arbeiter, Bauern, Tiere in einer gewissen Perspektive und eher naturalistisch dargestellt, nie jedoch der Pharao. Andere sahen zeitgemäßer aus, natürlicher, aber der Pharao stand noch immer außerhalb der Zeit.

Wenn man ein Pharaonenporträt nach dem anderen betrachtet, hat man das Gefühl, eine Familienähnlichkeit zu erkennen, denn der Gesichtsausdruck ist drei Jahrtausende lang unverändert geblieben. Mit zusammengebissenen Zähnen und starrem Blick in die Ferne wirken sie alle distanziert, undurchdringlich, königlich, unpersönlich. Der Körper des Pharao – selbst wenn er alt, schrumpelig und schlaff war – erschien immer glatt, jung, muskulös und wohlgebaut. Gegen Ende des Mittleren Reiches wurden auch die Pharaonen ein klein wenig menschlicher, etwas weniger unnahbar. Aber man wird sie nie lächelnd sehen wie einen amerikanischen Präsidenten. Lächeln war unziemlich, unköniglich, komisch.

Wenn man die Schist-Statuen des Königs Menkaure (Mykerinos) und seiner Königin aus der 4. Dynastie, der klassischen Zeit der ägyptischen Skulptur um 2500 v.Chr., betrachtet, hat der König den Oberkörper von Jack LaLanne. Breite, muskulöse Schultern, stramme Beine und schmale Hüften. Er hat nicht ein Gramm Fett zuviel. Die Königin wirkt ein bißchen weicher, aber immer noch durchtrainiert, auch nach unseren strengen, am Fitneß-Studio ausgerichteten Standards. Ihre Gesichter zeigen keine einzige Falte oder Runzel, blicken in eine mittlere Entfernung mit einer Mischung aus eherner Zuversicht und königlicher Zurückhaltung. Sie wirken alterslos, emotionslos, ewig, so hart und dauerhaft wie der Stein, aus dem sie gehauen sind. Die Statue »ist kein realistisches Porträt, sondern ein idealisiertes Abbild des Menschen – der Inbegriff der Königswürde«.[14]

Die Ägypter hatten eine seltsame Einstellung zur Kunst. Zunächst einmal hatten sie kein Wort dafür. Kunstwerke galten nicht so sehr als bloße Bilder, sondern vielmehr als Vorausweisung auf Kommendes oder Bericht früherer Geschehnisse. Kunst und Schöpfung hingen für die Ägypter zusammen, denn sie glaubten, daß das Bild eines Gegenstandes dieselben Eigenschaften hatte wie der Gegenstand selbst. Wenn man eine Handlung auf einem Relief oder einer Wandmalerei festhielt, dann war es so, als ließe man sie wirklich geschehen. Es war eine Art *virtueller* Kunst, aber ohne Computergrafiken. In den Augen der Ägypter konstituierten Darstellungen buchstäblich die Wirklichkeit.[15]

Die Darstellung des Pharao, der seine Feinde vernichtet, war eine Möglichkeit sicherzustellen, daß dieses Ereignis auch wirklich eintrat. Traditionell werden die Feinde des Königs in Reihen aufgehängt gezeigt wie tote Vögel nach der Jagd. Oder sie flehen auf den Knien demütig darum, daß der König ihnen nicht den Schädel einschlagen möge. Manchmal hält der Pharao Dutzende Gefangene am Haar fest. Eine klassische Darstellung in der königlichen Ikonographie ist bei Kunsthistorikern als das »Niederschlagen der Feinde« bekannt und zeigt den König, wie er auf einen sich windenden Feind einschlägt. Dieses Bild taucht in bemerkenswert gleichbleibender Form fast in der gesamten ägyptischen Geschichte immer wieder auf.[16] Die kollektive Bezeichnung der traditionellen Feinde Ägyptens lautete »die Neun Bogen«, und dieses Motiv findet sich oft auf den Spazierstöcken des Königs, seinem Fußschemel und den Sohlen seiner Sandalen, so daß er seine Feinde jeden Tag in den Staub treten konnte. Ein anderes Beispiel des Wunschdenkens ist die Feier des *Sed*-Festes, eines Jubiläumsfestes zum dreißigsten Regierungsjubiläum des Königs. Viele Könige hielten, lange bevor die drei Jahrzehnte um waren, ein *Sed*-Fest ab in der Hoffnung, daß ihnen so ein langes Leben sicher sei.

Es gab eine bemerkenswerte Ausnahme von der monotonen schmeichelhaften Bildwelt der Pharaonen, und das war Echnaton, der Pharao der neuen Ideen und Vorstellungen. Er war ein religiöser Revolutionär. Eintausenddreihundert Jahre vor der Geburt Jesu Christi versuchte er die ägyptische Religion vom Polytheismus zu reinigen und die Verehrung eines einzigen Gottes an seine Stelle zu setzen. Eine revolutionäre Erkenntnis, aber es gab da ein Problem: Nur Echnaton konnte diesen Gott anbeten, und alle anderen sollten Echnaton anbeten.[17] Echnaton entwickelte also die Vorstellung des einen Gottes, aber es war sein Privatgott.

Echnaton war ein Mann mit birnenförmigem Körper, einem langen Gesicht, hängenden Schultern, breiten Hüften und spindeldürren Beinen. Wir wissen dies, weil er den Hofbildhauer anwies, ihn so zu zeigen, wie er wirklich war, nicht als pharaonischen *Superman*. Seine Bilder sehen aus wie das »Vorher«-Foto einer Diät-Werbung. Und er beschloß, daß auch der Alterungsprozeß seiner Gattin Nofretete, der sagenhaften Schönheit, realitätsnah gezeigt werden sollte, inklusive ihrer schlechten Haltung und des schlaffen Bauches. Er führte einen extremen Naturalismus ein. Es gibt sogar Bilder, auf denen sich die Königin die Zähne putzt. Doch Echnatons Revolution scheiterte sowohl in der Religion wie auch in der Kunst. Sein Gott überdauerte seine eigene Lebenszeit nicht, und seine Kunst erwies sich als ein kurzer Augenblick des Naturalismus inmitten der üblichen götzenanbeterischen Schmeichelei. Sein Nachfolger, der groß und schlank, stark und alterslos dargestellt wurde,[18] bemühte sich, Echnatons Namen und Bildnis auszuradieren, wo immer er sie fand. Für den Rest der ägyptischen Geschichte verschwand Echnaton, als hätte es ihn nie gegeben. Und mit ihm verschwand auch der ägyptische Realismus.

## Der beredte Bauer

Die Haltung der Ägypter zur Sprache ähnelte ihrer Haltung zur Kunst: Beides war etwas Heiliges. Nicht nur ein Symbol einer Sache, sondern beinahe schon die Sache selbst. Das Wort war die Sache; die Sache war das Wort.

Die alten Ägypter kannten offenbar kein Wort für »Lüge«, und die Vorstellung, die Sprache zu benutzen, um in die Irre zu führen oder zu täuschen, war ihnen fremd. Was wir als falsches Lob bezeichnen würden, war für sie nicht falsch, sondern beschreibend und vorausweisend. Was uns wie ein übertriebener Lobpreis des Pharao erscheint, war nur der Versuch, mit der Sprache etwas einzufangen, das eigentlich außerhalb ihrer Möglichkeiten lag. Etwas zu sagen, was noch nicht der Realität entsprach, konnte vielleicht dazu führen, daß es geschah. Es war keine Lüge, sondern eher Ausdruck des Wunschdenkens. Die Ägypter lebten in einer Welt des Symbolismus, aber sie dachten eigentlich sehr »buchstäblich«.

*Der beredte Bauer* ist einer der wenigen erhaltenen literarischen Texte aus dem Mittleren Reich, das 2150 v.Chr. begann und drei Jahrhunderte überdauerte. Er ist eine Erörterung zum Gerechtigkeitssinn und gleichzeitig ein Gleichnis über den Nutzen der schönen Rede. Aus unserer Sicht schmeichelt der Bauer, um den es geht, dem Richter, von dem er sich Gerechtigkeit erhofft, schamlos. Doch aus Sicht der alten Ägypter spiegelte sich in der schönen Rhetorik eine hohe Moral wider. Sie erkannten noch nicht wie später die Griechen, daß ein Mann gut reden, aber ein Schurke sein, daß Rhetorik auch im Dienste nicht ganz so hehrer Motive stehen kann. Sie hatten die Einstellung: *Wenn du es sagst, muß ich es glauben, und es muß wahr sein.* Das Wort war der Vater der Tat.

In der Geschichte appelliert der beredte Bauer an den Obergütervorsteher Rensi, nachdem er entdeckt hat, daß sein Esel und seine Vorräte von einem skrupellosen Herrn gestohlen wurden. Er beginnt mit den Worten: »Obergütervorsteher, mein Herr! Du Größter der Großen, du Führer von allem!«

Er fährt fort:

*Du bist ja der Vater des Waisenknaben, der Gatte der Witwe, der Bruder der Verstoßenen, der Schutz des Mutterlosen...*
*Du Führer, bei dem kein Betrug ist, du Großer, bei dem keine Schlechtigkeit ist!*
*Der du das Unrecht vernichtest und das Rechte erschaffst!*
*Setze du das Böse beiseite; ich rede und du höre.*
*Tue das Rechte, du Gepriesener, den die Gepriesenen preisen;*
*vertreibe das Unrecht, das an mir getan ist.*
*Sieh, wie ich mit Kummer beladen bin, sieh, wie ich schwach bin.*[19]

*Gepriesener, den die Gepriesenen preisen.* Rensi ist nicht nur an und für sich lobenswert, sondern wird von jenen gelobt, die lobenswert sind. So etwas bekommt man bei der Oscar-Verleihung zu hören, wenn die Gewinner sagen, wie wichtig der Preis ist, weil er doch von den Berufskollegen verliehen wird.

Diese Form rituellen Lobs war unabdingbar, um den Obergütervorsteher nicht zu beleidigen, der solche Ruhmesreden gewohnt war. Selbst heute gilt man im Nahen Osten als zutiefst beleidigend, wenn man die rituellen Lobworte wegläßt. Das

Lob des Bauern ist außerdem wirkungsvoll, weil er dem Obergütervorsteher sagt, was für ein guter und anständiger Mann er doch sei. Klug dabei ist, daß er Rensi rühmt, weil er Machtlosen wie ihm geholfen habe – im Endeffekt rühmt er ihn schon im voraus dafür, daß er ihm helfen wird. Er bringt ihn mit seinen Schmeicheleien dazu, genau das zu tun, was er von ihm will.

Nachdem der Obergütervorsteher die Rede des Bauern gehört hat, geht er zum König und sagt: »Mein Herr, ich habe einen von diesen Bauern angetroffen, der wirklich schön redet.« Dann lädt er den König ein, zu kommen und zuzuhören.

Bei seinem zweiten Erscheinen vor Gericht sagt der Bauer dem Richter folgendes:

*Obergütervorsteher, mein Herr! Größter der Großen,*
*Reichster der Reichen ...*
*Du Steuer des Himmels, du Balken der Erde, du*
*Meßschnur, die das Lot trägt –*
*du Steuer stürze nicht, du Balken senke dich nicht,*
*du Meßschnur schwanke nicht!*

Für uns klingt es so, als versuche der Bauer den Richter so zu beschämen, daß er schließlich das Richtige tut. Indem er ihm erzählt, er sei gerecht, bringt er ihn dazu, gerecht zu sein. Aber für den König und den Obergütervorsteher geht es um etwas anderes. Sie sind starr vor Staunen. Aber sie hören der Rede des Bauern ernsthaft zu, ohne jede Ironie, die es im alten Ägypten nicht gab. Eine schöne Rede wird belohnt, weil sie als ein Beispiel für schöne Gedanken und ein ebensolches Verhalten gilt. Sie durchschauen sie nicht, weil es da nichts zu durchschauen gibt.

In diesem Sinne gab es also keine Schmeichelei im alten Ägypten, denn es gab keinen falschen oder unverdienten Ruhm. Alles, was man sagte, wurde entweder als wahres Abbild der Realität oder als eine Art literarischer Prognose betrachtet. Die Vorstellung eines Betrugs spielte in keine dieser beiden Formen hinein. Unsere moderne Wahrnehmung der Schmeichelei besteht darin, daß es eine gewisse Diskrepanz zwischen den Aussagen des Sprechers und der Realität gibt, die er beschreibt. Der Titel *Der beredte Bauer* war nicht ironisch gemeint. Selbst wenn die Rede dieses Bauern in unseren Ohren unehrlich klingt, wirkte sie doch auf die ägyptischen Zuhörer ernst und aufrichtig. Die Ägypter hatten nicht das Gefühl, Unwahrheiten zu sagen, selbst wenn sie es unseren Standards nach ganz sicher taten. Und wenn ihre Schmeichelei wahr wurde, dann war es doch keine Schmeichelei, oder?

# Kapitel 3
# Schmeichel mir, sonst ...

## Gott ist unsicher

Im Anfang war Gott einsam.

Ja, er hatte den Himmel und die Erde geschaffen, er hatte das Licht gemacht und die Dunkelheit, alle Arten von Vegetation auf die Erde gebracht, aber er hatte niemanden, mit dem er das alles teilen konnte. Ein Baum ist sicher ein hübscher Anblick, und es ist sehr angenehm, an einem Sommernachmittag unter ihm zu sitzen, aber Gott wollte ein bißchen Gesellschaft – und wer kann ihm das verdenken?

Schließlich hatte er keine Freunde, keine Kollegen, soweit wir wissen keine Mutter und keinen Vater, er war also mehr als einsam – er wußte wirklich nicht, wer oder was er war. Jeder, selbst Gott, muß herausfinden, wer er ist, und teilweise geschieht dies, indem er sich mit anderen vergleicht. Kleinkinder gucken überall herum, aber sie werden sich erst dann ihrer selbst bewußt, wenn sie sich im Spiegel sehen. Gott hatte Adler geschaffen und Seeungeheuer und ganze Schwärme von Lebewesen, aber vom Anstarren einer Krähe oder einer Kuh weiß ein Mensch auch nicht genauer, wer er nun eigentlich ist.

Dann ging Gott ein Licht auf: Ich werde einen Klon formen, jemanden nach meinem eigenen Bilde, der eine Art Spiegel sein wird. »Laßt uns Menschen machen als unser Abbild, uns ähnlich«, sagt er im Buch Genesis.[1] Und im Spiegel seines Abbildes kann Gott sich schließlich selbst sehen, allerdings in etwas verkleinerter Form. Gottes Plan hatte noch einen zusätzlichen Nutzen. Wie kann man besser angenehme Gesellschaft finden, jemanden, mit dem man eine Menge gemeinsam hat, jemanden, mit dem man wirklich etwas anfangen kann, als wenn man sich eine Version seiner selbst schafft? Und genau das machte Gott. »Gott schuf also den Menschen als sein Abbild; als Abbild Gottes schuf er ihn«, sagt der Genesis-Erzähler.[2] Wie Jack Miles in seinem wunderbaren Werk *Gott. Eine Biographie*[3] schreibt, ist Gottes Suche nach einem Selbstbild das »einzige und unentbehrliche Werkzeug seines Selbstverständnisses«.[4] Auch »der Koran lehrt, daß Gott Adam nach seinem Bilde geschaffen hat, damit er sich wie in einem Spiegel betrachten kann«.[5] *Aha, so sehe ich also aus.*[6] Und, was noch wichtiger war, er hatte obendrein noch einen Kumpel gewonnen.

Als der erste Mann zum ersten Freund wird, will Gott natürlich mit ihm spielen. Aber es ist Gottes Spiel, und er bestimmt die Regeln. Zuerst befiehlt er Adam, nicht vom Baum der Erkenntnis zu essen, und droht ihm schlimme Folgen an. Eigentlich ist es sogar die einzige Regel, die Gott aufstellt. Man sollte meinen, daß Adam sich eine einzige einfache Regel merken können müßte.

Aber Adam ist naiv, und er wird von der gerissenen Schlange überrascht, die ein ganz anderes Spiel spielt. Als die Schlange Eva überredet, von der verbotenen Frucht zu probieren, beschließt auch Adam, mal schnell zuzubeißen. Und damit beginnt ein uraltes Spiel: Verstecken. Gott, der Herr, kommt in den Garten herab, spaziert ein bißchen herum und ruft dann: »Wo bist du?«[7] Als Adam und Eva, ihre Blöße notdürftig bedeckend, sich schließlich vorsichtig aus dem Blätterwald tasten, erklärt Adam, er habe Angst, weil er nackt sei. »Wer hat dir gesagt, daß du nackt bist?«, fragt Gott.[8] Nun spielt Gott »Wer ist der Dieb«. Wie ein Staatsanwalt fragt er Adam direkt, ob er in die verbotene Frucht gebissen habe. Adam mag der erste Mann sein, aber er ist nicht von gestern. Er schiebt alle Schuld Eva zu: »Sie hat mir von dem Baum gegeben«, sagt er.[9]

Gott beschließt, daß ein einfacher Tadel bei diesem ersten Verbrechen nicht ausreicht. Keinen Klaps auf die Hand für den guten alten Adam. Der Herr erklärt Eva, daß sie von nun an unter Schmerzen gebären wird, und dann wirft er sie beide aus dem Garten Eden hinaus. Adam muß fortan für sein täglich Brot arbeiten, »bis du zurückkehrst zum Ackerboden; denn von ihm bist du ja genommen. Denn Staub bist du, zum Staub mußt du zurück.«[10]

Der Herr regt sich offenbar sehr über diese Episode auf. Immerhin ist Adam Gottes allererster Prototyp für die Fließbandfertigung, er ist ein Versuchsmodell, ein Experiment. Man kann eigentlich nicht erwarten, daß man ihn ohne weitere Veränderungen in Serie gehen lassen kann. Sicher muß Gott sich doch darüber im klaren sein, daß da noch eine Menge Software-Fehler behoben werden müssen und er bei ADAM.2 oder ADAM.3 einige Kinderkrankheiten ausmerzen muß. Aber offenbar denkt Gott anders. Gott, der Herr der gesamten Schöpfung, derjenige, der Himmel und Erde gemacht hat, betrachtet Adam anscheinend als Konkurrenten. Es geht nicht darum, das Adam unvollkommen ist, sondern daß er Gott in seiner Souveränität bedrohen könnte. Warum? Weil Adam nicht mehr unwissend ist. Adam mag aus der Erde vom Ackerboden geschaffen sein, aber jetzt, sagt der Herr, ist er »geworden wie wir; er erkennt Gut und Böse«.[11] »Mach dir keine Hoffnungen«, ist Gottes Botschaft, »werd bloß nicht unverschämt«. Gott ist sich seiner selbst nicht sicher genug, um einen Rivalen zu dulden, so schwach und kümmerlich und zweitklassig er auch sein mag. Ohne es auch nur zu ahnen, hat Adam Gott Sand ins Gesicht geworfen.

Erschafft Gott die Menschen, so fragt Jack Miles in Anspielung auf den Katechismus, »weil er den Wunsch hat, erkannt oder geliebt oder bedient zu werden«?[12] Die Antwort lautet, glaube ich: »Ja, aus allen diesen Gründen.« Es klingt seltsam, aber Jahwe ist ein ziemlich unsicherer Geselle. Er ist offenbar verzweifelt auf der Suche nach positiver Verstärkung. Ein nettes Wort bewirkt viel bei ihm. Aber es gibt nicht viele nette Worte. Statt dessen lobt er sich gern selbst, um sein Selbstvertrauen zu stärken. Er will sich mächtig und verehrt fühlen – das ist ihm ein wirkliches Bedürfnis. Aber wie soll er den göttlichen Serotonin-Spiegel erhöhen? Eine Möglichkeit wäre Lob oder Schmeichelei. Und der einzige Weg dorthin ist in seinen Augen Zwang oder Erpressung. Schmeichle mir, sonst ... Auf diese Drohung stößt man im Alten Testament immer wieder.

Viele Philosophen haben die Vorstellung vertreten, daß Gott – und sicher der Gott des Alten Testaments – eine Projektion menschlicher Bedürfnisse und Ängste sei. Paul Tillich glaubte, daß Religion wegen der auf die conditio humana zurückzuführenden tiefsitzenden Ängste für die Menschheit notwendig sei. Wir werden geboren, wir altern, wir sterben. *Shit happens,* wie der Aufkleber an der Stoßstange verkündet. Es ist durchaus sinnvoll, einen Himmelsbeweger, einen göttlichen König zu schaffen, einen allerhöchsten Herrn, der dort Sinn liefern kann, wo sonst vielleicht keiner wäre.

Ich spreche hier natürlich von Jahwe, dem Gott der Israeliten – dem Gott, den die Israeliten selbst erfanden. Dies ist der Gott des Alten, nicht des Neuen Testaments. Er scheint mit dem christlichen Gott des Neuen Testaments nur entfernt verwandt zu sein. Wie Adam ist auch er ein Prototyp – der erste monotheistische Gott –, und er hat eine Menge Kinderkrankheiten, die ausgemerzt werden müssen. Wie ein dickköpfiges Kleinkind ist er sich seiner eigenen Kraft nicht sicher; er probiert Sachen aus und mag es nicht, wenn man ihm sagt, was er tun soll. Er nimmt den Platz einer ganzen Ladung anderer Götter ein, die jeweils bestimmte Aufgaben hatten, und so kann man sich vorstellen, daß er ein bißchen nervös ist. Auf seinen Schultern lastet eine schwere Verantwortung.

Wenn man sich die alten Israeliten so anschaut, sieht man ein ziemlich heruntergekommenes Volk, das etwas Aufmunterung brauchen könnte. Sie hatten keine Heimat; sie wurden hin und her geweht; sie wurden überall verfolgt, wohin sie auch kamen. Deshalb ist Gott unsicher; er ist die Projektion eines unsicheren Volkes. Eigentlich ist das durchaus verständlich: Ein Volk, das Sicherheit braucht, schafft sich einen Gott, der Schmeichelei braucht. Wenn wir Gott nach unserem Abbild schaffen, dann spiegelt ein bedürftiger Gott ein bedürftiges Volk wider.

Als Gott Adam anweist, nicht von dem Baum zu essen, ist dies die erste von vielen Prüfungen, die Gott dem Volk auferlegt, das er angeblich selbst geschaffen hat. Er prüft nicht nur Adam; er prüft Abraham, Jakob, Mose, David, und natürlich Ijob (Hiob). Bei Adam allerdings ist die Prüfung kein offenes Spiel, sondern eher eine Art Lockvogel-Aktion. Gott inszeniert das ganze Drumherum wie ein tüchtiger FBI-Agent: Er erschafft den Garten, die Schlange, die Versuchung. Er gräbt die Grube, und natürlich fällt Adam hinein. Gott nimmt alles auf Video auf. Und weil Gott Ankläger und Richter in einer Person ist, verurteilt er Adam ohne Prozeß, ja sogar ohne ihm seine Rechte zu verlesen.

Bis zum Monotheismus gab es fast nur lokale Gottheiten. Wenn man von einer Stadt in eine andere kam, betrat man auch das Revier eines anderen Gottes. Es war wie bei diesen Autobahnschildern, die heute anzeigen, daß man in ein anderes Bundesland kommt: SIE VERLASSEN DAS REICH DES RE. HERZLICH WILLKOMMEN IM REICH DES BAAL. Der jüdische Gott dagegen war überall. Man konnte ihn nicht abschütteln oder zurücklassen, wann immer man Lust hatte. Wie Jahwe Josef sagte: »Ich werde dich bewahren, wohin du auch gehst.« Wie ein Rundum-Schutz der Reiseversicherung.

Doch seine Allgegenwart war oft eher eine Last als ein Vorteil für sein Volk. Jahwe ist ein Gott, der volle Aufmerksamkeit für sich fordert. Kommen Sie bloß nicht auf die Idee, den Blick schweifen zu lassen, während er mit Ihnen redet. »Es gehört zum grundlegenden Charakter dieses Gottes«, schrieb der Philosoph Martin Buber, »daß er denjenigen, den er erwählt hat, ganz für sich beansprucht; er nimmt den einen, dem er sich zuwendet, ganz in Besitz.«[13] Er ist ein aufdringlicher Gott, der es, zumindest in den frühen Büchern des Alten Testaments, nicht gut verträgt, allein gelassen zu werden. Er will sich nicht in einem Vakuum, wie es vor der Schöpfung bestand, abkapseln. Er ist extrovertiert; er möchte der Mittelpunkt der Party sein. Er sitzt nicht herum und bläst Trübsal; er handelt.

Und glauben Sie bloß nicht, daß er, weil er allgegenwärtig ist, auch unparteiisch wäre. Das ist er nicht. Er ist ein Gott, der seine Lieblinge hat. Aber passen Sie gut auf, daß Sie nicht dazugehören, denn mit einem Freund wie Jahwe braucht man keine Feinde mehr – allerdings kriegt man die dann noch gratis mitgeliefert. Manchmal sieht es ganz erstrebenswert aus, einmal Gottes »Liebling des Monats« zu sein, aber man sollte sich nicht zu gemütlich in seinem Schutz einrichten, denn er überlegt es sich ohne Vorwarnung wieder anders. Er ist unbeständig. Er ist sprunghaft. Eine kleine Laune von ihm kann Ihr Leben mit einem Wimpernschlag völlig durcheinanderbringen. Und verschwenden Sie keinen Gedanken daran, sich nach einem anderen Gott umzusehen. Jahwe beschreibt sich selbst als eifersüchtig. »Du darfst dich nicht vor einem anderen Gott niederwerfen. Denn Jahwe trägt den Namen ›der Eifersüchtige‹; ein eifersüchtiger Gott ist er.«[14] (Ein seltener Augenblick der Selbsterkenntnis.) Die Israeliten dürfen noch nicht einmal einer anderen Gottheit zublinzeln, ohne daß Gott in die Luft geht. Er behauptet, die Sünde der Götzenanbetung versetze ihn so in Rage. Aber Götzenanbetung ist für ihn einfach jede Schmeichelei, die nicht ihm gilt.

Außerdem ist er sehr, sehr reizbar. Ewig quält er Menschen – auch seine Freunde; besonders seine Freunde – aus den trivialsten Gründen, wie es aussieht. Er behandelt kleine Fehltritte als Treuebruch. Nachdem Gott zum Beispiel David zum Sieg über die Philister geführt hat, feiern die Israeliten, als plötzlich ein Soldat namens Usa stolpert und seine Hand auf die Bundeslade legt, um sich abzustützen. Doch Vorsicht! »Da entbrannte der Zorn des Herrn gegen Usa, und Gott erschlug ihn auf der Stelle wegen dieser Vermessenheit, so daß er neben der Lade Gottes starb.«[15] Und Usa war ein getreuer Soldat Gottes.

Gott ist kein Stoiker. Er beschwert sich unablässig. In den Jahren in der Wüste jammern die Israeliten über das Wetter, den Wassermangel, das endlose Herumziehen. Sie sind richtige Nörgler. Aber Gott übertrifft sie noch mit seinen Klagen über ihre Klagen.[16] Bei Jesaja sagt er: »Ich hatte sehr lange geschwiegen, ich war still und hielt mich zurück. Wie eine Gebärende will ich nun schreien, ich schnaube und schnaufe.«[17] Er spürt *unseren* Schmerz nicht – er will, daß wir *seinen* Schmerz spüren.

In der Wüste drehen sich seine Gedanken immer wieder um die Frage, wie die Israeliten ihn wahrnehmen. Er spürt, daß sie nicht gut auf ihn zu sprechen sind, egal, was er tut. In seinem Gespräch mit Mose klingt Gott wie Nixon. Ähnliches konnte man auch auf den Watergate-Tonbändern hören. »Wie lange verachtet mich dieses Volk noch, wie lange noch wollen sie nicht an mich glauben trotz all der Zeichen, die ich mitten unter ihnen vollbracht habe? Ich will sie mit der Pest schlagen und vertreiben.«[18] Auf der Liste *seiner* Feinde möchte man da nicht gerade stehen.

Er ist überempfindlich allen gegenüber, die ihm nicht den schuldigen Respekt erweisen – der natürlich die Kehrseite der Schmeichelei ist. Warum zerstört er Sodom und Gomorra, zwei ganze Städte mit mehreren zehntausend Einwohnern? Weil sie »Verachtung« für ihn gezeigt haben. Gott benimmt sich hier wie der kleinwüchsige heißblütige Mafioso, der jeden umlegt, der ihn Shorty nennt. Dieser Gott ist so unsicher, daß er sich über jeden ärgert, der es nicht ist. »Schau an jeden Stolzen, zwing ihn nieder!« sagt er.[19] Wie Jack Miles schreibt, hat Gott keinen anderen kosmischen Gegenspieler als sich selbst.[20] Er ist ein Gott, der Israel auf den Weg der Zerstörung führt, Zehntausende tötet, einfach nur um zu zeigen, wer hier der Boß ist. Und wie erklärt er das alles noch gleich: »... sie sollten erkennen, daß ich der Herr bin.«[21] Das schafft er *so* spielend.

Wenn Gott sich zuweilen so benimmt, als ob er »gegen seine jüdische Mutter rebelliere«, wie Harold Bloom es ausdrückt, so wirkt er manchmal auch wie ein jüdischer Patriarch, der ganz und gar nicht zögert, seinen undankbaren Kindern Vorwürfe zu machen.[22] »Dieses Gebot, auf das ich dich heute verpflichte, geht nicht über deine Kraft und ist nicht fern von dir«, sagt er an einer Stelle.[23] Während der Jahre in der Wüste klagt Gott immer wieder darüber, daß die Israeliten nicht dankbar genug seien. Seine Haltung ist offenbar: *»Und das ist der Dank für alles, was ich getan habe?«* Als David sich nach einer Schlacht ausruht, spricht der Herr zum Propheten Nathan: »Geh zu meinem Knecht David, und sag zu ihm: So spricht der Herr: Du willst mir ein Haus bauen, damit ich darin wohne? Seit dem Tag, als ich die Israeliten aus Ägypten heraufgeführt habe, habe ich bis heute nie in einem Haus gewohnt, sondern bin in einer Zeltwohnung umhergezogen. Habe ich in der Zeit, als ich bei den Israeliten von Ort zu Ort zog, jemals zu einem der Richter Israels ... ein Wort gesagt und sie gefragt: Warum habt ihr mir kein Haus aus Zedernholz gebaut?«[24] Gott klingt wie ein gereizter jüdischer Vater, dessen Sohn an der Wall Street das dicke Geld verdient und in einem Penthouse im Nobelviertel wohnt, aber keinen Gedanken an seinen Alten verschwendet, der in einer kleinen Sozialwohnung draußen am Stadtrand haust.

Gott, das muß gesagt werden, war sich für keine Prahlerei zu schade. Bescheidenheit gehörte nicht zu seinen Tugenden. Aus seiner Unsicherheit heraus verspürte er das Bedürfnis, damit anzugeben, wie einzigartig er war. Er vertrat offenbar die Meinung: *Wenn ich es nicht mache, macht es keiner!* Außerdem war es eine Möglichkeit, den Israeliten zu zeigen, wie sie sich bei ihm einschmeicheln konnten. Oft gab er ihnen genaue Vorlagen für die Lobeshymnen, die er gern von ihnen hören wollte:

*Ich bin der Erste, ich bin der Letzte,*
*außer mir gibt es keinen Gott.*
*Wer ist mir gleich?*[25]

Und noch einmal:

*Ich bin der Herr, bin der Erste,*
*und noch bei den Letzten bin ich derselbe.*[26]

Wie viele Selbstschmeichler sieht sich der Herr nicht ganz so, wie andere ihn sehen. Eigentlich hat er sogar eine ziemlich übersteigerte und ungenaue Meinung von sich selbst. Im Buch Exodus sagt er über sich:

*Jahwe ist ein barmherziger und gnädiger Gott, langmütig,*
*reich an Huld und Treue.*[27]

Das nur zur Selbsteinschätzung. Tatsächlich zeigt Gott häufig, daß er ganz und gar nicht langmütig ist, alles andere als beständig in seiner Huld und insgesamt einfach ziemlich gemein. Einige Kapitel nach dieser Verkündigung seiner Gnade befiehlt der Herr den Israeliten, einen Mann zu töten, der das abscheuliche Verbrechen begangen hatte, am Sabbat Holz zu sammeln. Etwa zur selben Zeit beschwerten sich die Israeliten bei ihm, er sei einigen Rebellen gegenüber ungerecht gewesen, und er schickte Tausenden von ihnen eine Plage auf den Hals, um ihnen klarzumachen, daß sie ihn nicht in Frage stellen durften. Als nach der Eroberung von Heshobon und Bascham einige Israeliten zur Verehrung Baals übergingen, sandte der Herr eine Seuche, die 24 000 Israeliten tötete. Barmherzigkeit und Gnade sind nicht die ersten Eigenschaften, die einem zu diesem Herrn einfallen.

Aber Jahwes große und immerwährende Klage ist ganz offenbar: *Keiner versteht mich.*[28] Er klingt ebenso sehnsüchtig wie verbittert, wenn er bei Jesaja sagt:

*Ich habe Söhne großgezogen und emporgebracht,*
*doch sie sind von mir abgefallen.*
*Der Ochse kennt seinen Besitzer*
*und der Esel die Krippe seines Herrn;*
*Israel aber hat keine Erkenntnis,*
*mein Volk hat keine Einsicht.*[29]

## Ein halsstarriges Volk

Für einen universellen Gott ist der Herr ziemlich engstirnig. Im Alten Testament mag er zwar behaupten, der Gott aller Menschen zu sein, aber eigentlich ist er dort nur der Gott der Israeliten. Zugegeben, er ist der Vorgänger des neutestamentlichen Gottes, des Gottes der heutigen Christen – und Muslime im übrigen –, aber am Anfang hatte er offenbar nur Zeit für die Juden. Immerhin hatten sie ihn erfunden, und man kann eher sagen, daß sie ihn erwählten als er sie. Aber unabhängig davon, wer wen wählte, steht es wohl außer Frage, daß ihre Beziehung nach dem Sprachgebrauch der Küchenpsychologie im höchsten Grade dysfunktional ist.

Der Charakter der Israeliten ist mitverantwortlich für Gottes Unsicherheit. Er braucht Bestätigung, und statt dessen machen sie ihm Kummer. Er will geliebt und bewundert werden, und statt dessen fragen sie: »Nun, was hast du in letzter Zeit für mich getan?« Er will umschmeichelt werden, und statt dessen ignorieren sie ihn und stoßen ihn manchmal vor den Kopf. Durch das ganze Alten Testament hindurch sind die Israeliten absolute Nervensägen. Sie sind nicht gerade warm und herzlich. Sie leiden nie still. Gott nennt sie bei zahllosen Gelegenheiten ein »halsstarriges Volk«, und dies ist eine sehr gute Beschreibung. Sie sind dickköpfig und störrisch, und sie machen es ihrem verschrobenen alten Schöpfer nie leicht.[30]

Die Israeliten sind vielleicht egozentrisch, aber sie sind nicht dumm. Sie wissen genau, auf welcher Seite ihr Brot gebuttert ist. Sie haben offenbar keinerlei Probleme, den weltlichen Herrschern zu schmeicheln, die über ihr Schicksal bestimmen. Der Rat im Buch Kohelet klingt in vielen Punkten wie die durchaus weltlichen Ratschläge, die wir später in der Literatur der Renaissance kennen lernen werden:

*Wenn der Herrscher gegen dich in Zorn gerät,*
*bewahre die Ruhe,*
*denn Gelassenheit bewahrt vor großen Fehlern.*[31]

*Nicht einmal in Gedanken schimpf auf den König,*
*nicht einmal im Schlafzimmer schimpf auf einen Reichen;*
*denn die Vögel des Himmels können dein Wort verbreiten,*
*alles, was Flügel hat, könnte die Antwort weitermelden.*[32]

Wenn es aber um Gott geht, sinken die Israeliten oft nur widerwillig auf die Knie. Statt daß sie versuchen, ihn zu besänftigen, geben sie sich alle Mühe, ihn immer wieder hinters Licht zu führen. Sie behandeln ihn, als sei er ein leicht verblödeter und noch dazu sehr kurzsichtiger alter Onkel, den sie mit minimalem Aufwand an der Nase herumführen können. Nehmen wir zum Beispiel Jakob. Zunächst legt seine Mutter Rebekka Gott herein, indem sie Isaak glauben läßt, er habe Jakob statt Esau vor sich. Als Gott Jakob dann akzeptiert, knüpft dieser seine Leistungen an gewisse Bedingungen. Er stellt Gott auf die Probe, wie Jack Miles es ausdrückt. »Wenn Gott mit mir ist und mich auf diesem Weg, den ich eingeschlagen habe, behütet, wenn er mir Brot zum Essen und Kleider zum Anziehen gibt, wenn ich wohlbehalten heimkehre in das Haus meines Vaters und der Herr sich mir als Gott erweist, dann soll der Stein, den ich als Steinmal aufgestellt habe, ein Gotteshaus werden, und von allem, was du mir schenkst, will ich dir den zehnten Teil geben.«[33] Natürlich werde ich dich annehmen, sagt Jakob, aber nur solange du in dem Stil für mich sorgst, den ich gewohnt bin.

Auf dem langen Marsch durch die Wüste unter der Führung Mose benehmen sich die Israeliten wie eine Horde Kinder auf einer endlos langen Busreise ins Zeltlager. Ihnen ist heiß. Sie haben Hunger. Sind wir noch nicht da? Mose kann sie nicht unter Kontrolle halten. »Weil das Volk kein Wasser zu trinken hatte, geriet es mit Mose in Streit und sagte: Gebt uns Wasser zu trinken! Mose aber antwortete: Warum streitet ihr mit mir? Warum stellt ihr den Herrn auf die Probe? Das Volk dürstete nach Wasser und murrte gegen Mose. Sie sagten: Warum hast du uns überhaupt aus Ägypten hierher geführt? Um uns, unsere Söhne und unser Vieh verdursten zu lassen? Mose schrie zum Herrn: Was soll ich mit diesem Volk anfangen?«[34]

*»Mir reicht's«,* wäre wohl der passendere Ausdruck.

Mit diesem halsstarrigen Stamm also schließt Gott einen Bund.

Das Wort »Bund« ist eigentlich nur eine schönfärberische Bezeichnung für einen Handel, und der sieht so aus: Wenn du mich zu deinem Ein und Alles machst, mache ich dich zur Nummer Eins. Wenn du mir mit deiner Anbetung schmeichelst, dann soll es sich für dich auszahlen. Halte zu mir, Kind, und es wird dein Schade nicht sein. Die Israeliten machten Gott zu ihrem einzigen Gott, und im Gegenzug machte der Herr die Juden zu seinem auserwählten Volk, befreite sie von ihrem Status als Ausgestoßene und brachte sie ins Gelobte Land, in dem Milch und Honig fließen. Es sollte, wie man in der Diplomatie so schön sagt, eine besondere Beziehung sein. Für die Juden sah es aus wie ein ziemlich guter Handel. Wo war also der Haken?

Der Bund funktioniert wie ein Geschäft auf der Grundlage des reziproken Altruismus. Der Handel soll für beide Seiten etwas bringen. Gott bekommt ein Volk, und ein Volk bekommt Gott. Gott bekommt jemanden, der ihn anbetet, und die Israeliten bekommen jemanden, den sie anbeten können. Ein Gewinn für beide Seiten.

Eigentlich ist jede Schmeichelei eine Art Bund. Wenn man Schmeichelei anbietet und im Gegenzug akzeptiert, schließt man eine implizite, unausgesprochene Übereinkunft. Wenn ich Ihnen schmeichle und Sie diese Schmeichelei annehmen, dann akzeptieren Sie implizit, daß Sie eine höhere Meinung von mir haben. Wenn ich sage, daß Sie brillant sind, und Sie das glauben, dann sagen Sie sich selbst: Wie hellsichtig! Der Bund zwischen Gott und den Israeliten belohnt die Israeliten im Austausch gegen die Anbetung mit einem höheren Rang in der kosmischen Ordnung.

Der Bund zwischen Gott und den Israeliten war keine lockere Übereinkunft per Handschlag. Mit Gott war nicht gut Kirschen essen. Im Grunde konnten die Israeliten sein Angebot nicht ablehnen, denn er sagte: *Wenn ihr für mich da seid, werde ich für euch da sein. Aber wenn ihr nicht für mich da seid, werde ich euch töten.* Die Israeliten hatten eigentlich keine Wahl. Für den Fall, daß sie sich gegen Gott entschieden, heißt es im Buch Deuteronomium: »Ihr werdet aus dem Land, in das du nun einziehst, ... herausgerissen werden. Der Herr wird dich unter alle Völker zerstreuen, vom einen Ende der Erde bis zum anderen Ende der Erde. ... Du wirst in Lebensgefahr schweben bei Tag und bei Nacht, erschrecken und deines Lebens nicht mehr sicher sein. Am Morgen wirst du sagen: Wenn es doch schon Abend wäre! und am Abend: Wenn es doch schon Morgen wäre! – um dem Schrecken zu entfliehen, der dein Herz befällt, und dem Anblick, der sich deinen Augen bietet.«[35] Das läßt nicht gerade viel Verhandlungsspielraum.

Als Teil des Bundes hob Gott Israel aus allen anderen Nationen heraus, und im Gegenzug forderte er absolute Treue. Er erzwang einen Treueid, den die Juden Sch'ma nennen, das zentrale Dogma des jüdischen Glaubens. »Höre *(sch'ma)* Israel! Jahwe, unser Gott, Jahwe ist einzig. Darum sollst du den Herrn, deinen Gott, lieben mit ganzem Herzen, mit ganzer Seele und mit ganzer Kraft. Diese Worte, auf die ich dich heute verpflichte, sollen auf deinem Herzen geschrieben stehen.«[36] In *Nah ist und schwer zu fassen der Gott* schreibt Karen Armstrong, daß im 7. Jahrhundert v.Chr., als das Sch'ma entstand, Gott in Konkurrenz zu einer Menge anderer Götter stand und den Markt erst erobern mußte. Es ist eine ziemlich anspruchsvolle Forderung, die der Herr hier erhebt. Zugegeben, er ist Gott, aber man kann sich kaum einen schmeichelhafteren Eid vorstellen. Das ist der springende Punkt. Nichts und niemand kann und sollte höher gerühmt werden als Gott. Also will er diese Rechtslage auch festschreiben.

Wie die Anwälte von Paula Jones im Prozeß gegen Clinton, die erfolglos versuchten, eine wasserdichte Definition der sexuellen

Beziehung zu finden, versuchte Gott, den Israeliten eine wasserdichte Definition des Monotheismus aufzudrücken: *Du sollst keine anderen Götter haben neben mir.* Aber die Israeliten fanden ein Schlupfloch. Er sagte nicht :«Du sollst keine anderen Götter haben, Punkt.« Er sagte einfach, keine Götter neben ihm. Also verstanden ihn die Israeliten so: *Hey, es kann andere Götter geben, so lange sie nicht auf einer Stufe mit unserem Gott Nummer eins stehen.*

Man könnte sagen, daß die Israeliten religiös waren, aber nicht fanatisch. Sie befolgten die Regeln des Bundes nach eigenem Gutdünken. Sie beteten zu Jahwe in Zeiten der Not, doch wenn alles glatt ging, vergaßen sie ihn. Nachdem sie sich in Kanaan angesiedelt hatten und die Lage sich besserte, wandten sie sich dem Baal zu. Als Gott entdeckt, daß sie in Moses Abwesenheit diesem Fruchtbarkeitsgott den ersten Rang eingeräumt haben, wird er nicht einfach böse, nein, er greift gleich zum Colt: »Ich werde in Israel siebentausend übriglassen, alle, deren Knie sich vor dem Baal nicht gebeugt und deren Mund ihn nicht geküßt hat.«[37] Mit anderen Worten: jeder, der den Baal angebetet hat, wird sterben, und der Herr macht sich daran, Zehntausende Israeliten zu töten, einfach so.

Wie diese Geschichte zeigt, ist Furcht eine nicht ausdrücklich genannte Komponente des Bundes. »Gottesfurcht ist Anfang der Erkenntnis«[38] lautet eine Feststellung, die im Buch der Sprichwörter dreimal in ähnlichen Worten wiederholt wird. Gottes Vorstellung war: Die Israeliten werden mich fürchten, wenn sie wissen, was gut für sie ist. Gott war mächtig – und launenhaft. Er ist wie der Mafiapate, der den Respekt, den man ihm entgegenbringt, zumindest teilweise seiner Unberechenbarkeit verdankt. Er könnte jederzeit auf die Idee kommen, dich mit Betonschuhen in einem See zu versenken...

Furcht ist eigentlich eine Form der Schmeichelei, eine Art der Ehrerbietung. Angst und Nervosität vor einem Gegner zu zeigen ist eine Form des seelischen Kriechens, eine emotionale Unterwerfung. Sich zu verbeugen und mit den Füßen zu scharren, mit dem Kopf den Boden zu berühren, sich zu Boden zu werfen – wie wir es bei den Schimpansen gesehen haben –, das alles ist eine ritualisierte Darstellung von Furcht. Manchmal taten die Israeliten nur so, als fürchteten sie sich. Aber meist mußten sie die Furcht nicht spielen; sie waren völlig verschreckt. Aber sie stellten auch fest, daß sie Gott verführen konnten, indem sie ihm ihre Furcht zeigten. Genau dies will der Herr von den Israeliten – echte und vorgespielte Furcht –, aber er bekommt es nur gelegentlich.

Trotz ihrer mangelnden Bereitschaft, ihren Teil des Handels mit Gott zu erfüllen, stieg den Israeliten der Bund an sich zu Kopf. Sie begannen sich selbst zu schmeicheln: *Wir sind von Gott ausgesucht worden. Wir sind etwas Besonderes. Wir sind das auserwählte Volk.* Wir sehen vielleicht aus wie ein heruntergekommener Haufen Nichtsnutze ohne Land und Geld, aber wir haben eine geheime Vereinbarung mit dem Herrn, die uns besser macht als jedes andere Volk. Wir haben ein Geheimnis. »Ein persönlicher Gott wie Jahwe«, schreibt Karen Armstrong, »kann das eigene belagerte Volk unterstützen, ein unpersönlicher Gott wie Brahman kann das nicht.«[39] Und genau so benutzten sie ihn auch. Gott war der Selbstachtungs-Guru der Juden.[40]

Bei den Juden überlebte das Gefühl der Auserwähltheit noch lange nach der Zeit der alten Israeliten. Der Arzt und Philosoph Jehuda Halewi schrieb im Toledo des 12. Jahrhunderts, daß die Juden eine besondere religiöse Begabung hätten und deshalb einzig unter den Völkern seien. Zugegeben, auch die *gojim* konnten durch die Welt ein Wissen von Gott erwerben, aber nur die Juden hatten eine natürliche, subjektive Wahrnehmung des Herrn.[41]

Freud empfand die Juden mit ihrem Gefühl der Auserwähltheit fast als komisch. »Woher kam dieser winzigen und ohnmächtigen Nation die Vermessenheit, sich für das bevorzugte Lieblingskind des großen Herrn auszugeben?« schrieb er.[42] Man könnte sagen, daß Freuds Meinung zur jüdischen Selbstschmeichelei eine Übertragung war, ein Beleg seiner eigenen Mischung aus Unsicherheits- und Überlegenheitsgefühlen in bezug auf seine jüdische Herkunft. »Es ist kein Zweifel daran«, schrieb er »sie [die Juden] haben eine besonders hohe Meinung von sich, halten sich für vornehmer, höher stehend, den anderen überlegen ...«[43] Zum Schluß allerdings bietet Freud eine Erkenntnis an, die man auch in modernen Selbsthilfebüchern immer wieder findet: Er vermutete, daß die jüdische Überzeugung von der eigenen Besonderheit – sei sie nun Tatsache oder Einbildung – die Juden stolz und zuversichtlich machte. Täusch es vor, bis du es wirklich hast, empfehlen sie in den beliebten Ratgebern vom Typ *Mehr Selbstbewußtsein in zwölf Schritten.* Die Juden nahmen sich diesen Rat zu Herzen.

Letztendlich verstanden die Israeliten den Bund falsch, eher als Privileg statt als Verantwortung, als Geschenk statt als Herausforderung. Aber Israel war Gottes Werkzeug, nicht Gottes Liebling. Gottes Aufmerksamkeit war eine Verantwortung, keine Belohnung. Die Juden glaubten offenbar, der Bund sei so etwas wie ein Sechser im Lotto, ein Hauptgewinn ganz ohne Haken. Doch das war eine völlige Fehleinschätzung. Zugegeben, die Propheten sagten, daß Gott Israel aus Liebe erwählt habe, aber es war offensichtlich eine sehr brutale Liebe. »Dem Manne, den ich liebe, widerstreb ich«, sagt Jupiter in *König Cymbelin* – Shakespeares Zusammenfassung des Wesens des Bundes.[44] Jahwe »widerstrebt« den Israeliten, offenbar ohne sie jemals wirklich zu lieben. Jahwes Ultimatum lautete: *Liebe mich, oder ich werde dich verlassen.*

## Was Gott will, bekommt er schließlich

Der Bund war ein regelrechter Handel, aber einer, bei dem eine der Parteien – Gott – ständig neue Bedingungen aufsetzte, Klauseln umschrieb, das Kleingedruckte änderte. Die anfängliche und grundlegende Bedingung war ziemlich einfach: »Du sollst keine anderen Götter haben neben mir.« Aber Gott legte die Latte immer höher.

Die Erklärung, er sei ihr ein und alles, reichte Gott als Forderung an die Israeliten bald nicht mehr. Immer wieder fordert er Tribut, Schmeichelei, Unterwerfung, Anbetung. Und nicht einfach irgendeine Anbetung, sondern eine Anbetung zu seinen Bedingungen. Er ist ein Schmeichel-Tyrann.

Anfangs stellt er keine moralischen Forderungen, sondern Bedingungen. Seine Befehle hatten keinen moralischen Inhalt. Es ging um Macht, nicht um Tugend: Wenn du dies tust, werde ich das tun. Er erweiterte die Treuepflichten ständig – bis ins Unendliche, wie es aussah. Bei Abraham und Ijob überschritt er die Grenzen des Bundes.

Gott fordert nicht nur Opfer – die eine Form der Schmeichelei sind –, er beschreibt genau die Art und das Wesen der Opfer, die er sich wünscht. Der Herr sagt Mose, daß er eine Abgabe will »von jedem, den sein Sinn dazu bewegt«, und dann gibt er Mose eine sehr genaue Einkaufsliste der Dinge, die er haben will: »Gold, Silber, Kupfer, violetten und roten Purpur, Karmesin, Byssus, Ziegenhaare, rötliche Widderfelle, Tahaschhäute und Akazienholz; Öl für den Leuchter, Balsame für das Salböl und für duftendes Räucherwerk; Karneolsteine und Ziersteine für Efod und Lostasche.«[45]

Der Herr will nicht irgendein Opfer; er legt eine Mindestqualität fest; und es muß sehr, sehr blutig sein. Ein paar Tropfen hier und da reichen nicht. In Exodus schreibt er vor, daß das Blut von zwölf Ochsen in Becken gesammelt werden soll. Die Hälfte soll am Altar ausgegossen und die andere Hälfte auf die Anbetenden versprengt werden. »Schlachte den Widder, nimm von seinem Blut, und streich es auf das rechte Ohrläppchen Aarons und seiner Söhne, auf den Daumen ihrer rechten Hand und auf die große Zehe ihres rechten Fußes!«[46] Gott befiehlt dem Propheten Ezechiel nicht nur eine Schriftrolle mit Gottesworten, sondern auch Exkremente zu essen. Ich erinnere mich nicht daran, daß das Teil des Bundes war.

Er fordert von Mose nicht nur einen Tempel, sondern er sagt ihm auch, wie er ihn einrichten soll, welche Muster und Farben für die Wände benutzt werden sollen und aus welchem Stoff er sich die Vorhänge wünscht. Plötzlich ist Gott ein sehr pedantischer Innenarchitekt, der genau weiß, wie der Raum für die vierzehn Seiten Bildreportage in *Architectural Digest* aussehen soll:[47] »Macht eine Lade aus Akazienholz, zweieinhalb Ellen lang, anderthalb Ellen breit und anderthalb Ellen hoch! Überzieh sie innen und außen mit purem Gold, und bring daran ringsherum eine Goldleiste an! Gieß für sie vier Goldringe, und befestige sie an ihren vier Füßen, zwei Ringe an der einen Seite und zwei Ringe an der anderen Seite!«[48]

Und so geht es immer weiter, in ermüdender Detailverliebtheit, über die Lampen, die Tische, darüber, wie die Kerubim gearbeitet sein sollen, über die Schlösser der Lade, und sogar über die modischen Kleinigkeiten an Aarons Kleidung: »Verfertige den Efodmantel ganz aus violettem Purpur; in seiner Mitte soll sich eine Öffnung für den Kopf befinden; an seiner Öffnung ringsum soll wie bei der Öffnung eines Panzerhemds ein gewebter, unzerreißbarer Rand angebracht sein. An seinem unteren Saum mach Granatäpfel aus violettem und rotem Purpur und aus Karmesin ...«[49]

Diese Detailbesessenheit läßt ihn nicht allwissend, sondern kleinkrämerisch erscheinen. Die Genauigkeit seiner Befehle gibt dem Satz *»Gott ist in den kleinen Dingen«* eine ganz neue Bedeutung.

Zunächst sah es so aus, als sei Gott leicht zufriedenzustellen.

In dem Augenblick, als Noah nach der Sintflut trockenes Land erreicht, macht er ein kleines Feuer und gibt dem Herrn ein Brandopfer. »Der Herr roch den beruhigenden Duft, und der Herr sprach bei sich: Ich will die Erde wegen des Menschen nicht noch einmal verfluchen.«[50] Moment mal – ist das der Gott, den wir kennen und fürchten gelernt haben? Der Herr vollbringt diese außergewöhnliche Tat; er taucht den ganzen Erdball ins Wasser, nur um diesen einen Mann Noah zu retten, und Noah wirft zum Dank einfach ein paar Stöcke zusammen – und Gott ist glücklich? Dies ist ein entspannter Gott, eine gelassene Gottheit.

Zuerst wirkt der Herr auch im Umgang mit Abraham ziemlich locker. Als Abraham nach Kanaan kommt, verspricht der Herr ihm alles Land, soweit das Auge reicht, und ein großes Volk aus seinen Nachkommen. Gar nicht schlecht für den Anfang! Und was macht Abraham? Er baut einen kleinen Altar. Das ist alles. Und der Herr ist zufrieden. Für Abraham sicher kein schlechter Handel, zunächst jedenfalls nicht.

Allerdings gibt es da ein kleines Problem. Abraham hat keinen Erben, und er ist neunundneunzig Jahre alt. Seine Frau Sara ist neunzig. Kein Problem, sagt der Herr: »Ich will sie segnen und dir auch von ihr einen Sohn geben.«[51] Das ist zuviel für Abraham: »Da fiel Abraham auf sein Gesicht nieder und lachte.« Selbst Sara mußte kichern. »Soll ich wirklich noch Kinder bekommen, obwohl ich so alt bin?« Obwohl Gott ein bißchen beleidigt ist, weil Sara über ihn gelacht hat – als sie es leugnet, sagt der Herr »Doch, du hat gelacht« – besteht er darauf, daß Abraham und Sara einen Sohn haben werden, und daß dieser Junge, wenn sie den Bund beachten, der Vater eines großen Volkes sein wird.[52]

Es gibt allerdings ein keines Hindernis. Der Herr verkündet, daß Abraham sich zunächst beschneiden lassen muß. Abraham sagt nichts, aber ich glaube, man kann davon ausgehen, daß jeder erwachsene Mann – und das gilt sicher doppelt für einen Neunundneunzigjährigen – die Aussicht auf eine Beschneidung (noch dazu ohne die Möglichkeit einer lokalen Betäubung) verdammt unangenehm finden muß. Für Abraham war dies sicher der schlimmstmögliche Schnitt überhaupt. Aber der Herr fordert ihn ohne Widerspruch: »Das ist mein Bund zwischen mir und euch samt deinen Nachkommen, den ihr halten sollt: Alles, was männlich ist unter euch, muß beschnitten werden. Am Fleisch eurer Vorhaut müßt ihr euch beschneiden lassen. Das soll geschehen zum Zeichen des Bundes zwischen mir und euch.«[53]

Was ist die Beschneidung im Grunde anderes als eine Art von Gott aufgezwungener Schmeichelei? Was könnte schmeichelhafter sein als ein neunundneunzig Jahre alter Mann, der bereitwillig ein Messer am empfindlichsten Teil seiner Anatomie ansetzt und ihn abschneidet, einfach nur aus einem tief empfundenem Gehorsam heraus? Gott erklärt Abraham nicht den Zweck der Beschneidung oder warum er darauf besteht. Nur daß Abraham sich beschneiden lassen muß, bevor Gott Sara fruchtbar machen wird. Wir alle haben Erklärungen gehört, warum die Bibel die Beschneidung fordert. Die Israeliten lebten in der Wüste, es gab kaum Wasser, die Vorhaut kann sich leicht entzünden, eine Beschneidung war hygienischer. Aber Gott sagt Abraham nichts davon. Er sagt einfach: kein Schnitt, kein Ruhm.

Abraham tut es. Es ist ein bedeutender Tribut an einen Gott, der bisher nicht allzu verläßlich war. Gott hatte Abraham schon einmal, dreiundzwanzig Jahre zuvor, einen Sohn versprochen, als er mit seinen sechsundsiebzig Jahren noch ein ganz munterer Geselle war. Jetzt »gehört«, wie Jack Miles es ausdrückt, »Abrahams Penis ihm nicht mehr«. Er gehört dem Herrn, und ein beschnittener Penis zeigt sowohl Abrahams Treue wie Gottes Macht. Miles vertritt die These, daß Gott ganz besessen davon ist, die Fruchtbarkeit der Israeliten zu kontrollieren. Er meint, die Einwilligung der Israeliten in die Beschneidung bedeute das Ende einer autonomen Reproduktion.

Beschneidung ist vielleicht die älteste Operation der Welt, aber sie ist auch eine starke Metapher. Als Mose zu den Israeliten spricht, bevor sie Kanaan betreten, erklärt er ihnen, daß der Herr von seinem Volk verlangt, daß es ihn liebt und fürchtet, daß es ihm dient mit ganzem Herzen und mit ganzer Seele. Und dann sagt Mose: »Ihr sollt die Vorhaut eures Herzens beschneiden und nicht länger halsstarrig sein.«[54] Der Herr fordert damit: Übergebt mir euren Körper und eure Seele, entblößt vor mir den empfindlichsten und intimsten Teil von euch, schneidet eure Aufsässigkeit heraus.

Für Abraham ist die Beschneidung nur der Anfang der Opfer, die er bringen muß. Wenn schon die Beschneidung hart war, so ist sie doch nichts gegen all das, was der Herr noch für ihn auf Lager hat. Als Isaak – Abrahams und Saras Sohn – ein kleiner Junge ist, besucht Gott den Propheten Abraham erneut. »Nach diesen Ereignissen stellte Gott Abraham auf die Probe. Er sprach zu ihm: Abraham! Er antwortete: Hier bin ich. Gott sprach: Nimm deinen Sohn, deinen einzigen, den du liebst, Isaak, geh in das Land Morija, und bring ihn dort auf einem der Berge, den ich dir nenne, als Brandopfer dar.«[55]

Dies ist die vielleicht extremste Loyalitätsprüfung in der ganzen Geschichte des Menschen. Nur eine zutiefst unsichere Gottheit würde einen solchen Test vorschlagen. Wie sehr muß sich der Herr nach Anbetung sehnen, wenn er einen mehr als Hundertjährigen bittet, den Sohn zu opfern, auf den er sein Leben lang gewartet hat? Wie viel Loyalität darf man fordern? Aber Abraham schweigt, und früh am nächsten Morgen nimmt er seinen Sohn mit zu dem Berg. Dort ruft der Junge: »Vater! … Wo aber ist das Lamm für das Brandopfer?« Es ist eine herzzerreißende Frage.

Ein anderer Dichter und Songschreiber mit biblischer Kraft erzählt die Geschichte so:

*Oh God said to Abraham, »Kill me a son.«*
*Abe says, »Man, you must be puttin' me on.«*
*God say, »No.« Abe say, »What?«*
*God say, »You can do what you want, Abe, but*
*The next time you see me comin', you better run.«*
*Well, Abe says, »Where do you want this killin' done?«*
*God says, »Out on Highway 61.«*[56]

Bob Dylans Gott ist der abgebrühteste Killer, den man sich vorstellen kann.

Erst als Abraham das Holz sorgfältig aufgeschichtet und seinen Sohn nach allen Regeln der Kunst gefesselt hatte, erschien ein Engel des Herrn und sagte zu ihm: »Streck deine Hand nicht gegen den Knaben aus, und tu ihm nichts zuleide! Denn jetzt weiß ich, daß du Gott fürchtest.«[57] Einige Theologen haben gemeint, daß Abraham niemals wirklich seinen Sohn getötet hätte, sondern nur alles dafür vorbereitete, weil er wußte, daß Gott ihm im letzten Moment in den Arm fallen würde. Ich bin mir da nicht so sicher. Aber uns geht es hier nicht so sehr um Abrahams Beweggründe – er wollte sicher diesen Gott besänftigen, der ihm schon beinahe wahnsinnig vorgekommen sein muß – als vielmehr um Gottes verzweifeltes Bedürfnis nach Anbetung und Ehrfurcht. »Denn jetzt weiß ich, daß du Gott fürchtest«, sagt der Herr. Es klingt so wie: *Okay, jetzt fühle ich mich besser.* Abrahams echte oder vorgetäuschte Angst stellte seinen Gott zufrieden. Er schmeichelte dem Herrn, indem er bereit war, seinen Sohn für ihn zu töten. Der Herr war so bedürftig, daß er mit dem Finger auf die eine Sache zeigte, die Abraham über alles liebte, auf das eine große Geschenk, daß der Herr seinem treuen Diener gemacht hatte, um ihn dann zu bitten es zu opfern.

## Der Spieler

Was Gott von Abraham verlangte, war eine leichte Übung verglichen mit seinen Forderungen an Ijob. Einstein sagte einmal, daß Gott nicht würfelt.

Aber ganz sicher spielte er Roulette mit dem Leben Ijobs.

Ijob war noch mehr als alle anderen Lieblinge Gottes ein Nicht-Schmeichler. Man könnte natürlich seine erstaunliche Loyalität als die größte Schmeichelei überhaupt interpretieren, aber das tat Gott nicht. Statt dessen ärgerte ihn offenbar Ijobs Mischung aus klagender Streitlust, gefolgt von Stallone-hafter Schweigsamkeit. Ijob tat, was richtig war, weil es richtig war (zumindest in seinen Augen), ein Prinzip, das dem Herrn offenbar ziemlich fremd blieb.

Gott will von Ijob geliebt, respektiert und umschmeichelt werden, und zwar für sein Wesen, nicht dafür, daß er die eine und einzige Supermacht-Gottheit ist. Wie Willy Loman im *Tod eines Handlungsreisenden* will Gott nicht einfach gemocht, er will sehr gemocht werden. Es ist gerade diese Unsicherheit, und, wie ich meine, Unreife Gottes, die ihn sich nach einer solchen Liebe sehnen läßt. Satan, ein schlauer, zigarrenkauender Menschenkenner, weiß, daß man Gott nicht nur um seiner selbst willen lieben kann. Aber Gott besteht darauf, und deshalb schlägt er ein in die furchtbare Wette mit Satan. Es geht um Ijobs Loyalität.

Gott wettet darauf, daß Satan Ijob alles antun kann und Ijob dem Herrn dennoch treu bleiben wird. Also nimmt Satan – mit Gottes Einverständnis – dem einst reichen und zufriedenen Ijob langsam und methodisch alles weg: seine Familie, sein Vermögen, sein Eigentum und seinen guten Namen.

Nachdem Ijob sich mit der lautstarken Bitte um eine Erklärung an Gott gewandt hatte, versucht ein junger Mann namens Elihu, der Ijob hatte klagen hören, seine Fragen zu beantworten. Jahwe ist wütend, sagt er, weil Ijob eher sein eigenes Verhalten als das Gottes zu rechtfertigen gesucht hat. Aber ganz nebenbei sagt Elihu etwas Interessantes zur Schmeichelei und was man daraus über Gott lernen kann. Er erklärt Ijob:

*Ich ergreife für niemand Partei*
*und sage keinem Schmeichelworte.*
*Denn ich verstehe mich nicht aufs Schmeicheln,*
*sonst raffte mich mein Schöpfer bald hinweg.*[58]

Elihu deutet an, daß Gott Schmeichelei einem anderem als ihm selbst gegenüber nicht ertragen wird. Und wenn Gott sieht, daß er oder Ijob jemand anderem schmeichelt, dann ist das das Ende. Eigentlich kann man sogar das ganze Buch Ijob als Gottes Versuch deuten, seinem treuesten, aber letztlich auch schweigsamsten Diener ein winziges Kompliment zu entlocken.

Ijob merkt, daß Gottes Begeisterung für den Menschen kaum auszuloten ist. Du hast Himmel und Erde gemacht, Löwen und Tiger, warum also bist du so interessiert an einem kleinen Wurm wie mir? fragt Ijob:

*Was ist der Mensch, daß du groß ihn achtest*
*und deinen Sinn auf ihn richtest,*
*daß du ihn musterst jeden Morgen und jeden Augenblick*
*ihn prüfst?*[59]

Trotz all des Schmerzes und der Leiden, die Gott Ijob auferlegt, trotz der Tatsache, das er alles verliert, was ihm wichtig ist, wankt Ijob niemals in seiner Treue zu Gott – er will einfach nur wissen, *warum?* Aber selbst das ist schon zuviel. Ijob ist das Modell des kleinen Mannes mit ausgeprägtem Gewissen, der standhaft bleibt, auch einer Macht gegenüber, die viel stärker ist als er. Ijob zeigt die Tugend, die die alten Griechen *parrhesia* – Offenheit – nannten. Aber genau das will der Herr nicht. Er kann die Wahrheit nicht ertragen.

Als der Herr Ijob aus dem berühmten »Wettersturm« heraus antwortet, hinterfragt er zunächst Ijobs Recht, ihn zu hinterfragen:

*Wer ist es, der den Ratschluß verdunkelt*
*mit Gerede ohne Einsicht?*[60]

Dann erklärt Gott, warum Ijob seiner Meinung nach kein Recht hat, ihm Fragen zu stellen, und klingt dabei wie ein bitterer, nörgelnder Vater:

*Wo warst du, als ich die Erde gegründet? ...*
*Wer setzte ihre Maße? Du weißt es ja.*
*Wer hat die Meßschnur über ihr gespannt?*
*Wohin sind ihre Pfeiler eingesenkt?*

*Oder wer hat ihren Eckstein gelegt …? …*
*Hast du je in deinem Leben dem Morgen geboten,*
*dem Frührot seinen Platz bestimmt …?*[61]

Und so weiter und so fort. Gott rezitiert seinen kosmischen Lebenslauf – die Lebewesen, die er schuf, die Gebirgsketten, die er hob, das Land, das er vermaß – als ob Ijob sich der Referenzen Gottes nicht bewußt wäre. In Gottes Augen fehlt Ijob nicht so sehr die moralische Autorität, ihm Fragen zu stellen, sondern vor allem die Macht. Für Jahwe hat der Mächtige immer recht. Wie kann so ein unbedeutender kleiner Schlemihl mit dem Schöpfer aller Dinge streiten?

Schließlich sagt der Herr:

*Mit dem Allmächtigen will der Tadler rechten?*
*Der Gott anklagt, antworte darauf.*
*Da antwortete Ijob dem Herrn und sprach:*

Ijob beantwortet das Unbeantwortbare, und man kann nichts gegen seine Worte einwenden:

*Siehe, ich bin zu gering. Was kann ich dir erwidern?*
*Ich lege meine Hand auf meinen Mund.*
*Einmal habe ich geredet, ich tu es nicht wieder;*
*ein zweites Mal, doch nun nicht mehr!*[62]

Ijob sagt: Wer bin ich, dich zu hinterfragen? Ich, der ich nichts bin. Aber dies ist eine falsche Bescheidenheit. Der gerissene Ijob sagt im Grunde nicht, daß er nichts ist, denn Ijob weiß, um was es geht. Ijob weiß, daß Moral der große Gleichmacher ist. Daß die unbedeutendste Kreatur auf Gottes ganzer grüner Erde den Schöpfer hinterfragen kann, wenn der Schöpfer ungerecht ist und der Fragende gerecht. Auf der Waage der Gerechtigkeit ist die Macht nie schwerer als die Barmherzigkeit.

Anfangs sieht es so aus, als böte Ijob die Unterwürfigkeit an, die Gott sucht, aber es ist eigentlich eine vorgespielte Unterordnung. »Ich bin zu gering.« ( Das ist, wie wenn ein Politiker seine Bemerkungen einleitet mit: »Da ich es nicht gewohnt bin, vor so vielen Menschen zu sprechen ...«) Diese gespielte Unterwürfigkeit zeigt seine Angst, aber auch seine Unbezwingbarkeit. Er fürchtet Gott genug, um es so aussehen zu lassen, als rühme er ihn, aber er verachtet das, was Gott tut, auch so sehr, daß er diesen Ruhm nur zu einem Ersatzlob macht. Vorgegaukeltes Lob ist das Gegenteil von echtem. Ijob mag Gott schmeicheln durch seine Angst, aber er beleidigt ihn durch die Unehrlichkeit seiner Worte. Er greift auf eine absolute Ironie zurück: Er verspottet gerade die Art von Schmeichelei, nach der Gott sich so sehnt.

»Ich tu es nicht wieder«, sagt Ijob und dann schweigt er.

Gott betrachtet Ijobs Schweigen offenbar als Unterwerfung. Aber es ist eher trotzig als unterwürfig. Es ist keine Kapitulation, sondern eine Weigerung, klein beizugeben. Aber der Herr versteht es in seinem Drang nach Anerkennung anders. Ijob weigert sich zu schmeicheln, und Gott, so verzweifelt auf Schmeichelei aus, deutet diese Weigerung als das Lob, nach dem er sich so sehnt.

## Gott wird weich

Die Juden behandelten Gott natürlich nicht immer nur schäbig. Im Laufe der Jahre bekam er auch das Lob und die Schmeicheleien, die er so mochte. Die Ironie dabei ist, daß viel von diesem Lob erst kam, als Gott es offenbar nicht mehr so dringend brauchte.

Wie wir oben schon bemerkt haben, sind die Namen, mit denen wir Dinge bezeichnen, ein bevorzugtes Mittel der Schmeichelei. Die Israeliten drückten ihre Hochachtung nicht dadurch aus, daß sie Gott einen Namen gaben, sondern dadurch, daß sie ihm eben keinen gaben. Es herrschte die Meinung, daß Gott so furchteinflößend, so undurchschaubar, so heilig war, daß man es für beleidigend hielt, seinen Namen überhaupt auszusprechen. Der göttliche Name wurde YHWH geschrieben – nur Konsonanten, keine Vokale – und bei der Schriftlesung nicht ausgesprochen. Die menschliche Sprache galt schlichtweg als unangemessen, etwas so Unsagbares wie Gott zu beschreiben. Wie Maimonides sagte, war es besser, von Gott in negativen Begriffen zu reden, zu beschreiben, wie er nicht war. Gott war der Unbenennbare.[63]

Was uns zu der Frage führt: Wie schmeichelt man jemandem oder etwas, das jenseits jedes Vergleichs oder sogar jenseits alles Faßbaren liegt, anders, als indem man sagt, daß er, sie oder es unvergleichlich und unfaßbar sei? Steht Gott vielleicht, wie viele Theologen gemeint haben, jenseits aller Schmeichelei? Maimonides erklärte auch, daß man Gott nicht direkt schmeicheln könne, weil man über ihn nur indirekt, symbolisch sprechen könne. Man kann ihn nicht mit irgend etwas anderem vergleichen. Man kann nicht sagen, er sei gut, weil er alles, was wir erdengebundene Sterbliche unter »gut« verstehen, bei weitem übersteigt.[64] Eigentlich sagt Maimonides, man könne noch nicht einmal behaupten, daß Gott existiere. Nur seine Nichtexistenz kann man leugnen.

Einige Denker fanden, daß die Israeliten es schließlich mit der Schmeichelei übertrieben und den Herrn zu sehr rühmten. Rabbi Johannan Ben Nappacha schrieb: »Wer Gott zu sehr preist, wird vernichtet werden.«[65] Menschliches Lob, so erklärte er, sei irdisch und Gott sei überirdisch, wie also könnten von Menschen gesprochene Worte nicht unzulänglich sein? Aber natürlich übertrumpfte Rabbi Johannan die anderen einfach mit seinem eigenen Lobpreis, indem er andeutete, daß das Lob der anderen zu weltlich sei. Es ist wie in dem Witz von dem alten und dem jungen Rabbi. Im Tempel fällt der alte Rabbi auf die Knie, blickt hinauf zum Altar und sagt: »Oh Herr, du bist alles und ich bin nichts.« Dann nickt er dem jungen Rabbi zu, der dasselbe tut. Nachdem sie wieder aufgestanden sind, fällt der Torwärter hinten im Tempel, beeindruckt von diesem Anblick, zu Boden und sagt: »Oh Herr, du bist alles, und ich bin nichts.« Der alte Rabbi dreht sich zum jungen Rabbi um und sagt: »Sieh mal, wer da glaubt, daß er nichts sei.«

Sieh mal, wer da glaubt, er schmeichele Gott. Euer Lobpreis ist einfach nur eine Beleidigung.

Erst ganz am Ende des Alten Testaments, in den Büchern der Propheten, geben die Israeliten Gott allmählich das Lob, auf das er immer so versessen war. Diese Verehrung kommt allerdings zu einer Zeit, in der der Herr selbst sich verändert. Denn Gott ist weicher geworden. Er ist nicht mehr so fordernd. Er ist nicht mehr so schnell beleidigt. Er ist nicht mehr so hart zu den Israeliten. Er ist gereift.

Spät in der Bibel verändert er sich von einem Gott, der mit Hilfe brutaler Gewalt regiert, zu einem ethischen Gott, einem Gott, der nicht nur Loyalität, sondern Tugend belohnt. Er bricht mit der Art von Schmeichelei, die er einst annahm, der alten Praxis des blutigen Opfers. Gott nennt diese Opfer jetzt »sinnlose Gaben«.

*Die Widder, die ihr als Opfer verbrennt,*
*und das Fett eurer Rinder habe ich satt;*
*das Blut der Stiere, der Lämmer und Böcke ist mir zuwider.*[66]

Das sagt er jetzt!

Einst konnte Gott nicht genug vom Fett der Rinder bekommen. Plötzlich gefällt ihm die alte Art der Schmeichelei nicht mehr. Statt dessen, so sagt er, will er etwas ganz anderes. Er will, daß die Israeliten ihr Herz ändern, daß sie selbst neue Menschen werden.

*Hört auf, vor meinen Augen Böses zu tun!*
*Lernt, Gutes zu tun!*
*Sorgt für das Recht!*
*Helft den Unterdrückten!*
*Verschafft den Waisen Recht,*
*tretet ein für die Witwen!*[67]

Das eröffnete Gott den Israeliten völlig unerwartet. Jahrhundertelang hatte er von ihnen nichts weiter verlangt, als zu gehorchen und ein Feuer zu machen und ein paar Brocken Fleisch daraufzuwerfen. Jetzt plötzlich bat Gott um etwas, das einfacher schien, in Wirklichkeit aber viel schwieriger war. Er bat sie, gut zu sein. Er bat sie, großzügig und freundlich zu sein. Gehorsam war nicht mehr genug. Wie Gott selbst bei Jesaja sagt:

*Seht her, nun mache ich etwas Neues.*
*Schon kommt es zum Vorschein, merkt ihr es nicht?*[68]

Die alte Schmeichelei ist out; Tugend ist in.

Der Herr hatte das Wesen des Bundes geändert. Vorher konnte man ein guter Jude sein, indem man einfach den Geboten gehorchte und den Herrn anbetete. Jetzt war das nicht gut genug – man mußte obendrein noch tugendhaft sein. Und eigentlich war es sogar wichtiger, tugendhaft zu sein – für andere das zu tun, was man sich für sich selbst wünscht – als heilig. Es war eine neue Möglichkeit, Gott zu schmeicheln. Tatsächlich ist die *Goldene Regel* – wie sie zuerst in ihrer negativen Form bei Hillel im 1. Jahrhundert v.Chr. (»Was du nicht willst, das man dir tu, das füg' auch keinem andern zu«) und später bei Matthäus in ihrer vertrauteren Form auftaucht – eine Zusammenfassung des Bundes der Schmeichelei. Tu anderen das, was du willst, daß sie dir tun. Ich schmeichle dir, damit du im Gegenzug mir schmeichelst. Die goldene Regel ist eine Form des reziproken Altruismus, und gegenseitige Schmeichelei ist ein Bestandteil des Konzepts.

Die Israeliten überblickten die Folgen dieses vom Herrn gemachten »Neuen« nicht richtig. Die neue Betonung der Tugend bot die Gelegenheit, das Judentum zu öffnen; sie war eine Tür, die zum Christentum führte. Sie machte Gott wirklich universell. Das Christentum begann als eine für Nichtjuden offene Form des Judentums, und deshalb hatte es solchen Erfolg. Es war für alle offen. Das Christentum stellte das Judentum aus demselben Grund in den Schatten wie Microsoft Apple: Es verkaufte die Lizenz seines Betriebssystems an alle, die es wollten. Die Israeliten hatten wie Apple ein elegantes System, aber sie behielten es für sich. Die Christen gaben ihr Betriebssystem jedem, der es brauchen konnte, und errangen so die Marktführerschaft.

Am Ende des Alten Testaments herrscht eine Art Waffenstillstand zwischen dem Herrn und seinem auserwählten Volk. Wie Jack Miles meint, ist der Herr zu einem erschöpften und geschwächten Vater geworden, einem vergeßlichen alten Mann, um den sich seine Kinder kümmern müssen.[69] Die Israeliten überschlugen sich jetzt mit ihrem Lobpreis für den Herrn. Die

Menschen und ihre Führer drängen einander mit den Ellenbogen weg, um sich vor dem Herrn auf den Boden zu werfen. Aber dem Herrn, distanziert, vergeßlich, erschöpft, ist das offenbar jetzt egal. Als die Israeliten endlich so weit sind, daß sie den Herrn loben, hat er offenbar nichts dagegen, zu Grabe getragen zu werden.

Als der Herr schließlich die Israeliten bittet, ihm zu schmeicheln, nicht indem sie Schafe opfern, sondern indem sie gut sind, zeigt er, wie der Wunsch zu gefallen, ein Beweggrund der Schmeichelei, die Menschen besser machen kann. Um Gott zu gefallen, hatten die Israeliten unzählige Kühe und Lämmer gegrillt, aber jetzt, bei Jesaja, bittet der Herr sie, den Bedrängten zu helfen. Gott beginnt in den Büchern der Propheten, Mitgefühl und Gerechtigkeit zu predigen, und um ihm zu schmeicheln, machen die Anhänger Gottes diese Tugenden zum Kennzeichen der drei großen Religionen, die ihren Ursprung in dieser Zeit haben.

Ijob muß sich fragen: Warum, verdammt noch mal, ist Gott das nicht früher eingefallen?

# Kapitel 4

# Schmeichelei ist undemokratisch

## Der *demos* herrscht, Dummkopf!

Was verstehen wir eigentlich unter Demokratie? Ich würde sagen, es ist die Vorstellung, daß niemand den anderen herumkommandieren kann, daß wir alle gleich und unsere Stimmen gleich viel wert sind. In einer Demokratie verabscheuen wir die Vorstellung, daß einige Menschen gleicher sind als andere (selbst wenn es so ist). Es ist einfach undemokratisch.

Die alten Griechen waren derselben Meinung, und so erfanden sie im 4. und 5. Jahrhundert v.Chr. die Demokratie. Es war *die* große politische Innovation der klassischen Antike, vielleicht der Geschichte überhaupt. Sie haßten die Vorstellung, daß einige Menschen sich selbst für gleicher hielten als andere, und sie haßten es, wenn einige Menschen sich aus eigenem Antrieb anderen unterordneten.

Deshalb haßten sie die Schmeichelei. Sie betrachteten sie als eine Form der Selbsterniedrigung. Sie war in ihren Augen zutiefst undemokratisch. Wie Plutarch es ausdrückt, ist der Schmeichler frei geboren und wählt sich selbst die Sklaverei.

Das Wort »Demokratie« setzt sich zusammen aus dem griechischen *demos*, »Volk«, und dem Verb *kratein*, »herrschen«. Also: *Das Volk herrscht.* Die Menschen sollen regieren. Die Menschen sind souverän. Regierung des Volkes durch das Volk und für das Volk. Ich glaube, Sie haben verstanden.

Es gibt aber auch geographische Gründe für die griechische Erfindung der Demokratie. Die Abgeschiedenheit der griechischen Bergstädte und Fischerdörfer machte diese Orte aus der Not heraus unabhängig und selbstgenügsam. Die Menschen entwickelten ein tiefes Zugehörigkeitsgefühl zu ihrer jeweiligen Stadt, etwa so wie Fußballfans heute fanatisch treu zu ihrer Mannschaft stehen. Unser Wort »Politik« ist aus dem griechischen Wort für Stadt, *polis,* entstanden. Das griechische Wort für Bürger – *polites* – stand einfach für den Einwohner einer Stadt. In einer Demokratie gibt es keinen höheren Titel als den des Bürgers.

In diesen kleinen Stadtstaaten (Aristoteles nannte sie »die höchste Form zivilisierten Lebens«) bildete die gesamte Bürgerschaft die gesetzgebende Körperschaft. Jeder Bürger mußte dem Staat dienen. Einige Ämter wurden durch Wahl besetzt, aber viele andere wurden einfach per Los zugewiesen. Es gab keine Gewaltenteilung: Die gesetzgebende Körperschaft hatte exekutive und judikative ebenso wie legislative Funktionen. In diesem Sinne war sie eine fast völlig reine Demokratie im buchstäblichen Sinne des Wortes. Ross Perot schlug 1992 ein modernes Äquivalent dieser Regierungsform vor, als er sagte, die Amerikaner sollten sofort via Internet über alle möglichen Themen abstimmen dürfen – die elektronische Volksversammlung.

Das Griechenland der archaischen Zeit von Homer an bis zum klassischen Griechenland des 5. und 4. Jahrhunderts v.Chr. war keine höfische Gesellschaft. Es gab zwar Könige und Fürsten, aber die Schleimer und Parasiten, die sie umgaben, hatten sich noch nicht zu einem Hof verfestigt. Es war der Stadtstaat Athen, der im 5. und 4. Jahrhundert mit dem Konzept der Demokratie experimentierte. Die Bürger erhielten die Erlaubnis, ja die ausdrückliche Aufforderung, auf dem Markt- und Versammlungsplatz ihre Meinung zu sagen. Jedem freien Mann seine eigene Kiste als Rednertribüne.

Nach unseren heutigen Standards allerdings war auch die griechische Gesellschaft noch nicht sehr demokratisch. Frauen konnten keine Bürger sein, auch Sklaven nicht (ein weiterer entschieden undemokratischer Zug des alten Griechenland) und niemand, der außerhalb von Griechenland oder Athen geboren worden war. Das bedeutete, daß nur etwa einer von zehn Einwohnern tatsächlich Bürger war. (Wie Langston Hughes in einem anderen Zusammenhang geschrieben hat: »Ich kann immer noch nicht verstehen / warum Demokratie / alle etwas angeht / nur mich nicht.«)

Kurz gesagt wurde man als Bürger geboren, nicht dazu gemacht. Aber es gab dennoch eine starke egalitäre Ethik, und die Griechen glaubten hingebungsvoll an ihre selbst konstruierte Fiktion. Nach unseren Standards war die attische Demokratie sehr eingeschränkt, aber es war immerhin eine Demokratie. Und wie Winston Churchill bemerkte, ist die Demokratie das schlechteste politische System, das je erfunden wurde – wenn man von allen anderen absieht.

Die Griechen waren sehr empfindlich gegenüber allem, was ihre Demokratie oder ihr Gefühl für Gleichheit hätte unterminieren können. Natürlich gab es eine äußere Bedrohung durch Rivalen und Feinde, aber es gab auch innere Gefährdungen, denen ihrer Heimtücke wegen schwerer zu begegnen war. Für die Griechen war die Idee und Praxis der Schmeichelei eine dieser Gefährdungen.

Sie hielten schon den Gedanken der Schmeichelei für undemokratisch. Dabei ging es nicht um persönliche Schmeichelei – der standen die Griechen sehr indifferent gegenüber. Sie hatten kaum mit ihr zu tun. Viel mehr Sorgen machte ihnen die öffentliche Schmeichelei, und damit meinten sie eigentlich und ganz ausschließlich: die Schmeichelei der Öffentlichkeit.

Als die Griechen die Demokratie erfanden, schufen sie damit auch die öffentliche Schmeichelei, das heißt das Einschmeicheln beim *demos*, dem Volk, eine Praxis, die sie (und auch wir) Demagogie nennen. Für die Griechen war Demagogie eine Möglichkeit, mit der Eitelkeit des Volkes als Gesamtheit zu spielen. Über individuelle, persönliche Schmeichelei machten sie sich nicht viele Gedanken. Was ihnen Sorgen machte, war das Umschmeicheln der Öffentlichkeit als Gruppe – eigentlich das Umschmeicheln der Idee der Demokratie an sich.

Erst später, als die griechische Demokratie ihren Niedergang erlebte und Rom Griechenland als militärische und kulturelle Macht ablöste, wurde die Schmeichelei nach innen, auf den privaten und persönlichen Bereich, umgelenkt. Es gab damals einfach keinen *demos* mehr, dem man schmeicheln konnte; die

Schmeichelei richtete sich an den wenigen statt an den vielen aus. Als die egalitären Vorstellungen der Demokratie einer Politik wichen, die sich auf Privilegien und autoritäre Macht stützte, fiel die Offenheit der Schmeichelei zum Opfer. Im hellenistischen Griechenland wie auch in der römischen Gesellschaft befaßten sich verschiedene Denker mit dem Dreigestirn Schmeichelei, Offenheit und Freundschaft und behandelten das Thema: «Wie man einen Schmeichler von einem Freund unterscheidet«. Jetzt war Schmeichelei das Nachdenken wert, weil die Menschen sich immer mehr für die Trennung von innerem Wert und äußerer Stellung interessierten, von Privatem und Öffentlichem, von Tugend und Heuchelei. Der Einsatz der Schmeichelei wurde zu einer Art Lackmus-Test in Sachen Scheinheiligkeit.

## Einige unschmeichelhafte Worte zum Umschmeicheln des Volkes

Was war das Umschmeicheln des *demos?* In gewisser Hinsicht spiegelte es die höfische Speichelleckerei wider, die einen König umgab. Wenn die Menschen selbst – in einer Demokratie – der Souverän sind, dann könnten Ehrgeizige, die dieses Volk lenken wollen, ihnen zu schmeicheln versuchen, wie man es eben bei einem Souverän tun würde. In Athen waren die Demagogen ehrgeizige Politiker, die den Leuten erzählten, wie gut und edel sie seien. Das Volk, so behaupteten die Demagogen, habe nie Unrecht, seine Weisheit sei unfehlbar, es sei die Summe des menschlichen Anstands. Demosthenes schrieb, Theokrines, ein korrupter junger Politiker, habe den Menschenmassen immer gesagt, daß er sie liebe wie seine eigene Familie. Der Philosoph Isokrates stellte sich selbst den Rednern gegenüber, die nur zum Genuß ihrer Zuhörerschaft redeten und nicht zu ihrem moralischen Nutzen. Redner, die bei ihren Zuhörern an das Gefühl appellierten, übergangen und an den Rand gedrängt worden zu sein, galten als populistische Schleimer.

Das klingt irgendwie vertraut, oder? Jeder amerikanische Präsident und praktisch jeder demokratische Führer der Welt schmeichelt den Wählern. Ronald Reagan machte Karriere, indem er den Amerikanern immer wieder erzählte, wie einmalig und wunderbar sie seien. »Ich habe mich nie geirrt, wenn ich der Weisheit des amerikanischen Volkes vertraute«, sagte Reagan mehr als ein Mal. An dem Tag, an dem das Repräsentantenhaus für die Eröffnung des Impeachment-Verfahrens stimmte, erklärte Bill Clinton: »Ich vertraue der Weisheit des amerikanischen Volkes. Es entscheidet fast immer richtig.«

Für die alten Griechen war Demagogie eine Säure, die den Stoff der Demokratie wegfraß. Man konnte Mauern um eine Stadt bauen, man konnte jeden körperlich dazu fähigen Mann dazu ausbilden, Freiheit und Demokratie zu verteidigen, aber von innen her war man immer verletzlich. Wie der Historiker Arnold Toynbee einst schrieb, sterben große Reiche nicht durch Mord, sondern durch Selbstmord. Tatsächlich war es eine Reihe von verantwortungslosen Anführern aus dem Volk, die der Demagogie im Athen des 4. Jahrhundert einen so üblen Ruf bescherten.

In seinem Theaterstück *Die Ritter* zeichnet der große griechische Komödiendichter Aristophanes eine bittere Karikatur der Demagogie und ein nicht gerade schmeichelhaftes Porträt des Volkes, das sich von ihr hinters Licht führen läßt. Er ist strikt gegen jedes Einschmeicheln beim *demos*. In diesem Stück ist der Demagoge ein kleiner Wursthändler vor den Stadttoren, den Demosthenes zum politischen Führer Athens machen will. Es ist durchaus passend, daß der zukünftige Demagoge Würstchen verkauft, denn viele griechische Philosophen verglichen Schmeichelei und Demagogie damit, daß man dem Volk das nicht gerade gesunde Essen gibt, nach dem es verlangt. Demosthenes erklärt dem Wursthändler:

*Du hackst und rührst den ganzen Plunder durcheinander,*
*Hofierst dem Volk und streichst ihm süße Wörtchen*
*Wie ein Ragout ums Maul.*[1]

Der Händler bietet seine Würstchen einem Mann namens Demos an, bringt ihm ein weiches Kissen, gibt ihm seinen Mantel, wenn es kalt ist. Er ist widerlich diensteifrig, und Demos ist dankbar. Der Chor ruft Demos zur Ordnung:

*Demos, wie du gewaltig bist*
*Und gefürchtet von jedermann,*
*Herrschest als unumschränkter*
*Regent und Gebieter!*
*Aber leicht dich betören läßt*
*Du von Schmeichlern, die ränkevoll*
*Dich am Narrenseil führen: denn*
*Schwatzt dir einer was vor, da sperrst*
*Maul und Nase du auf – dein Witz*
*Ergeht sich woanders!*[2]

Nachdem sich der Wursthändler seinen Weg in das Herz des Demos geebnet und diesen Prozeß selbst zynisch verfolgt hat, sagt er am Ende des Stücks:

*Treu will ich deiner pflegen, lieber Demos;*
*Du sollst gestehn: nie sahst du einen Mann,*
*Der's besser meinte mit den Maul-Athenern!*[3]

Demokratie stand in Athen nicht überall so hoch im Kurs. Sie ersetzte ein aristokratisches System, und darüber waren die alten Adligen natürlich nicht besonders glücklich. Und die Philosophen auch nicht. Platon zum Beispiel war kein Demokrat. Er hielt die Demokratie für roh, unlenkbar und ineffizient. In seinen Augen war die Herrschaft eines Philosophenkönigs oder einer Oligarchie sehr viel besser als die Demokratie. Das Volk, so meinte er, sei unfähig, zu herrschen. Platon glaubte, daß die Tugend das Ziel der Politik sein müsse und daß nur einige wenige, aber nicht die Masse sie jemals erlangen könne. Man wird bei Platon kein Lobeswort zum wesenhaften Anstand des Volkes finden.

Einer seiner grundlegenden Einwände war, daß der *demos* zu anfällig für Demagogen sei und Schmeichelei nicht durchschaue. Ein Problem der Demokratie sei, daß sie jeden »schon in Ehren [hält], wenn er nur behauptet, er sei dem Volke wohlgesinnt«.[4] Was natürlich jeder aufstrebende Politiker sofort tat. Doch etwas anderes ärgerte Platon noch sehr viel mehr. Demokratie, so sagte er, »ist eine angenehme, herrscherlose und buntscheckige Verfassung, die Gleichen und Ungleichen eine gewisse Gleichheit verleiht«.[5] In seinen Augen waren die Menschen nicht gleich, weder im wörtlichen noch im übertragenen Sinne. Und er konnte die Vorstellung der gleichen Behandlung ungleicher Menschen nicht ertragen.

Platon stand jenen, die er als Demagogen betrachtete, zutiefst feindlich gegenüber. Und damit natürlich auch dem, was er als ihr Hauptwerkzeug ansah: der Rhetorik. In Athen waren alle Bürger aufgerufen, bei jeder politischen Versammlung ihre Meinung zu sagen. Der Redefreiheit entsprang der Wunsch, nicht nur frei, sondern auch gut zu reden. Kein ehrgeiziger Athener des 5. und 4. Jahrhunderts konnte es sich leisten, als langweiliger und schwacher Redner zu gelten. Unterricht in Rhetorik – das Äquivalent des Sprechtrainings von heute – war ein Muß für wohlhabende Athener, und Handbücher der Redekunst wurden zu Bestsellern.

Die meisten Athener betrachteten das Reden als Fähigkeit und Kunst gleichermaßen. Platon war eine Ausnahme. Er verlachte die Rhetorik, die Kunst der schönen Rede, als eine Form der öffentlichen Schmeichelei und die Redelehrer als eine Art Kuppler. Er war der Ansicht, daß solche Lehrer das demokratische Ethos verdarben, indem sie den Menschen beibrachten, wie man sich einschmeichelte, und nicht, wie man tugendhaft wurde. Das Ziel der politischen Rede, so meinte er, sollte es sein, die Menschen zu verbessern, nicht, sie selbstzufrieden zu machen. Wir verstehen unter »Rhetorik« heute oft auch die »leere Rede«, doch zu Platons Zeiten war sie ein sehr wichtiges Studiengebiet, und sie zu kritisieren war etwa so, als rege sich heute jemand darüber auf, daß man Rechnen lernt.

In seinem Dialog *Gorgias* versucht Platon, die Idee der Demagogie zu diskreditieren. Gorgias lebte im 4. Jahrhundert v.Chr. und war ein gewandter und charismatischer Wanderlehrer der Redekunst, der von sich behauptete, er könne aus jedem Menschen einen guten Redner machen. In Platons Dialog ist es die Figur des Sokrates, die Gorgias zusetzt. Von Anfang an nutzt Sokrates die Waffen seines Gegners, indem er ihm listig schmeichelt. Sokrates bittet den Redelehrer, seine Antworten kurz zu halten, und nach einer oder zwei dieser Antworten sagt er: »Bei der Hera, Gorgias: ich bestaune deine Antworten, weil du wirklich so kurz als nur möglich antwortest.«[6] Sein Gegenüber ist geschmeichelt.

Gorgias war für seine blumige, poetische Sprache berühmt. Aber seine Rhetorik bestand, Sokrates zufolge, hauptsächlich daraus, sich selbst in den Vordergrund zu schieben. Sokrates definiert Redekunst als eine Art aus Erfahrung gewonnener Fertigkeit und sagt weiter, der wahre Name für die Redekunst sei eigentlich Schmeichelei und er ordne die Kunst des Einschmeichelns als eine Unterkategorie der Redekunst ein.

Platon ist aus zwei Gründen gegen die Redekunst: Sie ist moralisch neutral und macht die Menschen nicht tugendhafter *und* sie ist eine Verdrehung der Sprache, denn sie soll Unattraktives schöner erscheinen lassen. Feigheit wird Klugheit genannt und Geiz Bedürfnislosigkeit. Damit ist sie letztendlich ein Werkzeug der Tyrannei, denn sie unterminiert die Demokratie und erlaubt Möchtegern-Tyrannen, die Menschen hinter sich zu scharen. Wie die Schmeichelei führt auch die Redekunst zum Glauben, nicht zum Wissen, zu Gefühlen, nicht zur vernünftigen Überlegung, und prägt oft falsche Eindrücke, die nichts mit der Wahrheit zu tun haben.

## Einige offene Worte über die offene Rede

Schmeichelei war zwar ein heimtückisches Problem, aber es gab eine Lösung, und die Griechen nannten sie *parrhesia.* Wir definieren Parrhesie als Offenheit und Freimütigkeit der Rede oder als offene, ungeschönte Kritik. Das Wort hat eine interessante Geschichte, die nachzeichnet, wie sich die Vorstellungen zur Schmeichelei bei den Griechen und später bei den Römern änderten.

Im 5. Jahrhundert v.Chr. benutzten die Griechen den Begriff *parrhesia* für die freie Rede.[7] Dahinter steckte der Gedanke, daß ein freier Mann, der vor seinen Mitbürgern das Wort ergriff, offen, wahrheitsgemäß und aufrichtig sprechen sollte. Offene Rede war transparente Rede. Parrhesie galt als Fundament der Demokratie, als Recht und Notwendigkeit zugleich. Parrhesie war die unangenehme Wahrheit im Gegensatz zur angenehmen Fiktion. Die Griechen glaubten, eine Demokratie könne nur überleben, wenn die Menschen wahrheitsliebend und offen seien.

Später bezeichnete der Begriff Parrhesie nicht mehr die freie Rede im allgemeinen, sondern vor allem die besonders offene Rede – die Worte, die man benutzte, wenn man jemandem etwas sagte, das er wahrscheinlich nicht hören wollte, aber doch hören mußte. »Offen gesagt, Platon, deine Argumentation zur Rhetorik hat eine Menge Löcher.« Parrhesie galt als das Gegengift zur Schmeichelei. Diejenigen, die in ihren öffentlichen Reden auf die Parrhesie zurückgriffen, wurden mit Ärzten verglichen, die ihre Patienten mit übel schmeckenden Säften und Kräutern kurierten. Parrhesie war die Medizin, nicht das Stück Zucker, das sie leichter bekömmlich machte. Noch später wanderte der Begriff der Parrhesie aus dem Reich des Politischen in das weite Feld der zwischenmenschlichen Beziehungen ab. Für griechische und römische Autoren lautete die Antwort auf die Frage: »Was unterscheidet einen Schmeichler von einem Freund?« natürlich: die Parrhesie.

Parrhesie galt als eine wesentliche Tugend bei Beratern von demokratischen Führern wie von Fürsten. Der Philosoph Isokrates sagte, Fürsten sollten sich nicht mit Schmeichlern umgeben, sondern mit Menschen, die eben gerade nicht ihrer Meinung seien. »Freimütigkeit beim Reden«, erklärte Isokrates, »schätzen unter den Machthabern die sehr, denen ein hohes Maß an Seelengröße zu eigen ist, da diese Freimütigkeit ihnen nützlich ist; die anderen, die mit weniger guten Anlagen ausgestattet sind, als man es bei ihrer Machtstellung erwarten würde, ärgern sich über eine solche Freimütigkeit, als ob sie dadurch zu einem Handeln gezwungen würden, das sie nicht wollen.«[8] Parrhesie hieß, den Mächtigen die Wahrheit zu sagen.

Schmeichelei dagegen wurde als ein Mißbrauch der freien Rede angesehen. Die Redefreiheit sollte das offene Wort schützen, nicht Schmeicheleien und angenehme Demagogie. Parrhesie brauchte Schutz, Schmeichelei nicht. Deshalb gibt es im übrigen in autoritären Staaten auch mehr Schmeichelei als in Demokratien.

Platon war der Ansicht, ein politischer Führer müsse den Menschen oft auch unangenehme Dinge sagen – harte Wahrheiten, wie wir es heute nennen würden. Gorgias gibt in dem nach ihm benannten Dialog selbst zu, daß er dem Volk nie etwas sagen würde, das es gegen ihn aufbringen könnte. Vielleicht würde er es so aussehen lassen, als sage er den Menschen ein paar harte Wahrheiten, aber das wäre dann nur die Illusion echter Wahrhaftigkeit. Gorgias war die Art von Politiker, die der frühere Clinton-Berater Dick Morris verstehen würde, die Art Politiker, die jede Zeile und jeden Satz einer Rede mit einer Meinungsumfrage testet, um sicherzugehen, daß die Wähler sie mögen.

Damals gab es ganze Philosophenschulen, die sich mit dem Gedanken der Parrhesie beschäftigten. Während man gerade anfing, Freimut in der Demokratie kritisch zu betrachten, hielt man diese Eigenschaft bei einem guten Philosophen wie bei einem guten Freund für absolut unabdingbar.

Der Vordenker der Kyniker im 3. Jahrhundert v.Chr. war Diogenes – der mit der Laterne und der Suche nach einem ehrenhaften Mann. Seine Anhänger traten für eine asketische Selbstgenügsamkeit und die Ablehnung des Materialismus ein, und sie waren im Grunde Schmeichelfeinde. Auf die Frage, was denn das Schönste auf der Welt sei, sagte Diogenes: Parrhesie.[9] Der mürrische Philosoph war mehr als freimütig; er war oft brutal. »Andere Hunde beißen ihre Feinde«, sagte er einmal. »Ich beiße meine Freunde, um sie vielleicht zu retten.« Er trat für etwas ein, das er »Offenheit« nannte, und sagte, es sei die Pflicht des Philosophen wie des Freundes, immer die ungeschminkte Wahrheit zu sagen. Das machte ihn bei Freund *und* Feind nicht gerade beliebt.

Wie die Kyniker glaubten auch die Epikureer, es sei die Pflicht eines Freundes, offen zu sein. Aber der epikureische Philosoph Philodemos schrieb, daß nur der Weise ausgewogen kritisieren könne. Das ist eine ziemlich hohe Hürde. Die Epikureer setzten das Gute mit dem Angenehmen gleich und empfahlen ein einfaches Leben in der Gesellschaft von Freunden. Sie dachten nicht sehr romantisch über die Freundschaft, sondern verstanden sie weithin als eine vom Nützlichkeitsdenken und Bedürfnissen ausgehende Verbindung.[10] Um so mehr mußten Freunde offen gegeneinander sein.

Philodemos zählt jene auf, die seiner Meinung nach besonders empfindlich auf ein offenes Wort reagieren – die Politiker und die Prominenten. Politiker, so sagt er, gieren nach Anerkennung, und dies macht sie besonders empfänglich für Schmeicheleien und empfindlich gegenüber Kritik. Prominente wittern hinter jeder Kritik einen Angriff mit schmutzigen Hintergedanken. Sie glauben, daß die anderen nur neidisch sind und ihnen ihre Berühmtheit nicht gönnen.

Die Stoiker wiederum kümmerten sich überhaupt nicht um Freundschaft und andere Sentimentalitäten.[11] Offenbar war das alles in ihren Augen etwas Vulgäres, nur für die breite Masse Bestimmtes. Sicher in ihrer Selbstachtung nahmen die Stoiker Schmeichelei kaum wahr; und konsequent weigerten sie sich, sich bei irgend jemandem aus irgendeinem Grund einzuschmeicheln.

## Das Ende der Offenheit

Aristoteles teilte die Abneigung seines Mentors gegen die Rhetorik nicht. Er war immer praktischer ausgerichtet als Platon und sah die Redekunst als ein nützliches Werkzeug. Wenn man im Dienste der Tugend gut und überzeugend sprach, dann wurde man dadurch nur noch tugendhafter; wenn man im Dienste des Eigennutzes oder des Bösen gut sprach, wurde man nur noch verachtenswerter. Man konnte die Tugend loben, um sie anziehender zu machen, oder man konnte das Volk loben, um sich selbst anziehender zu machen. Man hatte die Wahl.

Aristoteles näherte sich der Schmeichelei auch wissenschaftlicher als Platon. In seiner berühmten Lehre von der goldenen Mitte plazierte er die Schmeichelei in die Sphäre des, wie er sagte, Angenehmen.[12] Die goldene Mitte ist »Freundlichkeit«, das heißt jemand, »der sich in der richtigen Weise angenehm macht«. Das Extrem wird vom Kriecher oder Schmeichler repräsentiert. Ein Mensch ist »liebedienerisch«, wenn er kein weitergehendes Motiv hat. Wenn sein Motiv Eigennutz ist, sagt Aristoteles, ist er ein Schmeichler. (Das Extrem auf der anderen Seite ist übrigens der »Widerborst und Streithahn«.)[13] Schmeichelei ist nach Aristoteles *per definitionem* immer eigennützig und auf Gewinn aus. Schmeichelei ist strategisch, während Kriecherei einfach erbärmlich ist.

Wenn es um Schmeichelei geht, wird Aristoteles zu einer Art antikem Knigge. Er findet Schmeichelei unter seiner Würde. Er rät den Menschen, nicht übertrieben freundlich zu sein. Er verachtet schmierig-freundliche Vertretertypen und nennt sie kriecherisch. »Es sind solche«, sagt er, »die, um angenehm zu wirken, alles loben.«[14] Besonders empfänglich für dieses Lob sind seiner Meinung nach die Schamlosen, die Zügellosen und die Mächtigen. Von dieser letzten Kategorie sagt er, sie seien eine leichte Beute für Schmeichler, weil sie immer auf der Suche nach Anerkennung seien. Dieses Bedürfnis macht sie empfänglich.

Aristoteles' Modell ist das Individuum, das einen gewissen »Hochsinn« besitzt.[15] Dieser Hochsinnige wäre allerdings nicht gerade der Star jeder Party. Er ist kalt, arrogant und humorlos – bei Aristoteles sind das echte Tugenden. Er macht überhaupt keinen Smalltalk. Er interessiert sich nicht für persönliche Gespräche, sagt Aristoteles, »denn es liegt ihm weder daran, für sich selbst ein Lob herauszuholen, noch auch daran, daß andere herabgesetzt werden. Allerdings ist er auch mit Lob nicht leicht zur Hand.« Man kann ihm nicht schmeicheln, und er selbst kann niemandem schmeicheln. »Über eine Ehrung, die ihm von irgendwelchen Leuten und aus unbedeutendem Anlaß angetragen wird, sieht er einfach hinweg – denn dies ist es nicht, was er verdient.«

Dieser Supermann kriecht seinen Vorgesetzten nicht in den Arsch und quält seine Untergebenen nicht. Statt dessen ist er eine Art Cocktailparty-Robin Hood, der die gesellschaftlichen Normen ignoriert und nett zu den einfachen Leuten ist. »Im Verkehr mit Hochgestellten und Wohlhabenden zeigt er seine volle Bedeutung«, sagt Aristoteles, »im Verkehr mit einfacheren Leuten ist er schlicht.« Er steht letztlich über den menschlichen Schwächen und ist kein sehr realistisches Nachahmungsobjekt. Er ist einfach zu perfekt.

Den Griechen war es offenbar egal, daß dieser Idealmensch des Aristoteles nicht gerade besonders charmant wirkte. Sie mißtrauten dem Charme und betrachteten ihn als eine Art Salon-

Demagogie. Wer sich beliebt zu machen suchte, wurde mißtrauisch beäugt. Nicht alle umgänglichen, leutseligen Menschen waren Schmeichler, aber alle Schmeichler waren umgänglich und leutselig. Die Griechen mißtrauten dem Lächeln. Im antiken griechischen Vokabular der Mimik ließ ein Lächeln den Betreffenden dumm aussehen. Es war ein Zeichen mangelnder Ernsthaftigkeit, geistiger Leere. Ein politischer Führer hätte nie zu lächeln gewagt. Politiker sollten ehrwürdig aussehen. Nur Clowns und Komödianten lachten.

## Freundschaft als Neue Demokratie

Anders als Schmeichelei war Parrhesie gefährlich. Sokrates ist das beste Beispiel dafür – er wurde wegen seiner zu großen Freimütigkeit umgebracht. Und obwohl die Demokratie auch nach Sokrates' Tod noch Bestand hatte, war seine Hinrichtung ein Beweis dafür, daß es mit den demokratischen Werten in Athen nicht gerade zum besten stand. Émile Durkheim hat einmal gesagt, daß eine Gesellschaft, die die Fähigkeit verliert, an die eigenen Mythen zu glauben, sich langsam selbst umbringt.

Nach dem Tod Alexanders im Jahre 323 v.Chr. war die freie Rede nicht mehr so frei.[16] Im hellenistischen Griechenland verwandelte sich die Parrhesie schrittweise von einem politischen Recht zu einer privaten moralischen Tugend. Die Offenheit ging in den Untergrund und spielte in persönlichen Beziehungen eine größere Rolle als in der Öffentlichkeit. Parrhesie galt unter Freunden als notwendig, nicht aber in öffentlichen Versammlungen. Im späteren Hellenismus begann sich die griechische Kultur eher auf private als auf öffentliche Beziehungen zu konzentrieren, es ging nicht mehr so sehr um das öffentliche Band zwischen allen Menschen, sondern vielmehr um die private Freundschaft, die jeweils zwei von ihnen verband.

Im hellenistischen Griechenland bildeten die Freunde des Königs einen Rat, der ihn in politischen Dingen beriet, und im 2. Jahrhundert hatte sich dieser Kreis zu einer höfischen Einrichtung verfestigt. Die Demokratie verfiel zur Bürokratie. Die Welt der Freundschaft wurde eine Art private Demokratie. Das Politische wurde das Private.

Die hellenistischen Griechen verherrlichten die Freundschaft. Sie sei, so erklärte Aristoteles, »in Hinsicht auf das Leben [in der Gemeinschaft] höchst notwendig, denn ohne Freunde möchte niemand leben...«[17] Im griechischen Mythos konkurriert die Freundschaft manchmal sogar mit der Heimat als wichtigster Quelle menschlicher Loyalität. Aristoteles beschreibt Freunde als zwei Menschen mit »einer Seele«, woher wir den Begriff der »Seelenverwandtschaft« übernommen haben.[18] Aber es ist nicht immer ganz deutlich, was die alten Griechen unter Freundschaft verstanden, und ganz sicher war ihre Vorstellung von Freundschaft anders als unsere heutige.[19]

In der altgriechischen Gesellschaft hatte man Verwandte, Waffenbrüder, Mitbürger, Diener und Sklaven, aber man hatte keine Kameraden, Kumpel, Spezis, Kumpane. Homer kennt kein Wort für »Freund« in einem uns geläufigen Sinne. »Lieber Gefährte« kommt dem vielleicht noch am nächsten, aber es klingt immer noch eher wie eine Anrede unter Sozialdemokraten und Gewerkschaftern – »lieber Genosse« – und weniger wie die Bezeichnung für jemanden, mit dem man Pferde stehlen kann. Frauen konnten natürlich keine Freunde sein, weil sie in den Augen der Griechen zu einer so vergeistigten Beziehung nicht fähig waren, ebensowenig wie Sklaven oder Diener.

Die altgriechische Gesellschaft war eine Militärkultur, und man war interessiert an den Beziehungen, die Männer in der Schlacht zusammenschweißten. Für einen Griechen gab es kein engeres Band, aber es war nicht ganz das, was wir heute Freundschaft nennen würden. Die Verbindung der Krieger Achilleus und Patroklos ist zum Synonym für Freundschaft geworden, aber im Grunde war Achilleus eher Patroklos' Patron oder Mentor, und beide hatten wahrscheinlich eine Liebesbeziehung miteinander. »Freundschaft« ist da nicht ganz das richtige Wort.

Obwohl sie die Idee der Freundschaft so in Ehren hielten, betrachteten die Griechen sie auch ganz utilitaristisch. Es ging mehr um die Erfüllung gegenseitiger Verpflichtungen als um Zuneigung. Die Griechen schrieben Loblieder auf den Pragmatismus, nicht auf die Annehmlichkeiten der Freundschaft. Freundschaft war eine Art kalkulierte Zusammenarbeit. Die höchste Form der Freundschaft basiert nach Aristoteles auf der Tugend. Der Sinn für Humor rangiert in Aristoteles' Liste ziemlich weit unten.

Wir gehen davon aus, daß Freundschaft wie Demokratie egalitär sei. Die Griechen sahen das anders. Aristoteles erklärte: »Bei allen Freundschaften, die durch das Übergewicht des einen Partners charakterisiert sind, muß auch der Grad der Zuneigung proportional sein« – womit er meinte, daß die bessere oder höherstehende Person »mehr Zuneigung empfangen als selber schenken« müsse. In den Augen der Griechen schürt der Standesunterschied die Flammen der Schmeichelei, die wiederum der Feind der wahren Freundschaft ist. Der Schmeichler, so sagt Aristoteles, »ist ein Freund, über dem man steht«.[20] Deshalb sollten Freunde unbedingt derselben Schicht angehören.

Je höher man stieg, desto weniger brauchte man die Freundschaft. »Wenn der Himmel uns Glück schenkt«, schrieb Euripides, »wozu brauchen wir dann Freunde?« Im Grunde waren die Griechen davon überzeugt, daß Freunde nicht nur derselben Schicht, sondern auch nur der Oberschicht angehören sollten. Jeder unterhalb dieser Grenze war nicht feinsinnig genug, um wirklich Freundschaft zu schließen. Die Griechen hätten also das Sprichwort *Gegensätze ziehen sich an* wohl nicht verstanden. *Gleich und gleich gesellt sich gern* entsprach schon eher ihren Prinzipien.

Im hellenistischen Griechenland führte die Betonung der Ebenbürtigkeit zum Nachdenken über den Status. Die Philosophen kümmerten sich weniger um das Wesen der Freundschaft als vielmehr darum, wie Freundschaft pervertiert werden könnte. Die Hauptsorge ging dahin, daß ein Schmeichler sich aus purem Egoismus in das Vertrauen eines »Höhergestellten« einschleichen und auf Kosten seines »Freundes« einen unangemessenen Vorteil aus der Verbindung ziehen könnte. Wie die egalitäre Vorstellungswelt der Demokratie einem auf Privilegien und Autoritäten ausgerichteten System wich, so wich auch die Offenheit der Speichelleckerei.

## Schmeicheln wie die Römer

*Primus, maximus, optimus.* Der erste, der größte, der beste – das waren die Synonyme des Ruhms in der römischen Gesellschaft. Wie im Amerika des 20. Jahrhunderts, so mußte auch im augusteischen Rom immer alles das erste, größte und beste sein. Die Römer ähnelten den US-Amerikanern wirklich frappierend, wenn man einmal davon absieht, daß sie nicht von sich als der einzigen Supermacht redeten und nicht ständig: »Wir sind die Nummer eins!« brüllten.

Die Römer waren ein überaus statusbewußtes Volk. Viel stärker noch als die attische war die römische Gesellschaft absolut hierarchisch aufgebaut. Es gab einen Platz für jeden, und jeder hatte seinen Platz. In einer Zeit mißtrauischer und sogar paranoider Kaiser wie Nero und Domitian war als Ehrerbietung verkleidete Kriecherei eher die Regel als die Ausnahme. Unter paranoiden Herrschern ist Schmeichelei die einzig mögliche Form von Loyalität.

Die ersten Bürger Roms setzten einen Großteil ihrer Zeit, ihrer Energie und ihres Geldes ein, um sich ihren Platz in der aristokratischen Gesellschaft zu sichern und ihr Ansehen zu erhalten. Senatoren maßen ihren Status offenbar daran, wie man jeden Tag über sie redete. In Athen wären Klatschkolumnisten arbeitslos gewesen, in Rom hätten sich alle um sie gerissen.

Die politischen Größen Roms beschäftigten in der Tat private Werbeleute, um ihren Namen und ihr Ansehen in den Himmel zu loben. Jeder große Mann hatte quasi den ganzen Tag eine Schar von Kriechern um sich, von der morgendlichen Begrüßungsrunde, der sogenannten *salutatio,* bis zum Abendessen, das sich bis spät in die Nacht hinzog. Wenn diese Männer auf der Straße auftauchten, war es so, wie wenn Sylvester Stallone ein Lokal betritt: Alle wenden sich ihm zu, weil der große Mann von einer Entourage aus Leibwächtern und »Freunden« umgeben ist, die im Grunde nur die Aufmerksamkeit auf Sly lenken sollen. Für das Gefolge war Schmeichelei im wahrsten Sinne des Wortes das täglich Brot.

# Der Dichter als Kriecher

Schriftsteller umgibt der romantische Mythos, sie seien unabhängig und kümmerten sich nicht um die Meinung anderer. Dieser Mythos war im alten Rom noch weniger richtig als heute. Autoren standen damals wie heute in einer symbiotischen Beziehung zu den Menschen, über die sie schrieben. Jene waren vom Autor abhängig, wenn sie Ruhm und Öffentlichkeit gewinnen wollten, und der Autor war von ihnen abhängig, um seinen Lebensunterhalt zu verdienen. Aber die Schriftsteller des alten Rom waren noch abhängiger als die Autoren heute. Es gab keine Buchverträge, keine Zeitschriften, keine Zeitungen, keine Stipendienprogramme. Autoren mußten auf die Großzügigkeit ihrer Patrone bauen, und so wurden sie oft zu literarischen Schoßhunden.

Bis ins 1. Jahrhundert v.Chr. galt das Schreiben von Gedichten überhaupt nicht als angemessene Beschäftigung für einen erwachsenen Mann. Seit dieser Zeit konnte man dann eventuell die »Dichterlaufbahn« einschlagen, aber es war nicht einfach. Der Status des Dichters lag vielleicht gerade noch etwas über dem des Astrologen. Allerdings entstammten die Dichter im allgemeinen ziemlich wohlhabenden Familien, und das war auch nötig, um die Ausbildung zu bezahlen, die ihnen erst die Werkzeuge ihrer Arbeit an die Hand gab. Doch trotz ihrer nicht gerade ärmlichen Abstammung brauchten die meisten von ihnen immer noch einen Wohltäter. Selbst die Philosophen, die an der Spitze der Hackordnung standen, mußten sehen, daß sie in den Häusern der Reichen unterkamen.

Rom entwickelte das System der Patronage. Im klassischen Griechenland gab es keine Begriffe für »Patron« und »Klient«. Ursprünglich bezeichnete das Wort *patronus* einen Herrn, der seine Sklaven freiließ, aber gewisse Rechte über sie behielt. Der Begriff ist ein bißchen unglücklich gewählt; die kulturelle Patronage hat ein wenig von der eigentlichen Bedeutung des Begriffs beibehalten. Der Protegé ist – wie der Freigelassene – nie ganz frei.

In der frühen Republik etablierte die römische Etikette Regeln, nach denen ein mächtiger Wohltäter einem Abhängigen, der als Klient bezeichnet wurde, Schutz und Unterstützung zukommen ließ. Der Klient, sei es ein Dichter, ein Schriftsteller, ein Philosoph oder einfach ein junger Mann aus guter Familie, bot im Gegenzug seine Loyalität und Hilfe. Im Grunde war der Klient ein »Berufsfreund«. Es war ein Vollzeitjob mit Pflichten eines Gesellschafters, eines Lehrers und Erziehers der Kinder bis hin zum Verfassen von albernen Oden auf den Patron. Juvenal klagte, daß es für einen Mann mit bescheidenen finanziellen Mitteln in Rom nur die Möglichkeit gebe, als professioneller *amicus* sein Leben zu fristen.

Junge Männer gingen bei den Großen in die Lehre. Im Grunde dienten sie sich im Austausch gegen Unterstützung als Berufsschmeichler an. Juvenal zitiert ein Schreiben eines jungen Mannes an seinen potentiellen Wohltäter, in dem jener verspricht, sein ganzes Leben als Dichter mit seiner wenn auch geringen Macht im Austausch gegen Hilfe ganz dem Lobpreis des Patrons zu widmen.

Als Klient konnte der Poet nicht wählerisch sein. Man forderte von ihm Verse zu allen möglichen Festivitäten und familiären Gelegenheiten wie Geburts- und Jahrestagen. Zudem litt er unter der weiteren Zumutung, den oft lahmen eigenen Reimversuchen des Patrons Applaus spenden zu müssen. Er mußte bereit sein, die richtigen Worte für Grabsteine und Widmungen, für die Weiheinschriften auf Gemälden, Statuenbasen, Brunnen und Heiligtümern zu liefern – einfach für alles, was eine elegische Inschrift brauchen konnte. Es war Schmeichelei auf Zuruf. Gedichte wurden dem Patron »versprochen«, aber sie wurden nicht in Auftrag gegeben und nicht bezahlt. Das galt als unziemlich. Dennoch schreibt zum Beispiel Martial von seiner Enttäuschung, als er nach der Abfassung eines Gedichtes, das einem speziellen Freund schmeichelte, überhaupt keine finanzielle Anerkennung erhielt.

In seinen Briefen klagt Martial endlos über die Zeit und Energie, die er aufwenden mußte, um seinen Patron bei Laune zu halten. Er wird zur morgendlichen *salutatio* erwartet; dann muß er seinen Wohltäter auf das Forum begleiten; später am Abend erscheint er zum Abendessen, wo er bildlich und manchmal auch buchstäblich für sein Essen singen muß. Dazwischen gibt es verschiedene Zeremonien im Hause, Rezitationen und den gelegentlichen Auftritt vor Gericht an der Seite seines Patrons. Was erhält Martial dafür von seinem reichen Wohltäter? Er führt folgendes auf: einen Kredit, ein Haus auf dem Lande, einen Sklavenjungen, etwas Silbergeschirr, eine Toga, einen Mantel, Maultiere, einen Wagen und einen Eber. Offene Geldgeschenke waren selten.

Horaz berät einen fiktiven Protegé, wie man sich als Klient zu verhalten habe:

*Wer nach Brindisi oder dem schönen Sorrent als Begleiter*
*Fährt und dann klagt ob des holprigen Wegs, der Kälte und Schauer,*
*Jammert, daß ihm der Koffer erbrochen, das Geld ihm gestohlen,*
*Zeigt die bekannten Tricks des Mädchens, das oft, weil ein Kettchen,*
*Oftmals auch, weil ein Reif ihr geraubt, in Tränen vergehn will.*[21]

Nimm nicht alles an, was angeboten wird, sagt er. Versuch ein wenig Distanz zu wahren:

*Lollius, kenn ich dich recht – du liebst ja die Freiheit –, du fürchtest,*
*Wenn du als Freund dich bekennst, du wirst als Schmarotzer erscheinen.*
*Doch, wie die Dame sich scheidet in Art und Gewand von der Dirne,*
*Ist auch der Freund verschieden vom unzuverlässigen Schmeichler.*[22]

Aber Dichter hatten auch eine gewisse Macht – sie formten das Bild ihres Patrons bei der Nachwelt. Schmeichelei ist meist auf den Augenblick beschränkt und flüchtig; bei einem Horaz, Martial oder Juvenal dagegen war das anders. Hier konnte ein Lob unsterblich machen, und deshalb umschmeichelten die großen Männer die Dichter. *Gloria et laus et aeternitas*. Ruhm, Lob und Ewigkeit. Das ist die Verheißung, mit der der Dichter seinem Patron vor der Nase herumwedelt. »Sei kühn und gewinne das Lob noch ungeborener Männer«, schrieb Cicero. Aber es waren Männer wie Cicero, die dieses Lob formten. Geschichte wurde von den Dichtern der Sieger geschrieben. Und die Sieger mußten ihre Ciceros für sich gewinnen. Ähnlich gewähren auch amerikanische Präsidenten Biographen Zugang zu ihren Unterlagen, während sie noch im Amt sind, um sicherzustellen, daß ihr Ruhm aufpoliert wird, noch bevor sie abgelöst werden.

Manchmal muß sogar ein Kaiser einem Dichter schmeicheln. Augustus zum Beispiel versuchte Horaz dazu zu bringen, als sein Sekretär zu arbeiten. Er schrieb folgendes an Horaz, den Sohn eines Freigelassenen: »Das Gespräch kam auf dich, als Septimius da war: Du kannst ihn fragen, was ich über dich gesagt habe. Auch wenn du so stolz bist, daß du meine Freunde abweist, macht mich das nicht hochmütig.« Später zog er Horaz auf, indem er sagte, er sei böse auf den Dichter, weil dieser in ein gerade erschienenes Buch keine Gedichte über ihn aufgenommen habe. »Hast du Angst, das es dich bei der Nachwelt in Verruf bringen wird«, schrieb er, »wenn es so aussieht, als seist du mein Freund?« Horaz spielt eine Zeitlang den Unnahbaren, aber er weiß, auf welcher Seite sein Brot gebuttert ist. Als er gebeten wird, etwas für den Kaiser zu schreiben, klingt das so: »Dir nur spenden wir Ehren, während du noch unter uns weilst ... wir ziehen dich allen anderen Herrschern vor, Römern wie Griechen.«[23] Viel großartiger kann Panegyrik einfach nicht sein.

Viele Autoren schmeichelten sich selbst, sie seien wahre Freunde ihrer Patrone – nicht viel anders als Klatschjournalisten, die tatsächlich glauben, sie seien die Kumpel der Leute, über die sie schreiben. Je größer der Dichter, um so wahrscheinlicher ging er davon aus, ein Freund, nicht ein Klient seines Patrons zu sein. Andere Schriftsteller – oft solche ohne Geldgeber – machten sich über solche Dichter lustig. Sie warfen ihnen Selbsttäuschung vor und meinten, sie seien nicht Freunde, sondern Schmarotzer der Berühmten.

Horaz zum Beispiel fühlte sich getroffen von Anklagen, er sei ein Speichellecker der Mächtigen. Er bemerkt in einem Brief an einen Kollegen, echte Freundschaft sei ein Mittelding zwischen Schmeichelei und einer Ungehobeltheit, die sich als Offenheit gibt. Aber er macht sich weniger Sorgen, irrtümlich für einen

Schmeichler gehalten zu werden, als vielmehr darum, daß sich sein mächtiger Freund aufgrund irgendeiner allzu direkten Kritik von ihm abwenden könnte. Horaz verrät sich selbst, wenn er seinem Kollegen einen Rat gibt, der für alle Schmeichler zu allen Zeiten gelten kann:

*Wer da trübe, der haßt den Heiteren, den Trüben, wer lustig,*
*Den Gelaßnen, wer rasch, den Hastigen, Regen, wer lässig.*[24]

## Dem Kaiser in den Arsch kriechen

Während griechische Denker mit dem Versuch befaßt waren, die Menschen vor betrügerischen Politikern zu schützen, waren römische Denker eher darum bemüht, die politischen Führer vor betrügerischen Schmeichlern zu warnen. Während die griechischen Denker sich Sorgen um die Wahrung der Demokratie machten, sorgten sich die römischen um die Wahrung der Macht.

Der Schutz der Herrschenden vor den Schmeichlern war eine literarische Wachstumsindustrie im alten Rom. Jeder Autor, der das Ohr eines mächtigen Mannes hatte, riet, so scheint es, seinem »Freund«, sich vor Schmeichlern in acht zu nehmen. Tacitus gibt einem Herrscher den Rat, seine moralischen Werte gut zu hüten, denn »andere werden sie durch Liebedienerei zu schwächen suchen: Eindrängen wird sich Kriecherei und Schmeichelei und, das schlimmste Gift für aufrichtige Empfindung, der Eigennutz«.[25] Plutarch machte sich Sorgen darüber, daß silberzüngige Schmeichler bei den Mächtigen Gehör finden und einen schädlichen Einfluß ausüben könnten. Es ist der Schmeichler »in großen Häusern und bei großen Angelegenheiten«, sagt er, der »oft Königreiche und Fürstentümer zugrunde richtet«.[26]

Plutarch und die anderen erklärten die Vorgehensweise der Schmeichler nicht genau. Grundlage ihrer Warnungen war vielmehr die Vorstellung, daß den Schmeichlern ihr eigener Vorteil eher am Herzen lag als der des Staates oder des Volkes. Aber auch die Autoren selbst übten sich in einer subtilen Form der Schmeichelei und Eigenwerbung: Sie schmeichelten dem Herrscher, daß er eher als alle anderen immun sei gegen die Schmeichelei, und sie schrieben sich selbst die Rolle eines Wächters gegen verderbliche Schmeichler zu.

Plutarch widmet seinen Aufsatz »Wie man den Schmeichler vom Freunde unterscheidet« dem Philopappos, einem führenden römischen Politiker und Titularkönig eines Kleinfürstentums in Kleinasien.[27] Er deutet nirgends an, daß Philopappos vielleicht eine Schwäche für Schmeichelei habe; eigentlich läßt er das Gegenteil vermuten, indem er dem Fürsten erklärt, daß ein Mann mit seiner Tugendhaftigkeit immun sei gegen Schmeichelei. (Allerdings war Philopappos offensichtlich nicht immun gegen solche Komplimente.) Der Aufsatz sollte einem Herrscher Kriterien an die Hand geben, um herauszufinden, wer in seinem Gefolge ein Schmeichler mit einem unlauteren Motiv ist und wer sich einfach loyal verhält.

Vor zweitausend Jahren wußte Plutarch etwas, das all die Untersuchungen und Manager-Handbücher der letzten zwanzig Jahre erst wieder bestätigt haben: daß Schmeichelei am besten bei denjenigen funktioniert, die schon eine hohe Meinung von sich selbst haben. »Denn wer sich dem Vorwurf aussetzt, Schmeichler zu lieben, zeigt eine große Eigenliebe. Eingenommen für sich, wünscht er alles zu besitzen und glaubt auch alles zu besitzen.«[28] Wenn also ein unbedeutender junger Dichter eine Ode an die vielen Talente eines stolzen und selbstbewußten Fürsten schreibt, sagt der Fürst sich: *Ja, was für ein kluger junger Dichter ist dieser Mann, daß er erkennt, wie wunderbar ich bin.*

Plutarch warnt Philopappos vor »Eigenliebe« wie vor der »Unkenntnis seiner selbst«. Er merkt an, daß beides auf jeweils eigene Weise ihn zu einem leichten Ziel für Schmeichler machen könne, daß die Kombination aus beidem einfach tödlich sei. Er sagt, daß die Eigenliebe ohne Wissen um das wahre Selbst den Menschen freundlich, aber gedankenlos macht. »Es bietet der Schein der Freundschaft dem Schmeichler ein geräumiges Feld, indem er gleichsam zum Angriffspunkt gegen uns diese Selbstliebe benutzt, durch die jeder schon gegen sich selbst der erste und größte Schmeichler ist.« Dagegen macht das Wissen um uns selbst ohne Eigenliebe uns skeptisch, aber unsicher – ebenfalls ein gefundenes Fressen für Schmeichler.

Plutarch betont einige Unterschiede zwischen Schmeichlern und Freunden. Der Freund ist in ein moralisches System eingebunden, der Schmeichler nicht. Der Schmeichler ist ein Chamäleon, das seine Farbe je nach Situation ändert; der Freund ahmt nur das nach, was gut ist. Während der Freund an das Edle appelliert, appelliert der Schmeichler an das Schwache und Verwundbare.

Auf die Frage, wie man denn nun einen Schmeichler von einem Freund unterscheidet, gibt Plutarch die Standardantwort der Parrhesie. Nur ein echter Freund wird offen Kritik üben; ein Schmeichler nie. Aber dann führt Plutarch ein feinsinnigeres Argument an. Er sagt, daß wirklich kluge Schmeichler, die wissen, daß die Parrhesie die wahren Freunde von den Schmeichlern unterscheidet, diese Kritik nachahmen werden, um den Herrscher für sich zu gewinnen. »Die Skrupellosen«, so schreibt er, »wissen sehr gut, daß Freimut ein gutes Heilmittel gegen die Schmeichelei ist, und schmeicheln selbst mit dem Werkzeug des Freimuts.«[29] Nachahmung mag die aufrichtigste Form der Schmeichelei sein, aber die Nachahmung der Aufrichtigkeit ist die effektivste Form.

Plutarch beschreibt die Offenheit eines Schmeichlers als leicht und weich wie das Kopfkissen einer Frau. Wenn ein Schmeichler offen ist, dann bei etwas Nebensächlichem, etwas, das sein Gegenüber nur ganz oberflächlich berührt – etwas so Kleines und Unwesentliches, daß es schon eine Schmeichelei ist, wenn er es überhaupt bemerkt.

Plutarch gibt ein Beispiel einer Kritik, die im Grunde ein verstecktes Lob ist. Er erwähnt einen Mann, der den Kaiser Tiberius im Senat anspricht und den Eindruck vermittelt, er wolle schwerwiegende Kritik anbringen: »Höre, oh Caesar ...«, erklärte der Mann, »du nimmst keine Rücksicht auf dich, du zehrst dich ab mit Sorgen und Mühen um uns und hast weder bei Tag noch bei Nacht Ruhe.«[30] Der Trick besteht darin, daß er seinem Gegenüber erklärt, es habe einen Fehler, aber der Fehler ist im Grunde ein Übermaß einer Tugend – das heißt, der Angesprochene ist zu großzügig oder zu fleißig oder er denkt zu schlecht von sich. Mit solcher Kritik muß man sich einfach beliebt machen.

## Wie man einen Schmeichler erkennt

Um Philopappos zu helfen, bietet Plutarch eine Art Führer zum Aufspüren von Schmeichlern an. Hier sind einige Möglichkeiten – nach Plutarch –, um Schmeichler zu erkennen und bloßzustellen:

- die eigenen Ansichten und Meinungen abrupt ändern und sehen, ob der Schmeichler dem folgt;
- in Erinnerung behalten, daß Schmeichler »den Part des Freundes mit der Würde eines Tragöden spielen«;
- aufmerksam beobachten, ob der Prüfling die Taten oder die Person an sich lobt; wenn er letzteres tut, ist er wahrscheinlich ein Schmeichler;
- prüfen, ob der Schmeichler etwas einsetzt, was man vielleicht ein Lob »der dritten Partei« nennen könnte, und Dinge sagt wie: »Demetrius sagte gerade gestern erst, wie großartig du bist«, oder »Hast du bemerkt, wie die Menschen dich anstarren?«;
- beobachten, wie er sich gegenüber Untergebenen und Vorgesetzten verhält. Ein Schmeichler ist grob zu den eigenen Dienern und dem Gesinde und freundlich zu allen, die über ihm stehen;
- kontrollieren, wie er sich im Umgang verhält. Während wahre Freunde Zuneigung und Treue mit einem Blick ausdrücken, verläßt sich der Schmeichler lieber auf formalere Mittel. Freunde legen keinen Wert auf Formalitäten. Schmeichler bauen auf sie;
- die Reaktion auf eine Bitte beachten: Ein Freund wird sagen: »Ja, wenn ich kann, werde ich es tun.« Ein Schmeichler, um dasselbe gebeten, wird antworten: »Ist schon geschehen«;
- beobachten, wie sich der Schmeichler anderen Freunden gegenüber benimmt. Während ein wahrer Freund sich mit ihnen anfreundet, wird der Schmeichler insgeheim versuchen, dich von ihnen wegzuziehen;
- in Erinnerung behalten, daß Schmeichler unsicher und nur dann glücklich sind, wenn sie ausgenutzt werden. Wenn du also jemanden ausnutzt und er darüber glücklich ist, ist er wahrscheinlich ein Schmeichler;

- bedenken, daß Schmeichler eine Nähe vorgeben, die gar nicht da ist, und sich der Handlungen anderer rühmen. Plutarch zitiert ein wunderbares, lustiges Beispiel: Melanthios, ein Schmeichler, antwortete auf die Frage, wie Alexander von Pherae zu Tode gekommen sei: »Durch einen Stoß in die Rippen, der mich in den Bauch traf.«

Plutarchs Regeln kennzeichnen den endgültigen Übergang der Schmeichelei von einer Technik, mit der man eine ganze Schicht von Menschen, eine ganze Bevölkerungsgruppe überzeugen konnte, hin zu einer Technik, die eine einzige Person zu beeinflussen vermochte. Diese letztere Vorstellung paßt besser zu unserem modernen Verständnis von Schmeichelei und gewinnt in Mittelalter und Renaissance weiter an Form.

Kapitel 5

# Die Erfindung der romantischen Schmeichelei

## Man braucht nichts als Liebe – und ein Reimlexikon

Schmeichelei ist immer eine Kunst aus dem Repertoire des Verführers gewesen. Es war Casanova, der das Credo des Verführers formulierte: »Lobe die Schönen für ihre Intelligenz und die Intelligenten für ihre Schönheit.« Schmeichelei aller Art ist nützlich bei Verführungen aller Art. Lobeshymnen klingen fast immer süß in den Ohren.

Als eine Technik der sexuellen Verführung ist Schmeichelei im allgemeinen ein Werkzeug der Männer gewesen. Wie wir bei den Schimpansen sahen, versucht das Männchen dem Weibchen etwas zu entlocken, das dieses ihm nicht notwendigerweise bereitwillig gibt – oder zumindest nicht ohne ein Zeichen seiner Wertschätzung. Sexuelle Schmeichelei hat ein sehr einfaches Ziel: eine Frau zu etwas überreden, was sie vielleicht sonst nicht tun würde.

Die Strategie des Verführers ist ebenfalls ziemlich durchsichtig: Ich werde sie dazu bringen, mich zu mögen (oder mir zu vertrauen), indem ich ihr etwas Nettes über sie sage, und sie wird mich dafür belohnen, indem sie mit mir schläft. Männliche Schmeichelei soll die Gegenstrategie der Frau, die ihn seiner Meinung nach mit irgendwelchen Tricks abblitzen lassen will, aushebeln. Romantische Schmeichelei soll wie der Schlüssel zu einer verschlossenen Tür funktionieren, wie die Kombination für den Safe, der Schlüssel für den Geheimcode – Sie können sich Ihre Lieblingsmetapher aussuchen.

In moderner Form ist uns diese Schmeichelei bekannt. Sie umfaßt ein weites Spektrum: vom Mann, der einer Frau erzählt, sie habe die schönsten Augen, die er je gesehen hat, und ihr dann ein Diamantarmband schenkt, bis hin zum Bauarbeiter, der einer Passantin hinterherpfeift oder etwas von einem »knackigen Hintern« brüllt. (Ich schätze aber, daß der erstere bessere Erfolgschancen hat. Allerdings soll die zweite Strategie auch nicht die Frau beeindrucken, sondern die Kumpel.)

Süßholzraspeln nannte man einst die zarten Schmeicheleien eines Mannes, der um eine Frau warb. Im entsprechenden Artikel zitiert das *Deutsche Wörterbuch* der Gebrüder Grimm einen Satz von W. von Simpson: »Man lachte, ließ sich den Hof machen, raspelte Süßholz, scherzte und kokettierte.« Wie wunderbar unschuldig das alles klingt.

»Süßholzraspeln« deutet nicht nur Verführung, sondern auch Romantik an. Heute unterscheiden wir im allgemeinen kaum noch zwischen beidem, außer daß wir einen »Verführer« automatisch für einen Schuft halten. Wir leben in einer Zeit, in der die Sprache der Liebe von der Rhetorik der Romantik beherrscht ist. Wir haben Sex und Romantik in einer Weise miteinander verschmolzen, die man in der Antike gar nicht hätte verstehen können. Das klassische Griechisch kannte mehr als ein Dutzend verschiedene Ausdrücke für Liebe, aber keiner davon deckte ab, was wir heute als romantische Liebe bezeichnen.

Die sexuelle Schmeichelei gab es schon lange vor der romantischen. Männer schmeichelten Frauen, um bei ihnen zum Zuge zu kommen. Das hatte nichts oder nur sehr wenig mit Liebe zu tun. Später verführten Männer Frauen, indem sie ihnen Verliebtheit vorspielten, aber das geschah erst, nachdem die Konventionen der romantischen Liebe allgemein anerkannt waren.

In ihrem Song »Book of Love« aus dem Jahre 1958 grübelten die Monotones:

*Tell me, tell me, tell me,*
*Oh, who wrote the Book of Love?*
*I've got to know the answer from someone from above.*
*Oh, I wonder, wonder, wonder who, who,*
*Who wrote the Book of Love?*

Die Antwort auf diese Frage ist: die Troubadours, und damit meine ich nicht die gleichnamige Popgruppe aus den Fünfzigern. Es waren die provençalischen Minnedichter und Troubadours des 12. Jahrhundert, die in vieler Hinsicht die sprachliche und konzeptionelle Basis für die romantische Liebe und die romantische Schmeichelei schufen. Von ihnen haben wir viele Elemente unseres traditionellen Verständnisses von Liebe geerbt, etwa, daß Liebe mit Leiden verbunden ist und unglücklich Liebende blaß und dünn zu sein haben; daß zur Liebe ein angenehmer Schmerz, eine wunderbare Seelenpein gehört; daß eine Trennung die Liebe nur noch stärker macht; daß eine große Leidenschaft das höchste Ziel des Leben ist; daß schließlich nur die Liebe zählt – eben all diese Vorstellungen über Liebe, von denen wir denken, sie seien schon immer dagewesen.

Klischees müssen irgendwo ihren Ausgangspunkt haben, und viele unserer romantischen Klischees begannen mit den Troubadours. Es ist schwer, ihre Originalität richtig zu schätzen, weil uns diese Klischees heute so vertraut sind. Wir hören Minneverse aus dem 12. Jahrhundert tagtäglich im Kino und im Fernsehen oder lesen sie in Romanen. Wir leben in einem Zeitalter, das die von den Troubadours entwickelten Empfindungen in Massenproduktion auf den Markt wirft. Die Troubadours haben unser Buch der Liebe geschrieben.

In vieler Hinsicht gehorchen wir noch immer den Gesetzen der Liebe, die sie vor acht Jahrhunderten festgesetzt haben. Wir haben diese Gesetze demokratisiert, wir haben sie säkularisiert, wir haben sie auf Grußkarten geschrieben, aber wir haben ihre grundsätzliche Ausrichtung kaum verändert. »Echte Veränderungen in der Gefühlswelt des Menschen sind sehr selten«, schrieb C. S. Lewis über die Leistung der Troubadours. »Es sind vielleicht drei oder vier überliefert – aber ich glaube, daß es sie gibt, und daß dies hier eine davon ist.«[1] Wir haben ihr Werk nur immer wieder neu überarbeitet.

Die Troubadours waren ein buntes Völkchen von Hofpoeten: Einige waren wandernde Spielleute oder Jongleure, einige gebildete Literaten, andere arme, landlose Ritter, eine Handvoll waren Frauen, und einige wenige waren große Feudalherren wie der

Herzog von Aquitanien, Guillem de Peitieu, einer der ersten Minnesänger überhaupt. Meist allerdings waren sie junge Männer auf dem Weg nach oben, verliebte Söldner des Glücks mit einer literarischen Neigung, fahrende Ritter, die die Waffen gegen die Liebe eingetauscht hatten. Dante, der die Troubadours in seinen Werken oft zitierte, nannte sie »beredte Doktoren«, also Meister der Gelehrsamkeit und der Sprache.[2] Sie waren Doktoren der Liebe.

Die Troubadours erfanden die romantische Schmeichelei, indem sie die Sprache der romantischen Liebe erfanden. Sie entwickelten ihre Syntax und Grammatik. Praktisch all die Komplimente und Koseworte und süßen Nichtigkeiten, die Männer Frauen zu Füßen legen, lernen sie aus der zeitgenössischen Volkskultur, und die Volkskultur hat diese Dinge vor sehr langer Zeit von den Troubadours gelernt. Wir küssen, wie es im Buche steht, und wir schmeicheln auch so.

Eigentlich, so glauben wir, kennen wir die Verse der Troubadours aus dem 12. Jahrhundert nicht. Und tatsächlich klingen die Worte nicht so vertraut wie etwa die Songs der Beatles (»Love, love, love, / All you need is love«), doch die romantischen Formulierungen sind uns durchaus noch geläufig. Wir kennen sie so gut, daß wir uns ihrer gar nicht mehr bewußt sind.

Beginnen wir mit ein bißchen einfacher Minne-Schmeichelei. Der Dichter ist Marcabru, eine von einem Adligen aufgezogene Waise. Er schreibt etwa Mitte des 12. Jahrhunderts und klingt wie ein glattzüngiger Vertreter, der das Herz der Bauerntochter im Sturm erobert.

*Mädchen, Euer hohes Wesen*
*lehrt, ein Ritter sei's gewesen,*
*der die Mutter einst erlesen*
*hier aus ländlich stolzer Gilde;*
*schöner stets strahlt Ihr den Blicken,*
*Euer Reiz ist mein Entzücken –*
*wärt Ihr nur ein wenig milde.*[3]

Einfach. Süß. Er schmeichelt nicht nur ihrer Schönheit, sondern auch ihrem Gefühl für Status, indem er sagt, daß sie edler wirkt, als sie ihrer Geburt nach ist.

Die Troubadours waren Meister der romantischen Übertreibung, frei nach dem Motto: Kein Mädchen ist wie mein Mädchen. Und welche ist die Schönste von allen? – Immer die, die man gerade verführen will. Der Dichter ist Arnaut von Marueil:

*Eur schönes dunkelbraunes Haar,*
*Die Stirne weiß und lilienklar,*
*Das Auge, das sich regt und lacht,*
*Die Nase grad' und wohlgemacht,*
*Das blühend frische Angesicht,*
*So weiß und rot sind Blumen nicht,*
*Das Mündchen, schöne Zähne drein,*
*Kein Silber ist so klar und rein,*
*Und Kinn und Hals und Brust so weiß,*
*Wie frischer Schnee und blühend Reis,*
*Und dann die Hände schön und blank*
*Zusammt den Fingern zart und schlank ...*
*So oft mein Herze denkt daran,*
*So faßt mich solch Erstaunen an,*
*Ich weiß nicht mehr, woher, wohin,*
*und wundre mich, daß ich noch bin.*

Dahinter steht die Vorstellung, daß für den Liebenden seine Liebe einzigartig ist. In der Minnedichtung ist die Geliebte eines jeden Troubadours unvergleichlich; Gott hat die Form zerbrochen, nachdem er sie geschaffen hatte. Bis zu den Troubadours wurden die Frauen gerühmt, weil sie großen Schönheiten ähnelten, nicht weil sie einzigartig waren. »Ihre Schönheit und ihr Wert sind ohnegleichen«, ist eine weitere neue und heute klassische Formulierung der Troubadours.

Hören wir dazu den Minnesänger Peire Vidal:

*Nichts darf uns des Tags beschweren,*
*Wo wir ihrer uns besonnen,*
*Da sie Urquell aller Wonnen,*

*Und wer redet ihr zu Ehren,*
*Ihr, der besten ohne Streit*
*Und der schönsten weit und breit,*
*Was er sagt, er kann nicht lügen.*[4]

Die Troubadours waren auch die frühen PR-Gurus eines anderen festen romantischen Klischees: der Liebe auf den ersten Blick. Für sie strömt die Liebe zuerst durch die Augen und erst dann ins Herz. Und diese Liebe auf den ersten Blick ist ein Tribut an eine andere Idee: an die Unwiderstehlichkeit der Leidenschaft. Guillem de Cabestanh:

*Des Tags, als ich zum erstenmal euch sah,*
*Als ihr mir gönntet eures Anblicks Lust,*
*Da schied mein Herz von allen andern – da*
*War es nur eines Wunsches sich bewußt:*
*So, Herrin, füllte mir das Herz mit Sehnen*
*Ein süßes Lächeln und ein güt'ger Blick,*
*Daß ich die Welt vergaß im Augenblick.*[5]

*Daß ich die Welt vergaß*... Die Liebe ist so mächtig, daß ich verloren war, daß ich nicht länger ich selbst war. Sie hat alles um mich herum ausgelöscht.

Obwohl es in der höfischen Dichtung oft um den Charakter der Dame geht, lassen die Troubadours doch vermuten, daß Schönheit eigentlich nicht bis unter die Haut reicht. Sie beschreiben die Frauen von außen nach innen, nicht von innen nach außen. Noch einmal Arnaut de Mareuil:

*Weißer ist sie als Helene,*
*Schöner als die Knospe zart,*
*Ihre blendendweißen Zähne*
*Bergen Worte holder Art.*

Oder ein anderes Beispiel, diesmal von Bernart de Ventadorn:

*Holdes Weib, wer euch allein*
*Liebt in diesem Leben,*

*Dem zerrinnt das Herz vor Pein*
*Und verlornem Streben.*[6]

In diesem Beispiel verbindet der Minnesänger die Schönheit seiner Geliebten auch mit seinem eigenen Leiden. Sie ist außer Reichweite, oh diese Verzweiflung! Und was ist das Ergebnis einer solchen unglücklichen Liebe? Der Liebende wird blaß und dünn. »Fasten mußt' ich lang bestehen, und hält es länger an fürwahr, verhaßter wird's mir immerdar« singt Bernart de Ventadorn.[7] Ein kräftiger Liebender war für die Troubadours ein Widerspruch in sich. Die Liebe sorgt dafür, daß man den Appetit auf alles andere außer die Liebe verliert.

Aber blaß und dünn zu sein ist erst der Anfang. Es ist eine unwesentliche Beeinträchtigung im Vergleich zum unausweichlichen Schicksal des Liebenden. In der Rhetorik der Troubadours ist das Leiden ein wesentlicher Bestandteil der Romantik, und der wahre Liebende läßt nicht nur bereitwillig ein paar Mahlzeiten für seine Liebe ausfallen; er ist bereit, für sie zu sterben. Im Grunde kann er gar nicht anders; er wird sein Leben aushauchen, wenn er seine Liebe nicht vollziehen kann. Gib mir Liebe oder gib mir den Tod. Hier ist wieder Bernart de Ventadorn, einer der klassischen Troubadours:

*Könnt Ihr ein Herz versehren,*
*Das stets nur Liebe sann?*
*In Sehnsucht mich verzehren,*
*Verschmachten muß ich dann.*[8]

Die seltsame Vorstellung, daß man aus Liebe sterben könne, ist eine Fiktion, die die Troubadours mit geschaffen haben. Und sie ist sicher eines der schmeichelhaftesten Komplimente, die ein Mann einer Frau machen kann. In *Wie es euch gefällt* macht sich Shakespeare über diese Konvention des Sterbens aus Liebe lustig, wenn er schreibt: »Die Menschen sind von Zeit zu Zeit gestorben und die Würmer haben sie verzehrt, aber nicht aus Liebe.«[9] Die Minnesänger wissen wie Shakespeare, daß Herzen brechen, aber deshalb nicht aufhören zu schlagen.

In den Augen der Troubadours ist es die höchste verbale Schmeichelei, wenn plötzlich die Worte fehlen. Ihre Schmeichelei war in Liedform gefaßt, und so war es ein Riesenkompliment, stumm vor Liebe zu sein. Wir sahen diese Vorstellung schon in bezug auf Jahwe – die absolute Anbetung besteht darin, überhaupt nicht mehr sprechen zu können. Bei Troubadour Elias de Barjols heißt es:

*Wie ein Stummer steh' ich da*
*Vor der holdseligen Gestalt,*
*Vor ihr, der stets mein Sehnen galt;*
*Nicht zu sagen wag' ich ja,*
*wie sehr ich ihr ergeben bin.*[10]

Sein Gedicht deutet an, seine Liebe sei so rein, daß konventionelles Lob und Schmeichelei ihrer unwürdig seien. Andere Troubadours wie Bernart de Ventadorn erklären, daß ihre Liebe sie »sprachlos« zurückgelassen habe. Aber natürlich bleiben sie dann nicht still – sie singen von ihrer Unfähigkeit zu singen. Wie Samuel Beckett schon sagte: Wenn uns die Worte auch fehlen, so müssen wir sie doch gebrauchen.

In einer Art weiser psychologischer Übertragung verfolgen die Troubadours nicht Rivalen oder gar Ehemänner mit ihrem Haß, sondern Schmeichler. Ihre Verse bekunden immer wieder, daß sie, die Troubadours, keine Schmeichler, sondern wahrhaft Liebende sind, daß ihr Lob ebenso ehrlich wie angemessen ist. Diese anderen Typen (wer auch immer sie sind), sind falsch und schamlos; sie sind Arschkriecher, die vor nichts zurückschrecken. Wieder Bernart de Ventadorn:

*O Himmel, schiede sich doch aus*
*Treulieb' von falscher Buhlerei:*
*Wer Arglist übt' und Schmeichelei,*
*Dem wüchs' ein Horn zur Stirn heraus!*[11]

Die Minnesänger betonen ihre Ehrlichkeit, indem sie andere Liebende der Falschheit bezichtigen. Sie wissen, daß man ehrliches Lob nicht von falschem unterscheiden kann. Und tatsächlich wirkt Schmeichelei natürlich nur, weil das Gegenüber diesen Unterschied nicht erkennen kann. Also beschuldige deinen Rivalen immer der Falschheit.

## Liebe wird ihren Weg in ihre Brieftasche finden

Glückliche Liebe ist immer ein literarisches Oxymoron gewesen. Eine wahre Liebe stieß immer auf Hindernisse – sonst hätte man nichts, worüber man schreiben könnte. Denken wir an Anna Karenina, Abelard und Heloise, Tristan und Isolde, Romeo und Julia, die Kameliendame. Erst seit den ersten amerikanischen Filmen Anfang des 20. Jahrhunderts hat sich unserer Phantasie das Bild der Liebenden, die Hand in Hand in den Sonnenuntergang gehen, eingeprägt. Bis dahin bedeutete Liebe fast immer ein Ende mit drei tränenfeuchten Taschentüchern.

Die Geschichte der unglücklichen Liebe hat vielleicht nicht mit den Troubadours begonnen, aber sie haben ihr sicherlich eine eigene Richtung gegeben. Sie machten den Trennungsschmerz zum Genuß. Für sie war Leiden, nicht Erfüllung, die natürliche Gefühlslage der Liebe, und sie zogen einen intensiven Genuß aus diesem Leiden. »Ich habe ... so viel Lust an meinem Schmerz, daß ich mit Wonne krank bin«, sang Chrétien de Troyes.[12] Die Entbehrung wurde zu einem wesentlichen Teil der Leidenschaft, je unerwiderter die Liebe, desto tiefer war sie.

Die Troubadours schwelgten in dem Paradoxon, daß Liebe sich eher aus der Sehnsucht als aus der Erfüllung nährt, daß Leidenschaft aus der Knappheit, nicht aus der Fülle wächst. Sie schufen meist eine Poesie der Ferne. Oder, wie Folquet de Marseille es aus verschmähter Liebe heraus bösartig formulierte: »Wie man ein häßlich Bildnis aus der Ferne / Weit höher schätzt als wenn man's nahe sieht, / Schätzt' ich Euch höher, als ich Euch nicht kannte.«[13] »Meine ferne Liebe« ist eine gängige Anredeform in der Minnedichtung. Trennung macht die Gedichte fast immer ekstatisch. Wenn die Troubadours keine abwesende Dame hatten, nach der sie jammern und schmachten konnten, hatten sie nicht viel zu dichten. Je größer die Entfernung, desto inniger die Kunst.

Weil sie die Trennung so hoch schätzten, schufen sie auch Hindernisse, die die Entfernung noch wachsen ließen. Wir sehen dies besonders deutlich, wenn mittelalterliche Autoren wie Chrétien de Troyes die Prinzipien der höfischen Liebe als Thema ihrer Geschichten nutzten. Wenn romantische Ideen in eine Erzählung gegossen wurden, ergaben sich daraus immer enorme Hindernisse für die Liebe. Schließlich gilt auch heute noch: Wenn die Liebenden keine Hindernisse zu überwinden haben, gibt es auch kein Drama. Junge trifft Mädchen, Junge und Mädchen verlieben sich ineinander und leben glücklich bis an ihr Lebensende – da fehlt doch jede erzählerische Dynamik. Junge trifft Mädchen, Junge und Mädchen verlieben sich, Junge und Mädchen müssen sich trennen, weil ihre Familien Todfeinde sind oder ihre Herkunft, ihr sozialer Hintergrund, ihre Religion oder was auch immer sie daran hindert, zusammen zu sein – das ist eine Geschichte. Das Hindernis *ist* der Plot. Weil heutzutage Hautfarbe, Herkunft oder Familie nur noch selten als Barrieren für die Liebe gelten, geht es in modernen Romanen nicht mehr um äußere Hinderungsgründe, sondern um innere. So verwandelt sich der Haß der Capulets zum Beispiel in eine tiefsitzende Beziehungsangst.

Die Glorifizierung der Leidenschaft bei den Troubadours widersprach der klassischen Tradition, in der romantische Leidenschaft nicht als eine der großen Erfahrungen des Lebens galt, sondern als eine Form der Verrücktheit. (Bei der Liebe in der antiken Literatur ging es vor allem um Sinnlichkeit oder häusliche Annehmlichkeiten. Zugegeben, Odysseus liebte seine Gattin Penelope und dachte während seiner jahrelangen Irrfahrten immer an sie, aber es war nicht die romantische Liebe des Kinos, sondern eher die bequeme, vertraute Liebe, die man für einen treuen Labrador empfindet.) Aus klassischer Sicht war Leidenschaft das Gegenteil von Selbstbeherrschung. Leidenschaft bedeutete Kontrollverlust und war nur eine Illusion der Freiheit, denn wahre Freiheit entspringt aus Beherrschung und Duldsamkeit. Heute wäre man mit diesen Idealen auf dem Heiratsmarkt quasi nicht vermittelbar – in allen Frauenzeitschriften liest man, daß solche Einstellungen eine sehr schlechte Grundlage für eine Beziehung sind.

Die Begeisterung für die romantische Leidenschaft war auch eine Revolte gegen die Kirche, die von solchen Dingen nicht gerade begeistert war. Zugegeben, es ist besser, zu heiraten, als zu brennen, sagte Paulus, aber nicht sehr viel besser. Die Troubadours gründeten eine alternative Kirche, die Kirche der Liebe.

Heute verherrlichen wir die Leidenschaft und ihr Synonym, den Instinkt. »Vertrau deinem Instinkt«, »Entscheide aus dem Bauch heraus«, »Wenn du das Gefühl hast, es ist richtig, dann tu's.« All diese Klischees betrachten Vernunft und Nachdenklichkeit offenbar als die Trostpreise im großen Abenteuer des Lebens. Spontaneität schlägt Planung. »Just do it« ist der wohldurchdachte Rat, den Nike Inc. Millionen von Menschen überall auf der Welt gibt, als ob Impulskontrolle etwas sei, das es um jeden Preis zu vermeiden gelte. Bei diesem Slogan schwingt mit, daß Menschen, die sich dafür entscheiden, *nicht* mit einem Bungee-Seil an den Füßen aus fünfzig Meter Höhe von einer Brücke zu springen, graue, furchtsame Seelen sind, die eigentlich gar nicht richtig leben. Es ist fast sinnlos, heute gegen Leidenschaft und Instinkt anzutreten; beinahe genauso aussichtslos wie gegen Mutterschaft und Apfelkuchen.

Leidenschaft hat allerdings ihre Privilegien. Die Troubadours hatten einen Cyrano-de-Bergerac-Komplex – das heißt, sie waren größtenteils Männer ohne besonderen Status, die Beziehungen zu Frauen einer höheren Schicht suchten. Und dies zu einer Zeit, in der Klassenunterschiede als ein unüberwindliches Hindernis für eine Romanze galten. Aber sie hatten eine geniale Lösung: Sie verbreiteten die Vorstellung, daß Leidenschaft dieses Hindernis aus dem Weg räume. Daß Leidenschaft keine Grenzen kenne. Sie erfanden die sehr moderne und demokratische Vorstellung, daß es eine Aristokratie der Leidenschaft gebe, daß wahre Liebe die Grenzen der Klassen, des Status und des Geldes überspringe. Sie erfanden das Standard-Filmklischee des Botenjungen, Polizisten, Fußballspielers, Liftboys, Privatdetektivs (Sie haben die freie Wahl), der sich in eine Erbin, reiche Witwe, Tochter des reichsten Bankiers der Stadt, Nichte des Chefs (auch hier: freie Wahl) verliebt und ihr Herz gewinnt. Ihre Liebe ist durch ihre Leidenschaft gerechtfertigt.

Leidenschaftliche Liebe galt als demokratisierend (sie macht uns alle gleich) und auch als adelnd (sie hebt uns aus unserem Leben in stiller Verzweiflung heraus). Sie ist nichts anderes als eine privilegierte Form des Verstehens. »Wer mit Leidenschaft liebt«, so Denis de Rougemont in *Die Liebe und das Abendland*, »hat Zugang zu einer höheren Menschheit, wo die sozialen Schranken schwinden.«[14] Diese Vorstellung wollten die Troubadours verbreiten – auch, weil sie junge Männer auf dem Weg nach oben, Glücksritter mit Mandolinen waren und ihren Status heben wollten. Sie setzten ihre Leidenschaft und ihre Dichtung strategisch ein und ließen so ihren dürftigen Lebenslauf vergessen.

In der literarischen Tradition Europas entstanden durch Klassenschranken sozialer Aufruhr, Katastrophen und Tragödien. In der modernen, stärker amerikanisch geprägten Welt werden Klassenschranken entweder als Illusion dargestellt oder einfach als eine wacklige Hürde, die Braut und Bräutigam eben nehmen müssen. Die Troubadours dachten sozusagen wie die Amerikaner in dem Sinne, daß sie die gesellschaftlichen Grenzen zu überwinden suchten, aber in ihrem Fall ging es eher um den Wunsch, die eigene Brieftasche ein bißchen aufzupolstern. Zugegeben, sie waren fasziniert von ihrer adligen Patronin, aber noch mehr Faszination übten wahrscheinlich deren »Gunstbeweise« aus.

Ironischerweise taten die Troubadours das Ihre dazu, die »Just Do It«-Philosophie zu verbreiten, obwohl es eine Strategie war, die das romantische Spielfeld verkleinerte. Ihre Spontaneität war nicht das kleinste bißchen spontan – sie war strategisch, berechnet, einstudiert. Das Modell ihres Verhaltens war nicht der moderne Mensch auf der Suche nach dem Kitzel des Abenteuers, sondern der französische Dichter Céline, der einmal sagte, daß er seine Gedichte wochenlang immer wieder überarbeite, um die Illusion zu erwecken, sie seien in einer Viertelstunde aufs Blatt geworfen worden.

Irgend jemand hat einmal gesagt, in der Beziehung von Fred Astaire und Ginger Rogers habe er ihr Klasse und sie ihm Sex gegeben. Dies ist der traditionelle bürgerliche Austausch zwischen Männern und Frauen bei der Eheschließung. Die Troubadours jedoch, die oft ohne einen Pfennig dastanden, spielten Ginger für den Fred in Gestalt der adligen Dame; sie lieferten die Illusion von Sex, während die Edeldamen ihnen das Entrée in die High Society ermöglichten.

Die Troubadours schufen die Schablonen der romantischen Schmeichelei, aber sie machten dabei einen Fehler, den diese Schmeichelei seit damals nicht mehr ganz hat korrigieren können. Sie ließen ein anderes Axiom des Verführers außer acht: Gute Schmeichelei ist allgemein; wirklich gute Schmeichelei ist individuell. Offenbar haben sie diese Lektion nie begriffen.

Vielleicht weil ihre Damen oft Phantasiegeschöpfe waren, ist der größte Teil der Schmeicheleien in den Minneliedern abstrakt. Es fehlt das Individuelle der Frau, der man gerade schmeichelte. Die Haut der Frau war immer weiß wie Schnee, ihre Augen immer klar und schön. Es gab keine Rhapsodien über das faszinierende Braungrün ihrer Augen mit diesen lustigen goldenen Einsprengseln. Das Lob der Troubadours ist allgemein. Bei einer polizeilichen Gegenüberstellung könnte man das Objekt ihrer Begierde niemals herauspicken, wenn man nur ihre Verse als Anhaltspunkt hätte. Wie ein Gelehrter sagte, wirken alle diese Gedichte so, als seien sie das Werk eines einzelnen Autors, der eine einzige Dame preise.[15]

Shakespeare machte sich über die Konventionen der höfischen Schmeichelei lustig und schuf dabei eines der großartigsten Liebesgedichte, das je geschrieben wurde, das Sonett 130 (wiederum in der Übertragung von Schlegel/Tieck):

*Dein Auge gleicht in nichts dem Sonnenlicht,*
*Dein Mund ist nicht so rosig wie Korallen,*
*Wenn Schnee als weiß gilt, ist's Dein Busen nicht,*
*Dein dunkles Haar will manchem nicht gefallen.*
*Weit schönre sah ich rot' und weiße Rosen*
*Als jene, welche Deine Wangen zeigen,*
*auch mancher Duft schien in der Winde Kosen*
*Mir süßer als der Deinem Odem eigen.*
*Gern hör ich Deine Stimme, doch gestehn*
*Muß ich, Musik beut mir noch mehr Genuß.*
*Ich sah noch niemals eine Göttin gehen,*
*Doch weiß ich, auf die Erde tritt Dein Fuß.*
*Und doch, beim Himmel! so schön find ich Dich*
*Als je die Beste, die man schlecht verglich.*

Die Schmeichelei der Troubadours ist ein schlechter Vergleich, nicht weil sie unwahr wäre – was sie allerdings wahrscheinlich war –, sondern weil sie allgemein ist. Augen, die immer wie die Sonne strahlen, Brüste, die immer weiß wie Schnee schimmern, das ist schlechte Schmeichelei, Einheitsschmeichelei. Und genau das ist die romantische Schmeichelei seit der Zeit der Troubadours immer geblieben. Deshalb ist sie ja so praktisch beim Liebeswerben und so beliebt bei den Produzenten von Grußkarten. Man kann das Klischee einfach aus dem Regal nehmen, und es paßt zu jeder, der man es schenkt.

Aber die Troubadours hatten eine Entschuldigung.

Wie alle großen Liebesdichter waren sie ebenso verliebt in die Form ihrer Gedichte wie in die Form ihrer Liebe. Die Minnesänger versuchten mit ihren neuen Formen des Lobpreises nicht die Liebe ihrer Angebeteten, sondern Lorbeeren als Dichter zu erringen. Sie sind Rhetoriker der Liebe, und verliebt sind sie vor allem in ihre eigene Stimme. Sie prahlen damit, daß sie die »Liebesrede« beherrschen. Die Troubadours konkurrieren im Grunde nicht um Frauen, sondern um ihre Verse.

Bernart de Ventadorn schreibt:

*Es ist kein Wunder, wenn mit mir*
*Kein Sänger sich vergleichen kann:*
*Denn Liebe zieht mich mächt'ger an*
*Und weit ergeb'ner bin ich ihr.*[16]

Er rühmt sich nicht seiner überlegenen Liebeskunst, sondern seiner Sangeskunst.

Die Liebe der Troubadours ist so literarisch, daß sie oft behaupten, in Frauen verliebt zu sein, die sie nie selbst gesehen, sondern von denen sie nur gehört haben. Sie sind verliebt in die Idee der Liebe. Guillaume de Machaut: »Und wenn ich auch keine Geliebte habe, / Bin ich doch ein treuer Liebender.« Ja, ein treuer Anhänger der Religion der Liebe. Mit dieser originellen Häresie nahmen achthundert Jahre Liebestollheit ihren Anfang. Irdische Liebe war immer ein Abbild der göttlichen Liebe gewesen. Wenn eine Person eine andere liebt, so sagte die Kirche, ist die Widerspiegelung Gottes in dieser Person die wahre Quelle dieser Liebe. (Nur Männer konnten Gott direkt lieben. Daher Miltons: »Er nur für Gott, und sie für Gott in ihm.«) Aber die Troubadours nährten die Vorstellung, irdische Liebe und menschliche Leidenschaft seien das Nonplusultra und nicht nur ein Abklatsch göttlicher Liebe. Es ging nicht so sehr um eine ehebrecherische Liebe als vielmehr um eine götzenanbeterische. Der Troubadour Peire d'Alvernhe: »... ein Mann ohne Liebesdienst ist nichts als eine leere Ähre.« Die Dichter waren vielleicht allgemein, wenn sie ihrer Liebe schmeichelten, aber sie übertrafen einander in der Schmeichelei der Liebe. »Das ist das paradoxe Geheimnis der höfischen Liebe: Aufgeblasen und kalt, wenn sie nur die Frau rühmt, und flammend vor Aufrichtigkeit, wenn sie die Liebesweisheit feiert.«[17]

Ihre Philosophie ist ein Vorläufer unserer modernen Vorstellung, nach der romantische Liebe der Gipfel der menschlichen Erfahrung ist, das *summum bonum* des Lebens. Im 12. Jahrhundert war das eine radikale Idee. Bernart de Ventadorn faßt sie so zusammen:

*Tot ist der Mensch, dem der Genuß*
*Der Liebe nicht das Herz beseelt;*
*Ein Leben, dem die Liebe fehlt,*
*Gereicht der Welt nur zum Verdruß.*[18]

Obwohl sie die Frauen manchmal als käuflich beschreiben (diese Knaben konnten innerhalb einer Zeile von Liebesschwüren zu Beschimpfungen übergehen), stellten sie sie – vielleicht zum ersten Mal in der Literatur – auf ein romantisches Podest. In ihren Gedichten schufen sie eine idealisierte Frau, eine Art platonisches Bild der vollkommenen Weiblichkeit.

In der Dichtung der Troubadours wurden Frauen durch die Liebe zur Quelle aller Tugenden, zum Katalysator von Ehre, Großzügigkeit, Höflichkeit und Mut. Kurz gesagt, Frauen machten Männer besser, oder Männer wurden ihretwegen besser. Durch die Liebe, so singt Cercamon, sei er »hoch und gering, schlicht und voll Edelmut, / Höflich und rauh und weiß, was bös und gut«.[19] Wie Jack Nicholson zu Helen Hunt in *Besser geht's nicht* sagt: »Sie schaffen es, daß ich ein besserer Mann sein will.«

Die Idealisierung der Frauen lag in der Luft. Im 12. Jahrhundert zum Beispiel gab es im Schach allmählich nicht mehr vier Könige, die das Spiel beherrschten, sondern eine Dame oder Königin, die den Vorrang vor allen Figuren hatte und den König beschützte, der auf minimale Bewegungsmöglichkeiten zurückgestutzt wurde. Ein anderes Beispiel dieser Idealisierung war das Aufkommen des Marienkultes. Einige Wissenschaftler haben angenommen, daß die Kirche den Marienkult in Reaktion auf die höfische Liebe und ihre Idealisierung der Frauen förderte. Tatsächlich wurde, als die streng höfische Tradition zu schwinden begann, aus *la donna* die Madonna, und die Kirchenväter verwandelten die Marienanbetung in eine Form sanktionierter kirchlicher Schmeichelei.[20]

## Wie man seine Frau mit ihr selbst betrügt

Die Minnesänger waren die Beatles des Mittelalters. Sie verkörperten eine Empfindsamkeit, die den Menschen gefiel, und waren Vorbild für vieles Spätere. Eine Art Brian Epstein der Minnesänger war, um im Bild zu bleiben, Andreas Capellanus, ein Manager-Promoter, der ihre Musik erklärte und einen Mythos um sie herum schuf. Er schrieb 1174, mitten in der Zeit der Troubadours, seine drei Bücher *Über die Liebe*. Andreas war ein Kaplan des fränkischen Königshofes, und seine Abhandlung war wahrscheinlich für die Gräfin Marie von Champagne gedacht, eine Tochter der Eleonore von Aquitanien, die sich offenbar ihren eigenen Liebeshof schuf.[21] Das Buch besteht hauptsächlich aus einer Reihe von Dialogen zwischen höfischen Galanen und jungen Frauen, gegliedert nach der gesellschaftlichen Schicht der beiden Liebenden. Es gibt zum Beispiel ein »Gespräch eines Bürgers mit einer Ritterfrau«, ebenso das »eines Grafen mit einer Bürgersfrau« und alle Varianten dazwischen. *Über die Liebe* ist ein Vorläufer der modernen Ratgeberliteratur, die dem Leser Beispielsätze an die Hand gibt, wenn es etwa darum geht, den Chef um eine Gehaltserhöhung oder den Gatten um die Scheidung zu bitten.

Das Buch, das im Mittelalter überaus beliebt war, könnte vielleicht eine Art Parodie gewesen sein. Es ist kaum zu glauben, daß die Dialoge nicht irgendwie ironisch gemeint sind und daß Capellanus sein Buch wirklich als Lehrbuch der Verführung für Ritter verstanden wissen wollte. *(Schau'n wir mal: Also, meine Da-*

*me ist nur von niederem Adel, dann sollte ich es tunlichst vermeiden, ihre Familie zu rühmen.)* Aber die Intentionen eines Autors haben, besonders wenn es um Romantik geht, oft nur wenig damit zu tun, wie das Werk verstanden wird.

Lange Zeit ging man davon aus, daß Capellanus' Werk eine Art Untergrund-Führer zu einem geheimen Leben in einer fernen Kultur sei. Viele Gelehrte glaubten, er zeichne ein realistisches Bild der mittelalterlichen Höfe und der höfischen Liebe, die sie mit Leben erfüllte. Ich denke, daß die dort beschriebene Welt größtenteils Fiktion ist. Wenn heute im Abspann eines Filmes steht »Nach einer wahren Begebenheit«, glauben viele Menschen, daß die ganze Geschichte, wie sie der Film zeigt, wahr sei; wir lassen uns vom Anschein der Realität täuschen, und so ging es wohl auch den Wissenschaftlern. Für unsere Zwecke spielt es keine Rolle, daß Capellanus mißverstanden wurde. Im Grunde trug gerade dies fast überall vorherrschende Mißverständnis seiner Aussagen zu den Fundamenten unserer modernen Vorstellung von romantischer Liebe bei.

Capellanus' Werk betonte die Hauptprinzipien der romantischen Liebe der Troubadours. Drei seiner unumstößlichen Regeln sind: »Wer wahrhaft liebt, erbleicht beim Anblick der Geliebten«, »Wer liebt, ißt und schläft weniger« und »Echte Eifersucht macht die Liebe stärker und größer«.[22] Er definiert Liebe als »eine angeborene Leidenschaft. Sie entsteht durch den ständigen Anblick des anderen Geschlechtes, durch dauerndes Nachdenken über seine Wesensart.«[23] Er sagt, daß Liebe blind sein mag, daß aber Blinde sich nicht verlieben können: »Blindheit macht zur Liebe unfähig, weil der Blinde die Geliebte ja nicht sehen kann: Das Auge aber regt seinen Geist, die Phantasie an, immer wieder an die Geliebte oder den Geliebten zu denken. Folglich kann hier Liebe nicht entstehen.«[24] Und natürlich ist er einer der ersten in der Geschichte, die dafür werben, daß man in die Liebe verliebt sein kann: »Jeder Liebende wird, wenn er wahrhaft liebt, eher auf alle Reichtümer des Geistes und der Erde, auf allen Besitz, ohne den niemand leben mag, verzichten, als auf die ersehnte und endlich errungene Hingabe.«[25] Schließlich endet er mit einem imposanten Vers: »Die Liebe kann der Liebe nichts versagen.«

Einen Punkt, den Gelehrte und Historiker sehr ernst nahmen, war Capellanus' Einsatz für die Vorstellung, daß der einzige Platz für die Liebe außerhalb der Ehe sei, daß wahre Liebe und Leidenschaft nur ehebrecherisch sein könnten. Dahinter, so C. S. Lewis, stehe die Idee, daß jede Idealisierung sexueller Liebe in einer Gesellschaft, in der die Ehe utilitaristisch gesehen wurde, eine Romantisierung des Ehebruchs mit sich bringen müsse.[26] Lewis listete als ein Kennzeichen der höfischen Liebe neben Demut, Artigkeit und der Religion der Liebe eben auch den Ehebruch auf.[27] Romantische Liebe war *per definitionem* außerehelich, denn die Ehe war *per definitionem* unromantisch. In der Dichtung der Minnesänger und im Reich der höfischen Liebe steht Gott offenbar immer auf der Seite des ehebrecherischen Liebhabers – man siehe etwa Lancelot oder Tristan – und nie auf der des gehörnten Ehemanns. Und das trotz der Tatsache, daß Ehebruch sowohl eine Sünde gegen Gott wie auch ein irdisches Verbrechen war, das im Mittelalter mit dem Tod bestraft wurde. Zumindest mit dem Tod der Frau ...

Die Form von Ehebruch, die Capellanus verachtet, können wir kaum verstehen: Es ist eine Art ehebrecherische Liebe in der Ehe. Capellanus spricht etwas aus, das in der mittelalterlichen Theologie ein Gemeinplatz war, das wir mit unserem Glauben an die romantische Ehe aber ziemlich befremdlich finden. Er zitiert Hieronymus, wenn er sagt: »Schon das apostolische Gesetz lehrt doch, daß Leidenschaft die eigene Ehe bricht.«[28] Whow! Ich hatte Schwierigkeiten, das zu tippen, so fremd ist es unserer Vorstellung von der romantischen Ehe als dem höchsten Gut und der glühenden Liebe zur eigenen Frau (wir schätzen die treue Ergebenheit ihr gegenüber) als dem höchsten Segen. Lewis zitiert das lateinische Original: »*Omnis ardentior amator propriae uxoris adulter est.*« – Jeder zu glühende Liebhaber bricht die Ehe mit seiner eigenen Frau.[29] Während die Troubadours und Capellanus nichts Beschämendes am Ehebruch finden, betrachten sie einen Ehemann, der verrückt nach seiner Frau ist, als pervers.

Capellanus zitiert aus Briefen der Gräfin von Champagne, die offenbar die Beraterin und Richterin des höfischen Liebeslebens war. Sie schreibt: »Wir sprechen hiermit Recht und verkünden, daß zwischen Eheleuten wahre Liebe und Minne nicht möglich ist.«[30] Sie begründet ihr Urteil damit, daß die Ehe als ein Vertrag und ein Arrangement von außen die Menschen aus Pflichtgefühl aneinander binde, während Liebe nur frei gegeben und ausgetauscht werden könne. »Kein ehelich Verheirateter kann die Seligkeit der Liebe empfangen«, sagt sie, »es sei denn, er nähme außerhalb seiner Ehe Dienste am Hofe der Liebe.«

Nach Ansicht des Andreas Capellanus sind die Frauen unersättlich, wenn es um Schmeichelei geht. Um eine Verführung in Gang zu setzen, sagt er, ist Schmeichelei absolut notwendig. »Eitel ist die Frau im größten Maße. Was eine Frau an Lob über irgend etwas Irdisches nur hört, alles bezieht sie auf sich. Das war schon die Schuld des ersten Weibes, Evas: Sie nahm die verbotene Speise ...«[31] Seit dieser Zeit sind Frauen immer empfänglich für solche Einflüsterungen gewesen.

Obwohl Capellanus glaubt, daß Schmeichelei unfehlbar Wirkung zeigt, muß sie seiner Meinung nach sorgfältig und wohlbedacht eingesetzt werden. Wie Ovid spricht er sich für einen großzügigen Einsatz aus, aber in der Definition der Formen und Möglichkeiten geht er viel weiter. So sagt er zum Beispiel im ersten Dialog »eines Bürgers mit einer Bürgersfrau«: » ... lobe etwa ihre Heimat oder ihre Familie oder ihr Aussehen – solch Lob freut die Frauen besonders. Sie glauben alles, was man ihnen zum Lobe ihrer Person sagt, gerne und vollständig. Besonders ist das bei den Bürgers- und Bauersfrauen der Fall.«[32] Je niedriger eine Frau in der sozioökonomischen Hierarchie steht, desto empfänglicher ist sie für Schmeicheleien.

»Als der himmlische Schöpfer deine Schönheit geschaffen hatte, blieb ihm keine weitere Steigerung darüber hinaus mehr. An Geist und Körper fehlt zu deiner Zierde nichts, das weiß ich wohl. Vollkommen bist du. Nur eines mußt du noch tun: einen Sterblichen mit deiner Liebe beglücken.«[33] Wie konnte ein nettes Bürgersfräulein da noch widerstehen?

Vorsicht bei einer klugen Frau, warnt Capellanus. Im nächsten Dialog »eines Bürgers mit einer Frau des niedrigen Adels« rät er dem Mann, nicht zu dick aufzutragen »Wenn die adlige Frau aber klug, wohlgebildet ist, dann hüte er sich, sie allzusehr zu loben. Allzugroße Lobeserhebungen werden sie zu der Meinung bringen, er verfüge nicht über volle Redegewandtheit, nahe ihr mit falscher Speichelleckerei und halte sie für einfältig.«[34] Seiner Logik nach ist eine Frau, je klüger sie ist, desto immuner gegen Schmeichelei – oder sie deckt sie zumindest leichter auf und hinterfragt sie.

Bei einer Frau von höherem, ritterlichem Adel empfiehlt er eine indirektere Form der Schmeichelei. Im Grunde schlägt er eine ziemlich riskante Taktik vor: Der Mann sollte sagen, daß er ihr nicht schmeicheln wird, weil (a) die Welt dies schon tut und (b) sie es durchschauen wird. Es ist eine Art gespielter romantischer Parrhesie, bei der er ihr schmeichelt, indem er ihr nicht schmeichelt. Hier ist der Musterdialog für diesen Fall: »Euch zu preisen dürfte wohl nicht besonders verdienstlich sein, denn ganze Weltteile hallen schon wider vom Ruhme Eurer Tugend und Anmut. Außerdem sieht die Ruhmespreisung, die man zu dem Gerühmten selbst äußert, gar zu leicht wie eine erfundene Schmeichelei aus.«[35] Mit anderen Worten: Ich werde Euch nur hinter Eurem Rücken loben – was natürlich, wenn die Angebetete davon hört (und sie hört sicher davon) die effektivste Form der Schmeichelei überhaupt ist.

Capellanus empfiehlt noch eine weitere Art der romantischen Schmeichelei – die Schmeichelei zwischen Gleichgestellten, die Nur-wer-Euch-kennt-kann-Euch-wirklich-hoch-genug-schätzen-Schule der Schmeichelei. Sie kann, so rät er, nur zwischen zwei Adligen zur Anwendung kommen, zwischen Ritter und Ritersfrau: »Ihr seid so edel und hold und züchtig, daß ich glaube, Euch im Angesichte Eurer Tugend alles, was mein Herz erfüllt, ohne Angst vor Eurem Zorn sagen zu dürfen.«[36] Weil sie dem gleichen Stand angehören, weiß die Frau, daß der Mann nicht nur seinen eigenen Status zu steigern versucht, indem er sie verführt.

Wenn all seine Empfehlungen nichts fruchten, bietet Capellanus noch einige Taktiken für den Notfall:

*Befiehl dich ihrer Gnade an.* Sein Mustersatz: »Ihr allein seid der Anlaß meiner Qualen; Ihr allein aber könnt mich auch vor dem Todesweh retten.«[37]

*Du kannst mich nie loswerden.* Sage ihr: Ich werde nie aufhören, Euch zu dienen, egal wie Ihr Euch entscheidet.

*Werfe ihr vor, sie sei ein kaltblütiger Killer.* Capellanus empfiehlt, ihr zu sagen: Wenn Ihr mich wegschickt, werde ich sterben, und damit werdet Ihr zur Mörderin.

Ein Fehler in Capellanus' Logik besteht darin, daß er die Empfänglichkeit für Schmeicheleien allein vom gesellschaftlichen Status der Frau, nicht von ihrer Persönlichkeit abhängig macht. Der Status mag tatsächlich eine Rolle spielen, aber sicherlich keine so große wie das Selbstbewußtsein. Eine unsichere Gräfin könnte empfänglicher für Komplimente sein als eine selbstbewußte Stallmagd.

Meine Frau und ich diskutieren immer wieder darüber, ob die Troubadours oder irgend jemand sonst die romantische Liebe und die romantische Schmeichelei wirklich erfunden haben oder nicht. Der Streit verläuft meist so: Ich bestehe darauf, daß wir fast alles, was wir über romantische Liebe denken und glauben, aus der Volkskultur lernen. Sie nickt inzwischen nur noch genervt, wenn ich wieder einmal prätentiös La Rochefoucauld zum Thema zitiere: »Wenige Menschen wären verliebt, wenn sie niemals von Liebe hätten reden hören.«[38] Ihrer Ansicht nach spiegeln die volkstümlichen Liebesbilder angeborene romantische Gefühle wider. Klischees, so sagt sie, haben ihren Grund – sie haben sich aus den natürlichen, angeborenen Gefühlen entwickelt, die alle menschlichen Wesen haben. Bei unserer fortgesetzten Debatte darüber, was denn nun zuerst da war, das Gefühl oder seine Beschreibung, gewinnt sie im allgemeinen. (Ich weiß nämlich ganz genau, daß man in einer Ehe auf lange Sicht verliert, wenn man darauf besteht, sich bei einem Streit kurzfristig durchzusetzen.)

Die meisten Menschen glauben wohl, daß die Idee der romantischen Liebe in ziemlich gleicher Form wie heute schon immer existierte, seit es Männer und Frauen gibt. Für mich ist das der fundamentalistischen Einstellung zur Bibel nicht unähnlich – daß nämlich alles in ihr buchstäblich wahr ist und das Wesen des Glaubens sich nicht ein Jota geändert hat, seit die Worte aufgeschrieben wurden. Ich denke, daß viele von uns diese Vorstellung über die Liebe teilen – daß sie immer dieselbe gewesen ist, heute wie vor tausend oder zehntausend Jahren, daß sie etwas Grundlegendes, Unteilbares, Unveränderbares ist.

Als kleiner Junge sah ich samstags morgens immer eine Zeichentrickserie, die am Hofe des Königs Artus spielte. Dort kämpften die Ritter im Turnier, während ihre Damen zuschauten. Jede Episode zeigte einen Ritter, der einen Sieg auf einem Schlachtfeld errang und dann seine Dame auf dem Feld der Liebe für sich gewann. Ich erinnere mich, daß ich in der Schule immer nur Ritter zu Pferde zeichnete, immer und immer wieder, teilweise weil ich noch im Schlaf einen Umriß zeichnen konnte, der tatsächlich wie ein Ritter zu Pferde aussah.

Später dann guckte ich mit Begeisterung eine Serie im Fernsehen, in der die Hauptfigur ein Junge namens Andy Hardy war. In beinahe jeder Folge gibt es eine Szene etwa in der Mitte der Handlung, bei der die Familie Hardy um den schön gedeckten Abendbrottisch sitzt. Andy wirkt niedergeschlagen, starrt auf seinen Teller und schiebt die Bratkartoffeln lustlos mit seiner Gabel darauf herum. Dann sagt jemand irgend etwas ziemlich Banales, und er schluchzt erstickt auf und stürmt aus dem Eßzimmer. Sein Vater sagt dann zu Mrs. Hardy: »Was zum Teufel ist in den Jungen gefahren? Er hat sein Essen nicht angerührt. Er ist blaß. Er schläft nicht. Er träumt vor sich hin wie eine kranke Kuh.« Mrs. Hardy lächelt mitfühlend und sagt: »Siehst du nicht, daß der Junge verliebt ist?«[39]

Mr. Hardys Beschreibung von Andys Verhalten ist eine Drehbuchbeschreibung des unglücklich Liebenden in den Gedichten der Minnesänger. Meine Frau würde wahrscheinlich sagen, das es einen natürlichen physiologischen Grund dafür gibt, daß junge Männer blaß werden und nichts essen, wenn sie verliebt sind, aber ich bin mir da nicht so sicher. Durch diese und andere Serien in den fünfziger Jahren und natürlich durch die Familienserien Mitte der sechziger Jahre lernte ich nicht nur, daß junge Männer blaß werden, wenn sie verliebt sind, sondern daß Schwärmereien unglücklich machen, daß Jungs in der Nähe von Mädchen, die sie mögen, schüchtern sind, daß ein junger Mann einem Mädchen Blumen mitbringen sollte und daß er ihr sagen sollte, wie hübsch sie ist. Ich erlernte die rudimentären Reste des Liebesdienstes nicht von meinen Klassenkameraden oder in meiner Familie oder aus eigener Erfahrung, sondern aus dem Fernsehen und dem Kino.

Die Technik hat einen Aspekt dieser Form romantischer Erziehung verändert. Als Junge ging ich einmal ins Kino, um mir *The Sound of Music* anzusehen. Ich verinnerlichte die Botschaft, daß Freiheit und Liebe eng miteinander verbunden und die Nazis schlecht sind. Als der Film schließlich ins Fernsehen kam und als eine Art nationales Ereignis gefeiert wurde, sah ich ihn wahrscheinlich drei- oder viermal als Jugendlicher. Eine ziemlich gute Quote. Aber heute, im Zeitalter des Videorecorders, sehen Kinder die Filme und Märchen, die sie mögen, zwanzig-, dreißig-, vierzigmal. Meine neunjährige Nichte hat *Cinderella* mit seiner Moral, daß alle Mädchen einen Prinzen heiraten und damit alle Probleme des Lebens lösen werden, fünfunddreißigmal gesehen. Sie hat *Der König der Löwen* mit seiner Moral, daß alle Mädchen einen Prinzen heiraten und damit alle Probleme des Lebens lösen werden, zwanzigmal gesehen. Sie hat *Schneewittchen* mit seiner Moral, daß alle Mädchen einen Prinzen heiraten und damit alle Probleme des Lebens lösen werden, mindestens fünfzehnmal gesehen.

Ich glaube, daß das, was Teenager über die romantische Liebe lernen, immer noch auf den Prinzipien der höfischen Liebe und des Minnesangs basiert. Hier ist eine Beschreibung der höfischen Liebesbeziehung von der Historikerin Barbara Tuchman: »Die Liebesaffäre verlief von der Anbetung durch eine Erklärung leidenschaftlicher Hingabe über die entschiedene Ablehnung durch die Dame, erneutes Werben mit ewigen Treueschwüren, tapferen Heldentaten, durch deren Kühnheit das Herz der Dame gewonnen wurde, den Vollzug der heimlichen Liebe, gefolgt von endlosen Abenteuern und Ausflüchten bis hin zu einem tragischen Ende.«

Wenn man vom wissenschaftlichen Satzbau einmal absieht, könnte dies auch die Inhaltsbeschreibung auf der Videokassette des Films *Titanic* sein, des erfolgreichsten Films aller Zeiten, gesehen von Abermillionen von jungen Leuten überall auf der Welt, von Millionen weiblicher Teenager, die jeweils mehr als ein Dutzend Mal hineingegangen sind – der, wie ich schätzen würde, absolut wichtigste Einfluß auf die Konzeption der romantischen Liebe unter jungen Menschen in den letzten fünfundzwanzig

Jahren, und außerdem noch eine vollkommene Illustration all jener Lehren der höfischen Liebe, der Minnedichtung und der romantischen Schmeichelei, die sie verbreiteten.

Der Film soll zeigen, daß es eine Aristokratie der Leidenschaft gibt, daß opernhafte romantische Liebe das Nonplusultra an Erfahrung ist, und daß jeder, dem diese Erfahrung fehlt, ein bemitleidenswertes Leben führt. De Rougemonts Zusammenfassung der höfischen Liebe (»Wer mit Leidenschaft liebt, hat Zugang zu einer höheren Menschheit, wo die sozialen Schranken schwinden«[40]) könnte der Untertitel des Filmposters sein.

Wenn wir den jungen Jack Dawson (Leonardo DiCaprio) am Anfang des Films kennenlernen, ist er das vollkommene Modell des modernen Minnesängers. Er wird im Drehbuch des Films als »Herumtreiber« beschrieben, als »Bohemien« und »Künstler«. Und obwohl er arm und landlos ist wie viele der jungen Ritter, die sich als Troubadours versuchten, hat er offenbar eine edle Seele und ist ein Aristokrat des Herzens.

Als Jack Rose DeWitt Bukater (Kate Winslet) zum ersten Mal sieht, trägt sie ein gelbes Kleid und weiße Handschuhe und blickt starr in die Ferne. In der Grammatik der Filmlogik wissen wir, daß Jack in dem Moment, indem er sie sieht, eine Liebe auf den ersten Blick erlebt. Wir wissen, daß Jack verloren ist, noch bevor er es weiß: Dies ist die einzige, ewige wahre Liebe seines Lebens – oder zumindest der nächsten zweieinhalb Stunden.

Während Jack sie von den unteren Decks aus anstarrt (sie steht natürlich auf dem Oberdeck, wie wir uns auch die adligen Damen des 12. Jahrhunderts auf ihren Balkonen vorstellen können, unter denen dann die höfischen Liebhaber auf Knien schmachteten), sehen seine Kumpels und auch er ihren jungen, reichen und arroganten Verlobten Cal, der von hinten zu ihr herantritt und ihren Arm nimmt. Es scheint so, wie Jacks Freund Tommy zu ihm sagt: »Vergiß es, Junge. Eher wachsen dir Flügel, als daß du an Frauen wie sie rankommst.«

Aber als Kinobesucher am Ende des 20. Jahrhunderts wissen wir, daß die reiche Erbin sich ebenso in den Hilfskellner verlieben kann wie der Millionär in das Blumenmädchen – oder die Hure. Wir wissen, daß Armut und Reichtum die wahre Liebe nur eine Zeitlang aufhalten, sie aber nicht verhindern können.

Jack und Rose sprechen zum ersten Mal miteinander, als er sie am Bug des Schiffes stehen sieht. Rose will in den kalten Atlantik springen, und ohne Zögern ist Jack bereit, ihr nachzutauchen. Sein Handeln bestätigt nur, was wir schon über ihn wissen: Daß er bereit wäre, für seine wahre Liebe zu sterben.

Rose erzählt ihm, daß es nichts werden kann mit ihnen beiden – aber Jack akzeptiert kein Nein als Antwort. Die Liebe setzt sich über die Logik hinweg. Die Troubadours hatten die Leidenschaft als höchstes Gut über die Logik gestellt. Und das ist sicher auch Jacks Meinung. Seine Leidenschaft ist stärker ...

Als Jack Rose schließlich findet, sagt sie ihm: »Jack, es ist einfach unmöglich. Wir dürfen uns nicht mehr sehen.« Jack antwortet:

*Rose, Sie sind nicht gerade einfach. Ehrlich gesagt, sind Sie sogar ein kleines verwöhntes Mädchen. Aber hinter dieser Fassade steckt das umwerfendste, hinreißendste und wundervollste Mädchen – Frau, die mir jemals begegnet ist.*

Die Troubadours hätten es nicht besser ausdrücken können.

Jacks Ansprache könnte die zeitgemäße Version eines Capellanus-Dialogs sein, etwa unter der Überschrift: »Gespräch eines Bürgers mit einer Rittersfrau«. Jack ist den Ratschlägen des fränkischen Kaplans in allem gefolgt. »Wenn die adlige Frau aber klug, wohlgebildet ist, dann hüte er sich, sie allzusehr zu loben. Allzugroße Lobeserhebungen werden sie zu der Meinung bringen, er verfüge nicht über volle Redegewandtheit, nahe ihr mit falscher Speichelleckerei und halte sie für einfältig.« Jack tut das nicht. Er würzt sein Lob mit ein bißchen Realität, erklärt ihr, sie sei »nicht gerade einfach«, und ein »kleines verwöhntes Mädchen«, bevor er sie als »hinreißend« bezeichnet. Er gewinnt ihr Vertrauen mit ein wenig Offenheit.

Sie ist verwirrt, und er sagt:

*Ich bin kein Idiot, ich weiß, wie es auf der Welt zugeht. Ich habe läppische 10 Dollar in meiner Tasche und nichts, was ich Ihnen bieten könnte, und das weiß ich auch.*

*Darüber bin ich mir im klaren. Aber jetzt gehen Sie mich was an; wenn Sie springen, dann spring ich auch, wissen Sie noch? Ich kann nicht einfach gehen, ohne zu wissen, daß es Ihnen gut geht.*

Wieder folgt Jack Capellanus, der dem bürgerlichen Liebhaber rät, sich der Gnade der Adligen zu unterwerfen. Sie wird geschmeichelt sein, weil sie soviel Macht hat. »Ihr allein seid der Anlaß meiner Qualen; Ihr allein aber könnt mich auch vor dem Todesweh retten.«

Rose läßt sich schließlich mit Jack ein, und in der Szene, bevor sie ihre Liebe vollziehen, zeichnet Jack sie mit dem Stift, wie die Troubadours ihre Damen mit Worten zeichneten. Und Jacks Bild ist genauso unpersönlich und klischeehaft wie die Gedichte der Minnesänger. Ihre Haut ist, wie wir alle sehen, so hell wie Schnee.

Als das Schiff schließlich untergeht und die Menschen sich zu retten versuchen, sieht Cal, daß Rose bei Jack bleiben wird. Cal sagt zu ihr: »Wo willst du hin? Zu ihm? Um die Hure einer Kanalratte zu werden?«

Rose antwortet: »Lieber bin ich seine Hure als deine Frau.«

Genau die richtige Antwort! Untreue Liebe ist die einzige wahrhaft leidenschaftliche Liebe. Natürlich wäre sie lieber Jacks Hure als Cals Frau – denn hier liegt die wahre Leidenschaft.

Und dann rettet Jack ihr draußen auf dem Meer tatsächlich das Leben, indem er sich selbst opfert. So etwas tun Troubadours nur in ihren Liedern, aber natürlich ist dies ein Film, und so etwas gehört einfach dazu. Er stirbt mit dem schönsten Kompliment auf den Lippen: »Die Fahrt auf der *Titanic* war das beste, was mir je passiert ist.«

Das ist die ultimative romantische Schmeichelei.

Kapitel 6

# Der Schmeichelratgeber des Höflings

## Das Einmaleins des sozialen Aufstiegs

Fürstenhöfe hat es in der einen oder anderen Form immer gegeben. Man kann sie bei den Schimpansen finden, im Alten Testament, im alten Ägypten, bei Microsoft – wo immer es einen König, einen Häuptling, ein »hohes Tier«, einen Anführer, einen Boß gibt, der Macht hat, bildet sich um ihn herum ein Hof aus jenen, die an dieser Macht und diesem Prestige teilhaben wollen. Den Höhepunkt des höfischen Lebens im Westen bildete die Renaissance, die Zeit etwa vom 15. bis zum 18. Jahrhundert, vor allem in Frankreich, Italien, Deutschland und England. Es war eine Zeit, in der Könige und Königinnen oft über unumschränkte Macht verfügten. Und wenn absolute Macht absolute Korruption hervorruft, so zu einem guten Teil durch den Hof, der den Herrscher umgibt. Sind Höflinge an einem solchen Hof einem solchen Herrscher verpflichtet? Absolut!

Das Streben der Männer – und Frauen – bei Hofe war auf Macht, Privilegien und Status ausgerichtet. Die Großen wie die Kleinen, die Adligen wie die nicht ganz so Adligen, der älteste und ehrwürdigste Herzog wie der jüngste Sohn des bescheidensten Landedelmanns kannten nur dieses eine Ziel. Jeder von ihnen stand auf einer anderen, sich ständig verändernden Stufe der Hierarchieleiter, und ganz oben stand der König oder die Königin.

Höfe waren große Radfahrerketten. Höflinge buckelten nach oben und traten nach unten. Höfe waren eine vor allem vertikal angelegte Hierarchie mit Auf- und Abstiegsmöglichkeiten. Kurz gesagt, es gab oben immer einen Arsch zu küssen und unten immer jemanden, der einem selbst den Arsch küßte. Es sei denn, man war der König, der nur zu Gott empor und auf alle anderen herabblickte.

Höfe waren für den Außenstehenden kaum zu durchschauen. Ein Fürstenhof war ein Bezirk ohne Fenster, ein Ort ohne Zugang. Er war ein Gebiet mit Codes und Ritualen, mit seltsamen Umgangsformen, verfeinerten Sitten und mit einer abstrusen Sprache. Höfe galten als undurchdringlich – und das war gewollt. Ihre Komplexität war gewollt, sie sollte den Eindringling abschrecken. (Die niedrigsten Angehörigen des Hofes, die Bürokraten der Renaissance, genossen es, gegenüber Außenstehenden möglichst undurchschaubar und kryptisch zu agieren. Diejenigen, die sich ihres Platzes am wenigsten sicher sind, wachen immer besonders eifersüchtig darüber.) Im Grunde war es ein gemeiner Trick: Man konnte diesen Höfen nur angehören, wenn man ihr ausgefeiltes Regelwerk beherrschte, aber man konnte die Regeln auch nur kennen, wenn man dazugehörte.

Die Insider beherrschten die Regeln der Etikette so selbstverständlich, wie man sich heute mit den wichtigsten Gesetzen auskennt. Jeder wußte, welches Benehmen man von ihm erwartete. Sie agierten nach Konventionen, die durch die Tradition geprägt, durch Bräuche vorgeschrieben und durch den eigenen inneren Druck noch in ihrer Geltung verstärkt wurden.

Höflinge hatten Erfolg, wie Daniel Javitch, der sich viel mit der Renaissance beschäftigt hat, schreibt, weil sie ihr Benehmen auf »die Anforderungen des Renaissance-Despotismus« zuschnitten.[1] Der Höfling wußte, daß der Fürst ein absolutes Regiment führte und daß er, der Höfling, völlig von der Gunst seines Herrn abhing. Für Castiglione, den großen Ratgeber zu allen Bereichen des höfischen Lebens aus dem Anfang des 16. Jahrhunderts, war die Beziehung des Hofmannes zum Fürsten nicht viel anders als die Abrahams zu Jahwe – wenn der König ihn aufforderte, seinen Erstgeborenen zu opfern, war die einzig mögliche Antwort: »Wann, Herr?«

Die meisten Kontakte zwischen König und Gefolgsmann waren weniger spektakulär und weniger direkt. »Transaktionen mit einem despotischen Herrscher«, so schreibt Javitch, »erfordern einschmeichelnde List.«[2] Einschmeichelnde List, oder vielleicht eher listige Schmeichelei, war das Lebenselixir des Höflings. Unverhüllte Wahrheiten mußten um jeden Preis vermieden werden.

In *La Civile Conversatione* aus dem Jahr 1574 schreibt Stefano Guazzo vom Hofleben: »Im allgemeinen wird den Höheren von den Niedrigeren geschmeichelt, und je reicher sie sind, desto stärker sind sie von Schmeichlern umgeben, die sich immer dorthin wenden, wo Nutzen einzufahren ist.«[3] Guazzos Beschreibung ist eine nützliche Definition der Schmeichelei im allgemeinen – ihrer strategischen Dimension (»wo Nutzen einzufahren ist«) – und der höfischen Schmeichelei im besonderen. Das Ziel der Anwesenheit bei Hofe war das eigene Vorwärtskommen, und das dazu nötige Mittel war die Kriecherei, sei sie nun mit hinterhältigem Betrug verbunden oder nicht.

Der Höfling war der Nachfolger des mittelalterlichen Ritters. Die Bühne des Ritters war das Schlachtfeld, das Schlachtfeld des Hofmannes der Salon. Der Ritter war vor allem Kämpfer, der Hofmann mußte alles mögliche sein: Gentleman, Dichter, koketter Schwärmer und guter Tänzer.

Die Aufgabe des Hofmannes bestand darin, im Ansehen der anderen zu steigen, seine Reputation wachsen zu lassen. Eine Möglichkeit dazu war das Umschmeicheln derjenigen, die über seinen Wert urteilten. George Puttenham hat es in *The Arte of English Poesie* (1589) meisterhaft ausgedrückt: der »Beruf eines echten Höflings ist in schlichten Worten einfach, listig zur Heuchelei fähig zu sein«.[4] *Listig zur Heuchelei fähig zu sein* war vielleicht die nützlichste und wesentlichste Fähigkeit des Hofmannes. Und seine Ansichten über diejenigen, die über ihm standen, gehörten zu den Dingen, über die er klugerweise einen Mantel der Heuchelei breitete.

## Die Eingeweihten bei Hofe

In der Renaissance haben uns einige Höflinge durch ihre Schriften einen kurzen Einblick in das geheime Leben bei Hofe gegeben. Diese Bücher, die als Hofliteratur bekannt wurden, waren eine Art Memoiren plus Handbuch, eine Zusammenfassung all dessen, was der Höfling über das richtige Auftreten in der Gesellschaft gelernt hatte.

Diese Texte wurden von der Elite für die Elite geschrieben, um die geheimen Riffe und Untiefen bei Hofe zu umschiffen, doch erwiesen sie sich auch in den Händen der ehrgeizigen Aufsteiger als nützliches Instrument. Sie wurden als epideiktische Literatur geschrieben – als Prahlerei. Die Autoren waren in einem gewissen Sinne Angeber; sie wollten zeigen, wie klug und erfolgreich sie waren. Statt dessen aber wurden diese Bücher zu Führern beim Aufstieg auf der schlüpfrigen Leiter, zu Lehrstücken für ehrgeizige Höflinge.

Die Hofliteratur der Renaissance blühte zu einer Zeit, in der sich der Hof von einem Mittelpunkt erstarrter Hierarchien zu einem Ort sozialer Mobilität wandelte. Damals wurde auch die Literatur bei Hofe von einem Spiegel des Status quo zu einem Werkzeug der gesellschaftlichen Veränderung. Montaigne war nicht der einzige, der feststellte, daß die Schmeichelei bei Hofe blüht, wenn die Lage nicht die beste ist. In unsicheren Zeiten manifestiert sich diese Unsicherheit unter anderem in Scheinheiligkeit und Kriecherei. Schmeichelei, so sagte Montaigne, ist ein Unkraut, das in ungepflegten Gärten wuchert.[5]

Die Hofliteratur wucherte im »Jahrhundert der Mobilität«[6], wie der Historiker Lawrence Stone es nannte, also zwischen 1540 und 1640. Stone spricht vor allem von England, wo es, wie er sagte, eine »seismische Erschütterung vorher nie dagewesener Stärke« gab. Aber dieses Beben erschütterte auch den Kontinent. In England wurde es vor allem durch Veränderungen verstärkt, die zuerst in Italien und Frankreich aufgetreten waren. Der Druck der Reformation, der Humanismus in Europa und die Vertreibung der katholischen Kirche aus England schufen Freiräume für Ehrgeizige.[7] Überall war eine gewisse Ruhelosigkeit zu spüren. Es war ein Zeitalter des sozialen Aufstiegs.

Heinrich VIII. öffnete dem landbesitzenden niederen Adel die Tore des Hofes. Seine Nachfolgerin Elisabeth sah sich, wie Stone es ausdrückt, einer »Horde ehrgeiziger Aufsteiger« gegenüber. Sie herrschte über eine Elite, die von einer wachsenden oberen Mittelschicht immer stärker bedrängt wurde. In einem modernen Staat stieg der Bedarf an einer gut ausgebildeten Regierungskaste, die Königin und Land diente. Unter Elisabeth wuchs die Oberschicht um das Dreifache, während die Bevölkerung allgemein sich nur verdoppelte. Die Zahl der Barone und Ritter nahm von 500 auf 1400 zu. Diese »Adelsinflation« war an sich schon eine Form der gesellschaftlichen Schmeichelei.

Der alteingesessene Adel sah sich bedroht. Die Höfe waren umlagert von Bewerbern. Legionen jüngerer Nachkommen des Adels, Scharen des niederen Landadels – sie alle waren angetreten, die Zinnen des Hofes zu erklimmen. Dieser Druck und die schiere Zahl der antretenden Hofleute veränderten den Wert der Stellung bei Hofe. Wie Frank Whigham es ausdrückt: »Zu viele Bewerber im Kampf um zu wenige Auszeichnungen ließen die Kosten steigen und minderten den Wert.«[8] In den Augen der Aristokratie entwertete die Quantität die Qualität.

Der Bedarf an einer gebildeten Regierungsschicht ließ den Wert der Bildung wachsen, und Bildung wurde zu einem Weg zu höherem Status. Beim Adel hatte die Universität lange mehr oder weniger als Schule für den letzten gesellschaftlichen Schliff gegolten oder als ein Ort, an dem die jüngeren Söhne sich die Zeit vertreiben konnten. Jetzt aber wurde sie zu einer Art Berufsschule des aufstrebenden Landadels. Anfang des 17. Jahrhunderts bildete sich aus den Scharen von Universitätsabsolventen eine drängelnde Armee junger Männer, die sich alle ihren Vortritt sichern wollten.

Die Vorstellung, daß bei Hofe jetzt Verdienst ebensoviel gelten sollte wie Herkunft, erscheint uns heute eigentlich nur fair. Bei den Adligen der Renaissance war das ganz anders. In ihren Augen war das eindeutig unfair. Sie waren in ein System hineingeboren worden, in dem Geburt das Höchste aller Dinge war, und jetzt war plötzlich alles anders. Sie hatten nach dem einen festen Regelwerk gelebt, und das wurde jetzt einfach umgeworfen. Der neue Standard lautete: *Esse sequitur operare* – das Verhalten schafft die Grundlage für die Identität.

Überall war Wandel. Das schürte Angst bei den einen, Hoffnung bei einigen wenigen, Verwirrung bei der großen Masse. Sir Thomas Wyatt verurteilte die »neue Mode«,[9] wie er es nannte. Der englische Dichter Gabriel Harvey beklagte sich bei seinem Freund Sir Edmund Spenser darüber, daß alles so schäbig geworden sei. »In keinem Zeitalter«, schrieb er, »macht man so viel Aufhebens um so wenig, hält jeder so viel von sich selbst und glaubt, daß das Geld aller anderen nicht so gut sei wie das eigene.« Überall, so sagt er, sieht er Esel im Löwenfell, und überall spürt er Neid, »die Krätze des verletzten Selbstwertgefühls«.[10]

Der Wandel im Statusdenken bei Hofe – von einer rein herkunftsbestimmten Hierarchie zu einer zumindest teilweise auch vom Handeln und von Leistungen abhängigen Ordnung – spiegelte den Aufstieg des Individualismus in der Renaissance wider und förderte ihn gleichzeitig. Tugend und Status waren nicht länger einfach durch die Geburt festgelegt, sondern durch das Verhalten des einzelnen. Aber bald eröffnete sich auch eine weitere Möglichkeit: das Vortäuschen falscher Tatsachen.

Nur weil sich die Identität jetzt aus dem Verhalten bildete, hieß das noch lange nicht, daß dieses Verhalten nachprüfbar war. Es war ebenso wichtig, in einer gewissen Weise aufzutreten. *Esse quam videri* war das Motto der Alten gewesen – mehr sein als scheinen. In der Renaissance jedoch drehte sich die Formel um: Der Schein war oft genauso wichtig wie das Sein. Und die großen Ratgeber des Scheins fanden sich in der Hofliteratur.

Ein Edelmann war einst ein ziemlich klar definierbares Wesen. Edelleute konnten sofort erkennen, wer zu ihrem Kreis gehörte und wer nicht. Wer nicht dazugehörte, wußte das normalerweise ebenfalls sofort. Wie man aber zum Edelmann wurde, war eine andere Sache. Es war eine Art Geheimgesellschaft, deren Regeln – wie man sich mit einer Dame beim Tee unterhielt, wie man sich bei Hofe verbeugte – den Nichtmitgliedern verborgen blieben. Castigliones *Hofmann* versuchte genau zu erklären und zu definieren, wer oder was denn nun ein Edelmann war. Mit dem Castiglione in der Hand konnte man sich in einen gefragten Artikel, in ein einigermaßen glaubwürdiges Faksimile eines Edelmanns verwandeln.

Zwischen 1500 und 1800 entstanden Tausende Hofhandbücher, die von Zehntausenden Lesern gierig verschlungen wurden. Das Genre war an sich nicht neu. Es geht auf die Sinnsprüche und Beispielsammlungen eines Aristoteles, Quintilian oder Mark Aurel zurück.

Hofbreviere wurden wohl auch geschrieben, um die hohen Hürden des Zutritts bei Hofe zu verteidigen, boten aber statt dessen einen Schleichweg um diese Hürden herum. Sie öffneten Zugänge und Einblicke, offenbarten Uneingeweihten die Regeln. Diese Bücher lieferten genau zu der Zeit einen Schlüssel, als mehr und mehr Menschen Einlaß begehrten. Sie boten eine Leiter für die neuen Heerscharen der sozialen Aufsteiger. Wenn das Individuum die große Leistung der Renaissance war, so waren die Hofbreviere die Ratgeber dazu – »Wie werde ich eine Persönlichkeit«.

Ursprünglich war die Hofliteratur als exklusive Literatur konzipiert. Sie sammelte die Spielregeln für Insider und war als schmückendes Beiwerk für die Menschen am Hofe gedacht, nicht als Führer für Außenstehende. Die Regeln sollten natürlich vor der Allgemeinheit verborgen bleiben wie eine Art Geheimcode. Einige Zeitgenossen Castigliones glaubten sogar, *Der Hofmann* werde den Menschen am Hofe helfen, Hochstapler auffliegen zu lassen. Tatsächlich aber hatte das Buch eine gegensätzliche Wirkung. Es wurde zu einem Handbuch der Mobilität. In der Hofliteratur fanden soziale Aufsteiger ein »Repertoire der Strategien«, wie es der Gelehrte Kenneth Burke ausdrückte.[11]

Die Hofliteratur fachte den Ehrgeiz an. Die Bücher, mit denen wir uns beschäftigen werden, angefangen bei Castigliones *Hofmann*, aber auch Machiavellis *Fürst* und später die Arbeiten von Chesterfield, Bacon und Montaigne, waren Bestseller. Die Ratgeberecke der Renaissance-Buchhandlung war die bei weitem beliebteste des ganzen Ladens. Die Hofliteratur spiegelte auch das Interesse der Renaissance an einer Unterscheidung zwischen Lob und Schmeichelei wider. Lob, selbst Eigenlob, war okay, aber niemand wollte als Fürsprecher der Schmeichelei oder gar als Schmeichler gelten. Schmeichelei wurde als *die* höfische Heimsuchung schlechthin betrachtet. In *La Civile Conversatione* fragte sich Guazzo, ob es für einen Menschen wohl besser wäre, als Tier wiedergeboren zu werden, weil es sich in der Gesellschaft »nicht auszahlt, tugendhaft, edel oder kühn zu sein, weil der Schmeichler den ersten Rang einnimmt, den zweiten der Verleumder, und der Verräter und treulose Mensch den dritten«.[12] Alle verdammten die Schmeichelei routiniert, selbst wenn sie ihren Nutzen verteidigten. So wie der machiavellistischste Politiker eben der ist, der Machiavelli öffentlich verurteilt und heimlich seine Strategien anwendet, so hat auch die Schmeichelei dann die größte Wirkung, wenn man sie verurteilt, während man sie einsetzt.

## Die Kunst, die Schmeichelei zu tarnen

Wenn es um Hofbreviere der Renaissance geht, war Castigliones *Il Cortegiano – Der Hofmann* – die Bibel der Ratgeber, der grundlegende Text. Das Werk wurde 1528 zum ersten Mal veröffentlicht und war einer der großen Bucherfolge der Renaissance. Nur wenige Jahre nach der Veröffentlichung in Italien war es schon ins Spanische, Französische, Englische, Deutsche und Lateinische übersetzt. Und es wurde in der Renaissance häufiger aufgelegt als jedes andere weltliche Werk.

Hundertfünfzig Jahre lang beeinflußte es die höfischen, diplomatischen und eleganten Sitten überall in Europa.[13] Niemand sagte: »Nach Castiglione muß man das so und so machen«, aber bestimmt hatten viele diesen Gedanken im Hinterkopf. In England las Cromwell das Buch ebenso wie Richard Burton, Francis Bacon und Sir Philip Sydney. Shakespeare kannte es sicher.

*Il Cortegiano* war die grundlegende Lektüre jedes Adligen in der Renaissance.[14] Aber Castigliones Buch hatte eine zweite und wichtigere Leserschaft. Das Buch kam heraus, als die Leihbüchereien aufkamen, und dort wurde das Buch ausgeliehen und von Kaufleuten und Anwälten wie von jungen Männern auf der Suche nach ein bißchen zusätzlichem Schliff verschlungen. Für sie war das Buch kein schmückendes Beiwerk auf dem Bücherregal, sondern der ultimative Ratgeber. In den heute erhaltenen Ausgaben sind die Abschnitte über das Tanzen und das Reiten besonders häufig unterstrichen und mit Anmerkungen versehen.

In einem gewissen Sinne allerdings schrieb Castiglione auch eine Art Autobiographie, denn er selbst war das tugendhafte Idealbild des Gefolgsmanns, über den er schrieb. Als Sohn einer Adelsfamilie in Mantua geboren, war er Diplomat, Dichter, Gelehrter und Soldat, der Archetyp des *uomo universale,* des Renaissancemenschen. Castiglione war sein Leben lang Höfling, seine Fürsten waren allesamt absolute Herrscher. Schon früh trat er in den Dienst der Markgrafen von Mantua. Dann diente er ein Dutzend Jahre in Urbino, bis er zusammen mit seinen Herren von den Truppen des Papstes Leo X. aus der Stadt vertrieben wurde. Derselbe Papst aber betraute ihn dann mit dem Amt des päpstlichen Nuntius in Spanien. Man sagt, daß Kaiser Karl I. Castiglione für den vollkommenen Hofmann hielt. Raffaels Porträt von Castiglione, gemalt im Jahr 1516, zeigt einen schlanken, eleganten Mann, der den Betrachter direkt anschaut. Er wirkt formell, aber nicht zu steif, selbstbewußt, aber nicht egoistisch. Im Grunde war er ein furchtbarer Snob.

Während Machiavelli für den Fürsten selbst schrieb, wandte sich Castiglione an diejenigen, die dem Fürsten dienten. Er gibt nicht vor, für den Fürsten oder gar zu ihm zu sprechen. Castiglione ist nirgends auch nur im entferntesten so berechnend pragmatisch wie seine Landsleute. Er ist eine Art idealistischer Pragmatiker, der sich oft selbst in die Tasche lügt. Selbst dort, wo er abgebrüht pragmatisch oder sogar opportunistisch argumentiert, überzieht er das Ganze noch mit dem Glanz des Idealismus. Die Schwierigkeit beim Lesen dieses Buches besteht darin, daß Castiglione zwar weise, aber nicht selbstsicher ist.

Das Buch besteht aus einer Reihe von abendlichen Gesprächen innerhalb einer Gruppe von Adligen an einem Hofe. Das Gespräch ist mal unterhaltend, mal belehrend, mal amüsant und mal ermüdend. Für Castiglione ist es eine Art »Schlüsselratgeber«, in dem wie in einem Schlüsselroman jede Rolle nach einem Bekannten von ihm modelliert war. Jeder Sprecher liefert einen anderen Aspekt von Castigliones Weltsicht.

Der Höfling, davon geht er aus, hat nur ein einziges Ziel: dem Fürsten zu gefallen. Aber Castiglione hat eine höhere Meinung von seinem vollkommenen Höfling als sein der Phantasie entsprungener Fürst, und die Arbeit bei Hofe erfordert durchaus Fingerspitzengefühl. Ja, er muß dem Fürsten gefallen, aber ohne sich selbst zu erniedrigen.

»Nach meinem Dafürhalten ist der Verkehr, worauf der Hofmann die meiste Mühe verwenden soll, um ihn angenehm zu gestalten, der mit seinem Fürsten«, läßt Castiglione sein Alter Ego Federico sagen. Der Höfling, so fährt Federico fort, sollte bestrebt sein, »den Fürsten, dem er dient, mit ganzem Herzen und über alles in der Welt zu lieben, ihn gleichsam anzubeten und nach seinem Gefallen alle eigenen Wünsche, Sitten und Gewohnheiten einzurichten«.[15]

Diese Beschreibung der *raison d'être* des Höflings provozierte eine beißende Antwort des Pietro da Napoli, eines Adligen aus Castigliones Runde. »Von dieser Gattung sind die Hofleute heutzutage allzu häufig«, sagt er, »nach meiner Meinung habt Ihr mit den paar Worten einen richtigen Schmeichler gezeichnet.«[16]

Federico protestiert gegen diese Bemerkung: »Ihr täuscht euch. Denn die Schmeichler hegen weder für ihren Fürsten noch für ihre Freunde Liebe, die ich doch am Hofmann in erster Linie verlange; jemand gefallen und seinen Wünschen nachkommen kann man auch ohne Schmeichelei, meine ich doch nur billige und ehrenhafte Wünsche.« Ah ja. Für Castiglione ist es der Hofmann, der entscheiden muß, was Schmeichelei und was einfach vernünftig ist und deshalb Lob verdient. Dem Fürsten kann man da nicht vertrauen.

Federico/Castiglione bemüht sich noch weiter, den Vorwurf, sein Höfling sei ein Schmeichler, zu entkräften, aber unbewußt gräbt er sich seine Grube immer tiefer. Der Höfling, so sagt er, soll seinem Herrn angenehm sein. »Das wird ihm gelingen, wenn er das seinem Herrn Gefällige mit Scharfsinn erkennt, sich mit Klugheit hineinfindet und es mit entschlossenem Willen durchführt, auch wenn es ihm persönlich vielleicht mißfällt. Beobachtet er eine solche Handlungsweise, wird es ihm nie beikommen, in Gegenwart des Fürsten eine traurige oder böse Miene aufzusetzen oder den Stummen zu spielen ... Auch tölpelhaften Dünkel wird unser Hofmann nicht verraten, ebenso sich vor langweiligem Geschwätz hüten, auch wird er nicht so ungeschickt sein, anstelle gefälliger Worte solche zu verwenden, die beleidigen müssen ... Er wird kein Plappermaul, Prahler oder Aufschneider, kein Lügner oder Schmeichler sein, sondern ein bescheidener und zurückhaltender Mann, und wird seinem Herrn immer, besonders in der Öffentlichkeit, Ehrfurcht und Achtung bezeigen, wie sie dem Diener ziemen.«[17] Wahnsinn! Ich bin froh, daß wir das endlich mal geklärt haben. Castiglione glaubt offenbar, daß sein Höfling einfach deshalb kein Schmeichler ist, weil er keiner sein will.

Die Ehrfurcht, von der Castiglione redet, ist eine Form von Schmeichelei, die Schmeichelei der Claqueure. Wenn der Höfling in der Nähe des Fürsten nie seine schlechte Laune zeigen darf, wenn er jede Grille des Fürsten hinnehmen, jede seiner Launen geduldig ertragen muß, dann ist das eine Art strategischer Ehrfurcht, die das moralische Gegenstück zur Schmeichelei bildet. Im Grunde unterscheidet Castiglione zwischen stilvollen Höflingen und stillosen Kriechern. »Man tadelt sie [die Fürsten] meiner Meinung nach ganz irrigerweise, wenn sie in ihrem Gemache nur Leute um sich sehen wollen, die sonst keinen anderen Wert haben, als ihnen nur ordentlich zu dienen, weil ich nicht einsehe, warum die Fürsten nicht dieselbe Freiheit, sich gehen zu lassen, haben sollten, die wir alle für uns beanspruchen.«[18] Sie dürfen Speichellecker um sich haben, die reflexhaft alles loben, die bestätigen, daß die Rülpser des Fürsten schöner sind als die Arien von Opernsängern. Der Unterschied liegt eigentlich nur im Stil.

## Die *Coolness* der Renaissance

Castiglione verdammt die Schmeichelei zumindest teilweise auch deshalb, weil sie eine gewisse Affektiertheit und Protzerei mit sich bringt. Er schreckt vor solchen Dingen immer zurück. Aber in seinen Ratschlägen an den vollkommenen Hofmann sagt er im Grunde: »Schmeichel dem Fürsten, aber mach es mit Eleganz. Mach es mit einem gewissen Stil, mach es mit *sprezzatura.*«

*Sprezzatura* ist Castigliones große Erfindung. Wir verstehen *sprezzatura* oft als »Nonchalance«, aber das ist eine zu stark umschreibende Definition. Der Höfling, so schreibt Castiglione, muß immer *sprezzatura* zeigen, die er als eine Art ungekünstelte Eleganz beschreibt, eine raffinierte Natürlichkeit, eine Meisterschaft, die ganz spontan wirkt. Kurz gesagt, es ist das, was wir manchmal »cool« nennen. »Ich habe nur ... eine Regel gefunden, die mir allgemein gültig zu sein scheint bei allen menschlichen Taten und Reden: Man muß jede Ziererei gleich einer spitzigen und gefährlichen Klippe vermeiden, und, um eine neue Wendung zu gebrauchen, eine gewisse Nachlässigkeit zur Schau tragen, die die angewandte Mühe verbirgt und alles, was man tut und spricht, als ohne die geringste Kunst und absichtslos hervorgebracht erscheinen läßt ... Daher kann man sagen, dort sei die wahre Kunst, wo man die Kunst nicht sieht, so daß es die Hauptsorge sein muß, sie zu verbergen.«[19]

*Sprezzatura* heißt, schwierige Dinge leicht aussehen zu lassen. *Sprezzatura* ist Fred Astaire, der mit einem Besenstiel tanzt, oder Picasso, der einen Minotaurus aufs Zeichenpapier wirft. Bei solchen Beispielen geht es um Menschen, die, wie Castiglione schreibt, »durch eine zwanglose Lässigkeit in Reden, Lachen und Gebärden die Meinung hervorrufen, als dächten sie an etwas ganz andres, ohne sich trotzdem je irren zu können.«[20] Dennoch setzen sie alle, wie Castiglione sagen würde, ihre Kunstfertigkeit ein, um die harte Arbeit zu verbergen, die alles so leicht aussehen läßt. Noel Coward sagte einmal, Frank Sinatra habe nie einen falschen Ton gesungen, aber das verdankte er ebenso der ständigen Übung wie seinem absoluten Gehör. Fred Astaire nervte seine Partnerinnen mit endlosen Proben, einfach nur damit alles so ganz improvisiert aussah. *Sprezzatura* war das Meisterstück des Höflings.

Castiglione benutzte noch ein weiteres Wort für diese Haltung, *disinvoltura,* eine Art Renaissance-*Coolness,* eine vornehme und leidenschaftslose Indifferenz, eine Art, sich die Fingernägel zu feilen, während die Welt untergeht. Sie sollen nie sehen, daß man schwitzt. *Sprezzatura* ist, was Humphrey Bogarts Rick in *Casablanca* an den Tag legt. Das heute bekannteste Zelluloid-Modell dieser Einstellung ist allerdings James Bond, der offenbar alles besser kann als alle anderen, ohne daß man je auch nur eine Schweißperle zu sehen bekommt.

*Sprezzatura* erfordert eine gewisse List, denn sie verbirgt die Anstrengung. Der Höfling muß *sprezzatura* in Hinblick auf seine eigene *sprezzatura* wahren. Er muß so tun, als sei alles Harte und Schwere nur eine leichte Übung. Der Höfling war der ultimative Renaissancemensch, der Edelmann, der viele Dinge beherrscht, sich aber nie in irgendeiner Kunst üben muß. Er macht alles mit einer gewissen Nonchalance und sagt dann, wie altmodisch-bescheidene Athleten es tun: »Das war doch nichts besonderes.«[21] Oder wie Castiglione es ausdrückt: »Auch möchte ich nicht, daß von ihm bekannt wird, daß er zu viel Mühe oder Zeit daran setzt, auch wenn er es hervorragend macht.« Zwei elisabethanische Hofleute, Leicester und Hatton, buhlten um die Gunst der Königin. Hatton soll der Königin durch seine Tanzkunst gefallen haben. Leicester schlug ihr dann vor, einen berühmten Tänzer einzuladen, der noch besser als Hatton war. »Unsinn«, sagte die Königin. »Ich werde mir Euren Mann nicht ansehen – es ist sein *Beruf.*«[22]

Castiglione beharrt darauf, daß der Höfling auch dann *sprezzatura* zeigen muß, wenn er dem Fürsten schmeichelt. Diese Schmeichelei muß versteckt sein, sie muß spontan, nicht geplant wirken. Es darf nie so aussehen, als gehöre Schmeichelei zum Beruf des Höflings. Wenn Castiglione ihm empfiehlt, jede Prahlerei zu meiden, meint er damit auch die Sprache. Schmeichelei ist eine aufgerüschte Sprache. Sie ist affektiert, sie zieht die Aufmerksamkeit auf sich. Das Gegenteil von *sprezzatura* ist auch rhetorisches Geziere.

Nur weil Castiglione selbst so cool ist, spielt er den erbitterten Wettbewerb um Gunstbeweise herunter, mit dem der Hofmann ständig beschäftigt war. Die Hofleute wußten, daß sie dem Fürsten in den Arsch kriechen mußten, aber die klugen unter ihnen wußten auch, daß sie diese Kriechereien als eine Art künstliche Natürlichkeit tarnen mußten. Der Höfling ist nichts anderes als ein schön anzusehender Parasit. Er ist ein Mann der schönen Tricks. Und dazu gehört auch die Schmeichelei in Begleitung ironischer Zurückhaltung.

Schmeichelei ist immer willkommen, egal in welcher Form sie daherkommt. Aber bestimmte Formen sind schmeichelhafter als andere. »Jeder«, sagt Castiglione, »so verrucht er auch ist, [hat] Freude daran, für gerecht, keusch und gut gehalten zu werden.«[23] Das ist eine kluge Beobachtung, und sie deckt sich mit Casanovas Credo. Dahinter steht der Gedanke, daß man sich bei Stalin einschmeicheln kann, indem man gerade seine Barmherzigkeit rühmt. Eine neue Folgerung aus dem Glaubensbekenntnis des Schmeichlers: Lobe die Despoten für ihre Güte, die Gnadenlosen für ihre Freundlichkeit.

Castiglione liefert noch eine subtile Erkenntnis: Es ist egal, ob wir wissen, daß man uns schmeichelt. Er erwähnt, antike Autoren hätten darüber geschrieben, wie man einen Schmeichler von einem Freund unterscheiden kann. »Aber was nützt es? Wie viele, ja unzählige gibt es, die obwohl sie die Schmeichelei wohl als solche erkennen, doch den Schmeichler lieben und den hassen, der die Wahrheit sagt!«[24]

Lob ist so willkommen, so angenehm, so wohltuend, daß wir, selbst wenn wir den Verdacht hegen, selbst wenn wir wissen, daß es nicht echt ist, dennoch begierig danach lechzen und die dicksten Kumpel derer sind, die es uns spenden.

Castiglione denkt hier ähnlich wie George Bernard Shaw: »Was einem Menschen wirklich schmeichelt, ist die Tatsache, daß man ihn der Schmeichelei für würdig befindet.« Schmeichelei an sich ist einfach sehr schmeichelhaft. Wir sehen die Maschinerie hinter der Bühne, aber das hindert uns nicht daran, das Schauspiel zu genießen.

Castiglione sagt, wir seien so gierig nach Lob, daß es uns egal ist, wer es spendet oder wie es aussieht. Es ist immer willkommen. Aber gleichzeitig rät er seinem Hofmann, weder ein Schmeichler noch ein Geschmeichelter zu sein. Im besten Falle, so sagt er, ist der Höfling so immun gegen Schmeichelei, wie es der Mensch nur sein kann, während er sein Lob mit so viel Eleganz spendet, daß es nicht wie Schmeichelei aussieht. »Aber lassen wir diese Blinden in ihrem Irrtume und versehen wir unsern Hofmann mit einem guten Urteile, daß man ihm Schwarzes nicht weiß machen kann, er sich auch selbst nichts zuschreibt, von dessen Wirklichkeit er nicht klar überzeugt ist.«[25]

Er sagt, der Höfling müsse seine Ohren vor der Schmeichelei verschließen, aber der einzige Detektor, den er vorschlägt, ist der gesunde Menschenverstand, auch wenn er einräumt, daß die Macht der Schmeichelei selbst ihn manchmal überwältigt.

Als einzige Entschuldigung für Schmeichelei läßt Castiglione gelten, daß der vollkommene Hofmann dem Fürsten schmeichelt, um ihn vor skrupellosen Schmeichlern zu schützen. Er tut etwas Tadelnswertes, aber nur, um seinen Fürsten vor etwas noch Tadelnswerterem zu bewahren.

Und wenn man Castigliones Darstellung folgt, hat der Fürst solche Hilfe wirklich bitter nötig. Seiner Meinung nach besteht das Problem der Mächtigen darin, daß niemand ihnen die Wahrheit sagt, »so daß aus Freunden Schmeichler werden, die ihnen, um aus dem vertrauten Verkehre Nutzen zu ziehen, immer zu Gefallen reden und handeln und sich den Weg mit Lügen bahnen. Und diese Lügen lassen im Herzen des Fürsten eine Unkenntnis nicht nur der außerhalb liegenden Dinge, sondern auch der eigenen Person entstehen und verdienen unter allen andern Lügen die Bezeichnung als die größten und verwerflichsten, weil sich das unwissende Gemüt selbst betrügt und über sich selbst belügt.«[26]

Castigliones Ansichten über Schmeichelei unterscheiden sich also gar nicht so sehr von Aristoteles' Ansichten über die Rhetorik. Letzterer hatte gesagt, daß die Rhetorik an sich weder gut noch schlecht, sondern einfach ein neutrales Werkzeug sei, das zum guten wie zum schlechten gebraucht werden könne. Schmeichelei, so sagt der erstere, ist ebenfalls ein solches Werkzeug. Und tatsächlich benutzt er sie selbst in seinem Buch ständig, in seinen schmeichelhaften Darstellungen und Hinweisen auf Zeitgenossen und in seiner übertriebenen Widmung.

Castigliones Einfluß überdauerte seine Lebenszeit. Nachdem James Joyce das Buch gelesen hatte, erklärte sein Bruder ihm, er sei höflicher, aber auch unaufrichtiger geworden. »Aber geht es nicht gerade darum?«, antwortete Joyce.

## Wie machiavellistisch war Machiavelli eigentlich wirklich?

Wenn Castiglione der große weise Mann der Hofliteratur war, dann war sein italienischer Vorläufer Niccolò Machiavelli der nüchterne politische Berater. Während Castiglione für den Höfling schreibt und ihn lehrt, wie man mit Fürsten umgeht, schreibt Machiavelli für den Fürsten und bringt ihm bei, wie man mit Hofleuten umgehen sollte. Er ist der Prototyp des modernen politischen Trainers.

Für Machiavelli ist Schmeichelei eher eine Taktik als eine Strategie. Der Unterschied ist militärischer Natur: Strategie beherrscht die Gesamtplanung eines Feldzugs; Taktiken sind die besonderen und individuellen Kampftechniken. Schmeichelei ist einfach eine Waffe im Arsenal des Fürsten, oder eher noch eine Waffe im Arsenal seines Feindes. Wenn es um gute Manieren geht, dann ist es Machiavelli im Grunde völlig egal, welchen Löffel man wann benutzt und ob irgendeine Liebesdichtung galant ist oder nicht. Aber alle diese Dinge sind Mittel zu einem bestimmten Zweck, genau wie die Schmeichelei.

Machiavelli will den Fürsten anleiten, Schmeicheleien richtig entgegenzunehmen, nicht den Höfling beraten, richtig zu schmeicheln. Ihm geht es nicht so sehr darum, wie man durch Schmeichelei täuschen kann. Die Täuschung, die ihn vor allem beschäftigt, ist, wie man die eigenen Schwächen vor den Untertanen verbirgt.

Wenn es darum geht, wie der Fürst Schmeichelei einsetzen sollte, ist Machiavelli ein ziemlicher Softi. Machiavellis Rat für den Fürsten, der seine Untertanen für sich gewinnen will, lautet: Schmeichle ihnen durch dein Vertrauen. Oder, wie es der Mafiaspruch so schön sagt (vielleicht haben sie es ja von Machiavelli gelernt?): Halte deine Freunde nahe bei dir und deine Feinde noch näher. »Denn wenn Menschen Gutes von dem erfahren, von dem sie Böses erwarteten, sind sie noch enger an ihren Wohltäter gebunden.«[27] Feinde sind mit Schmeichelei leicht einzuwickeln, gerade weil sie sie nicht erwarten. »Ein Fürst wird stets leicht die Männer für sich gewinnen können, die beim Beginn seiner Regierung ihm feindlich waren, wenn ihre Lage so ist, daß sie zu ihrem Unterhalt eine Unterstützung brauchen.«[28]

Wenn der Fürst sein Vertrauen in einen Höfling setzt, dann ist der Höfling geehrt und dem Fürsten verpflichtet. So schafft der Fürst sich allmählich Gefolgsleute. Aber dieses Vorgehen findet auch weitere Anwendung. Machiavelli sagt, der Fürst solle seinen Untertanen als Gesamtheit trauen. So rät er zum Beispiel einem neuen Fürsten, sein Volk zu bewaffnen, »denn die Waffen, die sie tragen, werden seine eignen, die, welche verdächtig waren, werden ihm ergeben, die, welche ihm ergeben waren, bleiben es, und aus Untertanen schafft er sich Anhänger«.[29]

Wo ist also der bösartige Machiavelli, den wir alle so gut zu kennen glauben? Insgeheim ist Machiavelli eigentlich ein Moralist. Wenn es zum gleichen Ergebnis führt, soll sein Fürst lieber moralisch handeln, aber wenn die Moralität der Macht in die Quere kommt, muß er sie über Bord werfen. Machiavelli ist vor allem ein Pragmatiker, aber ein Pragmatiker, der sein Ziel lieber mit moralischen Mitteln erreicht. Wo immer möglich sollen sich Tugend und Eigennutz decken. Wenn aber die beiden in Konflikt miteinander stehen, muß sich der Fürst für die Macht und gegen die Moral entscheiden.

Machiavelli sieht die Schmeichelei durchaus als Bedrohung für den Fürsten, aber seine Empfehlungen bieten wenig praktische Hilfestellung gegen diese Gefahr. Machiavelli hat dem Problem ein ganzes Kapitel in *Der Fürst* gewidmet: »Wie man sich vor Schmeichlern hüten muß« (Kapitel XXIII). Schmeichelei, so sagt er, sei ein »Fehler, vor dem Fürsten sich nur schwer hüten können, wenn sie nicht sehr klug sind oder große Menschenkenntnis haben«.[30] Der Freund der Schmeichelei, so sagt er, ist die Selbstgefälligkeit und ihre Magd die Selbsttäuschung. Wenn der Fürst hier nicht wachsam ist, wird er ihnen zum Opfer fallen. Die Gefahr sind »die Schmeichler, von denen es an den Höfen wimmelt. Die Menschen finden ein solches Gefallen an ihren eignen Vorzügen und täuschen sich darüber so leicht, daß es ihnen schwer wird, sich gegen diese Pest zu schützen«.[31]

Wie sieht Machiavellis Rezept hier aus? Beinahe so wie das der alten Griechen: Offenheit. Der Fürst, so sagt er, muß den Anstand fördern. Die harte Wahrheit ist das Gegengift zur Schmeichelei. »Denn es gibt kein andres Mittel, sich vor Schmeicheleien zu hüten, als wenn die Menschen wissen, daß sie den Fürsten nicht beleidigen, wenn sie ihm die Wahrheit sagen.«[32] Wie unmachiavellistisch!

Aber Machiavellis Verteidigung gegen die Schmeichelei ist leicht auseinanderzunehmen. Es ist gut und schön, wenn ein Fürst sagt, daß er nur die Wahrheit hören möchte. Viele Fürsten haben das gesagt, und viele Fürsten haben dem Boten mit der unangenehmen Wahrheit den Kopf abschlagen lassen. Ein machiavellistischerer Ratgeber wird sich die Forderung des Fürsten nach Anstand anhören und ihm offen sagen, was für eine weise Entscheidung er gerade getroffen hat. Jemand anders soll ihm sagen, daß er hier einen Fehler macht. Machiavelli gibt seinem Fürsten keine Verteidigungsmuster gegen eine solche Strategie an die Hand. Und wenn Machiavelli keine Verteidigung gegen Schmeichelei einfällt, dann könnte sie die gefährlichste Geheimwaffe in der Geschichte sein.

Machiavelli war als Machiavellist selbst der strategischen Schmeichelei durchaus nicht abgeneigt. Das letzte Kapitel von *Der Fürst* bietet einen kurzen Blick auf seine Technik, um sich bei Lorenzo il Magnifico beliebt zu machen. Erst einmal widmet Machiavelli ihm sein Buch. Aber er ist zu klug, um Lorenzo direkt zu schmeicheln.

Machiavelli erzählt Lorenzo nicht, daß er der Mann der Stunde sei (wie es ein durchschnittlicher Schmeichler getan haben würde), sondern daß die Stunde einen großen Mann fordert und daß nur Lorenzo dieses Vakuum füllen kann. »So liegt unser Land da, krank auf den Tod, und harrt auf den, der ihm Genesung bringt«, schreibt er. »Wir sehen Italien zu Gott flehen um einen Erretter von den Grausamkeiten und den Gewalttätigkeiten der Barbaren. Wir sehen es willens und bereit, der Fahne zu folgen, wenn nur einer sie voranträgt.«

Mit anderen Worten, Lorenzo, wir warten auf dich. Sogar Gott selbst, sagt Machiavelli (und fährt jetzt die richtig schweren Geschütze auf), bittet um einen Retter für Italien. Machiavelli serviert es seinem Patron schließlich auf dem Silbertablett. »Und wir finden niemand, auf den es so fest hoffen könnte wie auf Euer erlauchtes Haus.«

Er schmeichelt Lorenzo nicht nur, sondern verführt ihn auch, den Kurs einzuschlagen, auf dem Machiavelli ihn gern sehen möchte. Er manipuliert Lorenzo, indem er dem Selbstwertgefühl des jungen Herrschers schmeichelt. Wie machiavellistisch.

## Nimm das Gesicht ab und zeig mir deine Maske

In seiner Anrede an den Leser zu Anfang seiner *Essais* wirkt Montaigne wie ein harter Detektiv in einem Krimi von Raymond Chandler. »Dieses Buch, Leser, gibt redlich Rechenschaft«, sagt er kurz und bündig. Und nicht nur das, so warnt er den Leser: »Auf deinen Nutzen war mein Sinn hierbei ebensowenig gerichtet wie auf meinen Ruhm.« Mit anderen Worten, erwarte nicht von mir, daß ich dir schöntue oder mich bei dir einzuschleimen versuche. Ich werde dir nicht schmeicheln, stell dich also schon mal darauf ein. Und das ist natürlich das schmeichelhafteste Versprechen überhaupt.

Montaigne sagt dem Leser auch, er dürfe nicht allzu viel gezierte Prosa erwarten. Er sagt ihm, daß er nackt und schmucklos vor ihn hintritt. Und nur um sicher zu gehen, daß der Leser seine Position richtig einschätzt, erklärt Montaigne auch noch, daß er nicht für ihn schreibt. Er schreibt für sich selbst.

Das ist natürlich eine raffinierte Pose. Montaigne sagt, daß er Rhetorik verachtet, aber er setzt ein wundervolles rhetorisches Werkzeug ein, um sie zu verdammen. Als Teil seines Feldzugs gegen die Rhetorik verurteilt er auch die Schmeichelei als das genaue Gegenteil der schlichten Rede. Schmeichelei ist Schmuck. Schmeichelei ist gekünstelt. Schmeichelei ist unnatürlich, weil sie nicht für sich selbst existiert, sondern um ein erstrebtes Ziel zu erreichen. Sie ist ein Übertünchen der Wahrheit.[33]

Aber Montaigne ist sehr schlau. Im Grunde schmeichelt er dem Leser, indem er ihm erklärt, daß er ihm nicht schmeicheln wird. Er sagt: »Ich vertraue deinem Urteil, deinem Anstand, deiner Auffassungsgabe so sehr, daß ich meine Prosa nicht in die üblichen Verzierungen hülle, die den Leser überlisten sollen. Statt dessen spreche ich offen zu dir.« Nur die reinen Fakten, gnädige Frau.

Diese Strategie ist Montaignes Version der Parrhesie, der Offenheit eines Menschen, der einem Freund die Wahrheit sagt. Und mit diesem Freimut versucht er auch den Leser für sich zu gewinnen. Wir mögen Montaigne auch deshalb, weil er uns erzählt, wie sehr er uns vertraut, und weil er so kauzig die eigenen Schwächen offenlegt. Er haßt Heuchler.

Im Grunde schmeichelt Montaigne sich selbst für seine Aufrichtigkeit. Später gibt er es sogar zu: Er weiß sehr wohl, daß Aufrichtigkeit schmeichelhaft ist. »Ich habe eine offene Art, die andre leicht für mich einnimmt und mir gleich bei der ersten Begegnung Achtung erwirbt.«[34]

Montaigne ist der Apostel der Mäßigung. Alles Übertriebene schmerzt ihn. Deshalb ist es verständlich, daß er Schmeichelei nicht mag. Denn Schmeichelei ist zu viel des Guten, ist exzessiv, *un*mäßig. Sie ist »überdehnte Sprache«. In seinen Augen ist der Schmeichler wie ein Bogenschütze, der über das Ziel hinausschießt.

Und schließlich deutet Montaigne an, daß Schmeichelei aus einem sehr einfachen Grund heraus funktioniert: Wir alle haben einen riesigen, klaffenden blinden Fleck, wenn es um unsere Meinung über uns selbst geht. Wir sind egoistisch und machen uns immer ein falsches Bild zugunsten unseres Selbst. Er zitiert Erasmus: »Unser liebster Duft, was ist es? Der Gestank des eignen Mistes!«[35] oder, wie Montaigne selbst schreibt: »Lob ist gewiß immer angenehm, von wem und warum man es auch erhält«[36]

Für jemanden, der angeblich unfähig ist zu schmeicheln, macht Montaigne seine Sache dann aber doch ganz gut. Der Schmeichler, so deutet er an, muß wissen, wann er zu weit geht. Er zitiert Tacitus mit den Worten: »Wohltaten empfindet man nur so lange als angenehm, wie man glaubt, sie erwidern zu können; gehen sie jedoch zu weit darüber hinaus, ernten sie statt Dankbarkeit Haß.«[37] Der Schmeichler muß die Wohltaten, die er verteilt, sorgfältig abwägen. Einem Mann ein Gemälde zu schenken, ist eine Sache; ihm ein ganzes Haus zu schenken, in dem er es aufhängen kann, eine andere. Montaigne sagt: Paß auf, daß du deinem Meister nicht so gut dienst, daß er keine angemessene Belohnung für deinen Dienst finden kann.

Noch wichtiger ist seiner Meinung nach: Wenn du dich bei irgend jemandem einschmeicheln willst, dann erinnere ihn niemals, niemals, niemals an alles, was du für ihn getan hast. Sprich statt dessen über das, was er für dich getan hat. Wir mögen die Menschen, denen wir einen Gefallen tun, wir fühlen uns ein bißchen unbehaglich bei den Menschen, die uns einen Gefallen getan haben. Niemand läßt sich gern an die Geschenke erinnern, die er bekommen hat, sondern viel lieber an die, die er gemacht hat.

Das Schöne an der Wahrheit ist, so sagt Montaigne, daß sie ein einziges Gesicht hat, während die Schmeichelei, wie der Betrug, tausend Masken trägt. Er zitiert die Pythagoräer, die »das Gute bestimmt und begrenzt, das Böse aber unbegrenzt und unbestimmt« nennen.[38] Schmeichelei kann unendlich viele verschiedene Formen annehmen. »Der Weg der Wahrheit ist grade und bliebt sich immer gleich, der des privaten Profits und des gewinnsüchtigen Betreibens übertragner Geschäfte krumm, unsicher und trügerisch.«[39] Aber das bedeutet doch nicht, daß Unwahrheit oder Schmeichelei nicht funktioniert. Montaigne ist schließlich ein Mann von Welt. »Ich will den Betrügereien ihren angestammten Platz keineswegs streitig machen, denn das hieße die Welt schlecht verstehn. Ich weiß, daß sie oft schon nützliche Dienste geleistet haben und daß sie den größten Teil des menschlichen Tuns und Treibens speisen und in Gang halten.«[40]

Montaigne kann mehr als nur ein bißchen scheinheilig sein, und wenn es um die schlichte Rede geht, legt er eine falsche Bescheidenheit an den Tag. »Ich habe von Natur aus einen deftigen und unfeierlichen Stil, aber er entspricht eben meiner persönlichen Art, die sich für die öffentlichen Gespräche nicht eignet – was für meine Redeweise überhaupt gilt.«[41] Eigenlob, als Selbstkritik getarnt. Dann stellt er seine eigene Direktheit der übertriebenen Redeweise bei Hofe gegenüber.

»Das liegt freilich vom heutigen Brauch weit ab, denn noch nie hat man mit Beflissenheitsformeln eine verächtlichere Speichelleckerei betrieben: *Seele* und *Leben, Ergebenheit* und *Bewunderung, gehorsamer Diener* und *Sklave* – all das fließt allen so leicht aus der Feder, daß ihnen, wenn sie jemandem eine echtere Hochachtung und Zuneigung bekunden wollen, die Ausdrücke hierfür fehlen.«[42] Selbst die Währung der Schmeichelei ist durch Inflation verdorben.

Montaigne gibt vor, sich selbst zu tadeln, weil er nicht fähig oder bereit sei, sich auch nur ein kleines bißchen beliebt zu machen. »In den Geruch eines Schmeichlers zu kommen wäre mir auf den Tod verhaßt; daher rührt es, daß ich mich ganz von selbst einer trocknen, bündigen und derben Redeweise bediene, die für jemanden, der mich sonst nicht kennt, einen Anflug von Geringschätzung haben mag. Aber ich ehre die am meisten, denen ich am wenigsten Ehrerbietung zeige ...« Der erste und wichtigste in dieser Kategorie ist der Leser. Er ehrt den Leser, indem er nicht vorgibt, ihn zu ehren.

So sehr er die Schmeichelei auch verabscheut, eine noch größere Show macht er aus seiner Verachtung der Treibhauswelt, in der die Schmeichelei so gut gedeiht. Teilweise haßt er den Hof auch wegen dessen fordernder rhetorischer Verpflichtungen. Die Hofrituale sind eine Art Sklaverei, und eine der obligatorischen Pflichten besteht darin, dem Fürsten zu schmeicheln. Nur bei Hofe, so sagt er, könne man Männer treffen, die »vor lauter Höflichkeit unhöflich waren, und ungeschliffen vor zuviel Schliff«.[43] Bei Hofe herrscht eine Tyrannei der Höflichkeit, eine sklavische Unterwerfung unter die leere Förmlichkeit. Bei Hofe buhlt jeder um die Gunst des Fürsten. Und, so Montaigne, es ist ihnen allen egal, wie sie sich lieb Kind machen. »Das schädlichste Gift für die Fürsten ist die Schmeichelei, und durch nichts gewinnen Kuppler mehr Vertrauen.«[44]

Die Schwierigkeit, ein König oder Fürst zu sein, liegt in seinen Augen darin, daß man sich nie sicher sein kann, ob man wahres Lob oder echte Zuneigung empfängt. »Kaum jemals lernen sie ehrliches Lob kennen, da man ihnen die Ohren ständig mit Beifall zudröhnt«, sagt er. Und er zitiert Seneca: »Das größte bei der Herrschaft ist, daß die Untertanen nicht nur gefordert sind, sie zu erdulden, sondern ihres Herren Taten auch noch Beifall spenden müssen.« Montaigne fragt also: Welchen Wert hat ein Lob, wenn man den Untertanen nicht erlaubt, den Herrscher auch zu tadeln? Man kann einem Fürsten vielleicht tatsächlich ein echtes Lob aussprechen, aber ohne die Möglichkeit, auch das Gegenteil zu tun, ist das Lob bedeutungslos.

## Schmeichel dir nicht selbst

Es ist sehr passend, daß Sir Francis Bacon, einer der überragenden Intellektuellen des 17. Jahrhunderts und der Mann, der die Induktion als Methode in die Wissenschaft einführte, einen empirischeren Zugang zur Schmeichelei wählte. Er ähnelt darin eher Machiavelli als Castiglione, und tatsächlich hat Machiavellis leidenschaftslose Sicht der Dinge Bacon stark beeinflußt. In seinen Augen war Machiavellis Pragmatismus ziemlich wissenschaftlich, und Bacon selbst ist schon beinahe ein Soziologe des 17. Jahrhunderts zu nennen.

Bacons *Essays* mit ihrem lässigen Stil und ihren bodenständigen Moralpredigten wiederum sind eine Hommage an Montaigne. Aber seine Ratschläge sind weniger auf ihn selbst bezogen und systematischer als Montaignes, was vielleicht auch erklärt, warum seine *Essays* zusammen mit Castigliones *Hofmann* häufiger aufgelegt wurden als jedes andere weltliche Werk der Renaissance. Bacons Buch ist wie einer dieser kleinen Billig-Ratgeber aus dem Kaufhaus, die nützliche Tips ohne alles Philosophieren geben. Bacon kümmerte sich im 17. Jahrhundert auch nicht um die moralischen Feinheiten.

Vielleicht aufgrund seiner eigenen naturwissenschaftlichen Begabung schleppt Bacon nicht das moralische Gepäck über Schmeichelei mit sich herum wie Montaigne oder Castiglione. Er ist Agnostiker, wenn es um den moralischen Wert oder Unwert von Schmeichelei geht. Er beschimpft sie nicht als einen Angriff auf die Tugend oder einen Affront gegen die Sprache. Er denkt einfach, daß man schon ziemlich dumm sein muß, wenn man auf Schmeicheleien reinfällt. Wenn ein Mann zuläßt, daß sich um ihn herum eine Schar von Claqueuren sammelt, dann, so Bacon, behindert er sich selbst: »Verlängert sich nämlich der Schwanz, so verkürzen sich die Flügel.«[45]

Das Problem, sagt er ganz schlicht, ist nicht der Schmeichler, sondern unsere Bereitschaft, Schmeicheleien anzunehmen. Wir alle sind im Grunde schutzlos, wenn es ums Schmeicheln geht – weil wir uns nicht dagegen verteidigen. »Denn es gibt gar keinen größeren Schmeichler als das eigene Ich ...«[46]

Bacon hat ein scharfen Blick für die Wirksamkeit verschiedener Arten von Schmeichelei. Er stellt vier Kategorien von Schmeichlern auf: den gewohnheitsmäßigen Schmeichler, den gewiegten Schmeichler, den schamlosen Schmeichler und den Erzschmeichler.

*Der gewohnheitsmäßige Schmeichler* macht keine Unterschiede. »Er bedient sich gewisser allgemeiner Redensarten, die auf jedermann passen«, sagt Bacon. Er wird jedem, den er trifft, dieselben leeren Komplimente machen. Jeder Frau wird er sagen: »Ihr seid schön« und jedem Mann »Ihr seid klug«. Seiner Schmeichelei fehlt die Einstellung auf den einzelnen.

*Der gewiegte Schmeichler* sucht nach dem, was wir an uns selbst am meisten mögen, und lobt es dann in den Himmel. »Worin man sich selbst am meisten schmeichelt, darin bestärkt einen der Schmeichler am kräftigsten«, sagt Bacon. Wenn er ahnt, daß man sich mit einigem Stolz einbildet, besonders gut den Charakter anderer Menschen beurteilen zu können, dann wird der gewiegte Schmeichler sagen: »Oh, Ihr seid ein so scharfsinniger Richter der Persönlichkeit.«

*Der schamlose Schmeichler* dreht dies um. Er findet die Eigenschaft, deretwegen ein Mensch besonders unsicher ist, und lobt gerade sie über den grünen Klee. Er wird danach trachten, daß er sein Gegenüber gerade in den Punkten in den Himmel erhebt, »wo ein gewissenhafter Mensch vor sich selbst höchst unvollkommen dasteht und wenig Selbstvertrauen besitzt.«

*Der Erzschmeichler* ist das Ich, das, wie Bacon schon angemerkt hat, alle anderen Schmeicheleien erst möglich macht. Eitelkeit ist die Wurzel aller Schmeichelei.

Bacon macht auch einen Unterschied zwischen wohlmeinender und böswilliger Schmeichelei. Er schreibt: »Manches Lob geht aus guten Wünschen und der Verehrung hervor, wie man sie in Höflichkeitsbezeugungen Königen und hohen Personen schuldig ist.«[47] Dazu zitiert er den Ausdruck des Plinius: *»laudando praecipere«* – »belehren indem man lobt«. Dies ist wohlmeinende Schmeichelei und damit positiv, solange man nicht übertreibt. (Bacon sagt, es sei eher angemessen, das Amt oder den Beruf eines Mannes zu loben als den Mann persönlich.) Andererseits sagt er: »Manchem wird boshafterweise zu seinem Verderben Lob gespendet, um Neid und Eifersucht auf ihn zu hetzen.« Er zitiert eine Beobachtung des Tacitus: *»pessimum genus inimicorum laudantium«* – »Die schlimmste Art der Feinde ist die der Lobredner.«

Und schließlich verwendet Bacon eine Metapher aus der Welt des Geldes, um die Schmeichelei zu beschreiben. »Wenn man es indessen recht bedenkt, so geht es mit Lob und Auszeichnung eines Menschen gerade so zu, wie mit Gewinn und Erwerb. Das Sprichwort hat schon recht, daß ›kleine Erträge den Beutel füllen‹, weil kleine Erträge in Mengen einströmen, große dagegen nur hin und wieder kommen. Ebenso ernten bekanntlich kleine Vorzüge großes Lob, weil sie immerfort zutage treten, während die Gelegenheit, große Seiten zu zeigen, sich nur alle Jubeljahre ergibt.«[48] Kleine Dosen Schmeichelei funktionieren wie ein Sparbrief.

Bacon ist kein Verfechter des Egalitarismus. Er hat sehr wenig Vertrauen in die Weisheit des Durchschnittsmenschen. Lob aus dem gemeinen Volk ist im allgemeinen falsch und wertlos, sagt er, der kleinste gemeinsame Nenner der Schmeichelei. »Denn für viele Vorzüge hat das gemeine Volk keinen Sinn. Die untergeordnetsten Züge entringen ihm Lob, die mittelmäßigen versetzen es in Staunen und Bewunderung, aber für die höchsten Tugenden hat es weder Verständnis noch überhaupt Einsehen. Viel stärker wirken Zurschautragen und ›species virtutibus similes‹ [ein Anschein, der der Tugend ähnlich ist].«[49] Berühmtheit ist nämlich, so sagt er, die Lobhudelei der Masse, und er hat keine Verwendung dafür. Berühmtheit ist wie ein Fluß, der leichte und aufgedunsene Dinge trägt und schwere und solide Dinge absinken läßt.

Auch die Form, die wir als indirektes Eigenlob definiert haben, also das Lob der Qualitäten anderer, von dem dann ein Abglanz des Ruhms auf uns zurückfällt, kann Bacon psychologisch klug erklären. Dahinter steht der Gedanke, so seine Darstellung, die guten Eigenschaften anderer zu loben, die an einem selbst hervorstechen. Er ist nicht der erste, der darüber schreibt – die Römer hatten sich schon zuvor damit beschäftigt –, aber er erklärt das Phänomen empirisch wie noch niemand vor ihm. Er sagt, es wirft ein positives Licht auf den Lobenden selbst, wenn er sowohl seinen Vorgesetzten wie auch seinen Untergebenen für Qualitäten lobt, die er selbst besitzt. Der Vorgesetzte sieht in ihm dann einen Geistesverwandten, der Untergebene betrachtet ihn als Vorbild.

Offenbar ging ihm dies erst ziemlich spät auf, als er seine *Essays* zum ersten Mal veröffentlichte – und führte deshalb zu einigen Peinlichkeiten. Während die endgültige Ausgabe des Jahres 1625 dem Herzog von Buckingham gewidmet war, dem zweitmächtigsten Mann in England nach dem König, war die Edition von 1597 Bacons Bruder Anthony zugedacht. Neun Tage nach der Veröffentlichung schrieb Anthony – mit Bacons Zustimmung – an Robert, den Grafen von Essex, eine wichtige Figur bei Hofe:

> *Ich bin so kühn und biete Euch aus der zutiefst empfundenen und pflichterfüllten Liebe, in der mein leiblicher Bruder [Francis] und ich selbst auf ewig an Eure Lordschaft*

*gebunden sind, den ersten Anblick und Geschmack von Früchten, die mein Bruder, wie er selbst gestanden hat, zu ernten gezwungen war, bevor sie reif waren, um zu verhindern, daß sie verdarben; und überdies flehe ich Eure Lordschaft allerdemütigst an, daß, da mein Bruder als Unterpfand einer gegenseitigen festen brüderlichen Zuneigung das Eigentum an diesen Früchten durch die Widmung mir übertragen hat, Eure Lordschaft, unter deren Verfügung und Befehlsgewalt ich mich Armseligen ganz und unverbrüchlich gestellt habe, mich und was auch immer mir zusteht, sei es an Besitz, sei es an Rechten – daß Eure Lordschaft also, in Eurer edlen und einzigartigen Freundlichkeit uns beiden gegenüber, sich zunächst dazu herablassen wird, mir die Erlaubnis zu geben, meinen Gewinn auf Eure Lordschaft zu übertragen, und dann demütig um Eure hochgeschätzte Aufnahme und überaus wertvollen Schutz zu bitten.*

Entweder hatte Anthony seinem Bruder gesagt: »Du bist verrückt, das Buch gerade mir zu widmen. Ich liebe dich auch so, du verschwendest hier ein Pfund, mit dem du wuchern mußt.« Oder Bacon selbst hatte diese Eingebung – jedenfalls muß er zu dem Schluß gekommen sein, daß es wohl sinnvoller sei, jemandem zu schmeicheln, der ihm helfen konnte. Und der Graf zeigte sich von der Widmung tatsächlich sehr angetan.

## Lieber Sohn

Lord Chesterfield – Philip Dormer Stanhope, der 4. Graf von Chesterfield, der Enkel des Marquis von Halifax, der Vizekönig von Irland und englische Minister, ist ein Autor, der heutzutage, wenn überhaupt, dann nur wegen etwas in Erinnerung geblieben ist, das er nicht getan hat.

Im Jahre 1747 sprach Samuel Johnson bei Chesterfield vor, um ihn als Subskribenten und Förderer für sein Wörterbuch der englischen Sprache zu gewinnen. Es war verständlich, daß Johnson gerade ihn aufsuchte, denn Chesterfield war als Mäzen von Autoren bekannt. Johnson überreichte dem Lord seinen Entwurf für das Wörterbuch; der Lord überreichte Johnson 10 Pfund und vergaß das ganze Unternehmen sofort wieder. Als Johnson sein großes Werk schließlich sieben Jahre später veröffentlichte, nach herkulischen Anstrengungen und Jahren in größter Armut, bot Chesterfield ihm verspätet Hilfe an, schrieb zwei Artikel, in denen er das Wörterbuch lobte, und bat um ein Treffen mit Johnson. Dieser jedoch ließ ihn abblitzen, verschmähte sein Lob als hohl und schrieb ihm einen bitteren Brief mit einer berühmten Definition: »Ein Gönner ist jener, der gleichgültig auf einen in den Wellen untergehenden Menschen blickt und, wenn jener das Ufer erreicht, ihn mit seiner Hilfe belastet.«

Chesterfields Rolle als eine Fußnote der Literaturgeschichte ist unglücklich, denn er ist ein großer Meister der englischen Prosa und ein kluger Beobachter der menschlichen Verrücktheiten. Sein eigener Sinn für Humor und sein Selbstbewußtsein waren jedenfalls so stark ausgeprägt, daß er Johnsons Brief offen auf einem Tisch liegen ließ, damit seine Besucher ihn bewundern konnten, ähnlich wie Journalisten heutzutage böse Leserbriefe zur Belustigung aller an ihre Bürotür heften.

Lord Chesterfields Werk *Briefe an seinen Sohn*, zuerst 1774 erschienen, gehört zu den großen Werken der Hofliteratur in der Renaissance. Die Briefe umfassen beinahe drei Jahrzehnte väterlicher Ratschläge an seinen einzigen Sohn, das Produkt einer Liaison mit einer französischen Gouvernante aus seiner Zeit als Botschafter in Den Haag. Philip Stanhope war, wie Georg II. es ausdrückte, als Chesterfield ihn um ein Amt für seinen Sohn bat, ein »Bastard«. Für Chesterfield dagegen war Stanhope sein legitimes und geliebtes Kind, und seine illegitime Geburt sollte in seinen Augen nie ein Hemmschuh für den Erfolg des Jungen sein. In dieser Hinsicht, und nur in dieser, wirkt Chesterfield ein bißchen naiv.

Chesterfield begann mit seinen Briefen – die Anrede lautet immer »Lieber Sohn« –, als Philip sieben Jahre alt war. Die Briefe begannen nach einem Besuch, bei dem Philip sein Interesse an einem solchen Kontakt zum Ausdruck gebracht hatte. »Wenn das so ist, solltest du oft genug welche von mir bekommen, und sie könnten dir nützlich sein, wenn du Aufmerksamkeit auf sie wendest.«[50] Damit begannen fast dreißig Jahre der brieflichen Unterweisung, des Scheltens und liebevollen Geschichtenerzählens, die erst mit dem plötzlichen Tod des »lieben Sohnes« im Alter von sechsunddreißig Jahren endeten.

In diesen Briefen erscheint Chesterfield wie ein charmanter Salon-Machiavelli, unglaublich amüsant und liebenswert. Während der italienische Philosoph jedoch ein Stratege war, ist Chesterfield eher ein kleinräumiger Taktiker. Wenn Sie zu einem Vorstellungsgespräch gehen, lesen Sie Chesterfield. Wenn Sie mit den Russen verhandeln, lesen Sie Machiavelli.

Es gab allerdings im 18. Jahrhundert auch Menschen, die Chesterfield nicht so liebenswert fanden. Einige verachteten ihn als einen geckenhaften Frankophilen, der die Stirn hatte, Voltaire über Shakespeare zu stellen, während sich England und Frankreich schon zwanzig Jahre bekriegten. Bei ihnen galt Chesterfield als ein Subversiver vom Kontinent, ein kultureller Apostat, der für jene Werte eintrat – Eigennutz über Moral, Ehebruch über Ehe, und gute Manieren über alles andere –, die das gute alte England zu Fall bringen würden.[51]

Obwohl er durch seine hohe Geburt berechtigt war, im öffentlichen Leben Englands eine führende Rolle zu spielen, war Chesterfield eine Art Rebell aus Leidenschaft. Er verbrachte zwei Drittel seines Lebens in der Opposition, und Minister blieb er Gerüchten zufolge nur ein Jahr lang, weil er nicht mit der mit diesem Amt verbundenen Doppelzüngigkeit zurecht kam und dem König nicht genügend schmeichelte.

Nach der ersten Veröffentlichung der *Briefe* im Jahr 1774 erschienen bis 1800 weitere elf Ausgaben. Zur Jahrhundertwende waren sie außerdem schon ins Französische, Deutsche und Niederländische übersetzt worden. Es war die hohe Zeit der Büchereigesellschaften, und Chesterfields Briefe tauchen regelmäßig unter den zehn beliebtesten Büchern der siebziger Jahre des 18. Jahrhunderts auf. Wie Castiglione las das gemeine Volk auch Chesterfield als einen Führer zu guten Manieren und in die unzugängliche Welt des aristokratischen Lebens.

Zu den ersten Dingen, die Chesterfield dem jungen Stanhope beibringt, gehört, daß der »Anstand« »eins der wichtigsten Stücke im Leben« sei. Aber nicht so, lieber Sohn, wie man es sich vielleicht vorstellen würde. Anstand ist gut und schön, sagt

Chesterfield, aber ein Grund, ihn zu pflegen, besteht darin, »den Beifall derer zuwege [zu bringen], mit welchen man lebt«.[52] Damit beginnt eines der großen Themen in Chesterfields weltlichem Ratgeber: daß es nämlich gut ist, Gutes zu tun, nicht nur weil es das Richtige ist, sondern auch, weil dadurch das eigene Ansehen in den Augen der Welt wächst. Ja, tu das Richtige aus den richtigen Gründen, so rät er, aber auch weil es die Menschen für dich einnehmen wird.

Die Bewunderung der Gesellschaft ist für Chesterfield ein großes Ziel des Lebens, und er tut sein Bestes, um seinen Sohn so zu erziehen, daß er sich solches Ansehen erwerben kann. Erobere durch Freundlichkeit, sagt er, aber auch durch das, was die Franzosen ›*aimable* sein‹ nennen, diese schwer definierbare Eigenschaft, die die Menschen mögen. Das meint Chesterfield, wenn er immer wieder von der »Kunst zu gefallen« spricht, die »sehr notwendig, zugleich aber gar schwer zu erwerben« sei.[53]

Die Kunst zu gefallen besteht, so sagt er, zum Teil aus einem »vornehmen, ungezwungenen Verhalten«, das »die Menschen für dich einnimmt, sie dir geneigt macht und sie wünschen läßt, sie wären wie du.«[54] Zurückhaltung, so sagt er, ist eine absolut grundlegende Komponente, aber es muß eine *angenehme Zurückhaltung* sein, eine liebenswerte äußere Zurückhaltung, die eine echte innere überdeckt. »Übe gegen jedermann wahre Zurückhaltung, aber fast gegen niemand eine anscheinende! Denn es ist sehr unangenehm, zurückhaltend zu scheinen, und sehr gefährlich, es nicht zu sein.«[55]

Das eine, verläßlichste Mittel des persönlichen Einschmeichelns ist aber in Chesterfields goldener Regel zusammengefaßt: »Handle so, wie du behandelst sein willst, das ist die sicherste Kunst zu gefallen, die ich kenne.«[56] Dies ist der reziproke Altruismus des Gefallens: Lobe die anderen so, wie es dir gefallen würde, gelobt zu werden. Und wahrscheinlich wirst dir dieses Lob dann auch zufallen.

Aber wie genau *handelt man, wie man behandelt sein will?*

Zunächst einmal, so sagt er, *sei aufmerksam.* Und damit meint er, daß man sich ganz auf den Menschen konzentrieren soll, dem man gefallen will. Nichts ist schmeichelhafter, sagt er, als wohlmeinende Aufmerksamkeit. Mit anderen Worten, hör zu und schau die Person, der du gefallen willst, an, so wie Nancy Reagan Ronnie angeschaut und ihm zugehört hat. Die Menschen mögen es, wenn du ihnen an den Lippen hängst, als ob jedes Wort eine große Perle der Weisheit sei, die dir erstaunlicherweise in den Schoß fällt.

Manchmal klingt es, als beschreibe Chesterfield eher die Aufgaben eines Portiers im Hotel *Vier Jahreszeiten* als die eines Höflings der Renaissance. »Man beachte, zum Beispiel, die kleinen Gewohnheiten, das Wohlgefallen, die Abneigung, den Geschmack derer, die man für sich einnehmen will, und bemühe sich dann, ihnen das Gefällige zu verschaffen und sie vor dem Mißfälligen zu bewahren ... Die Aufmerksamkeit auf solche Kleinigkeiten schmeichelt der Eigenliebe mehr als größere Dinge; denn sie bringt die Leute zu der Meinung, sie wären fast das einzige Augenmerk unsrer Gedanken und unsrer Sorgfalt.«[57]

Chesterfields überaus deutliche Taktik der Schmeichelei ähnelt der Francis Bacons verblüffend: Man soll sich auf die besonderen Stärken eines Menschen konzentrieren – oder seine besonderen Schwächen. »Willst du insbesondre die Neigung und Freundschaft gewisser Leute gewinnen, sie mögen Männer oder Frauenzimmer sein, so suche ihre herrschende Vollkommenheit herauszufinden, wenn sie eine haben, desgleichen ihre vorherrschende Schwachheit, die jeder hat! Erweise der einen Gerechtigkeit und der anderen noch mehr als Gerechtigkeit! Die Mannsleute haben verschiedne Dinge, worin sie vortrefflich sein oder wenigstens dafür gehalten werden können. Wenn sie es auch gern hören, daß ihnen Gerechtigkeit in dem erwiesen wird, worin sie nach jedermanns Wissen vortrefflich sind, lassen sie sich doch am liebsten in solchen Dingen schmeicheln, worin sie vortrefflich zu sein wünschen, aber zweifeln, ob sie es sind.«

Chesterfield liefert ein hervorragendes Beispiel für diesen Ratschlag: »Zum Beispiel der Kardinal Richelieu, der unstreitig der geschickteste Staatsmann seiner und vielleicht jeder andern Zeit war, besaß die Eitelkeit, daß er auch für den besten Poeten gehalten sein wollte. Er beneidete den großen Corneille um seinen Ruf ... Die ihm auf die feinste Art schmeichelten, sagten ihm daher nur wenig von seiner Geschicklichkeit in Staatssachen oder höchstens im Vorbeigehen, wenn es sich natürlicherweise schickte. Hingegen der Weihrauch, den sie ihm streuten und von dem sie wußten, daß er ihm den Kopf zu ihrem Vorteil verrücken würde, war der Name eines schönen Geistes und Dichters; allein deshalb, weil er der einen Vortrefflichkeit sicher, wegen der andern aber mißtrauisch war.«[58]

Das ist also die Regel: Um sich bei Michael Jordan einzuschmeicheln, sollte man ihn nicht für seine Sprungkraft loben, sondern ihm erklären, wie sehr seine Leistungen als Baseballspieler unterschätzt werden.

All diese Ratschläge, so schiebt Chesterfield eilig nach, beziehen sich nur auf Männer. Für Frauen gibt es nur eine Regel. Schmeichle ihnen so viel wie möglich, wann immer möglich und wie immer möglich. Chesterfield hat keine besonders hohe Meinung von dem Geschlecht, das er ohne jedes Zögern als das schwächere bezeichnen würde. »Keine Schmeichelei ist für sie zu hoch oder zu niedrig. Sie werden die höchste begierig verschlucken und dankbar die niedrigste annehmen. Du kannst ganz sicher einer jeden von ihrem Verstand an bis herunter auf den auserlesnen Geschmack ihres Fächers schmeicheln.«[59] Bei Frauen kann man also gar nichts falsch machen.

Einer Frau Komplimente wegen ihres Aussehens zu machen, ist eine todsichere Taktik. »Frauenspersonen haben insgemein nur eine Sache, nämlich ihre Schönheit, bei welcher kaum irgendeine Schmeichelei so grob ist, daß sie sie nicht verdauen könnten. Die Natur hat schwerlich eine Frau so häßlich geschaffen, daß sie gefühllos gegenüber der Schmeichelei in Sachen ihrer Gestalt wäre. Ist ihr Gesicht so anstößig, daß sie sich dessen gewissermaßen bewußt sein muß, so glaubt sie doch fest, ihre Taille und Miene müßten das reichlich ersetzen. Ist ihre Gestalt übel gebildet, so glaubt sie, ihr Gesicht vergüte den Mangel. Ist beides schlecht, so tröstet sie sich damit, daß sie noch gewisse Annehmlichkeiten, ein gewisses Etwas besitzt, das noch einnehmender als Schönheit ist.«[60]

Dann bietet er das Credo des Verführers in seiner Variante: Einer wirklich schönen Frau muß man mit ihrem *Verstand* schmeicheln. »Welche entweder unstreitig schön oder unstreitig häßlich sind, denen schmeichelt man am liebsten wegen ihres Verstandes. Die aber im Mittelmaß sind, denen schmeichelt man mit meistem Erfolg wegen ihrer Schönheit oder wenigstens ihrer Annehmlichkeiten. Denn jede, die nicht schlechterdings häßlich ist, hält sich für schön. ... Hingegen eine entschiedne, selbstbewußte Schönheit betrachtet jeden ihrer Gestalt entrichteten Zoll bloß als ihrer Gebühr, möchte aber gern von seiten des Verstandes hervorschimmern und geachtet werden.«

Die Meinung der Frauen ist von großem Wert, erklärt Chesterfield seinem Sohn, aber nicht aus den Gründen, die wir annehmen würden. Bei Hofe, so Chesterfield, sind es die Frauen, die oft über den Charakter eines Mannes zu Gericht sitzen – eine Aufgabe, für die sie kein Talent haben, aber das ist egal. »Sie haben, vermittelst der männlichen Schwäche, an allen Höfen mehr oder weniger Einfluß. Sie setzen schlechterdings jedes Menschen Ruf in der schönen Welt fest.«

Chesterfield kämpft gegen das vorherrschende schlechte Image von Fürstenhöfen: »Es ist eine überholte, allgemein verbreitete Ansicht, Höfe wären der Sitz von Lügen und Verstellung«, schreibt er seinem Sohn. »Diese ist, gleich vielen, ja ich kann wohl sagen, den meisten landläufigen Aussprüchen, unbegründet. Lügen und Verstellung sind zwar an Höfen zu finden. Aber findet man sie nicht überall? Bauernhütten haben sie so gut wie Höfe, nur mit gröbern Sitten.« Höfe, so behauptet er, haben keinen besonders großen Stand auf dem Markt der Perfidie; es ist einfach so, daß die Aufmerksamkeit der Gesellschaft stärker auf den Hof gerichtet ist. Wenn es einen Mythos gibt, so Chesterfield, dann den von der ländlichen Unschuld. Kriecher bei Hofe haben wenigstens Stil und Charme.

Höfe – man mag von ihnen halten, was man will – sind, so sagt er, die Benimmschulen der Gesellschaft. Höfe » werden deine Sitten auf das höchste verfeinern. Bei Höfen sind Geschmeidigkeit des Charakters und Feinheit der Sitten unumgänglich notwendig, Einige Leute halten sie irrig für niederträchtige Schmeichelei ...« Höfe sind der Schmelztiegel des Charmes.

Schmeichelei bei Hofe darf nie wahllos sein. Die Spieler sind zu feinsinnig, denn immerhin sammelt sich bei Hofe das *Dream Team* der Schmeichler. Hier zum Beispiel Chesterfields Ratschlag für den Umgang mit dem König: »Hättest du gegen einen König zu reden, so müßtest du genauso ungezwungen und ohne Verlegenheit sein, als wenn du mit deinem Kammerdiener redest; und doch sollte jeder Blick, jedes Wort, jede Handlung die größte Ehrerbietung anzeigen.«[61] Keine Nerven zeigen. »Was man zu tun hat, muß nur mit Ungezwungenheit und Sorglosigkeit geschehen.«[62]

Man muß *sprezzatura* selbst und gerade dann unter Beweis stellen, wenn man jemandem Höherstehenden schmeichelt. Der vollkommene Höfling wird immer »vollkommene innere Gelassenheit mit vollkommenem äußeren Respekt verbinden.«

Chesterfield warnt seinen Sohn vor dem, was er letztendlich als Anti-Schmeichelei definiert. Verachtung. Selbst wenn du den Menschen nicht schmeichelst, so rät er, behandele sie nie mit Verachtung. Verachtung bringt die Menschen für immer gegen dich auf. »Es gibt nichts, was die Menschen unduldsamer ertragen oder weniger vergeben als Verachtung; Unrecht wird oft vergeben, Verachtung niemals.«[63]

Eine Beleidigung ist dem Kompliment diametral entgegengesetzt. Aber noch stärker als ein Kompliment ist eine Beleidigung ein Virus, das sich auf ewig auf deiner Festplatte festsetzt. Wir vergessen manchmal die Nettigkeiten, die jemand über uns gesagt hat; aber die negativen Dinge vergessen wir selten. Verachtung ist in seiner Definition das Gegenteil von Schmeichelei. Es ist genau die Art, wie man nicht behandelt werden möchte.

Allerdings hat Chesterfield handfeste Gründe dafür, Verachtung und Beleidigung zu meiden: Man sollte nie jemanden verächtlich behandeln, weil man nie weiß, wann dieses Verhalten auf einen selbst zurückfallen könnte. »Glaube fest, kein Mensch ist so nichtsbedeutend und unbeträchtlich, der es nicht zu einer oder der andern Zeit, in einer oder der anderen Sache, in seiner Gewalt hätte, dir nützlich zu sein. Das wird er aber gewiß nicht sein, wenn du vormals Verachtung gegen ihn geäußert hast.«[64]

Wie jeder nützen kann, so kann auch jeder schaden. Der Diener, der dir deinen Mantel gereicht hat und dem zu danken du dir nicht die Mühe gemacht hast, ist vielleicht derselbe Mann, der dir erzählen könnte, daß ein Dolch im Mantel deines Feindes steckt. Der Höfling beleidigt niemanden, denn jeder kann ihm beim Aufstieg helfen und jeder kann seinen Fall bewerkstelligen.

Auch Dummköpfen – besonders Dummköpfen – gegenüber darf man keine Verachtung zeigen. Man mag das starke Bedürfnis dazu haben – wer hätte das nicht? – aber sie sind eben Dummköpfe, und das heißt auch, daß man nie genau weiß, was ihnen als nächstes einfällt. »Betrüger verabscheue, mit Toren habe Mitleid, beides in deinem Herzen! Laß aber unnötigerweise keine von beiden merken, daß du das tust! Selbst gegen Toren ist einige Gefälligkeit und Höflichkeit klüglich...«[65] Ja ertrage einige Toren, wenn nicht freudig, so doch mit stoischer Ruhe, denn ein Tor kann dich auch verletzen. Schmeichle Toren, indem du sie nicht meidest. »Nebst ihrer Freundschaft ist ihre Feindschaft die gefährlichste Sache.«[66]

Schmeichelei wirkt, so Chesterfield, aus einem ganz einfachen Grund: bodenlose menschliche Eitelkeit. »Dieser Trieb der Eitelkeit und des Stolzes ist in der menschlichen Natur so stark, daß er sich bis zu den niedrigsten Dingen herabläßt. Man sieht oft Leute nach Lob trachten, wo sich ... gar kein rechtmäßiges Lob aufrechterhalten läßt.«[67]

Chesterfield verteidigt die Schmeichelei wie einen Teller Hühnerbrühe – sie kann nie schaden. Für ihn ist Schmeichelei ein Verbrechen ohne Opfer, im Grunde eine Form der Großmut.

»Versteh mich nicht unrecht, als gedächte ich, dir niederträchtige, lasterhafte Schmeichelei anzupreisen! Nein, schmeichle niemandes Laster oder Verbrechen, vielmehr verabscheue und hindre sie! Allein, ohne gefällige Nachsicht gegen der Leute Schwachheiten und unschuldige, obwohl lächerliche Eitelkeiten kann man in der Welt nicht leben. Will ein Mann für weiser und ein Frauenzimmer für schöner gehalten werden, als sie wirklich sind, so ist ihr Irrtum ein trostvoller für sie und ein unschuldiger in Anbetracht aller andern. Ich wollte sie mir lieber zu Freunden machen, indem ich Nachsicht übte, als durch vergebliche Bemühung, sie daraus zu befreien, zu meinen Feinden.«[68]

*Eine gefällige Nachsicht gegen der Leute Schwachheiten* – gibt es ein besseres Rezept für einen zivilisierten gesellschaftlichen Umgang als dieses? Es ist die Definition einer Form der Schmeichelei, einer Art weltmännischer Großzügigkeit. Chesterfield sagt nicht, daß wir die gefährliche Verblendung eines Verrückten oder die grausamen Selbsttäuschungen eines Tyrannen dulden sollen, er sagt einfach, daß wir die Menschen nicht ihrer kleinen Eitelkeiten wegen eines Besseren belehren sollten. Wenn eine Frau davon überzeugt ist, daß sie ziemlich gut singt, obwohl sie in Wirklichkeit nicht einmal den Ton halten kann, sollte man sie tunlichst nicht über ihre Fehleinschätzung aufklären. Wenn ein Mann glaubt, daß man nicht sieht, daß er ein Toupé trägt, sollte man ihn auch in diesem Glauben lassen.

Ironischerweise war Stanhope ganz und gar nicht seines Vaters Sohn, wenn man von einem einzigen Aspekt absieht. Während Chesterfield schlank, elegant und ausdrucksstark war, wuchs Stanhope zu einem untersetzten, ungeschickten und schweigsamen jungen Mann heran. Als er es mit der Hilfe seines Vaters bis ins Parlament geschafft hatte, brachte er bei seiner Antrittsrede vor Verlegenheit kaum etwas heraus und meldete sich dann nie wieder zu Wort.

Seit Stanhope etwa zehn Jahre alt war, hatte ihm sein Vater immer wieder geraten, daß es klüger sei, unter finanziellen Aspekten eine Frau zu suchen als aus Liebe zu heiraten. Ein Mann, der aus finanziellen Gründen heiratet, so erklärte sein Vater, hat wenige glückliche Tage, aber keine sorgenvollen. Ein Mann, der aus Liebe heiratet, hat einige glückliche Tage und viele sorgenvolle.

Aber Stanhope folgte dem Beispiel seines Vaters, nicht seinem Rat. Erst nach dem plötzlichen Tod seines Sohnes im Alter von sechsunddreißig Jahren entdeckte Chesterfield, daß dieser neun Jahre zuvor heimlich eine französische Gouvernante geheiratet hatte und Vater von zwei Söhnen war. Im Alter von vierundsiebzig Jahren, kurz nach Stanhopes Tod, besuchte Chesterfield seine Schwiegertochter und seine beiden Enkel auf dem Kontinent. Die Jungen waren acht und sechs Jahre alt, und er erklärte ihrer Mutter sofort, daß er für ihre Ausbildung aufkommen werde. Als er nach England zurückkehrte, schrieb er ihnen einen liebevollen Brief (»Liebe Jungen«) voller Ratschläge dazu, wie man gefalle, eine Gewohnheit, die er bis zu seinem eigenen Tod fünf Jahre später beibehielt. Ein Höfling bis zum Schluß, gefällig auch im Angesicht des Todes, galten Chesterfields letzte Worte einem alten Freund: Er bot ihm einen Stuhl neben seinem Bett an.

Weil Renaissance-Höfe eine klare Hierarchie hatten, war auch der Zweck der Schmeichelei ganz klar: Sie sollte die Wahrnehmung des eigenen Werts steigern. Genau dies finden wir so ermüdend an der Schmeichelei – sie ist eine Technik, die Menschen zu Dingen verhilft, die sie nicht verdienen. Warum ist dieser geistlose, untalentierte Höfling Berater des Königs? Wie hat es dieser mediokre Speichellecker geschafft, mein Boß zu werden? Das ist einfach nicht fair!

Das Wesen der Schmeichelei selbst begann sich in der Renaissance zu verändern. Schmeichelei war bisher immer ziemlich allgemein gewesen, aber als die Vorstellung des Individualismus zum Tragen kam, wurde auch sie individueller. Castiglione, Machiavelli, Bacon und Chesterfield betonten gleichermaßen, daß ein Lob auf die Person zugeschnitten sein müsse, der man es zolle. Sie verstanden, daß wir unsere Schmeichelei lieber mit Monogramm mögen.

Diese Lektion prägte sich auch den Lesern der Hofliteratur ein. Nachdem sie Castiglione gelesen hatten, nahmen die jungen Männer Tanzstunden, aber sie lernten auch, wie man sich bei jemandem beliebt machte. Diese Bücher brachten den gewöhnlichen Menschen bei, wie man ungewöhnlich lobte.

## Kapitel 7

# Amerikanische Klarheit

### Kein Platz für Schmeichelei

Der amerikanische Adam war ein zutiefst gespaltener Mensch.

Er hatte ein Herz, das sich nach Frömmigkeit sehnte, aber einen Kopf, der für das Geschäft geschaffen war. Er war der Alten Welt entronnen, hatte sich aber noch nicht mit der Neuen versöhnt. Er glaubte fest an die Lehre von der Erbsünde, aber er war auch ebenso fest entschlossen, etwas aus sich zu machen. Er liebte den schlichten Stil, zog aber auch gern einmal einen modischen Mantel über. Er kämpfte für die reine Wahrheit, sprach aber oft mit gespaltener Zunge. Er wußte, daß die Gnade von Gott und von Gott allein kam, daß er aber trotzdem nicht faul sein durfte. Er glaubte an den freien Willen, aber auch daran, daß Gott in seinem unergründlichen Ratschluß alles vorherbestimmt hatte. Er war gleichzeitig ein moderner und ein mittelalterlicher Mensch.

Er war eine Ansammlung von Gegensätzen.

Er war aus Widersprüchen zusammengesetzt.

Er war ein Amerikaner.

Als die europäischen Siedler nach Amerika kamen, verdrängten sie die Indianer in die Vergessenheit und Europa in die Vergangenheit. Die Welt, aus der sie gekommen waren, lag jetzt am Rande der Modernität. Für sie begann die Geschichte gerade erst. Amerika war nicht das Endprodukt eines langen historischen Prozesses, es war etwas ganz Neues. Der amerikanische Adam wollte sich von der toten Hand der Vergangenheit befreien und das begründen, was Emerson »eine ursprüngliche Beziehung zum Universum« nennt. Nach Westen richte sich die Herrschaft der Welt aus, sagte Bischof Berkeley so hellsichtig und drehte damit den Kompaß um 180 Grad.[1] Diese Siedler waren die Speerspitze des Modernismus.

In Europa lebte man mit einer ererbten Identität; in der Neuen Welt mußte man sich seine Identität erfinden. Henry James' Name für seinen amerikanischen Jedermann war Christopher Newman. Die frühen Siedler waren solche *new men,* aber sie brachten ziemlich viel Ballast aus der Alten Welt mit, zum Beispiel Rassismus und Anspruchsdenken. Sie identifizierten sich mit den alten Hebräern und betrachteten sich als das neue auserwählte Volk in einem neuen Kanaan. Und sie verstanden sich auch in anderer Hinsicht als auserwählt: Sie fühlten sich wirtschaftlich reich gesegnet. Wie Henry Adams es vom frühen Siedler sagte: Jeder Schlag mit der Axt machte ihn zum Kapitalisten und seine Kinder zu Gentlemen. In der Alten Welt war jeder Mann der Sohn von irgend jemandem. In der Neuen Welt sollte jeder Mann der Vater von irgend jemandem sein.

In Amerika, so meinte Emerson, sei »Beschränkung die einzige Sünde«. Die Schmeichelei der Alten Welt gedieh besonders gut mit den überkommenen Standesschranken. Sie war aus der Beschränkung geboren und starb an der Freiheit. »Laßt jene schmeicheln, die Angst haben«, schrieb Jefferson, »es ist keine amerikanische Kunst.«[2] Und doch brachten Freiheit und Chancengleichheit in Amerika eine neue Form der Schmeichelei hervor: die Schmeichelei des Selbst. Es war nicht die hierarchische Schmeichelei der Alten Welt – sie war vielmehr seitwärts, auf den Nachbarn ausgerichtet. In Amerika war der Erfolg der empirische Beweis für das Verdienst eines Mannes; nichts war schmeichelhafter als der Erfolg.

Die traditionelle Schmeichelei galt in Amerika als unmännlich. Die Wahrheit war direkt und hart und männlich, und alles was von ihr abwich, wie die Schmeichelei, war verweichlicht. Der Akt des Schmeichelns brachte den Schmeichler dem Geschmeichelten gegenüber in eine unterlegene Position. In Amerika herrschte eine Art männlicher Aversion gegen die Schmeichelei. Du kannst dem *Marlboro Man* nicht schmeicheln, und auch er wird dir nicht sagen, wie toll du bist. D. H. Lawrence' zusammenfassende Beschreibung des typischen Hemingway-Protagonisten klingt ähnlich: »Er liebt niemanden, und es ekelt ihn, so zu tun, als ob er es täte.«

Amerikaner hatten, was die Autorin Margaret Fuller eine »Nützlichkeitsliebe« nannte. In Amerika ging es bei der Schmeichelei nicht um Charme oder Romantik, in Amerika war sie ein Werkzeug. Nicht daß Schmeicheln nicht auch in der Alten Welt diese Funktion gehabt hätte, es ist nur, daß die Amerikaner in dieser Beziehung sehr deutlich waren. Schmeichelei war das Hilfsmittel des Sichbeliebtmachens. Sie war nichts Mysteriöses wie in der Alten Welt; sie war eine Möglichkeit, weiterzukommen, einen Handel abzuschließen, das Eckbüro zu bekommen.

In der modernen Demokratie war Schmeichelei gleichzeitig allgemeiner und spezieller geworden. Allgemein in dem Sinne, daß alle als gleich galten; speziell in dem Sinne, daß jeder jetzt ein Individuum war. Der amerikanische Mantel der Schmeichelei war gleichzeitig maßgeschneidert *und* von der Stange.

Die Puritaner, die nach Neuengland kamen, lebten in einem Zwiespalt. Einerseits wußten sie: Der Mensch ist in furchtbarer Sünde geboren, und nur Gottes Gnade, die er sich nicht verdienen kann und die Gott ohne erkennbare Ordnung oder Logik verteilt, kann ihn vor der ewigen Verdammnis erretten. Sie wußten, sie mußten aus einem, wie sie es sahen, primitiven, ungezähmten Garten Eden eine Zivilisation schaffen. Bald stellten sie fest, daß sie darin gut waren und obendrein noch Gewinn machten. Sie glaubten vielleicht an die Prädestination, aber sie glaubten auch, daß sie ihr Schicksal in den eigenen Händen hielten.

Ihre Religion war gnadenlos. Die alte anglikanische Kirche hatte allen das Heil versprochen, die die Sakramente erhielten. Aber das war für die Puritaner viel zu leicht. Nur was sie »Bekehrung« nannten, eine durch Gott bewirkte Wandlung der Seele, konnte das sündige Selbst erretten. Gnade jedoch wurde weder vererbt noch verdient. Sie war keine Belohnung für menschliche Rechtschaffenheit oder Leistung. Man selbst konnte absolut nichts dazu tun, aber das hielt die Puritaner nicht davon ab, alles dazu zu tun. Sie waren fleißig und rühmten den Fleiß um seiner selbst willen. Zumindest war Arbeit gut für die Seele, selbst wenn sie sie nicht errettete.

Und nun zum Lob: Thomas Hooker vertrat die Meinung, daß man nichts loben sollte, einfach nur weil es besser als der Durchschnitt war. Wozu ist es gut, ein bestimmtes Tuch zu loben, fragte er, nur weil es weniger grob als ein Teppich ist? »Wird der Vergleich nicht jene Dinge, die an sich schlecht sind, gut erscheinen lassen?« schrieb Hooker. »Laßt uns nur das für gut halten, was in sich selbst gut ist, dessen Qualität man im Wesen des Dinges finden kann.« Jeder Vergleich, und damit jedes Lob, war verhaßt.[3]

In einer vorbestimmten Welt gab es wenig Raum für etwas, das die Bestimmung eines Menschen ändern könnte, ganz zu schweigen von etwas so Trivialem wie der Schmeichelei. Wenn man an einen freudlosen und unberechenbaren Gott glaubt, der vom Anbeginn aller Zeiten an das Schicksal jedes einzelnen Menschen festgelegt hat, welcher Spielraum bleibt da noch für die armselige menschliche Schmeichelei? Welchen Nutzen können ein paar ölige Komplimente dann noch haben? Bei der Schmeichelei geht es unter anderem darum, den wohlverdienten Lohn hochzutreiben, aber wenn dein kosmisches Schicksal schon vor Äonen geregelt worden ist, wozu dann das alles? Wenn du errettet wirst, brauchst du so etwas wie Schmeichelei nicht, und wenn du verdammt wirst, kann sie dir auch nicht helfen.

Grundsätzlich galt: Gott kann man nicht schmeicheln.

Worum ging es in der Reformation, wenn nicht um eine Revolte gegen eine Art Schmeichelei? Für Luther waren päpstliche Ablässe eine Art kosmischer Schmeichelei. Sie waren ein Versuch, die eigene Bestimmung zu manipulieren, kurz gesagt: eine Bestechung, und Luther sagte, daß man sich mit Geld einfach nicht alles kaufen kann. Schmeichelei war ein Weg, sich eine Art Gnade zu »verdienen«, und die Puritaner wußten, daß man sich Gnade nicht verdienen kann.

Als gute, schlichte Protestanten mißtrauten die Puritaner dem schicken Drumherum der anglikanischen Kirche in der Alten Welt, den Bischöfen in ihren roten Roben und den schneeweißen Chorröcken. Was war Schmeichelei im Grunde anderes als eine schicke rote Robe, ein leuchtender Chorrock über Gottes ehrwürdiger Wahrheit? Die Puritaner mißtrauten der leichten Rhetorik der anglikanischen Priester, ihren süßen Stimmen und ihren hübschen Ausdrücken. Bestand Schmeichelei nicht aus schönen Phrasen und unehrlicher Rede? Die Puritaner glaubten, daß die ausgefeilten Zeremonien und Ausschmückungen der anglikanischen Kirche die Menschen dazu verleiten könnten, ästhetisches Vergnügen mit göttlicher Gnade zu verwechseln. Schönheit kann – wie Schmeichelei – die Seele des Menschen verhexen. Die Anglikaner legten sich sogar Kissen auf die Kirchenbänke!

Der puritanische Stil dagegen war nüchtern, streng und schmucklos. Sein einziger Schmuck war die Schlichtheit, der sauber gefegte Boden, die leeren, weiß gestrichenen Wände. Dekoration war dekadent. Puritaner hielten ihre Gottesdienste in einfachen, kargen quadratischen Holzkirchen mit harten, unbequemen Kirchenbänken ab. Ihre Übersetzungen der religiösen Werke aus dem Lateinischen und Hebräischen waren absichtlich unbeholfen und plump. Sie verachteten »kunstvolle, schmeichlerische Worte und eitel geschmückte Ausdrücke«, wie ein Prediger erklärte.[4] Sie revoltierten gegen den Konditorstil der anglikanischen Prediger, die unangenehme Dogmen mit verbalem Zuckerguß überzogen. Dunkle Ausdrücke und exotische Worte schienen ihnen ebenso unmoralisch wie Stuckmarmor.[5] »Gottes Altar braucht unser Polieren nicht«, hieß es im *The Bay Psalm Book*.[6] Schmeichelei war die Politur.

Von Anfang an gab es eine Art Klarheit im amerikanischen Leben. Nichts war verborgen. Schlichte Rede war klare Rede. In Neuengland hingen keine Vorhänge vor den Fenstern. Die junge Amerikanerin in Henry James' Roman *Die Europäer* wunderte sich, als ihre französische Cousine, die sie besucht, einen Seidenschal als provisorischen Vorhang benutzte. »Was ist das Leben tatsächlich ohne Vorhänge?« sagt das junge Mädchen zu sich selbst. Aber der amerikanische Adam interessierte sich nicht für Gardinen. Er war ein natürlicher Mensch, der die nackte Wahrheit sprach. Schmeichelei verhüllte die Wahrheit mit einem Vorhang.

## Arbeit ist gut für die Seele und für die Brieftasche

Die Puritaner waren auch noch in anderer Hinsicht prototypische Amerikaner: Sie entwickelten sich zu begeisterten Kapitalisten. Sie waren, wie Andrew Delbanco feststellt, sowohl »ehrgeizig als auch zutiefst mißtrauisch gegen den Ehrgeiz«.[7] Man hatte ihnen beigebracht, nach einer gewissen »Totheit des Herzens« gegenüber den weltlichen Dingen zu streben, aber die Welt machte, daß sie sich lebendig fühlten. Ihre Religion war nicht materialistisch, sondern auf das Jenseits ausgerichtet, aber sie zogen eine tiefe Befriedigung aus weltlichen Dingen. Der Besitz solcher weltlichen Dinge weckte in ihnen die Überzeugung, daß sie zu Höherem bestimmt seien. Das Akkumulieren von Kapital wurde, wie Max Weber gesagt hat, als ein Zeichen von Gottes Gnade gesehen. Reichtum wurde mit Prädestination gleichgesetzt.

Natürlich gab es die kalten, einschüchternden Priester, aber es gab auch Rechtsanwälte, Kaufleute, Handwerker, Bauern, Ladenbesitzer. Natürlich wollten die Puritaner, daß ihr neu gefundenes Land eine Stadt auf einem Hügel sein sollte, wie John Winthrop es in seiner bekannten Rede so treffend sagte (allerdings stammt die Formulierung aus dem Matthäus-Evangelium), doch in derselben Rede sprach Winthrop länger über die Neue Welt als einen Ort erfolgreicher Pflanzungen als über die Neue Welt als moralisches Leuchtfeuer. Man hat den Eindruck, er sprach auch über den Bau von Wohnanlagen auf dem Hügel, von dem aus die Sicht besser war.

Cotton Mather, der theologische Vordenker Neuenglands, erklärte, jeder Christ habe zwei Berufungen: Gott zu dienen und nützlich zu sein. Die Puritaner wollten beides. »Wie könnt ihr die Nachtruhe genießen, wenn ihr nicht tagsüber gut gearbeitet habt?«, fragte Mather in einer Predigt. »Euer Geschäft soll den größten Teil eurer Zeit in Anspruch nehmen.« Mather durchkämmte die Bibel nach allem, das nach Reichtum durch den Glauben klang. Er zitiert aus dem Deuteronomium (8,12): »Denke vielmehr an den Herrn, deinen Gott: Er war es, der dir die Kraft gab, Reichtum zu erwerben ...« Der Herr als Risikokapitalist.

Historiker sprechen von der Entstehung eines neuen Selbstgefühls in der Neuen Welt, das in der Alten so nicht existierte. Das Bedürfnis nach einem Privatleben wuchs, die Klassenschranken lösten sich auf und die gesellschaftliche Unterordnung nahm ab. All dies lief parallel mit dem Aufschwung einer marktorientierten Kultur, einem Wandel von einer eher geschlossenen religiösen Gesellschaft hin zu einer offeneren und ungeordneteren kapitalistischen. Gegen Ende des 18. Jahrhunderts bildeten nicht Aristokraten mit ererbtem Reichtum die Spitze der Gesellschaft, sondern reiche Kaufleute und Pflanzer, die auf neumodische Art zu ihrem Geld gekommen waren; sie hatten es verdient. In Amerika gab es keine Reichen außer den Neureichen.

Ein wichtiger Punkt des puritanischen Diskurses war, daß die Menschen die Welt mit »distanzierter Zuneigung«[8] zu lieben hatten. Die Prediger erklärten ihnen, daß sie in der Welt, aber nicht weltlich leben sollten. Doch die Welt lockte. Die Puritaner waren das erste Beispiel für die amerikanische Erfolgsgeschichte, und sie lernten bald, wie Generationen von Industriellen nach ihnen, daß nichts so erfolgreich ist wie der Erfolg. Sie hatten ein übertriebenes Gefühl von ihrer zentralen Bedeutung für die Geschichte, und man kann sich fast vorstellen, daß sie nach einem erfolgreichen Scharmützel mit den Indianern das Victory-Zeichen machten und »Wir sind die Nummer Eins!« sangen.

Trotz aller Mythen, die sich um Thanksgiving und die damit zusammenhängenden Feste ranken, waren die Puritaner nicht gerade das gewinnendste Volk. Wie ein englischer Autor schrieb: »Ein Puritaner ist jemand, der Gott mit ganzer Seele liebt, aber seinen Nachbarn mit ganzem Herzen haßt.«[9] Der Historiker Perry Miller nannte sie »doppelzüngige Theologen«.[10] Sie taten, was ihnen paßte, und suchten später nach einer vernünftigen Begründung.

Trotz des ganzen Geredes über Prädestination glaubten die meisten puritanischen Prediger, daß die Erlösung eine Menge Arbeit erforderte. Während die Calvinisten dazu rieten, den Empfang der Gnade relativ passiv zu erwarten, arbeiteten die Puritaner wie der Teufel auf sie hin, nicht ohne dabei ständig zu betonen, daß gute Werke und Fleiß eigentlich nicht viel zählten. Gnade war kein kostenloses Mittagessen. Man konnte sich seinen

Weg in den Himmel nicht erschmeicheln. Gott hilft denen, die sich selbst helfen, heißt es in *Poor Richard's Almanack*. Man mußte schon ein paar Überstunden dafür einsetzen.

Sie waren Kämpfernaturen. Sie waren auf dem Sprung nach oben, spirituell wie ökonomisch. John Winthrop war der frühe Vorläufer des Reverend Ike aus den sechziger Jahren des 20. Jahrhunderts, der sich mit Münzen behängte und verkündete, daß Gott die liebe, die sich selbst zu den Reichtümern der Welt verhalfen. In der Alten Welt war es eine Mühsal, hart zu arbeiten. In der Neuen Welt war es eine Tugend. Da blieb keine Zeit für Schmeichelei.

Als der Puritaner dem berechnenden Yankee Platz machte, wich auch der altmodische Protestantismus mit seiner Betonung von harter Arbeit und Erfolg der protestantischen Ethik. Der Puritanismus verwandelte sich von einer Religion der Annahme vor einem fernen und entrückten Gott zu einer Theologie ehrgeiziger Individuen, die sich unter dem wohlwollenden Blick eines stolzen Vaters abmühten. Die Religion der Gnade wurde, wie Delbanco schreibt, zu einer Kultur der Disziplin. Und ihre Ethik war nicht mehr absolut, sondern wurde von Fall zu Fall neu bewertet.

## Gründerschmeichelei

Noch heute, zwei Jahrhunderte nach dem Unabhängigkeitskrieg, halten manche Menschen Amerika für ein kulturelles Stiefkind Englands und Europas. Diese Anglo- und Europhilen betrachten die Vereinigten Staaten wie so viele, die Amerika im 18. und 19. Jahrhundert besuchten, als ein grobes, linkisches Land, ein Land, dem es, wie Matthew Arnold schrieb, an »Reiz« fehlt, ein Land, das viel erreicht hat, aber irgendwie um die Kultur herumgekommen ist. 1791 besuchte Chateaubriand Amerika und nannte es einen Ort, an dem es nur praktische Tätigkeiten gibt, nur utilitaristische Werte und nur gewinnsüchtige Träume.[11]

Auch die Amerikaner selbst waren sich sehr lange nicht sicher, nicht nur, was ihre Leistungen betraf, sondern vor allem hinsichtlich ihrer gesellschaftlichen Umgangsformen. Emerson sagte, er habe sich wie ein »Invalide« gefühlt, als er zum ersten Mal nach Europa kam. Diese Unsicherheit hatte ihre Wurzeln in der Zeit lange vor Emerson. Die Gründerväter waren von der Notwendigkeit der Revolution überzeugt, aber unsicher, was die Etikette betraf. Zu den ersten Themen des neuen Kongresses gehörte die Frage, wie der neue Präsident, George Washington, denn nun anzureden sei. Der Senat wollte ihn »Seine Hoheit, der Präsident der Vereinigten Staaten und Verteidiger ihrer Rechte« nennen. Andere bevorzugten »Seine Exzellenz«. Aber Washington scheute diese Schmeichelei und beschloß, sich ganz schlicht und einfach nur Mr. President zu nennen – der republikanischste Titel, den man sich vorstellen kann.

Washington wußte, daß ein Revolutionär allen monarchischen Tand der Alten Welt ablegen sollte. Mit einer Ausnahme: den Manieren. Sein ganzes Leben lang war Washington bekannt für seine pedantischen Umgangsformen, und als der gute Amerikaner, der er nun einmal war, hatte er sie sich typischerweise selbst beigebracht. Amerikaner lernten ihre Manieren aus Büchern, nicht an Fürstenhöfen. Als Teenager in Virginia hatte George Washington mühsam 110 Benimmregeln aus einem übersetzten Buch mit dem Titel *The Rules of Civility and Decent Behavior in Company and Conversation* abgeschrieben – einem Leitfaden, den französische Jesuiten im 17. Jahrhundert zusammengestellt hatten. Washington trug seine Abschrift der *Rules of Civility* sein ganzes Leben lang bei sich.

Die Amerikaner des 18. Jahrhunderts waren ganz scharf auf Ratgeber und Benimmbücher. Washington war ein Mann von natürlichem Adel. Aber er wollte lernen, sich wie ein Mann von Welt zu benehmen. (Wie ein Bekannter von ihm 1775 schrieb: »Es gibt keinen König in Europa, der an seiner Seite nicht wie ein Kammerdiener aussähe.«)[12] Aber der junge Washington interessierte sich nicht für Machiavelli, Castiglione oder Lord Chesterfield. Er suchte nach etwas Praktischerem, Nützlicherem, Utilitaristischerem – *Amerikanischerem.* Er brauchte oder wollte nicht so viel Philosophiererei um seine Regeln herum. Er wollte einfach nur wissen, welches die Dessertgabel war und ob er sich beim Tischgespräch zuerst seinem linken oder seinem rechten Nachbarn zuwenden sollte.

Nummer 2 der 110 Regeln, die er abgeschrieben hatte, lautete: »Lege in Gesellschaft deine Hände auf keinen Körperteil, der nicht üblicherweise sichtbar ist.« So weit, so gut. Nummer 7 gehört genauso in die Kategorie »Was ich eigentlich schon im Kindergarten gelernt haben sollte«: »Lege deine Kleidung nicht in Anwesenheit anderer ab.« Nummer 12 ist ein guter Ratschlag für den künftigen Politiker: »Benetze niemandes Gesicht mit deinem Speichel, indem du zu nahe an ihn herantrittst, während du sprichst.« Und für die Gummihähnchen-Essen auf Wahlkampfreisen gilt Regel 85: »Reinige deine Zähne nicht mit dem Tischtuch, der Gabel oder dem Messer.«[13]

Washington wollte nicht, daß ihn irgend jemand an Höflichkeit übertraf. Ben Franklins radikale Formlosigkeit war nichts für ihn. Ein Oberst aus Virginia klagte einmal, daß die Verbeugungen des Generals bei seinen Morgenaudienzen steifer und distanzierter seien als die von George III.[14] Wie der französische Adlige Barbé-Marbois über Washington schrieb: »Ich habe nie jemanden von natürlicherer und spontanerer Höflichkeit gesehen.«[15] Es gibt eine Geschichte über einen europäischen Besucher, der General Washington Vorwürfe machte, weil er sich wie ein Sklave verbeuge. »Würden Sie es besser finden, wenn er mich an Höflichkeit überträfe?« soll Washington geantwortet haben.

Nicht alle Vorschriften aus den *Rules of Civility* sind so elementar; einige bezeugen Washingtons überaus kluge und durchdachte Höflichkeit. Regel Nummer 1 zum Beispiel ist ein Prinzip, dem Washington sein Leben lang folgte: »In Gesellschaft sollte man immer mit einem gewissen Respekt vor den Anwesenden handeln.« Washington beachtete diese Regel treu, von der Achtung, mit der er einfache Soldaten behandelte, bis dahin, daß er den damaligen Vizepräsidenten Thomas Jefferson dazu drängte, das Podium bei der Einsetzung von John Adams vor ihm selbst zu verlassen. Ich bin nur ein Gutsbesitzer, der der Rente entgegengeht, erklärte er; Sie sind der Vizepräsident der Vereinigten Staaten.

Beim Thema Schmeichelei waren die *Rules of Civility* bewundernswert deutlich. Nummer 17: »Sei kein Schmeichler.« Schön, aber nehmen wir Nummer 25: »Überflüssige Komplimente und alle gezierten Zeremonien muß man meiden, wo jedoch nötig, sollten sie nicht vernachlässigt werden.« Das ist Washington, wie er leibt und lebt. Er ist der vollkommene republikanische Adlige, ein Mann, der Zeremonien wegfallen läßt, wenn er kann, aber mitmacht, wenn er muß. Geziertes Getue verabscheuten die Amerikaner. Was immer du tust, sei nicht affektiert. Zeremonien einfach um der Zeremonien willen sind in der Demokratie der falsche Weg. Aber der Grundsatz des Buches, ebenso wie Washingtons – und das ist angemessen für einen Mann, der zum Cincinnatus des 18. Jahrhunderts wurde – lautete: Man soll sich seiner Umgebung anpassen. Regel 42: »Beim Grüßen und Zurückgrüßen bleibe, kurz gesagt, beim üblichsten Brauch.«

Als der ausgesprochene Praktiker, der er war, lehnte Washington die Schmeichelei nicht ab, wenn sie ihm helfen konnte. 1757, er war Oberst der Miliz in Virginia und wollte auf dem Weg durch die Militärhierarchie vorankommen, schrieb er dem britischen Oberkommandierenden in Nordamerika: »Glaubt nicht, mein Herr, daß ich schmeicheln werde; obwohl ich die höchste Meinung vom Charakter Eurer Lordschaft habe und Euren Rang respektiere, ist es nicht meine Absicht, mich lieb Kind zu machen. Mein Wesen ist offen und ehrlich und frei von Tücke!«[16] George wurde befördert.

Wie Washington selbst auf Schmeicheleien reagierte, ist schwer einzuschätzen. Er nahm sie offenbar mit eisiger Zurückhaltung an. Selten läßt sich erkennen, ob sie ihm gefielen oder nicht. (Er war nie »sichtbar« erfreut, wie es die Zeitungen heute immer ausdrücken.) Er war vormodern in dem Sinne, daß er weder in der Öffentlichkeit noch für seine Porträts je lächelte. (Und das lag nicht daran, daß er seine dritten Zähne nicht zeigen wollte.) Ein Lächeln bedeutet, daß man nicht ernsthaft ist. Als der Neurologe Oliver Sacks einer Gruppe autistischer Patienten ein Video von Ronald Reagan, den sie noch nie zuvor gesehen hatten, ohne Ton vorspielte, glaubten sie, er sei ein Komödiant.

Aber Washington nahm seine Maske sehr ernst. Sein Gesicht war so steinern wie seine Statuen. Als die Gattin des britischen Botschafters Washington erklärte, sie könne an seinem Gesicht ablesen, wie sehr er sich auf den Ruhestand freue, antwortete er: »Sie irren sich, Madam. Meine Miene verrät meine Gefühle nie.«[17] Das war eine Übertreibung; allzu viele Leutnants hatten eine Gänsehaut bekommen, wenn Zorn in seinem Gesicht aufblitzte. Aber wenn man ihm erfolgreich schmeichelte, verzog er keine Miene. »Er besaß das Geschenk der Ruhe«, sagte John Adams einmal. Wut war erlaubt, aber ein Lächeln war unkultiviert.

Die *Rules of Civility* rieten zur Demut, sogar zu einer vorgetäuschten Demut, die als eine Art gesellschaftliches Schmiermittel fungieren sollte. Falsche Bescheidenheit ist auch eine Art Schmeichelei. Sie ist ein Weg zu sagen: Nein, ich bin unwürdig, Sie sind es, der mehr verdient. Washington war kein bescheidener Mann, aber er wußte sehr wohl, daß eine Gestalt des öffentlichen Lebens bescheiden wirken mußte. Als er 1775 vom Kontinentalkongreß zum Oberkommandierenden gewählt wurde, schrieb er den Abgeordneten: »Ich fühle mich dem Kommando, mit dem ich beehrt worden bin, nicht ebenbürtig.« Als er zum Vorsitzenden der Verfassunggebenden Versammlung gewählt wurde, schrieb er, daß er »seinen Mangel an besserer Qualifikation« beklage. Und in seiner ersten Antrittsrede im Jahr 1789 bekannte er, er sei sich selbst »seiner Defizite überaus bewußt«.[18] Aber Washington wußte immer ganz genau, daß er unentbehrlich für sein Land war. Er wußte allerdings auch, daß er dieses Wissen nicht zeigen durfte.

## Pelzkappenschmeichelei

Das eigentliche Vorbild des neuen Amerikaners in Stil und Wesen, oder in »Fleisch und Soße«, wie er selbst es gern ausdrückte, war Benjamin Franklin. (Natürlich wollte er lieber mehr Fleisch als Soße sein.) Seinem Benehmen und seinem Stil nach stand Washington irgendwo zwischen der Alten und der Neuen Welt. Benjamin Franklin dagegen wurde zum Prototyp des Amerikaners – *self-made,* selbst erfunden und von eigener Energie vorwärts getrieben. In Frankreich brüstete sich Franklin zur Zeit des Unabhängigkeitskriegs ostentativ mit seiner Einfachheit und ließ seine langen Perücken zugunsten einer flaumigen Pelzkappe in der Schublade verschwinden, die gerade eben noch sein ungepudertes graues Haar bedeckte. Abends bevorzugte er einen Holzstab statt eines Schwerts. Er trug lieber das schlichte Gewand des demokratischen Philosophen als den höfischen Putz eines Diplomaten. Revolutionäre tragen keine gedeckten Krawatten, wie Nelson Mandela einmal sagte.

Franklins *Selbstbiographie* gehört zur Gattung des belehrenden Märchens. Er präsentiert sein Leben als eine Reihe von Sinnsprüchen. Als der erfolgreiche Drucker, der er war, nannte er seine Fehler »Errata«. Und als moderner Mensch wußte er, daß Errata bei einer Neuauflage in jedem Fall berichtigt werden können. Für Franklin waren seine Fehler keine untilgbaren Todsünden. Er betrachtete offenbar keinen Fehler als dauerhaft, zumindest dann nicht, wenn noch Zeit für eine Neuauflage blieb.

Franklin predigte immer, keine Zeit zu verschwenden, und er selbst hatte kaum Zeit, über Manieren nachzugrübeln. Aber das heißt nicht, daß er sich keine Gedanken über sein Auftreten machte. Im Grunde war er der erste amerikanische Trainer in Sachen Politik, und er war selbst sein bester Klient.

In seiner *Selbstbiographie* schrieb Franklin über die Unterschiede zwischen, wie er es nannte, Anschein und Wirklichkeit. Die puritanische Übereinstimmung zwischen dem Schein und dem Wesen eines Dings war seine Sache nicht. Während sich die Puritaner darum bemühten, Schein und Sein zu versöhnen, war Franklin klar, daß der Anschein oft genauso gut war, wenn man die Wirklichkeit schon nicht erreichen konnte. Er war ein Meister dessen, was die Soziologen später »Eindrucksmanipulation« nennen sollten. Wie er in der *Selbstbiographie* zur Tugend der Demut schrieb: »Ich kann mich nicht rühmen, daß es mir sonderlich gelungen wäre, das eigentliche *Wesen* dieser Tugend mir anzueignen; recht gut aber gelang es mir, den *Schein* derselben anzunehmen.«[19] Wie Oscar Wilde so schön sagte: Nur oberflächliche Menschen trauen dem äußeren Schein nicht.

Franklins Überlegungen zu Schein und Wesen ähneln den Gedanken eines Castiglione oder Chesterfield. Aber Franklin ist direkter und auch naiver – eine sehr amerikanische Kombination. Er erzählt Geschichten von sich mit einem bemerkenswerten Mangel an Zurückhaltung. So schreibt er über seine Anfänge in Philadelphia: »Ich war, um meinen Credit und Ruf als Geschäftsmann zu sichern, nicht nur in der That fleißig und mäßig, sondern ich suchte selbst den Schein des Gegentheils zu vermeiden. Ich kleidete mich einfach, ließ mich an keinen Orten eitler Vergnügungen sehen, ... und um zu zeigen, daß ich mich nicht über mein Geschäft erheben wollte, fuhr ich zuweilen das erhandelte Papier auf einem Schubkarren durch die Straßen nach Hause.« Franklin will einfach nur sagen: Wenn man selbst schon nicht so ist, wie es von einem erwartet wird, sollte man doch wenigstens die Rolle spielen – eine Möglichkeit, ein Buch zu beurteilen, ist der Blick auf den Umschlag.

Ein Anschein, den er sorgfältig kultivierte, ist eine Art republikanischer Indifferenz in bezug auf das eigene Auftreten, die Franklin in Paris zum Stadtgespräch machte. Seine Formlosigkeit war ein Skandal – aber die Menschen bewunderten ihn dafür. Wie das Porträt von Lady Di fand sich auch sein Bild auf allen möglichen Gebrauchsgegenständen, von Schnupftabaksdosen bis zu Teekannen. John Adams schrieb, daß sein Ansehen größer sei als das von Newton, Leibniz oder sogar Voltaire.[20] Er war die erste internationale amerikanische Berühmtheit.

Obwohl Franklin stets zur Bescheidenheit riet, rührte er fleißig die Werbetrommel für sich selbst. Er war skrupellos beim Anpreisen und Verkaufen seiner eigenen Zeitung – und seiner selbst. Er setzte oft Falschmeldungen über sich in die Welt – um für etwas zu werben, das er gerade tat. Er war ein hartnäckiger Verfechter der Geheimhaltung während der Sitzungsperioden der Verfassunggebenden Versammlung, aber danach traf er in Windeseile alle Vorbereitungen, um seine eigenen Bemerkungen dazu zu veröffentlichen.

Er war der erste Ratgeber-Kolumnist. Er war der Vorläufer eines ganzen typisch amerikanischen Wirtschaftszweigs: der Selbsthilfe- und Ratgeberliteratur. Machiavelli, Castiglione und Chesterfield boten Ratschläge dazu, wie man es in der Welt zu etwas bringen konnte; Franklin lieferte einen genauen Plan dafür. Sein *Poor Richard's Almanack* wurde zum Modell für Dale Carnegies *Wie man Freunde gewinnt*.

Franklin begann im Jahr 1732 mit dem Druck des Almanachs und veröffentlichte dann zwischen 1733 und 1757 jedes Jahr eine Ausgabe. Die Almanache waren Sammlungen von Maximen, Geschichten, Ratschlägen, Gedichten – meist ermahnende und belehrende Texte, jeweils zu einem bestimmten Zweck zusammengestellt. Sie waren außerdem leichte Lektüre, einfach, klar, umgangssprachlich – ein Boulevardblatt, keine Intellektuellenkost. Max Weber zitierte *Poor Richard's Almanack* als das grundlegende Selbsthilfehandbuch der protestantischen Ethik. »Allerdings sind nun alle moralischen Vorhaltungen Franklins utilitaristisch gewendet«, schrieb Max Weber. »...alle Tugenden [sind] auch nur soweit Tugenden, als sie in concreto dem einzelnen nützlich sind.«[21]

Eine frühe Kompilation der Maximen aus *Poor Richard's Almanack* wurde unter dem passenden Titel *The Way to Wealth* [Der Weg zum Wohlstand] veröffentlicht, der sich auch heute gut auf jeder Bestsellerliste machen würde. Franklin verstand, wie T.S. Eliot einmal sagte, daß gute Autoren Anleihen machen, große Autoren dagegen klauen. Viele seiner Maximen sind ganz offen von anderen abgeschrieben. Franklin predigte immer, wie wichtig es sei, Ruhm und Anerkennung zu teilen, aber er ließ auch immer durchblicken, daß ihm der Löwenanteil gebühre.

Franklin unterscheidet sich von Castiglione und Chesterfield vor allem durch seine Direktheit. *Poor Richard's Almanack* ist nur Fleisch und sehr wenig Soße – auch in dieser Hinsicht ein Vorbild für Dale Carnegie. Und schließlich ist Franklins Prüfstein für jedes Verhalten nicht die Moral, sondern die Wirksamkeit dieses Verhaltens. Er definiert die Realpolitik der zwischenmenschlichen Beziehungen so: Was funktioniert, ist immer das beste.

Franklin bevorzugte wie Chesterfield und später Carnegie im Grunde freundliche und einschmeichelnde Umgangsformen. Mache dir niemanden zum Feind, sagte er, denn er könnte zurückkommen und dir eins auswischen. *Was du nicht willst, das man dir tu, das füg' auch keinem andern zu.* Besser beschwichtigen als sich Ärger einzuhandeln.

Franklin bekennt in der *Selbstbiographie,* daß er von Natur aus ziemlich mürrisch sei, aber festgestellt habe, daß er seine Ziele nicht erreiche, wenn er die Menschen mit Streit gegen sich aufbringe. Als junger Mann geriet er öfter mal in einen Streit hinein und verteidigte seine Meinungen ohne Rücksicht auf Verluste; er war einfach ungemein stur. Aber er lernte seine Lektion, und er rät auch dem Leser, seine Streitlust im Zaum zu halten. Selbst beschloß er irgendwann, nie wieder jemandem zu widersprechen, nicht weil er nicht anderer Meinung gewesen wäre, sondern weil er durch Streit nicht das bekam, was er wollte. »Ich gewöhnte mir an, nie anders als in den bescheidensten Ausdrücken zu widersprechen.«[22] Dies ist an sich schon eine Art Schmeichelei, die Schmeichelei des Nicht-Widersprechens, die Schmeichelei, den anderen nicht eines Besseren zu belehren. Dale Carnegie nimmt diesen Rat fast zwei Jahrhunderte später wieder auf und verweist auf Franklin, als er seinen Lesern den Rat gibt: »Die einzige Möglichkeit, einen Streit zu gewinnen, ist, ihn zu vermeiden.«

Trotz seines Werdegangs als Drucker, Autor und Verleger steht Franklin der Sprache skeptisch gegenüber. Wörter, so sagt er, stehen der Wahrheit sehr oft im Wege. Ein Gutteil von *Poor Richard's Almanack* ist eine versteckte Verurteilung der rhetorischen und übertriebenen Rede. »Es gibt keine häßliche Geliebte und auch kein schönes Gefängnis.« Man kann die Realität nicht schönreden; alles ist, wie es ist. Franklin ist ein Rationalist, er betreibt konkrete Philosophie. Eine andere Maxime: »Man soll wirklich so sein, wie man zu sein scheint.« Für Franklin ist das natürlich nur der Ratschlag, man selbst zu sein.

Am Anfang der *Selbstbiographie* erzählt er die Geschichte von John Collins, seinem besten Freund in der Kindheit. Franklin beneidete den jungen Collins darum, daß er »sich mit viel mehr Eleganz, Klarheit und Methode auszudrücken wußte« und mit Hilfe seiner Beredsamkeit viele Auseinandersetzungen gewann.[23] Franklin stellt sich immer als stockenden, schwerfälligen Redner dar. Aber Collins bekommt seine wohlverdiente Strafe. Als Erwachsener wird er zum Trunkenbold und Totschläger, der Franklin verrät. Wie Dante verbannt auch Franklin den schönredenden Collins in einen inneren Kreis der Hölle. So ergeht es Leuten, die nur Soße und kein Fleisch sind.

Franklin bevorzugt immer das Handeln gegenüber der Reflexion. »Gut getan ist besser als gut gesagt«, heißt es in *Poor Richard's Almanack*. Ein solcher Rat verrät auch sein Mißtrauen gegenüber der Rhetorik. »Hier kommt Herr Zungenfertig: Er kann mit seinen Schmeicheleien eine Widmung übertrumpfen und lügen wie zehn Nachrufe«, heißt es in *Poor Richard's Almanack*. Franklin mißtraut der Zungenfertigkeit aus dem gleichen Grund wie Aristoteles: Sie kann böse Absichten überdecken. Für Franklin ist Schmeichelei dasselbe wie Rhetorik.

»Halt den Mund«, ist wahrscheinlich der Ratschlag, den man bei Franklin am häufigsten liest. »Wer in Ruhe und Frieden leben will, darf nicht alles sagen, was er weiß, und nicht über alles urteilen, was er sieht«, sagt der Almanach. »Ein geschlossener Mund fängt keine Fliegen.« Schwachköpfe reden viel und sagen wenig, erklärt er. Überall mißtraut er der Rede und ist der Ansicht, daß man fast immer mehr davon habe, wenn man still bleibe. Wer etwas kann, tut es auch; wer nichts kann, redet.

Aber Franklin kannte durchaus die Wirkung der Schmeichelei, sei sie nun subtil oder plump. »Ein Schmeichler wirkt nie absurd: Der Geschmeichelte glaubt ihm immer aufs Wort«, sagt der Almanach. Er wußte, daß Eigennutz überall vorgeht und daß jeder Komplimente mag. Es zeugt von seinem Pragmatismus, daß er sich eigentlich nie damit abgibt, Schmeichler zu kritisieren. Wie konnte er auch? Sie arbeiteten auf derselben Baustelle wie er. Wenn der Schmeichler fleißig ist und sein Ziel erreicht, nun gut. Das war Ben egal. Er war sich durchaus darüber im klaren, daß Schmeichelei funktionierte. Er wußte nur, daß er sie, um den Schein zu wahren, nicht empfehlen durfte.

Franklin rühmte die Offenheit und kannte den Wert der Parrhesie, war aber klug genug, nicht selbst offen zu sein. Er wußte, daß Freimut abschreckte. Aber er wußte auch, daß es besser aussieht, wenn man für die Offenheit eintritt. Franklin war vielleicht kein großer Schmeichler, aber er war auch nicht besonders freimütig.

Franklins Geschichten sind immer lehrreich, manchmal in einer Weise, die er wahrscheinlich nicht beabsichtigte. So erzählt er zum Beispiel eine Anekdote, die wohl zeigen soll, wie jemand einen Streit schlichtet und wie Bescheidenheit und praktisches Vorgehen helfen können, eine Auseinandersetzung zu vermeiden. In Wirklichkeit aber ist die Geschichte eine wunderbares Lehrstück zum richtigen Einsatz der Schmeichelei. Franklin berichtet, wie er mit einem Konkurrenten um die Position des Sekretärs der Generalversammlung von Pennsylvania im Jahr 1736 umging. In seinem ersten Jahr war er einstimmig gewählt worden; bei der nächsten Wahl hatte er einen Gegner.

»Jenes Mitglied«, schreibt er, »war ein Mann von Vermögen und Erziehung, dessen ausgezeichnete Talente auf seinen künftigen Einfluß schließen ließen. Durch Unterthänigkeit um seine Gunst werben, das konnte ich nicht; deshalb wählte ich einen andern Weg. In seiner Bibliothek war, wie ich erfahren hatte, ein gewisses, sehr seltenes Buch; ich bat ihn schriftlich um die Gefälligkeit, mir dieses Buch, welches ich sehr zu lesen wünschte, auf einige Tage zu leihen. Ich erhielt es augenblicklich, und sandte es nach etwa acht Tagen wieder zurück, indem ich, wieder schriftlich, in gewählten Ausdrücken den hohen Grad meiner Dankbarkeit für jene Gefälligkeit zu erkennen gab. Als wir uns in der nächsten Versammlung sahen, redete er mich an (was er früher nie gethan), und zwar sehr höflich. Und von der Zeit an bezeigt er mir bei allen Gelegenheiten seine Bereitwilligkeit, mir zu dienen, so daß wir bald Freunde wurden und es bis zu seinem Tode blieben. Ein neuer Beweis für die Wahrheit des alten Sprichworts: ›Wer dir einmal eine Gefälligkeit erwies, wird zu einer zweiten bereitwilliger sein, als ein Andrer, dem du einen Dienst geleistet hast.‹«[24]

La Rochefoucauld hat diesen Gedanken am besten zusammengefaßt, indem er erklärte, daß wir uns bei anderen eher dadurch beliebt machen, daß wir sie um einen Gefallen bitten, als dadurch, daß wir selbst ihnen einen Gefallen tun. Wir mögen die Menschen, die uns um einen Gefallen bitten – das gibt uns so ein Gefühl von Großherzigkeit. Franklin ist klug, aber unehrlich. Er sagt, er werde nicht »durch Unterthänigkeit« um die Gunst seines Widersachers werben. Ich werde niemandem in den Arsch kriechen! Aber im Grunde wirkt Franklin trotzdem wie ein serviler Intrigant, der um die Aufmerksamkeit und Großzügigkeit des Mannes buhlt. Dieser Schlawiner machte sich noch nicht einmal die Mühe, das Buch zu lesen; er lieh es sich nur aus, damit er es zurückgeben konnte.

# Schmeichelei ist die beste Zuflucht des politischen Gauners

Washington und Franklin nahmen im Sommer 1787 an der Verfassunggebenden Versammlung in Philadelphia teil – ein ziemlich seltsames Pärchen unter den Gründern der Vereinigten Staaten: Washington, der schweigsame Aristokrat, der die Menge der Delegierten überragte, und Franklin, die immer noch mutwillige graue Eminenz der Demokratie, der sich in der Sänfte überall hintragen ließ, um seine Gicht- und Nierenschmerzen zu lindern. Washington führte den Vorsitz der Versammlung, saß aber vier Monate lang schweigend da und erhob sich erst am letzten Tag, um für die neue Verfassung zu sprechen. Franklin war gesprächiger, mischte mit beim Abtausch der Sachargumente, schlug Lösungen vor, wenn die Gespräche in die Sackgasse gerieten, bot Ratschläge und Tips.

Keiner von beiden galt im Grunde als Demokrat. Beide waren gefeierte Männer ihrer Zeit. Washington benahm sich schon so, als sei sein Kopf in Mount Rushmore eingemeißelt, und Franklin, den einige im Grunde seines Herzens für einen Tory hielten, war sich ein bißchen zu sehr der Tatsache bewußt, daß er von den gekrönten Häuptern Europas gefeiert worden war.

Doch als Demokrat zu gelten, war auch nicht unbedingt ein Kompliment. Es war sogar eher eine Beleidigung. Den meisten Gründervätern wäre es kalt den Rücken heruntergelaufen, wenn man sie als Demokraten bezeichnet hätte. Demokrat war ein vielleicht noch schlimmeres Schimpfwort als Monarchist. Für die meisten Delegierten war das Wort negativ besetzt, denn unter Demokratie verstand man eher eine Herrschaft des Pöbels als das vernünftige Regieren des Volkes. Dem Adjektiv »demokratisch« folgte regelmäßig das Substantiv »Zügellosigkeit«. Reine Demokratie, so dachten die meisten von ihnen, war der Freibrief für reine Anarchie. Sie bedeutete eher Willkür als Freiheit. Der *demos* war in ihren Augen keine aufgeklärte Bürgerschaft, sondern vielmehr ein jähzorniger Mob. Der ganze Zweck der Verfassunggebenden Versammlung, so sagte Edmund Randolph aus Virginia, zielte darauf, »den Wahnsinn der Demokratie zu zügeln«.

Es gab viele in der Versammlung, die »dem Volk« insgesamt mißtrauten. Elbridge Gerry, der Kaufmann aus Boston, der zu den Unterzeichnern der Unabhängigkeitserklärung gehört hatte, vertrat die Meinung, daß »die Übel, die wir wahrnehmen, einem Übermaß an Demokratie entspringen. Das Volk will keine Tugend, sondern fällt auf angebliche Patrioten herein.«[25] Er sprach dunkel von der »Gefahr der Gleichmacherei«.

Heute wirkt der Ausdruck »Übermaß an Demokratie« fast wie ein Widerspruch in sich. Wir glauben gerne, daß die Demokratie ein vollkommenes Gut sei. Die Mitglieder der Versammlung versuchten die Demokratie zu zügeln. Deshalb war ein Besitznachweis für die Wahl notwendig und die Senatoren wurden nicht vom Volk, sondern von den Staatenparlamenten bestimmt. Der Präsident wurde ebenfalls nicht von den besitzenden weißen Männern – dem »Volk« – gewählt, sondern von Wahlmännern, die wiederum von den Parlamenten bestimmt wurden. Das Volk mochte zwar herrschen, aber man versuchte es so weit wie nur möglich von der Regierung fernzuhalten.

Der Ursprung der Qualifikation durch Besitz war die Vorstellung, daß Männer ohne Besitz auch Männer ohne Charakter seien. Für die Gründerväter verriet Armut vor allem Faulheit, nicht so sehr einen Mangel an Möglichkeiten. (Das unterscheidet sich im Grunde nur wenig von der Haltung der konservativeren Republikaner im modernen Amerika, die Armut mit einer gewissen moralischen Haltlosigkeit gleichsetzen.) Die Gründerväter gingen davon aus, daß es keinen Mangel an Arbeitsmöglichkeiten gab, also mußte man faul sein, wenn man arm war.

Allerdings waren sie nicht allgemein der Ansicht, daß die Bürgerschaft niederträchtig und intrigant sei – ganz im Gegenteil. Die Menschen galten als naiv und ungebildet, eher zu leichtgläubig als zu gerissen. Man konnte ihnen nicht trauen, weil sie sich zu leicht von demagogischer Schmeichelei einwickeln ließen. Wie Hamilton, Madison und John Jay mehrfach in den *Federalist Papers* betonten, kann man ein Volk »durch Schmeichelei korrumpieren«.[26] »Zudem lauert gefährlicher Ehrgeiz«, schrieb Hamilton in *The Federalist* Nr. 1, »viel öfter hinter der trügerischen Maske eines Engagements für die Rechte des Volkes als hinter dem abschreckend wirkenden Einsatz für eine standfeste und leistungsfähige Regierung.« Düster merkt er an, daß »der größte Teil der Menschen, die der Freiheit von Republiken ein Ende bereitet haben, ihre Laufbahn damit begannen, opportunistisch um die Gunst des Volkes zu werben. Als Demagogen fingen sie an, als Tyrannen endeten sie.«[27]

Dies ist ein fast vollkommener Spiegel der griechischen Vorstellung, daß Schmeichelei die Demokratie untergräbt und ein verlogener Patriotismus die erste Zuflucht des politischen Gauners ist. Hamilton ist der Ansicht, daß Demagogen Erfolg haben, weil das Volk eine leichte Beute für solche Betrüger ist. Doch politische Führer dürfen die Leichtgläubigkeit des Volkes nicht ausnutzen. Das republikanische Prinzip, so sagt er in *The Federalist* Nr. 71, »erfordert jedoch keine uneingeschränkte Willfährigkeit gegenüber jedem plötzlichen Ansturm der Leidenschaft oder jedem vorübergehenden Impuls, den das Volk von geschickten Demagogen empfängt, die seinen Vorurteilen schmeicheln, um seine Interessen zu verraten«.[28] Und es gibt zu viele Politiker, die diese Vorurteile gerne ausnutzen.

Hamilton, der brillante, scharfsinnige Einwanderer von den Westindischen Inseln, war sich nicht zu schade, auch seinerseits dem *demos* ein bißchen zu schmeicheln. Seit den alten Griechen sind die rituellen Lobpreisungen des Volkes für seine Weisheit ein Standard der Demokratie geworden. Das Volk, so schreibt Hamilton, will in den allermeisten Fällen das Beste für die Allgemeinheit. »Sein gesunder Menschenverstand würde das Volk aber den Schmeichler verachten lassen, der so tut, als würde es stets richtig darüber urteilen, mit welchen Mitteln sich das Gemeinwohl auch befördern läßt. Die Leute wissen aus Erfahrung, daß sie sich manchmal irren; ein Wunder ist nur, daß sie sich so selten irren, wie sie es tatsächlich tun, nachdem sie doch fortwährend der Tücke von Schmarotzern und Kriechern ... ausgesetzt sind.«

Hamilton nahm die griechische Idee und drehte sie auf raffinierte Weise um. Das Problem mit den Demagogen, die dem Volk schmeicheln, ist, daß sie das Wasser für wahre Patrioten vergiften. Wie kann jemand die anständigen Lobesworte eines wahren Demokraten von den falschen Ruhmesreden des Demagogen unterscheiden? »Ein übertriebener Argwohn, die Rechte des Volkes könnten gefährdet sein, der gemeinhin eher einem Mangel an Einsicht als an Charakter entspringt, wird als bloße Verstellung und Heuchelei hingestellt: als altbekanntes Mittel, Popularität auf Kosten des allgemeinen Wohls zu erlangen.«[29] Jede Sorge für das Volk wird dann als ein Haschen nach Popularität gesehen, als ein raffinierter Schachzug, um gewählt zu werden. Das Ergebnis wird sein, daß »die durchaus ehrenwerte Begeisterung für die Freiheit sich nur zu leicht vom Geist eines engherzigen Mißtrauens infizieren läßt«.

Für dieses Problem gibt es keine richtige Lösung, und er schlägt dasselbe Heilmittel vor, das auch schon die Griechen anwandten: Offenheit, Freimut und kein stundenlanges Brüten über den Meinungsumfragen jeden Morgen. »In Fällen, in denen die Interessen des Volkes seinen Neigungen widerstreiten«, sagt Hamilton, »ist es die Pflicht derer, die das Volk zu Wahrern jener Interessen berufen hat, der vorübergehenden Verblendung zu widerstehen, um dem Volk Zeit und Gelegenheit für nüchternes und ruhigeres Nachdenken zu verschaffen.« Politiker, so sagt er, müssen den Mut haben, dem Volk auch zu seinem Mißfallen zu dienen. Politiker müssen der Versuchung widerstehen, zu schmeicheln, um gewählt zu werden, und dann den so populären, aber manchmal nicht richtig durchdachten Wünschen der Öffentlichkeit nachzugeben, wenn sie im Amt sind. Viel Glück dabei. Es ist kein besonders starkes Bollwerk gegen die Auswüchse der Demokratie, aber es ist so ziemlich das einzige überhaupt.

## Das Lob des Klappentextes

Ralph Waldo Emerson, der Weise von Concord, der Apostel des Selbstvertrauens, der auf schönste Weise amerikanische unter den amerikanischen Schriftstellern, war auch der Texter vieler moderner Werbesprüche: Just do it! Sei der, der du bist! Geh deinen Weg allein!

Eigentlich war der letzte dieser drei Sprüche keine Turnschuhwerbung, sondern ein Ratschlag an die Studenten in seiner berühmten Vorlesung vor dem Theologischen Seminar von Harvard im Jahr 1838. Emerson folgte seinem eigenen Rat und tat es einfach: Seine unverblümte Kritik an der organisierten Christenheit erschien den Autoritäten in Harvard so anstößig, daß er dreißig Jahre lang nicht mehr eingeladen wurde.

Emersons Philosophie des Selbstvertrauens (sieh nach innen und habe den Mut, du selbst zu sein – noch ein Werbeslogan) nennen moderne Soziologen Innengeleitetheit.[30] Es ist auch eine Strategie, um sich gegen Schmeicheleien zu immunisieren. Wenn man sich nicht um die Meinung der Welt kümmert, dann spielen Komplimente oder Kritik einfach keine große Rolle mehr. Man sollte Beifall ebenso indifferent gegenüberstehen wie Hohngelächter.

»Das Lob der Gesellschaft kann man sich leicht sichern«, erklärte er den Theologie-Studenten, »und fast alle Menschen sind zufrieden mit jenen leichtverdienten Meriten.«[31] Aber man sollte sich damit nicht zufriedengeben. Wie man natürlicherweise die Kritik hinterfragen würde, sollte man auch das Lob hinterfragen. Das Verdienst paßt oft nicht zu der Meinung, die die Gesellschaft über einen Menschen hat. Und diese Meinung ist sowieso nur relativ. »Einen Stutzer würde man für eine gute Tat loben«, sagt Emerson »aber einen Engel nicht.«

Emersons Weltseele, jener Teil eines Menschen, der, wie er sagt, das tiefste Innere ergründet, um die Wahrheit der göttlichen Natur im Menschen zu finden, spottet über die Schmeichelei. »Die Seele, die aufsteigt, um den großen Gott zu verehren, ist schlicht und wahr; hat keine Rosenfarbe, keine feinen Freunde, kein galantes Benehmen, keine Abenteuer; will keine Bewunderung; lebt in der Stunde, die jetzt ist, in der ernsten Erfahrung des normalen Tages.«[32] Genau wie für Emerson das Böse der Mangel an Gutem ist, so sind die Falschheit und ihre handgestrickte Schmeichelei ein Mangel an Wahrheit. Wahrheit braucht keine schicken Kleider.

Emersons Ablehnung der Schmeichelei hatte sowohl kulturelle wie auch psychologische Gründe. In seinen Augen riecht Schmeichelei zu sehr nach der Höflichkeit und den oberflächlichen Manieren der Alten Welt. In seinem berühmten Essay *Der amerikanische Gelehrte* schrieb er: »Wir haben zu lange auf die höfischen Musen Europas gehört«, und jene höfischen Musen flüsterten Schmeichelworte. Schmeichelei bedeutete auch eine Auflösung des Selbstvertrauens. Wenn jemand auf Schmeicheleien hörte, konnte er danach süchtig werden. »Groß ist die Seele, und schlicht. Sie ist kein Schmeichler, sie ist kein Gefolgsmann.«[33] Wenn man auf Schmeicheleien hört, so Emerson, wird man zum Mitläufer, was für ihn – wie für die Nike-Werbung – das schlimmste überhaupt ist.

Emersons Hingabe an die transzendentale Natur machte ihn zum Gegner aller Dinge, die in seinen Augen unnatürlich waren. »Worte sind Zeichen natürlicher Gegebenheiten«, schreibt er in *Natur*. Schmeichelei ist eine Verdrehung der natürlichen Gegebenheiten. »Jeder natürliche Vorgang ist eine Fassung eines moralischen Gesetzes.«[34] Die Lilie an sich ist eine natürliche Gegebenheit; sie zu vergolden, ist eine Verzerrung. »Der Verderbtheit des Menschen folgt die Verderbtheit der Sprache«, sagt er. Es sei »die Sehnsucht nach Reichtümern, nach Vergnügen, nach Macht und nach Lob«, die »Doppelzüngigkeit und Falschheit den Platz von Einfachheit und Wahrheit einnehmen« läßt.[35]

Emerson hat eine verträumte, idealisierte Sicht von der Wahrheit als etwas Absolutem. »Die geringste Beimischung einer Lüge – zum Beispiel der Makel der Eitelkeit, jeder Versuch, einen guten Eindruck zu machen, einen günstigen Schein zu erwecken – wird sofort die Wirkung zunichte machen. Aber spreche die Wahrheit, und alle Natur und aller Geist helfen Dir mit unerwarteter Förderung.«[36] Tatsächlich war es Emersons Mangel an Eitelkeit, seine angenehme Redlichkeit, die einen guten Eindruck auf die Menschen machten. Er mußte seine Aufrichtigkeit nicht vorspielen, sie war offensichtlich.

Emerson idealisiert die Freundschaft fast ebenso sehr wie die Wahrheit. Wie die Griechen sagt auch Emerson, daß der Schlüssel zur Freundschaft nicht die Schmeichelei, sondern der Freimut sei. »Ein Freund ist ein Mensch, mit dem du aufrichtig sein und selbst jene Unterkleidung der Verstellung fallen lassen kannst.« Freunde schulden einander, was er die »rauhe Wahrheit« nennt – die noch gröber geschnitzt sein muß als die reine Wahrheit. »Sie nehmen dir deine Ehrlichkeit einen Moment lang übel, sie danken sie dir für immer.« Manchmal klingt Emerson wie eine Mutter, die ihre Kinder bestraft und sagt: »Eines Tages werdet ihr mir dafür dankbar sein.«

Obwohl Emerson der Freundschaft in seinem Werk Tribut zollt, wird doch deutlich, daß er selbst sich nicht besonders viel daraus macht. Freundschaft ist für ihn immer ein zweifelhaftes Vergnügen. Freundschaft ist eine Ablenkung von der wahren Arbeit der Selbstprüfung. Und eine verdeckte Rivalität. Darin ähnelt seine Sicht der Politik der Vereinigten Staaten und der Sowjetunion im Kalten Krieg, die als Mutually Assured Destruction [gegenseitig zugesicherte Zerstörung] oder MAD bekannt war. »Laß [Freundschaft] eine Allianz zweier großer, furchteinflößender Naturen sein, einander verpflichtet, einander fürchtend, noch bevor sie die tiefe Gleichheit erkennen, die sie unter diesen Unterschieden verbindet ... Laß ihn [den Freund] dir für immer eine Art schöner Feind sein.«[37] Mit solchen Freunden braucht man keine Feinde mehr. Wir lieben unseren Feind, weil er uns zeigt, wer wir sind.

Schließlich ist die Wahrheit für Emerson nicht nur natürlich, sondern auch *maskulin*. Wir sehnen uns, so sagt er, nach »dieser männlichen Liebe zur Wahrheit.«[38] Schmeichelei ist weibisch, zum Teil deshalb, weil Wahrheit hart und direkt ist, Schmeichelei dagegen weich und gewunden. Wahrheit ist männlich. Emerson betrachtet die Schmeichelei als weibisch, weil allein schon der Akt des Schmeichelns selbst den Schmeichler in eine abhängige und unterlegene Position bringt. Ein Mann zu sein heißt, auf sich selbst zu vertrauen; abhängig zu sein, heißt unmännlich zu sein. »Nichts wird mich von der Überzeugung abbringen«, schreibt er, »daß jeder Mann ein Liebhaber der Wahrheit ist.«[39]

Emerson hatte gute Manieren, aber niemand hätte ihn für einen Höfling gehalten. »Ich werde ohne Schmerz hören«, schreibt er in einem Essay über Manieren, »daß ich den Hofmann sehr schlecht spiele.«[40] Emerson sagte immer, daß er ein schlechter Schmeichler sei, aber als es darum ging, echtes und hilfreiches Lob zu spenden, Lob, das das Leben eines Menschen verändern konnte, da machte Emerson eine der größten Gesten der Literaturgeschichte. Im Sommer 1855 erreichte ein schmales, ziemlich unauffälliges Gedichtbändchen aus New York Emersons Bauernhaus in Concord. Es trug den Titel *Grashalme*, und Emerson las es sofort. Dann setzte er sich hin und schrieb einen Brief an den Dichter.[41]

»Werter Herr«, begann Emersons berühmter Antwortbrief, »Ich bin nicht blind gegenüber dem Wert des wundervollen Geschenks von ›Grashalme‹. Ich finde, es ist das außerordentlichste Stück Geist & Weisheit, das Amerika bis jetzt hervorgebracht hat. Ich bin sehr glücklich, wenn ich es lese, da große Kraft mich glücklich macht.«

Er fuhr fort: »Ich beglückwünsche Euch zu Eurem freien & kühnen Denken. Ich habe große Freude daran. Ich finde unvergleichliche Dinge unvergleichlich gut gesagt.« Und dann eine Zeile, nach der jeder junge Autor sich sehnt: »Seid gegrüßt an der Schwelle einer großen Zukunft.«

Walt Whitman war sechsunddreißig, als er Emersons Brief erhielt. Er hatte sich eine ganze Weile herumgetrieben, arbeitete gerade in einer Druckerwerkstatt in New York und makelte nebenbei noch ein bißchen mit Immobilien. Emerson kannte ihn überhaupt nicht. Sein Brief war eine spontane Unterstützung für einen noch unbekannten Autor. Er war weder eigennützig noch strategisch – ein Lob ohne alle Hintergedanken.

Whitmans Reaktion auf diesen Brief war nicht gerade zurückhaltend und bescheiden. Sofort brachte er die *New York Tribune* dazu, ihn zu veröffentlichen. Dann ließ er ihn als Flugblatt drucken, das er an Buchhandlungen verteilte. Whitman gab eine zweite Auflage seines Buchs heraus, mit dem »Seid gegrüßt an der Schwelle einer großen Zukunft / R W Emerson« in goldenen Lettern auf dem Umschlag. All dies tat er ohne Emersons Wissen oder Zustimmung. Whitman war der Pionier der Klappentextreklame. Er hatte sich Emersons Lob sofort angeeignet. Er beutete den wirtschaftlichen Nutzen aus, nicht den seelischen. Er sah sofort, daß dieser Brief eine Werbung für ihn war.

Whitmans Freund Horace Traubel erklärte viele Jahre später zynisch, daß es für Emerson wichtiger gewesen sei, diesen Brief zu schreiben, als für Whitman, ihn zu erhalten.[42] Traubel wollte damit sagen, daß Emersons Karriere sich dem Ende zuneigte und die Tatsache, daß er Whitman entdeckt hatte, ihm wieder das Gefühl gab, lebendig zu sein. Wie wir bei La Rochefoucauld und anderen gesehen haben, mögen wir die Menschen, denen wir helfen und die wir loben, weil sie uns ein gutes Gefühl geben. Das mag auch in diesem Fall so gewesen sein, aber ich meine, daß Emerson nicht unbedingt Whitmans Dankbarkeit brauchte, um sich gut zu fühlen.

Im Grunde erfuhr Emerson nie besonderen Dank. Whitman war nicht undankbar, aber er hatte Emersons Lob nicht benutzt, um sein Selbstwertgefühl zu steigern, sondern die eigenen Buchverkäufe und sein Ansehen. Whitman hatte das Lob in das verwandelt, was es auch heute oft ist – in Werbung. Werbung ist oft einfach bezahlte Schmeichelei. Sie ist kein echtes Lob, denn sie ist nie zweckfrei. Ja, es ist schön, eine gute Kritik zu bekommen, aber wichtiger ist: Wie schnell kann man sie in Neonschrift auf die Anzeigentafel des Theaters bringen? Whitman erfand die Werbung durch Empfehlung. Emersons Name auf dem Buchumschlag erfüllte die gleiche Funktion wie ein Bild von Michael Jordan auf einer Müsli-Packung.

## Schmeichle mir, sonst ...

Alexis de Tocqueville war ein spindeldürrer, ziemlich kränklicher französischer Adliger, der 1835 als Dreißigjähriger nach Amerika kam. Er bereiste das Land neun Monate lang, erforschte Amerika von oben bis unten. Ich kann mir gut vorstellen, wie er schauderte und beinahe zusammenbrach, wenn ein massiger Amerikaner ihm mit seiner Riesenpranke zur Begrüßung auf die Schulter schlug. Er war ein Zeitgenosse Emersons – und wie Emerson selbst zu Hause ein Außenseiter war, so mußte auch Tocqueville ein echter Außenseiter sein, um zu sehen, wie die Durchschnittsamerikaner eigentlich wirklich waren.

Jahrelang habe auch ich immer wieder den Spruch angebracht, daß Tocqueville der am häufigsten zitierte, aber am seltensten gelesene Autor in Amerika ist. Ich sagte das auch deshalb, weil ich selbst ihn nicht gelesen, aber durchaus schon manchmal zitiert hatte. Aber jetzt, nachdem ich Tocqueville gelesen habe, kann ich sagen, daß der Mann vielleicht ein bißchen prätentiös war, aber außerordentlich viele Einsichten über Amerika gewann. So sind etwa seine Überlegungen zum Rassenproblem – zwanzig Jahre vor der Proklamation der Sklavenbefreiung – und darüber, wie die Rassentrennung sich als die große schwärende Wunde des amerikanischen Lebens erweisen würde, einfach hellsichtig.

Amerika war Anfang des 19. Jahrhunderts dabei, sich neu zu schaffen und zu gestalten. Millionen Einwanderer – allein zwei Millionen irische Immigranten – überschwemmten die amerikanischen Städte. New York, Philadelphia, Boston verwandelten sich von verschlafenen Kleinstädten zu geschäftigen Wirtschaftszentren. Vorher war Geld vielleicht nicht so wichtig gewesen, jetzt aber ganz sicher. »Ich kenne sogar kein Land, wo das Geld eine so erhebliche Rolle im Denken des Menschen spielt«, stellte Tocqueville fest.[43] Die Industrialisierung machte das Leben unpersönlicher. Ehrgeiz wurde zum typischen amerikanischen Charakterzug; Stolz war nicht länger Sünde, sondern grundlegende Tugend. »Es gibt kein gekröntes Haupt in Europa«, schrieb Jefferson aus Paris an Washington, »dessen Begabungen oder Verdienste ihn berechtigten, vom Volk gewählter Kirchenältester irgendeiner Kirchengemeinde in Amerika zu sein.«[44] Mark Twain scherzte darüber, daß die Frösche in den amerikanischen Sümpfen angeblich schönere Musik machten als die Symphonieorchester in Europa. Und später rühmte der Kritiker Edmund Wilson das, was er als die großen Errungenschaften der amerikanischen Kultur betrachtete: »Ich habe sowohl in zivilisierender wie auch in inspirierender Hinsicht sehr viel mehr Nutzen von den wunderbaren amerikanischen Toiletten gehabt als von den europäischen Kathedralen.«[45]

Tocqueville prägte den Begriff des »Individualismus« auf der Grundlage dessen, was er in Amerika sah und beschrieb. Er sah Menschen, die die Unterwürfigkeit abschüttelten und die große Chance ergriffen. Die Servilität der Alten Welt war in der Neuen etwas Fremdes. Das amerikanische Ideal war die Ablehnung aller künstlichen, auf der Abstammung gründenden Unterschiede. Sag mir nicht, wer deine Vorfahren waren; sag mir, wer du bist.

Ein großer Motor der Gleichheit, so sagt Tocqueville, war die Abschaffung der Primogenitur in Amerika. Mit einem Schlag stärkte diese Maßnahme die Demokratie und untergrub die Aristokratie. Die zweiten und dritten Söhne, die Amerika besiedelten, hatten nicht die Absicht, ihre eigenen zweiten und dritten Söhne von der Erbschaft auszuschließen. Es gab vergleichsweise wenige große Ländereien in Amerika, stellte Tocqueville fest, weil sie jeweils in der nächsten Generation aufgeteilt wurden.

Dies ließ eine echte Gleichheit entstehen, und dazu eine Haltung, die erbittert alles ablehnte, was im Ruch der Ungleichheit stand. Eine der negativen und unbeabsichtigten Folgen der Gleichheit, so meint Tocqueville, waren denn auch eine Art nationaler Neid und ein Streben nach Gleichmacherei, die die Reinheit der amerikanischen Demokratie untergruben. »Es gibt in der Tat eine männliche und berechtigte Leidenschaft für die Gleichheit«, schreibt er (wieder dieses *männlich),* »die alle Menschen anspornt, stark und geachtet sein zu wollen. Diese Leidenschaft will die Kleinen in den Rang der Großen erheben; aber im menschlichen Herzen lebt auch eine entartete Gleichheitssucht, die die Schwachen reizt, die Starken auf ihre Stufe herabzuziehen; sie verleitet die Menschen, einer Ungleichheit in der Freiheit die Gleichheit in der Knechtschaft vorziehen.«[46] Amerikaner würden lieber *un*frei und gleich als frei und ungleich sein. Tocqueville meinte, daß die Amerikaner immer über die Hecke schauen, um zu sehen, was der Nachbar so macht und ob er nicht gerade in irgendeiner Hinsicht über sie selbst hinauswächst.

Gesellschaften, die die Gleichheit so schätzen, würden, so behauptete er, zu Gesellschaften, die ganz und gar vom Neid durchdrungen sind. In einer Aristokratie gibt es trotz der stärkeren Ungleichheit weniger Neid, weil die Ungleichheit willkürlich und zufällig erscheint. Man kann nichts dazu, wenn man als Herzog oder als Dienstmädchen geboren wird. »Da in den aristokratischen Gesellschaften fast alle Bürger ihre feste Rangordnung innehaben, ergibt sich ferner, daß jeder von ihnen immer einen Mann über sich wahrnimmt, dessen Schutz ihm notwendig ist, und unter sich entdeckt er einen andern, dessen Mitarbeit er beanspruchen kann.«[47]

In einer Demokratie, so Tocqueville, sind »die Pflichten eines jeden gegen die Gattung sehr viel deutlicher«, aber das ist auch schon alles, was deutlicher ist. »Die Aristokratie bildete aus allen

Bürgern eine lange Kette, die vom Bauern bis zum König hinaufreichte; die Demokratie zerbricht die Kette und sondert jeden Ring für sich ab.«[48]

Das Ergebnis dieser zerbrochenen Kette ist Neid. Wenn die Menschen in einer Demokratie erkennen, daß es ihren Nachbarn, die nicht gerade klüger oder raffinierter oder stärker wirken, besser geht als ihnen – dann ärgert sie das. »Sie fragen sich, wie derjenige, der ihnen gestern noch ebenbürtig war, heute das Recht bekommen hat, sie zu kommandieren.«[49]

Diese Sorge um die kleinen Unterschiede läßt vermuten, daß es einen größeren Neid zwischen zwei ähnlichen Menschen gibt als zwischen zwei ganz verschiedenen. Wir beneiden den Milliardär, der sich in der Schweiz ein Schloß kauft, weniger als unseren Nachbarn gegenüber, der eine neue Veranda anbaut – da erwacht die Rivalität sofort, und der Wintergarten muß her. Eine ähnliche Demütigung fühlen wir Amerikaner auch, wenn wir auf der Suche nach unserem Sitzplatz durch den Erste-Klasse-Waggon gehen. Erste Klasse – das ist unserem Gefühl nach zutiefst unamerikanisch. Und wenn sie nun doch amerikanisch ist, wieso sitze ich dann nicht dort? Eine Freundin von mir hat eine Idee für eine Talkshow unter dem Arbeitstitel *Verdammtes Glück*. Im Grunde will sie jedem bekannten Gast dieser Show nur eine einzige Frage stellen: »Wieso haben Sie so ein verdammtes Glück gehabt?« Glück ist nicht demokratisch.

Gleichheit, so sagt Tocqueville, macht die Menschen nicht zufrieden, sondern rastlos und unsicher. Weil Menschen in einer Demokratie die Kette zerrissen haben, die eine Gesellschaft zusammenschmiedet, haben sie keinen Anker mehr und treiben ängstlich umher. Deshalb, so Tocqueville, fordern die Amerikaner überall Lob ein und können es gar nicht vertragen, wenn man sich über ihr Land lustig macht. »Der leichteste Tadel verletzt sie, die geringste scharfe Wahrheit erschreckt sie; und man muß sie loben, von ihren Ausdrucksweisen an bis zu ihren zuverlässigsten Tugenden. Kein Schriftsteller, welches auch sein Ruf sei, kann dieser Pflicht zur Beweihräucherung seiner Mitbürger entgehen. Die Mehrheit lebt also in einer beständigen Selbstbewunderung.«[50]

Amerikas Selbstachtung besteht aus einer seltsamen Mischung aus Unsicherheit und Anmaßung. Um diese Kombination in aller Deutlichkeit zu erkennen, muß man, so sagt er, Ausländer sein, denn das amerikanische Verlangen nach Bestätigung erblüht erst unter Menschen, die von außen kommen. Tocqueville redet sich bei diesem Thema wirklich in Rage:

> *In ihren Beziehungen mit Ausländern zeigen sich die Amerikaner sehr empfindlich gegenüber dem geringsten Tadel und unersättlich für Lobsprüche. Das dürftigste Lob ist ihnen willkommen, und das größte genügt selten, um sie zu befriedigen; sie setzen uns beständig zu, um von uns gelobt zu werden; und widersteht man ihrem Drängen, so rühmen sie sich selbst. Es ist, als wollten sie sich, ihrer Vorzüge selber nicht ganz sicher, deren Bild jederzeit vor Augen halten. Ihre Eitelkeit ist nicht nur gierig, sie ist ängstlich und neidisch. Immerzu heischend, gewährt sie nichts. Sie sucht Almosen und Streit zugleich.*
> *Ich sage einem Amerikaner, das Land, das er bewohnt, sei schön; er erwidert: »In der Tat, es gibt in der Welt nichts Gleichwertiges!« Ich bewundere die Freiheit, deren sich die Bewohner erfreuen, und er antwortet mir: »Ein kostbares Geschenk ist die Freiheit! Aber wie wenig Völker sind ihrer würdig!« Ich erwähne die Sittenreinheit, die in den Vereinigten Staaten herrscht; er sagt: »Ich begreife, daß ein Ausländer, dem die Sittenverderbnis in allen andern Ländern aufgefallen ist, über diesen Anblick erstaunt ist.« Ich überlasse ihn endlich seiner Selbstbetrachtung; er aber wendet sich mir wieder zu und verläßt mich nicht, bevor er mich zum Wiederholen des eben Gesagten gebracht hat. Eine unbequemere und geschwätzigere Vaterlandsliebe kann man sich nicht vorstellen. Sie ermüdet selbst die, welche sie achten.*[51]

Und Tocqueville achtet sie hoch.

Tocqueville liefert ein kluges und überzeugendes Argument dafür, daß Demokratien Schmeichelei hervorbringen. (Es ist das gleiche wie bei Platon.) Er sagt, daß das unablässige Streben nach Gleichheit die Beziehung zwischen dem Volk und seinen Führern verändert. Wenn das Volk der Souverän ist, muß jeder Mann und jede Frau in einer Demokratie so umschmeichelt werden wie ein Monarch. »In den unumschränkten Monarchien hat der König oft große Tugenden; die Höflinge aber sind immer gemein. Allerdings sagen die Höflinge in Amerika nicht: Herr oder Ihre Majestät, was ein großer und wesentlicher Unterschied ist; sie reden aber unaufhörlich von der natürlichen Klugheit ihres Herrn.«[52]

In einer Demokratie sind wir die Höflinge. Jeder ist Höfling und König zugleich. »Die demokratischen Staatswesen verbreiten das höfische Denken in der großen Menge und lassen es in alle Schichten gleichzeitig eindringen«[53] Es ist keine vertikale Hofgesellschaft wie in Aristokratien, sondern eine horizontale: Jeder versucht sich bei jedem lieb Kind zu machen.

Politiker müssen vor der Wählerschaft in die Knie gehen. »Die Moralisten und Philosophen sind in Amerika nicht genötigt, ihre Ansichten in die Schleier des Gleichnisses zu hüllen; bevor sie aber eine unangenehme Wahrheit wagen, erklären sie: Wir wissen, daß wir zu einem Volk sprechen, das zu hoch über den menschlichen Schwächen steht, als daß es sich nicht immer beherrschte. Wir könnten keine solche Sprache führen, richteten wir uns nicht an Männer, deren Tugenden und Klugheit sie unter allen anderen allein der Freiheit würdig machen. Wie hätten es die Schmeichler Ludwigs XIV. besser machen können?«[54]

Bei jenen seltenen Gelegenheiten, bei denen Politiker dem Wahlvolk etwas Unangenehmes mitzuteilen haben, wird diese Nachricht verpackt in die kriecherischsten Lobeshymnen über die Fähigkeit des Volkes, schwierige Entscheidungen zu treffen. (Was ganz offensichtlich falsch ist.) Dann kritisieren die Politiker die »Nur keine Sorge«-Patentrezepte, die sie selbst sonst immer bei allen Wehwehchen bereithalten. Bevor ein Politiker etwas Unpopuläres sagt, erklärt er zunächst einmal, er sei überzeugt davon, daß seine Zuhörer nicht von populistischen Überlegungen beherrscht oder nur auf den eigenen Nutzen aus seien.

*Per definitionem* kann das Volk in einer Demokratie nichts falsch machen. Der *demos* besitzt eine Art Unfehlbarkeit. Wenn das Volk so entscheidet, kann es nicht falsch sein. In einer Demokratie ist jeder bereit, das Boot durch die Stromschnellen zu steuern, solange nur alle damit einverstanden sind. Tocqueville zieht diese Parallele: »Unter der alten Monarchie hielten es die Franzosen für ausgemacht, daß der König niemals irren könne; und geschah es, daß er einmal falsch handelte, so schoben sie die Schuld auf seine Berater. Das erleichterte in wunderbarer Weise den Gehorsam. Man konnte gegen das Gesetz murren, ohne die Liebe und Achtung für den Gesetzgeber preiszugeben. Die gleiche Meinung haben die Amerikaner von der Mehrheit.«[55]

Ein Nebenprodukt dieser Tyrannei der Mehrheit, so Tocqueville, ist eine Art intellektuelle Tyrannei, die Unterschiede ausmerzt. Amerikaner mögen vielleicht politisch unabhängig sein, aber sie haben keine geistige Unabhängigkeit. Es herrscht, so sagt er, eine Art Massenschmeichelei der konventionellen Weisheit. Seines Wissens nach gebe es in keinem Land weniger geistige Unabhängigkeit als in Amerika. »Die Mehrheit umspannt in Amerika das Denken mit einem erschreckenden Ring.«[56] Weil die Menschen in einer Demokratie ohne Anker sind, sind sie zu ängstlich, um sich sehr weit vom Vertrauten zu entfernen.

Man schreibt Tocqueville, wie ich schon erwähnt habe, die Prägung des Begriffs »Individualismus« zu. Er verstand Individualismus als eine narzißtischere Version der Unabhängigkeit und des Selbstvertrauens. Für ihn war Individualismus Egoismus. Und durch diesen Egoismus oder Individualismus sind die Amerikaner so begierig nach Lob. »Die Menschen, die in den Demokratien leben, lieben ihr Vaterland auf gleiche Weise, wie sie sich selbst lieben, und sie übertragen die Gewohnheiten ihrer privaten Eitelkeit auf ihre nationale Eitelkeit.«[57]

Ich weiß, daß ich es so aussehen lasse, als habe Tocqueville eine schlechte Meinung von Amerika gehabt und die Amerikaner ziemlich widerlich gefunden. Das war ganz und gar nicht der Fall. Er zeigt vielmehr eine neugierige, freundliche Achtung für Amerika, als ob er eine Art Disneyland der Demokratie besuche, von dem er nicht glauben kann, daß es tatsächlich echt sein soll. Er hat, ohne es darauf anzulegen, eine angenehme Zeit. Er bewundert den amerikanischen Fleiß und die Findigkeit und – völlig unerwartet – noch etwas anderes: nachdem er lange über Amerikas Überlegenheit gegenüber der Alten Welt gesprochen hat, schreibt er die Unterschiede einem einzigen Faktor zu: »Wenn man mir ... die Frage stellte, auf was man nach meinem

Dafürhalten den besonderen Wohlstand und die wachsende Kraft dieses Volkes zurückführen müsse, so antworte ich: es ist die Überlegenheit seiner Frauen.«[58]

Tocqueville hat eine sehr einfache Erklärung für die Überlegenheit der amerikanischen Frauen. Es liegt nicht an den Genen, dem Klima, dem fehlenden Make-up oder den bequemen Schuhen; es liegt daran, daß man den amerikanischen Frauen nicht so schmeichelt wie den Europäerinnen. Und sie würden solche Schmeicheleien auch gar nicht annehmen:

> *Es ist oft bemerkt worden, daß in Europa sogar in den Schmeicheleien, mit denen die Männer die Frauen überhäufen, eine gewisse Mißachtung zutage tritt: obwohl der Europäer sich oft zum Sklaven der Frau macht, sieht man, daß er sie nie aufrichtig als Gleichgestellte betrachtet. In den Vereinigten Staaten lobt man die Frauen selten; aber täglich zeigt man, daß man sie achtet. Die Amerikaner zeigen immerzu ein volles Vertrauen in den Verstand ihrer Gefährtin und eine tiefe Achtung vor ihrer Freiheit. Sie halten ihren Geist für ebenso befähigt wie den des Mannes, die unverhüllte Wahrheit zu entdecken, und ihr Herz für stark genug, sie zu befolgen.*[59]

Die Schmeichelei der Europäer verstärkt die Hilflosigkeit der Frauen, denn insgeheim wollen die Männer diese Hilflosigkeit, weil sie die Frauen ebenso insgeheim verachten. Für Tocqueville erschaffen die amerikanischen Männer des 19. Jahrhunderts starke Frauen, indem sie sie wie – naja, wie Männer, also wie Ebenbürtige, behandeln.

## Der Betrüger und Hochstapler

Tocqueville empfand die Amerikaner als ein unheilbar ruheloses Volk. Er beobachtete amüsiert und auch entsetzt die Intensität des amerikanischen Erfolgsstrebens. »Es ist seltsam zu sehen, wie fieberhaft die Amerikaner nach Wohlstand streben und wie sie immer von der unbestimmten Furcht geplagt erscheinen, sie hätten nicht den kürzesten Weg dahin gewählt.«[60]

Der »kürzeste Weg« sah oft so aus, daß man den regulären Weg abkürzte. Wenn Erfolg das große Ziel war, wurde es immer unwichtiger, wie man dieses Ziel erreichte, solange man nur so schnell wie möglich dort ankam. Der Zweck rechtfertigte nicht nur die Mittel; der Zweck tilgte die Mittel. Die Amerikaner beteten den Erfolg an, und wenn sie ihn erreichten, dann verschwanden eine Menge Sünden dahinter.

In der Mitte des 19. Jahrhunderts war der Amerikaner mit allen Kräften auf seinen Vorteil aus – ein Mensch mit voller Handlungsfreiheit. »Mit allen Bestandteilen seines Universums, ihn selbst eingeschlossen, in erratischer Bewegung«, schreibt Marvin Meyers in *Confidence Men and Painted Women* über den amerikanischen Menschen, »ohne festen Endpunkt und ohne sicheren Rastplatz, entwickelt der Demokrat eine scharfe Wahrnehmung von Verlust und Scheitern.«[61] Der Amerikaner hing zwischen einer schwankenden Gegenwart und einer herbeigesehnten Zukunft, immer in Sorge darum, ob er Erfolg haben würde oder nicht.

Eine Spezies dieses neuen amerikanischen Menschen, der Mitte des 19. Jahrhunderts auftauchte, wurde als *confidence man* bekannt. Der amerikanische *confidence man* ist ein Nachfahr jener archetypischen Figur, die der Mythenforscher Joseph Campbell den Betrüger nennt – den Schwindler, der etwas zu sein vorgibt und etwas ganz anderes ist, der moralische Verführer, der den Helden vom rechten Weg abbringt. Der erste Betrüger überhaupt war natürlich Satan, der Lügenfürst, der jeden, selbst die Engel, täuschen konnte.

Einem Schwindler namens William Thomas kommt der zweifelhafte Ruhm zu, der erste offizielle amerikanische *confidence man* gewesen zu sein. Thomas war ein gut gekleideter, redegewandter Mann, der Ende der vierziger Jahre des 19. Jahrhunderts auf den Straßen von New York City an Gentlemen herantrat, darüber klagte, daß heutzutage ja niemand mehr dem anderen traue, und dann fragte: Würde der Gentleman – der doch offensichtlich ein Ehrenmann war – das Vertrauen *(confidence)* haben, einem Fremden seine Uhr zu leihen? Auf diese Weise brachte er zahlreiche New Yorker dazu, sich von ihren teuren goldenen Taschenuhren zu trennen. Er hätte diese

Masche gut und gerne noch länger erfolgreich durchziehen können, wenn ihn nicht eines seiner Opfer am nächsten Tag gesehen und bei der Polizei angezeigt hätte. Für die New Yorker Zeitungen war Thomas ein gefundenes Fressen, sie tauften ihn »the confidence man«.[62] Herman Melvilles Geschichte mit dem gleichen Titel, die acht Jahre später erschien, war wahrscheinlich von Thomas' Gaunerei inspiriert. In den sechziger Jahren des 19. Jahrhunderts war nach Schätzungen der New Yorker Polizei etwa jeder zehnte Kriminelle in der Stadt ein solcher Betrüger.

Der *confidence man*, allem Anschein nach ein wohlhabender Gentleman, schmeichelte und schwatzte sich seinen Weg in das Vertrauen seines Gegenübers. Typischerweise war er ein eleganter, charmanter, gepflegter Bursche, der es auf die naiven Jungs vom Lande abgesehen hatte, die gerade erst in der Großstadt angekommen waren. Er war ein Taschendieb, Spieler, Zuhälter, ein angeblicher europäischer Adliger, ein Gauner, der sich als erfolgreicher Geschäftsmann präsentierte und sich mit einem orientierungslosen jungen Mann anfreundete, ihm Hilfe anbot, nur um ihn dann betrunken zu machen und ihm sein Geld zu stehlen oder ihn zu einem kriminellen Handlanger auszubilden.

Das Aufkommen des *confidence man* war mit Veränderungen in der amerikanischen Gesellschaft verbunden: dem Wachstum der Städte, der immer stärkeren Einwanderung, der neuen Mobilität der jungen Menschen, dem Niedergang der gesellschaftlichen Hierarchien. Der Betrüger durchstreifte diese neue städtische Welt der Fremden, wo niemand wußte oder wissen wollte, woher der andere kam, sondern nur, wohin er ging; wo junge Männer und Frauen allein waren, ohne den Schutz der Familie, ohne eine gewisse Menschenkenntnis, die ihnen hätte sagen können, wem man trauen durfte und wem nicht.

Der dramatische Aufschwung der amerikanischen Wirtschaft ließ die Zahl der Betrüger noch ansteigen. Es war eine Wirtschaft der Risiken und Gefahren, in der Spekulanten (die auch eine Art Betrüger waren) Märkte und Verbraucher manipulierten, in der ein Großteil der Investitionen Bauernfängerei war. Auch Spekulanten verdienten ihr Geld, indem sie überzeugend auftraten und das Vertrauen ihrer Investoren gewannen.

Und dann waren da noch die älteren Betrüger auf dem Lande. Der Falschspieler in Neuengland, der umherwandernde Hausierer, der Hinterwäldler Simon Suggs, dessen Motto lautete: »In einem neuen Land ist es gut, gerissen zu sein.«[63] Auch Tom Sawyer ist eine Art liebenswerter Betrüger, ein Typ, der uns im amerikanischen Leben und in der Literatur immer wieder begegnet. Er bringt seine Freunde dazu, Tante Pollys Zaun zu streichen, indem er ihnen ein Gefühl von Wichtigkeit gibt, wenn sie diese Arbeit tun. Im nächsten Kapitel werden wir Dale Carnegie begegnen, der das Geheimnis des Erfolgs darin sieht, andere dazu zu bringen, das tun zu wollen, was man von ihnen getan haben will. Tom Sawyer wußte, wie das funktioniert, ohne *Wie man Freunde gewinnt* gelesen zu haben.

Die urbane Version des Hochstaplers reichte vom französischen Kammerdiener, der als Herzog auftrat, bis zum Immobilienbetrüger, der sich als reichen Investor ausgab. Was sie alle gemein hatten, war allerdings eine geheuchelte Aufrichtigkeit, eine gespielte Anteilnahme für die Person, die betrogen wurde. Im Grunde folgte der *confidence man* mit Raffinesse den Prinzipien der populärsten Ratgeberhandbüchern seiner Zeit.

In der ersten Hälfte des 19. Jahrhunderts gab es das, was die Historikerin Karen Halttunen einen Aufrichtigkeitskult in der amerikanischen Mittelschicht-Kultur nennt.[64] Er entsprang der puritanischen Ethik der Geradlinigkeit, verbunden mit der von Emerson geforderten Authentizität. Die Etikette-Handbücher jener Zeit empfahlen eine Aufrichtigkeit ohne Wenn und Aber, »einen völlig durchschaubaren Charakter«.[65] Das Geheimnis der Höflichkeit, so sagten die Handbücher, ist die Echtheit der Umgangsformen. Wahre Höflichkeit war von Herzen kommendes aufrichtiges Gefühl.

Betrüger und Hochstapler waren Meister, wenn es um die Anwendung einer verfälschten Version dieser Etikette der Aufrichtigkeit ging. Sie waren Salonheuchler, die vornehme Manieren und aufrichtige Gefühle vorspielten. Im Grunde war ihr Erfolg zumindest zum Teil der Tatsache zuzuschreiben, daß der Kult der Aufrichtigkeit seine Anhänger schutzlos machte. Er raubte ihnen die Skepsis, mit deren Hilfe sie die Betrüger vielleicht hätten durchschauen können. Die Benimmhandbücher beklagten zwar die »herzlose Höflichkeit«, die man in modernen Salons vorfand, gaben ihren ersten Mittelschicht-Lesern aber nicht die Mittel an die Hand, diese Scheinheiligkeit zu erkennen.[66]

Ein Broadway-Erfolg des Jahres 1845 war ein Theaterstück mit dem Titel *Fashion,* eine Satire auf die »herzlose Höflichkeit« einer prätentiösen Mittelschichtfamilie, die zur amerikanischen Aristokratie gehören wollte. Mrs. Tiffany, die Matriarchin auf dem Weg in die vornehme Gesellschaft, schmeichelt ihren meist ziemlich undankbaren Gästen schamlos. Sie begrüßt ihre Besucher mit einem herzlichen »Bang jur« (ihre falsche Aussprache von *bonjour);* verwandelt einen schwarzen Dienstmann namens Zeke in den Butler Adolph in voller Livree und pflegt Umgang mit einem Franzosen mit Adelstitel, dem snobistischen Graf Jolimâitre, der sich natürlich als Kammerdiener entpuppt. Die einzige ehrliche Figur ist ein reicher Farmer mit dem treffenden Namen Adam Trueman, die Stimme der sentimentalen Aufrichtigkeit und republikanischen Einfachheit. »Täuschung ist der Gott Eures Haushalts!« ruft er einmal Mrs. Tiffany zu. »Alles ist anders, als es scheint.«

Das Stück war kein Meilenstein der Theatergeschichte, aber es stand für einen Wandel in der amerikanischen Gesellschaft. Adam Trueman wurde zu einer bedrohten Art. Der ernsthafte Amerikaner verschwand, er wurde ersetzt durch einen gerisseneren, manipulativeren Typ. Erfolg definierte sich weniger über das Verdienst als über die Persönlichkeit. Und der größte Werber für diesen Erfolgsmythos war Horatio Alger Jr.

Alger, ein sensibler, ziemlich oberflächlicher Harvard-Absolvent und Sohn eines wohlhabenden unitarischen Predigers, schrieb über hundert Titel, die sich millionenfach verkauften. In den Geschichten ging es nicht um den Aufstieg vom Tellerwäscher zum Millionär, wie allgemein gesagt wird, sondern um den Aufstieg vom Tellerwäscher zum respektablen Bürger. Seine jungen Helden wurden Bankangestellte, nicht Industriebosse. Und sie waren keine lange Reihe von makellosen Helden, sondern meist schlaue junge Männer, die Glück und Mut gleichermaßen besaßen, wie es auch der Titel seines Bestsellers von 1869 verkündet.[67] Alger war nach den Aussagen eines Biographen zunächst selbst kurze Zeit unitarischer Prediger gewesen, wurde aber aus der Kirche ausgeschlossen, als man ihn der Päderastie verdächtigte. Erst danach setzte er seine Freundschaften mit Straßenjungen in erfolgreiche Bücher um.[68]

*Ragged Dick*, Algers erster erfolgreicher Roman, erschien im Jahr 1868 und erzählt die Geschichte eines vierzehnjährigen Waisenknaben, der auf der Straße lebt und als Schuhputzer arbeitet. Anders als seine Kumpane ist Dick ein Gauner mit einem »Auge fürs Geschäft«. »Schuheputzen gefällig, der Herr?« So dient sich Dick den Passanten mit einem Lächeln und einem Witz auf den Lippen an. Er schmeichelt seinen Kunden, nennt Dienstmädchen »Königin Victoria« und macht sich bei allen beliebt, die er trifft.[69] Er ist ein städtischer Tom Sawyer mit einem noch weniger deutlich ausgeprägten Gewissen.

Eines Tages hört er, wie der ehrenwerte Mr. Whitney seinem Neffen Frank erklärt, er habe zu viel zu tun, um ihm die Stadt zu zeigen. »Als unternehmerisch denkender junger Mann sah Dick hier eine Chance auf einen Gewinn und beschloß, sie zu nutzen.« Er wird Franks Stadtführer und bekommt vom dankbaren Mr. Whitney als Belohnung fünf Dollar und einen neuen Anzug. Kurze Zeit später rettet er einen kleinen Jungen auf der Fähre nach Brooklyn, und der Vater des Jungen belohnt ihn für diesen »Mumm«, wie der Bootsmann es nannte, mit einer Stelle als Schreiber in seiner Buchhaltung. Ragged Dick wird kein reicher Mann, aber er schafft es, in die angesehene Mittelschicht aufzusteigen. Gott hilft denen, die sich selbst helfen – und Dick griff zu, sobald er etwas in die Hände bekam.

Anfang des 20. Jahrhunderts verwandelte sich der Betrüger in einen anderen amerikanischen Archetyp, den Handlungsreisenden, einen erwachsenen Ragged Dick im billigen Anzug. Der ehrgeizige junge Mann mußte damals, wie ein Zeitschriftenartikel es ausdrückte, »einen Hauch Scharlatanerie«[70] an sich haben. Er brauchte auf Hochglanz polierte Schuhe, ein Lächeln und ein freundliches Wort für jeden. Die Benimmhandbücher für den Salon wurden zu Erfolgsratgebern, und die wiederum gingen von der Charakter-Ethik des 19. Jahrhundert weg und wandten sich der Persönlichkeits-Ethik des 20. Jahrhunderts zu. Während die kleinen Geschäfte großen Konzernen wichen, wurde das Vorwärtskommen in einer großen Bürokratie wichtiger als das

Durchkommen in einer Kleinstadt. Der Umgang mit Menschen wurde eine besser zu vermarktende Fähigkeit als der Umgang mit Werkzeugen.

Die Bücher verkauften die Effizienz der Aufrichtigkeit, die nicht als Tugend, sondern als Mittel zum Zweck angesehen wurde. Und der größte Handlungsreisende in Sachen Aufrichtigkeit war Dale Carnegie.

Kapitel 8

# Wie man mit Schmeichelei Freunde gewann und Menschen beeinflußte

## Ein barfüßiger Junge aus Missouri

Dale Carnegie, der erfolgreichste »Erfolgsautor« des 20. Jahrhunderts, war der ideale Aspirant für einen Dale Carnegie-Lehrgang – ein in sich gekehrter Mann ohne jedes Talent zum Smalltalk. Er schrieb sich die Pointen von Witzen auf Karteikärtchen. Er benutzte Dutzende abgedroschene oder unpassende Gesprächseinstiege wie »Wissen Sie, was Sie von einem Idioten unterscheidet?« *Nein, Mr. Carnegie.* »Fünf Zentigramm Jod, die Ihre Schilddrüse abgibt.«

Charmant, charmant.

Der Dale-Carnegie-Lehrgang für den Umgang mit Menschen versprach, den Teilnehmern zu einer besseren Konversationsfähigkeit zu verhelfen, ein Ziel, das auch Carnegie selbst gern erreichen wollte.[1] Er versprach außerdem, den Teilnehmern beizubringen, wie man schnell und mühelos Freundschaften schließt – ebenfalls etwas, nach dem Carnegie sich sehnte. Sein Leben lang, so sagte er selbst, fühlte er sich wie das unbeliebteste Kind an der Schule. Als Erwachsener hatte er zwar Tausende Bekannte (deren Namen er sich ins Gedächtnis einprägte und wie ein Mantra wiederholte, während er mit ihnen sprach), aber sehr wenige echte Freunde. Sein Lehrgang sollte die Teilnehmer zu besseren Verkäufern machen, aber Carnegie selbst hatte immer versagt, wenn er etwas verkaufen sollte – einmal abgesehen von der einen Sache, die er für die wichtigste hielt: sich selbst.

Er machte sich selbst zur Marke, noch bevor wir diesen Begriff überhaupt kannten.

In einem gewissen Sinne ging es Carnegie in seinem gesamten beruflichen Werdegang immer nur darum, anderen bei der Überwindung der Schwächen zu helfen, die er an sich selbst entdeckt hatte. Er war erst dann erfolgreich, als er einen Weg fand, eben diese Schwächen bei anderen auszunutzen. Seine Logik war folgende: Wenn ich mich unsicher und wertlos fühle, dann muß es Millionen anderen Menschen auch so gehen – und sie werden sich begierig auf die positive Botschaft stürzen, die ich ihnen bringe. Ich kann sie durch Schmeichelei dazu bringen, meine Methode zu lernen, und dann können sie sich durch Schmeichelei den Weg zum Erfolg bahnen. Sein ganzes Leben lang zehrte Carnegie von der Energie und dem Ehrgeiz des Unsicheren und war nie wirklich mit sich selbst oder anderen im reinen.

Carnegie war mehr als einfach nur der Prototyp des amerikanischen Handelsvertreters. Sein Leben und seine Arbeit stehen für eine Veränderung des amerikanischen Wesens. Carnegie war ein Anstifter wie auch ein Symptom der Bewegung weg von der Bedeutung des »Charakters« in der amerikanischen Natur und hin zur Bedeutung der »Persönlichkeit«. In seiner Zeit verschob sich der Schwerpunkt vom grob gehauenen Individualismus der *frontiers* zu dem nervösen und einschmeichelnden Stil der modernen Städte und Vorstädte. Vor fast vierzig Jahren sprach David Riesman über den Schritt vom *innengeleiteten* Individuum des 19. Jahrhunderts – das sich kaum darum kümmerte, was andere von ihm dachten – hin zur *außengeleiteten* Persönlichkeit des 20. Jahrhunderts, die sich um kaum etwas anderes kümmerte. Riesman beschrieb diese Veränderung als den Schritt von der »Arbeitskraft zur ›menschlichen Beziehung‹«.

In dieser neuen Ära erklärte Willy Loman seinem Sohn Biff im *Tod eines Handlungsreisenden*: »Es geht nicht darum, was du sagst, sondern darum, wie du es sagst – denn die Persönlichkeit wird immer den Sieg davontragen.« Es ging nicht darum, was man verkaufte, sondern wie man es verkaufte – weil man immer auch sich selbst verkaufte. Die Persönlichkeit mit ihrem Lächeln und ihrer strahlenden Freundlichkeit trat an die Stelle des Charakters mit seinen eher unscheinbaren Tugenden. Die nationale Persönlichkeit, die Carnegie mitformte, war von außen nach innen aufgebaut, nicht von innen nach außen. Selbstbewußtsein basierte auf dem, was andere von einem dachten, nicht was man selbst von sich dachte. Es war eine Zeit der »Eindrucksmanipulation«, das Auftreten war wichtiger als die Realität. Dieser Wechsel war nicht nur im Geschäftsleben spürbar, sondern auch in der Politik, wo das Fernsehen die Eindrucksmanipulation zum Eckpfeiler jeder Präsidentschaftskampagne machte.

Die außengeleitete Persönlichkeit, so Riesman, war sensibilisiert für die Erwartungen und Vorlieben anderer. Der Psychoanalytiker und Philosoph Erich Fromm beschrieb sie als die Persönlichkeit der kommerzialisierten Freundlichkeit, der »Schönen-Tag-noch-Munterkeit«, die das Wesen der heutigen Dienstleistungsgesellschaft ausmacht. Sie kündigte sich, so Christopher Lasch, in einer Zeit an, in der »mit Mitmenschen umgehen zu können ... als Quintessenz des beruflichen Aufstiegs« galt.[2]

Dale Carnegie war ein schmächtiger kleiner Mann mit einer Adlernase und einer schrillen Stimme, die nie ihren starken Akzent aus dem mittleren Westen verlor. Wie Harry Truman, sein Landsmann aus Missouri, kleidete Carnegie sich elegant, trug mit Vorliebe eine Fliege, rote Westen und Einstecktücher. Er bewunderte Männer, die er für groß hielt, und ging sie um Unterstützung an, wo immer er konnte. Er war aggressiv und opportunistisch. Es war geradezu gefährlich, sich an einem beliebigen Ort zwischen Dale Carnegie und der wichtigsten Person im Raum aufzuhalten.

Seine erste öffentliche Rede hielt er schon sehr früh. Carnegie wurde 1888 geboren. Sein Vater war ein erfolgloser Farmer und Schweinezüchter in Warrensburg, Missouri. Seine Mutter war strenge Methodistin (auf einem Tischchen in der Eingangshalle lag ein Traktat gegen das Tanzen mit dem Titel *Vom Tanzsaal in die Hölle)* und wollte unbedingt, daß Dale Priester wurde. Sie versuchte einen kleinen Prediger aus ihm zu machen, indem sie ihn zu verschiedenen Sonntagsschulen mitnahm, wo er auf einen Stuhl steigen und Gedichte deklamieren mußte. Was Carnegie aber wirklich inspirierte, war die weltliche Variante des Predigers, die peripatetischen Redner des »Cautauqua-Kreises für Literatur und Wissenschaft«, die für einen Abend in die Stadt kamen, ihre einheimischen Zuhörer von den Stühlen rissen und dann mit dem Zug in die nächste Stadt weiterfuhren. Der junge Dale sehnte sich nach Applaus, und die Vorstellung, umherzureisen, gefiel ihm.[3] Er wurde schließlich eine andere Art Prediger, als seine Mutter es sich vorgestellt hatte, ein Prediger des Erfolgs.

Zunächst aber besuchte er das staatliche Lehrer-College in der Nähe und ritt, da er sich Kost und Logis nicht leisten konnte, jeden Tag zum Unterricht. Am College fühlte sich Carnegie den anderen Studenten unterlegen und spielte sogar mit dem Gedanken an Selbstmord, weil er so unbeliebt war. »Ich wollte ihnen zeigen, daß ich genauso gut war wie sie«, schrieb er einmal. Der Weg, den er dazu einschlug, war die öffentliche Rede. Als er seinen Abschluß machte, war er der Starredner der Schule.

Die Berufsaussichten für Collegeredner waren nicht gerade besonders gut, und so wurde Carnegie ein Handlungsreisender im neuen Zeitalter der Handlungsreisenden. Eigentlich paßte alles wunderbar. Wie die Chautauqua-Redner reiste er mit der Eisenbahn, führte seine Verkaufsgespräche und verließ die Stadt dann wieder. Verkäufer waren Schauspieler; sie waren gut gekleidet, kannten die neuesten Witze und schüpfrigen Geschichtchen und nahmen die Menschen mit einem Lächeln und einem Blinzeln für sich ein. Der Handlungsreisende war der Star seiner eigenen Werbeshow.

Bis die Massenwerbemittel sie ersetzten, waren Handelsvertreter die wichtigste Marketing-Kraft in der Wirtschaft des frühen 20. Jahrhunderts. Vor der allgemeinen Verbreitung des Telefons verbanden sie die Verbraucher mit den Händlern, Großhändlern und Herstellern. Der Direktverkauf half ihnen, das neue amerikanische Individuum zu schaffen – energisch, ernst, zuversichtlich, ein bißchen aggressiv. C. Wright Mills meinte, der Handelsvertreter habe im Mittelpunkt des »Persönlichkeitsmarktes« der amerikanischen Mittelschicht-Kultur gestanden. Er schnitt seine Persönlichkeit genau auf den Kunden zu. »Er ist alles für alle«, schrieb die Romanautorin Asa Green, »um einige für sich zu gewinnen.«[4]

Aber Carnegie gewann nicht viele. Er versagte als Verkäufer von Fernstudiengängen an die Bauern Nebraskas – in zwei Jahren verkaufte er nur einen Kurs –, und als Vertreter für Rindfleisch und Speck war er nicht viel erfolgreicher. Aber er konnte 500 Dollar sparen, und mit diesem Geld reiste er nach Boston, um dort die Kunst der öffentlichen Rede zu studieren. Ein Lehrer meinte, er würde einen guten Schauspieler abgeben, und der leicht beeinflußbare Carnegie macht sich auf nach New York und schrieb sich an der American Academy of Dramatic Art ein. Schließlich schaffte er es, eine kleine Rolle zu ergattern: ein Kleinstadtarzt bei einer Schauspieltruppe, die mit einem heute in Vergessenheit geratenen Stück mit dem Titel *Polly of the Circus* durchs Land tingelte. Howard Lindsay, ein Theaterveteran in der Truppe, behielt Carnegie als »einen ziemlichen Schwätzer« in Erinnerung. »Aber ich würde nicht sagen, daß er eine besondere Begabung für Konversation hatte«, sagte Lindsay. »Er hielt Reden.« Selbst als Schauspieler blieb Carnegie nebenbei noch Verkäufer und schleppte einen schweren Koffer voller Krawatten mit sich herum, die er unterwegs an Herrenausstatter zu verkaufen suchte.[5]

1912 gab er das Theater auf, mietete ein billiges möbliertes Zimmer und trat in New York einen Job als Verkäufer von Lastwagen für die Packard Motor Company an. Wieder scheiterte er. Doch noch im selben Jahr hörte er von einer freien Stelle als Redelehrer für Geschäftsleute bei der Abendschule des CVJM in der 125. Straße in Harlem. Er bewarb sich um den Job und rezitierte bei einem Bunten Abend Gedichte des »Bauernpoeten« James Whitcomb Riley: »Knee Deep in June« und »Giddyap, Napoleon, It Looks Like Rain«, beides zu Klavierbegleitung. Er wurde eingestellt, aber der Direktor der Schule weigerte sich, ihm die verlangten 5 Dollar pro Abend zu bezahlen. Statt dessen mußte er auf der Basis einer Gewinnbeteiligung arbeiten, was sich im nachhinein als finanzieller Segen erwies.

Vor seiner ersten Unterrichtsstunde war er sehr nervös, und seinen eigenen Worten nach wußte er nach einer Viertelstunde plötzlich nicht mehr weiter. Ihm fiel nichts mehr ein. Dann, aus einer plötzlichen Eingebung heraus, bat er einen der Geschäftsleute im Publikum, aufzustehen und über etwas zu sprechen, was ihn wütend machte. Es war, als habe er eine Schleuse geöffnet, und einer nach dem anderen stand auf und redete. Carnegie bat jeden im Kurs, etwas zu sagen, eine Übung, die in all seinen Lehrgängen zum Standard werden sollte.

Zwei Jahre später sprach er auch bei CVJM-Veranstaltungen in anderen Städten und verdiente 400 Dollar die Woche. Er lud immer wieder gute Redner in seine Kurse ein, darunter auch den damaligen stellvertretenden Staatssekretär der Kriegsmarine, Franklin Roosevelt, der einen Vortrag vor einer Carnegie-Abschlußklasse in Baltimore hielt.

Etwa zu dieser Zeit, in den zwanziger Jahren, änderte er seinen Namen von Carnagey (mit Betonung auf der zweiten Silbe) zu Carnegie (mit Betonung auf der ersten). Der Name Carnegie war den Menschen natürlich viel vertrauter durch den Stahlmagnaten Andrew Carnegie (zu dem Dales Vater eine entfernte Verwandtschaft geltend machte) und die von diesem gestiftete Carnegie Hall, die Dale auch selbst für Unterrichtszwecke und Reden gebucht hatte. Im Lichte dessen, was Carnegie in *Wie man Freunde gewinnt* über die Bedeutung des Namens schreibt (»Der Durchschnittsmensch ist an seinem eigenen Namen mehr interessiert als an allen anderen Namen der Welt zusammen«), ist seine Entscheidung sehr vielsagend. Er selbst spielte die Bedeutung des Namenswechsels herunter, sagte, es sei einfach eine Sache der leichteren Schreibung, aber er wehrte sich auch nie gegen die impliziten Verbindungen zu Andrew Carnegie oder der Carnegie Hall. Amerikaner nahmen traditionell einen neuen Namen an, um ihre Vergangenheit zu tilgen, Carnegie dagegen wollte sich so eine Vergangenheit zulegen.

## Man muß vor nichts Angst haben außer vor der Angst

In einem Zeitalter der Handelsvertreter war Carnegie der Guru all jener, die Schwierigkeiten hatten, sich zu verkaufen.

Carnegie sagte immer, daß er seinen Lehrgang entwickelt habe, um den Menschen bei der Überwindung der Angst Nr. Eins in Amerika zu helfen. Dabei ging es nicht um Tod oder Bankrott oder den Verlust eines geliebten Menschen – ganz oben auf der Liste, so sagte er, stand die Angst, öffentlich zu reden. Die Teilnehmer seiner Kurse ähnelten ihm selbst: Männer Mitte Dreißig, die nicht den Erfolg hatten, den sie sich erhofften, Angestellte im mittleren Management, die das große Zittern überkam, wenn sie einen Trinkspruch ausbringen sollten, Vertreter, die sich keine Witze merken konnten, Damen, die lernen wollten, beim Frühlingsessen des Country Clubs einfach aufzustehen und ein Gedicht zu rezitieren. Er war der Rattenfänger der Ängstlichen und der Ehrgeizigen. Sein Lehrgang wäre für Richard Nixon ein Gewinn und für John F. Kennedy reine Zeitverschwendung gewesen.

Carnegie besaß keinen natürlichen Charme, also nahm er in seinem Lehrgang den Charme auseinander, zerlegte ihn in seine wesentlichen Bestandteile, wie er sie sah – viel Lächeln, Zustimmung, Zuhören und viele kleine Schmeicheleien. So konnte jeder lernen, Cary Grant zu sein. Im Kurs wurde vor allem begeisterte Zustimmung ausgetauscht. Nach einer Rede fand Carnegie oder ein anderer Lehrer immer etwas, was man loben konnte, und tat dies nicht zu knapp. Carnegie gab seinen Schülern Selbstvertrauen, aber das war nicht alles: Er gab ihnen einen Ort, an dem sie versagen konnten und dennoch nicht gedemütigt wurden. In dieser Hinsicht war sein Lehrgang ein Vorläufer der Zwölf-Schritte-Programme, die die Menschen in einem warmen und unterstützenden Umfeld förderten.

Carnegie war eine seltsame Mischung aus Modernem und Altmodischem. Als Lehrer der freien Rede verwarf er die steife Theatralik und die stilisierten Gesten der Prärie-Reden des 19. Jahrhunderts und brachte seine Schüler dazu, sich einen natürlicheren, umgangssprachlicheren Stil anzueignen. Er riet von formaler Diktion und eleganter Sprache ab. Wordsworth hatte Poesie definiert als ein Gespräch von Mensch zu Mensch. Carnegie brachte Geschäftsleuten bei, mit ihresgleichen zu sprechen.

Carnegie war immer mehr am Stil als am Inhalt interessiert. Streichen Sie das: Carnegie war eigentlich nie wirklich am Inhalt interessiert. Er kümmerte sich immer nur um das *Wie,* nie um das *Warum.* (In diesem Sinne stand er in der großen Tradition der amerikanischen Tüftler, die sich mehr für eine neue technische Spielerei interessieren als dafür, wie das Universum funktioniert.) In seinen Augen war es egal, ob man für oder gegen den Sozialismus auftrat, für den Glauben oder den Atheismus, solange man nur überzeugend redete und viel lächelte. Carnegie war der Ansicht, man könne eine große Rede halten und seine Zuhörerschaft dennoch verlieren, weil man nie lächelte, aber auch eine furchtbar schlechte Rede halten und sein Publikum dennoch mit einem Lächeln für sich einnehmen.

In diesem Sinne gehört auch Carnegie zu den Vorreitern des Zeitalters der Kommunikation. Er trug dazu bei, daß eines späteren Tages ein Präsident der Vereinigten Staaten als »der große Kommunikator« bekannt werden konnte und die Menschen diesen Titel als durchaus ehrenvoll ansahen. Für Platon wäre Kommunikationswissenschaft, ein Fach, das man heute studieren kann, nichts anderes als Rhetorik gewesen, einfach ein neutrales Mittel, um Inhalte zu verpacken.

In den ersten zwanzig Jahren des Carnegie-Lehrgangs hatten vierhundert der fünfhundert größten Firmen Amerikas ihre Mitarbeiter zu ihm geschickt. Ende der fünfziger Jahre des 20. Jahrhunderts hatten drei Millionen Amerikaner daran teilgenommen.[6] Heute ist das Dale Carnegie Institut ein Unternehmen mit einem Umsatz von 100 Millionen Dollar.

Anfang der dreißiger Jahre hatte Carnegie einen Vortrag mit dem Titel »Wie man Freundschaften schließt und Menschen beeinflußt« ausgearbeitet. Eines Abends saß Leon Shimkin, ein Lektor des Verlages Simon & Schuster, im Publikum und sah die Möglichkeit, daraus ein Buch zu machen. Er schloß einen Vertrag mit Carnegie, und sie veränderten das »Freundschaften schließen« im Titel zu einem griffigeren und positiveren »Freunde gewinnen«. Der Rest ist Verlagsgeschichte. Carnegie war, wie er selbst immer wieder betonte, der klassische über Nacht erfolgreich gewordene Autor, der sein Leben lang darauf hin gearbeitet hatte. Als er *Wie man Freunde gewinnt* im Jahre 1936 veröffentlichte, hatte er schon beinahe ein Vierteljahrhundert lang Kurse gegeben.

*Wie man Freunde gewinnt* wurde schnell zu einem Phänomen in der Welt der Bücher. Es war viele Jahre lang das bestverkaufte Sachbuch aller Zeiten – allerdings nur, wenn man die Bibel unter Belletristik einordnet. Nach seiner Veröffentlichung 1936 wurde es innerhalb weniger Wochen vierzehn Mal aufgelegt. Es war laut *Publisher's Weekly* der Bestseller des Jahres 1937 und in den folgenden drei Jahren immer unter den ersten drei der Bestenliste.[7] Das Buch erschien am Ende der amerikanischen Wirtschaftskrise und trug dazu bei, den Glauben an die traditionellen amerikanischen Erfolgsvorstellungen wieder zu etablieren. Carnegie und Roosevelt vertraten die Ansicht, daß man vor nichts Angst haben müsse außer vor der Angst selbst.

Carnegies Timing war perfekt. Gerade damals legten die wachsenden Konzernverwaltungen größten Wert auf soziale Fähigkeiten. Der Schlüssel zum Erfolg in großen Unternehmen war nicht Charakter, sondern Persönlichkeit, und Carnegie formte die letztere. Er schuf den Konzernangestellten genau zu der Zeit, als die Konzerne ihn brauchten. Er machte die Arbeitnehmer bereit für die Dienstleistungsgesellschaft.

## Die Menschen sind nicht besonders nett

Dale Carnegie beginnt *Wie man Freunde gewinnt* nicht mit einer seiner vielen immer wieder gern gehörten Anekdoten über berühmte Staatsmänner, erfolgreiche Verkäufer oder Industriegiganten, sondern mit einer Geschichte über einen bekannten Verbrecher. Carnegie berichtet von der Verfolgung und sensationellen Festnahme des Mörders »Doppelschuß«-Crowley in der Wohnung seiner Geliebten in der West End Avenue in New York City im Jahre 1931. Crowley war ein Bankräuber, der nach der Aussage eines Polizeikommissars von New York City schon schoß, »wenn eine Maus raschelt«. Monatelang hatte er sich der Verhaftung entzogen, bis er schließlich nach längerer Verfolgung und einem wilden Feuergefecht in der Wohnung seiner Geliebten gefangengenommen werden konnte. Dort fanden die Polizisten, so Carnegie, eine Notiz des Killers mit den folgenden Worten: »An alle, die es angeht. In meiner Brust schlägt ein müdes, aber gütiges Herz – ein Herz, das niemandem Unrecht tun könnte.«[8]

Carnegie sagt dann – aber vielleicht sollte ich Carnegie selbst erklären lassen, warum er sein Buch mit einer Anekdote über einen Bankräuber und Polizistenmörder beginnt:

> *Die Moral von der Geschichte: Crowley fühlte sich nicht im geringsten schuldig.*
> *Wenn Sie meinen, das sei eine für einen Verbrecher eher ungewöhnliche Haltung, dann hören Sie sich einmal die folgenden Sätze an: »Ich habe meine besten Jahre damit zugebracht, meinen Mitmenschen Freude zu bereiten, damit sie im Leben ein bißchen Spaß haben. Zum Dank dafür werde ich nun beschimpft und verfolgt.«*
> *Diese Worte sprach Al Capone, einst Amerikas bekanntester Staatsfeind – der gefährlichste Gangsterchef, den Chicago je gekannt hatte. Capone war sich keiner Schuld bewußt. Er sah sich im Gegenteil als öffentlicher Wohltäter – als verkannter und mißverstandener Wohltäter allerdings.*[9]

Carnegie zitiert dann Dutch Schultz, ein paar andere Gangster und verschiedene Insassen von Sing-Sing mit ähnlichen Aussagen.

> *Wenn schon Al Capone, Crowley, Dutch Schultz und all die Männer und Frauen hinter Gefängnismauern sich nichts vorzuwerfen haben – wie steht es denn da erst mit jenen Leuten, mit denen wir täglich verkehren?*[10]

Ja, wie steht es mit denen?

Hier ist die Lehre, die der Autor von *Wie man Freunde gewinnt* daraus zieht: »Kritik ist nutzlos, denn sie drängt den andern in die Defensive, und gewöhnlich fängt er dann an, sich zu rechtfertigen. Kritik ist gefährlich, denn sie verletzt den Stolz des andern, kränkt sein Selbstwertgefühl und erweckt seinen Unmut.«[11]

So weit ich sehen kann, läuft Carnegies Gedankengang etwa so ab: Wenn die schlechtesten von uns, Leute wie Al Capone und »Doppelschuß«-Crowley, sich nicht als schlecht erkennen, dann wird der Rest von uns, die wir nicht annähernd so schlecht sind, nie in der Lage sein, sich selbstkritisch zu betrachten. Also sollte man sich nicht damit herumärgern, irgend jemanden für irgend etwas zu kritisieren, weil niemand gern kritisiert wird und sowieso niemand zu seinen Fehlern steht. Und darüber hinaus sollte man nicht versuchen, die Menschen zu ändern – man sollte ihnen einfach ihre Schwächen nachsehen, damit man über sie triumphieren kann.

Naja, vielleicht schieße ich damit schon etwas über das Ziel hinaus.

Carnegie würde meiner Interpretation seiner Philosophie scharf widersprechen. Er würde darauf bestehen, daß seine Weltsicht moralisch sei, und zumindest darauf, daß sein Buch eine ziemlich heitere, überhaupt nicht bedrohliche Anleitung zur Selbstverbesserung sei. Carnegie war sich offenbar der eher düsteren Interpretationsmöglichkeiten seiner Denkweise nicht bewußt. (Er war sich offenbar des Unbewußten überhaupt nicht bewußt.) Im Grunde war Carnegies Philosophie ziemlich gefühllos und praktisch ausgerichtet und basierte auf einem Menschenbild, das ebenso düster war wie das eines Thomas Hobbes und gerissener und unsentimentaler als das eines Machiavelli.

Hier ist eine kurze Zusammenfassung von Carnegies Sicht der menschlichen Natur, wie sie sich aus *Wie man Freunde gewinnt* herauslesen läßt: Die Menschen sind zutiefst irrational. Sie sind nicht einfach nur egoistisch, sie sind völlig egozentrisch. Niemand ist wirklich interessiert an jemand anderem, nur an sich selbst. Die Menschen lassen sich leicht täuschen. Die Menschen sind unfähig zur Selbstkritik. Sie sehnen sich verzweifelt nach Ansehen und Wertschätzung. Und gerade deshalb kann man sie leicht mit den einfachsten Mitteln für sich gewinnen, indem man ihnen Aufmerksamkeit entgegenbringt, ihnen Wertschätzung anbietet und sie mit kleinen Schmeicheleien verwöhnt.

In *Wie man Freunde gewinnt* erzählt Carnegie dem Leser von einer Untersuchung der New Yorker Telefongesellschaft zu der Frage, welches Wort in den Telefongesprächen denn nun am häufigsten vorkommt: Es war, so sagt er, das Wörtchen »ich«, »ich«, »ich«, »ich«, »ich«. (Ja, er wiederholt das »ich« fünfmal.) Und dies führt ihn zu einer Zusammenfassung seiner Meinung über die Menschheit:

*Die Leute sind weder an Ihnen noch an mir interessiert.*
*Sie interessieren sich ausschließlich für sich selbst –*
*am Morgen, am Mittag, am Abend.*

> *Wenn Sie ein Gruppenbild anschauen, auf dem Sie mit abgebildet sind, wen suchen Sie dann zuerst?*[12]
> *Wenn Sie glauben, daß die Menschen sich für Sie interessieren, beantworten Sie diese Frage: Wenn Sie heute nacht sterben würden, wie viele Menschen würden zu Ihrem Begräbnis kommen?*

Und etwas später liest er sich geradezu stalinistisch:

> *Seine Zahnschmerzen sind ihm [dem Gesprächspartner] wichtiger als eine Hungersnot in Indien, an der eine Million Menschen zugrunde gehen. Ein Furunkel am Nacken beschäftigt ihn mehr als vierzig Erdbeben in Afrika.*[13]

Die Menschen sind nicht nur egozentrisch, sagt er, sie sind auch völlig oberflächlich. Carnegie kann sich niemanden vorstellen, der andere Sorgen hat als er selbst, und bei denen geht es erstens darum, »gemocht« zu werden, und zweitens darum, »erfolgreich« zu sein, was offenbar bedeutet, gemocht zu werden *und* reich zu sein. Niemals versucht Carnegie, die Menschen von ihrem Egoismus zu befreien. Er versucht immer nur, ihn auszunutzen.

Carnegie erkennt, daß eine der einfachsten und wirkungsvollsten Formen der Schmeichelei das *Zuhören* ist. Wenn jeder mit sich selbst beschäftigt ist, dann wird jeder angenehm überrascht sein, wenn man sich mit ihm beschäftigt. Er zitiert den lateinischen Autor Publilius Syrus: »Wir interessieren uns für die andern, wenn sie sich für uns interessieren.«[14] Zuzuhören und nicht zu unterbrechen sind zwei Tricks, um sich bei anderen beliebt zu machen. Carnegie führt als Beispiel einen jungen Mann an: Er traf sich mit einer Frau, die während des ganzen Abends kaum ein Wort redete. Später erklärte er seinen Freunden, daß sie vielleicht nicht sehr hübsch sei, aber eine »großartige Gesprächspartnerin«. (Männer glauben, daß Reden eine Möglichkeit des Flirtens sei, aber Frauen wissen, daß Zuhören viel wirksamer ist.)

## Die »Geheimnisse« des Erfolgs

Schon ganz am Anfang von *Wie man Freunde gewinnt* warnt Carnegie den Leser, daß er nicht die gute alte amerikanische protestantische Arbeitsethik vertritt, in der Fleiß und Ausdauer der Schlüssel zum Erfolg sind. Carnegie hatte sich vielmehr von dem Psychologen H. A. Overstreet leiten lassen, der in seinem Buch *Influencing Human Behavior* davon ausging, daß selbst bei Ingenieuren nur 15 Prozent des finanziellen Erfolges von ihrem technischen Wissen abhingen, 85 Prozent aber von ihren Fähigkeiten im Umgang mit Menschen.[15] Das Klischee der protestantischen Arbeitsethik (wie etwa Thomas Edison sie verkündet hatte) lautet, daß Genie zu 99 Prozent aus Transpiration und nur zu 1 Prozent aus Inspiration besteht. Im Grunde verkaufte Carnegie die schweißlose 1-Prozent-Lösung. Seine Techniken, so rühmt er sich, »sind keine bloßen Theorien oder Vermutungen. Sie wirken wie ein Zauber.«

Zauberei, nicht Verdienst oder harte Arbeit oder besondere Fähigkeiten. Mit Verdienst und 25 Cent bekommt man eine Fahrt in der U-Bahn. Carnegie hatte entdeckt, daß nicht die Schnellen oder die Fähigen das Rennen gewinnen, sondern diejenigen, die wissen, wie man mit Menschen umgeht. Und das ist die einzige Fähigkeit, die man je braucht. »Sagen Sie sich immer wieder: ›Meine Beliebtheit, mein Glück und mein Selbstbewußtsein hängen zu einem großen Teil von meinem Geschick im Umgang mit Menschen ab.‹«[16] Teil I seines Buches trägt die Überschrift: »Grundregeln für den Umgang mit Menschen«. (Auch mit Problemen, wie mit Menschen, *geht* Carnegie immer *um,* er löst sie nicht.)

Von Anfang an beschreibt Carnegie seine Techniken als eine Wissenschaft. Zwischenmenschliche Beziehungen können »aufgebaut« oder »konstruiert« werden, aber man muß dazu kein Ingenieur sein. Als Carnegies Buch herauskam, ordneten es die meisten Bibliotheken in der Wissenschaftsabteilung ein (allerdings gab es dort damals noch keine Ratgeberecke).

Der Umgang mit Menschen ist eine erlernbare Fähigkeit, sagt Carnegie, gerade weil er *un*natürlich ist. »Wann immer Sie einem besonderen Problem gegenüberstehen, ... zögern Sie, impulsiv das Nächstliegende, das ›Natürliche‹ zu tun. Das ist meist verkehrt.«[17] Dies bringt Carnegie in einen absoluten Gegensatz zu dem ganzen von Emerson und Whitman geprägten Zug des amerikanischen Bewußtseins, die gerade forderten, dem Instinkt und der Leidenschaft bereitwillig zu folgen. Folgen Sie nicht Ihren Instinkten, sagt er;[18] machen Sie sich von ihnen frei, denn sie werden Sie nur in Schwierigkeiten bringen.

Im Grunde kann man Carnegies Ratschläge auf das folgende eindampfen: Kritisieren Sie nicht, streiten Sie nicht, schmeicheln Sie den Leuten bei jeder Gelegenheit, wirken Sie aufrichtig, und vergessen Sie vor allem nicht das Wichtigste: Lächeln, Lächeln, Lächeln.

Lassen Sie uns sehen, wie er die einzelnen Ratschläge untermauert:

♦ »Kritisieren Sie nicht, streiten Sie nicht«

Als Pseudo-Sozialwissenschaftler baut Carnegie seine Theorien nur auf anekdotischen Belegen auf – einer Mischung von Geschichten über die Reichen und Mächtigen (Lincoln, Benjamin Franklin, Samuel Johnson, John D. Rockefeller, Andrew Carnegie) und alltäglichen Erlebnissen von anomymen Handelsvertretern, Angestellten und Hausfrauen, die an seinen Lehrgängen teilgenommen haben. So zitiert er Benjamin Franklin mit dem Ausspruch: »Ich sage über niemanden etwas Schlechtes und über jeden alles Gute, das ich über ihn weiß.«[19] Und danach einen Mr. W. P. Gaw von der Firma Wark in Philadelphia (der ganz verdächtig nach einer erfundenen Person aussieht). Mr. Gaw hat gelernt, seinen Mund zu halten und seinem Chef zu schmeicheln. Für Carnegie verschmelzen die Großen und die Unbekannten, die Berühmten und die Anonymen, miteinander, denn Carnegie läßt nicht gelten, daß Benjamin Franklins Bemühungen bei der Verfassunggebenden Versammlung des Jahres 1787 (wo er sich laut Carnegie weigerte, irgend jemanden zu kritisieren) etwas anderes oder wichtigeres seien als W. P. Gaws Aufgabe, einen Immobilienhandel in Philadelphia abzuschließen.

Für Carnegie sind die Techniken immer die gleichen, und die Ziele interessieren ihn offenbar nicht. In gewisser Weise ist dies ein Paradigma für alle Selbsthilfe-Bewegungen; sie machen keinen Unterschied zwischen einem Völkermord in Ruanda und einer Verkaufsveranstaltung in Denver – es zählt nur, wie wichtig das Problem *für einen selber* ist.

Im allgemeinen predigt Carnegie das Gegenteil der griechischen Vorstellung, daß der Unterschied zwischen einem Schmeichler und einem Freund in der Parrhesie oder Offenheit liege. Carnegies Philosophie lautet: Sei nie offen, sprich nie freimütig. Erzähl deinem Freund niemals irgend etwas, das er nicht hören will.

Die Griechen meinen, daß man es einem Freund schuldig sei, ihm auch Dinge zu sagen, die er nicht hören will. Das ist Carnegie egal, weil er Freundschaft sowieso nicht hoch genug schätzt, um sie durch allzu große Offenheit in Gefahr zu bringen, und weil Freunde bei ihm ohnehin nur Geschäftskontakte sind. In seiner Vorstellungswelt können Verfehlungen gar nicht so groß sein, daß sie es wert wären, deshalb irgendwie unhöflich zu werden. Wenn Carnegie sagt: »Beim Streiten kann man nur verlieren«, dann meint er damit eigentlich, daß man jemandem, mit dem man in einen Streit geraten ist, nichts verkaufen kann. Der Verkauf ist alles.

### ♦ »Schmeicheln Sie bei jeder Gelegenheit«

Bei Carnegie wird alles Wichtige immer als »Geheimnis« bezeichnet. So hat er Kapitelüberschriften wie »Das Geheimnis des Sokrates«, und er sagt, er stelle berühmten Menschen, die er treffe, immer die eine Frage: »Worin liegt das Geheimnis Ihres Erfolges?«

Der Gebrauch des Wortes »Geheimnis« ist ein vertrauter Werbeköder und gleichzeitig ein Überbleibsel aus Carnegies eigener Jugend, als er ständig versuchte, hinter das »Geheimnis« der Beliebtheit zu kommen. Es spielt auf eine Kindheitsvorstellung an, nach der es eine Art Sesam-öffne-dich oder alchemistischen Trick gibt, durch den sich die eigene Situation im Handumdrehen ändern läßt. Auch solche Überlegungen sind eine Manifestation der Verschiebung vom Charakter hin zur Persönlichkeit. Der Charakter glaubt an harte Arbeit und Ausdauer. Die Persönlichkeit sucht immer nach einem Kniff oder einer Abkürzung.

Carnegie sagt immer wieder, daß seine »Geheimnisse« ohne Mühe anwendbar sind und wie ein »Zauber« wirken. Dies spiegelt sich auch in anderen Kapitelüberschriften wider: Wie man sich im Handumdrehen beliebt macht« oder »Die Zauberformel«. Alles ist eine Kleinigkeit – genau wie bei all den Haushaltsreinigern aus den fünfziger Jahren, die Glanz ohne Scheuern versprachen. Schweiß war nicht mehr gefragt.

Was ist also das große Geheimnis im Umgang mit Menschen? Carnegie drückt es so aus: »Haben Sie je darüber nachgedacht, daß es auf der ganzen Welt nur einen einzigen Weg gibt, einen Menschen dazu zu bringen, etwas Bestimmtes zu tun? Man muß erreichen, daß er es selbst tun *will.*« Und wie erreicht man, daß der andere etwas tun will? Man schmeichelt ihm und sorgt dafür, daß er sich wichtig fühlt. Carnegie zitiert John Dewey mit der Aussage: »Der stärkste Trieb in der menschlichen Natur ist der Wunsch, bedeutend zu sein.«[20] Man kann die Menschen dazu bringen, das zu tun, was man von ihnen will, indem man sie mit Lob besticht, indem man es schafft, daß sie sich bedeutend fühlen.

Hierzu zitiert er ein echtes Musterbeispiel für sein Buch, den Geschäftsführer Charles Schwab, den ersten »Heldenbürokraten«, wie der Autor Donald Meyer ihn nennt.[21] Man kann sich dem Eindruck nicht entziehen, daß Carnegie für Schwab schwärmte, wenn man liest, wie begeistert er von ihm berichtet. Schwab bekam offenbar von Andrew Carnegie eine Million Dollar im Jahr dafür, daß er die United States Steel Company leitete, und zwar nicht etwa, weil er wußte, wie man Stahl herstellte, sondern weil er wußte, wie man mit Menschen umging. Carnegie schreibt, Schwab habe instinktiv gespürt, daß die Menschen nach Anerkennung hungern, also gab er ihnen Lob und Wertschätzung. Er zitiert Schwab mit den Worten, daß seine größte Fähigkeit darin liege, die Menschen zu begeistern, und daß er diese Fähigkeit mit Hilfe einer einfachen Formel umsetze: »Bin ich mit einer Leistung zufrieden, so anerkenne ich sie aufrichtig und gehe großzügig mit Lob um.«[22] Dieser Ausspruch wird zu einem Leitmotiv des Buches. Für Carnegie ist er das Mantra des Erfolgs, das er ständig wiederholt.

Aber Carnegie ist klug genug, um zu wissen, daß sein Rat abgedroschen oder seicht oder scheinheilig wirken könnte. »Viele

Leser denken jetzt vielleicht: ›Ach Quatsch! Alte Klamotten! Habe ich alles schon versucht. Schmeicheleien, Honig um den Bart streichen – das zieht nicht – nicht bei intelligenten Leuten.‹«[23] Einmal abgesehen davon, daß er dem Leser schmeichelt (»Natürlich kommt man [damit] bei klugen Menschen selten an.«), wendet er hier einen seiner üblichen Tricks an, der einfach lautet: leugnen, leugnen, leugnen. Nachdem er allzu lange protestiert hat, erzählt er dann doch eine Reihe von Geschichten, um den Erfolg seiner Technik zu illustrieren, und in allen geht es um die unverblümteste Schmeichelei.

Das erste Beispiel sind die »oft verheirateten [und schon lange vergessenen] Midivani-Brüder«. »Wie konnten diese sogenannten ›Prinzen‹, die ihre Millionen mit billigen Kaufhäusern gemacht hatten, zwei schöne und berühmte Filmstars, eine weltbekannte Primadonna und Barbara Hutton heiraten?« Die Filmschauspielerin Pola Negri gibt die Antwort: »Sie verstehen sich auf die Kunst der Schmeichelei wie kein anderer Mann, den ich je getroffen habe.« »Das, so versichere ich Ihnen, ist das Geheimnis der Anziehungskraft der Midivanis für Frauen. Ich weiß, wovon ich rede.« Werter Leser, sie heiratete einen von ihnen.

Schließlich erzählt Carnegie die Geschichte, wie Napoleon die Ehrenlegion ins Leben rief und fünfzehntausend Medaillen an seine Soldaten verteilte. Napoleon, so Carnegie, wurde von einigen kritisiert, weil er »Spielzeug« an harte Veteranen ausgab, die ihr Leben für ihn und Frankreich aufs Spiel gesetzt hatten. »Napoleon antwortete: ›Die Menschen werden von Spielzeugen beherrscht.‹«

Für Carnegie ist Schmeichelei das Spielzeug, das die Menschen beherrscht.

### ♦ »Versuchen Sie, aufrichtig zu wirken«

Carnegie bietet ein weiteres Argument dafür an, daß er nicht einfach die Schmeichelei empfiehlt. Er zieht eine scharfe Trennlinie zwischen Lob und Schmeichelei. Lob, so sagt er, ist aufrichtig, Schmeichelei nicht. »Die eine ist echt, die andere unecht. Die eine kommt aus dem Herzen, die andere aus dem Mund. Die eine ist selbstlos, die andere selbstsüchtig. Die eine wird allgemein geliebt, die andre allgemein verurteilt.«[24]

Das ist eine kluge Definition, aber auch hier widerspricht er ihr, sofort nachdem er sie aufgeschrieben hat. Denn im nächsten Atemzug betont er, daß es keine selbstlosen Verhaltensweisen gibt. »Alles, was Sie von der Stunde ihrer Geburt an getan haben, taten Sie aus einem bestimmten Grund. Auch wenn Sie dem Roten Kreuz einen großen Betrag gaben, so ist das durchaus keine Ausnahme von der Regel. Sie spendeten diese Summe, weil Sie helfen und eine gute, selbstlose Tat vollbringen wollten.«[25]

Carnegie besteht auf der Vorstellung der Aufrichtigkeit, aber jedes Lob, das er empfiehlt, ist strategisch bedingt. »Wir werden alle gern gelobt, aber wenn es ein begründetes Lob ist, dann spüren wir gleich, daß es aufrichtig gemeint ist.«[26] Aber natürlich wirkt es nur deshalb aufrichtig, weil es begründet ist.

Carnegie zitiert den englischen König Georg V. und die Wahlsprüche, die er in seinem Arbeitszimmer im Buckingham-Palast hängen hatte. Einer davon lautete: »Man soll niemals billiges Lob austeilen noch annehmen.« »Was ist Schmeichelei anderes als ›billiges Lob‹?« fügt Carnegie hinzu.[27] Aber genau zu solchem »billigen Lob« rät Carnegie immer wieder. Er erzählt eine lange Geschichte darüber, wie er sich bei einem gelangweilt dreinblickenden Schalterbeamten beliebt machte, indem er sein fülliges Haar bewunderte. Und das tat er nur, um zu sehen, ob er dem Mann ein Lächeln entlocken konnte. Es ist doch erstaunlich, wie wirkungsvoll selbst billige Schmeichelei ist.[28]

Gerade weil Lob uns entwaffnet, denken wir nicht gern darüber nach, ob es echt ist oder nicht. Es gibt keinen Lügendetektor-Test für Komplimente. Carnegies Vorstellung von Aufrichtigkeit sieht so aus, daß man ein aufrichtiges Lob ausspricht, wenn der dahinterstehende Zweck des Lobs aufrichtig und ehrlich ist. Wenn Sie Ihrem Chef erzählen, daß sein Memo brillant ist, weil Sie eine Gehaltserhöhung wollen, dann lügen Sie in Carnegies Augen nicht, weil sie die Gehaltserhöhung *wirklich, wirklich* wollen. Er hebt offenbar darauf ab, daß man, wenn man etwas unbedingt genug will und an das eigene unaufrichtige Lob zu glauben beginnt, nicht mehr unaufrichtig ist.

Am Ende des Abschnitts über Georg V. schreibt Carnegie: »Wenn wir nichts zu tun brauchten, als zu schmeicheln, dann würde es jeder tun, und wir wären Meister im Umgang mit Menschen.« Das wäre furchtbar, ja katastrophal, denn dann wäre jeder ein Meister. Vergessen Sie nicht, daß er, Dale Carnegie, der Meister im Umgang mit Menschen ist. Wenn Sie seine ziemlich weitschweifigen Theorien nehmen und unter dem Leitspruch: »Schmeichelei wirkt« zusammenfassen könnten, warum sollten Sie dann sein Buch kaufen oder seinen Lehrgang besuchen?

In *Wie man Freunde gewinnt* hat Carnegie sehr wenig über Freundschaft zu sagen. Im Grunde ist er weniger interessiert an Freundschaften als vielmehr daran, Freunde zu *haben,* und darunter versteht er, andere glauben zu lassen, daß er viele Freunde habe. Carnegie wuchs ganz offenbar nie aus der Weltsicht eines Gymnasiasten heraus. Er verbrachte den Rest seines Lebens damit, herauszufinden, wie man zu beliebtesten Jungen der Schule wird.

In *Wie man Freunde gewinnt* beschreibt Carnegie nicht, was ein Freund ist oder was es bedeutet, ein Freund zu sein. Er beschäftigt sich nur damit, wie man sie *gewinnt.* Er erwähnt nicht einmal einen persönlichen Freund – alle sind entweder berühmte Persönlichkeiten, die er bewundert und denen er in den Arsch kriecht, oder Durchschnittstypen, die er als Beispiel anführt. Für Carnegie ist ein Freund nicht jemand, mit dem er sich zum Essen trifft, sondern jemand, *der ihn mag.*

Freunde sind für ihn eine Annehmlichkeit. Sie sind Namen, die er in ein Adreßbuch schreiben kann, Verbindungen, Kontakte, Menschen, die er zum Abendessen einlädt, Menschen, die ihm Empfehlungsschreiben für sein Buch oder seine Lehrgänge geben können. Ein Freund ist seiner Definition nach jemand, der einem helfen kann. Und Freunde zu gewinnen ist nur eine weitere erlernte und nützliche Fähigkeit.

In Teil II seines Buches stellt Carnegie »Sechs Möglichkeiten, sich beliebt zu machen« vor. Seine erste Regel dafür lautet: »Interessieren Sie sich *aufrichtig* für die anderen« (Hervorhebung von mir). Sehr einfühlsam, wirklich. Und so folgt Carnegie seinem eigenen Ratschlag:

> *Jahrelang gab ich mir Mühe, die Geburtstage meiner Freunde herauszubekommen. Wie man das fertigbringt? Obschon ich nicht das geringste von Astrologie halte, fragte ich den andern zunächst einmal, ob er daran glaube, daß der Geburtstag eines Menschen einen Einfluß auf seinen Charakter und seine Veranlagung habe. Im Verlauf des Gesprächs erkundigte ich mich dann, in welchem Monat und an welchem Tag er selber geboren wurde. Nannte er vielleicht den 24. November, dann wiederholte ich in Gedanken: »24. November, 24. November ...«, und kaum drehte er mir den Rücken zu, schrieb ich mir das Datum auf, um es später in meinen Kalender zu notieren. Am Anfang jedes Jahres übertrug ich alle Geburtstage jeweils in den neuen Kalender, so daß ich im Laufe der Monate automatisch darauf stieß. Sobald der betreffende Tag heranrückte, schickte ich einen Brief oder ein Telegramm mit meinem Glückwunsch. Das haute hin! Oft war ich der einzige Mensch auf der Welt, der überhaupt daran gedacht hatte.*[29]

Wie immer schlägt Carnegie einen einschmeichelnden Trick vor, eine kleine List, die ihm hilft, Aufrichtigkeit zu auszudrücken. Es ist nie echte Aufrichtigkeit, sondern nur der Anschein davon. Carnegies Vorstellung von Aufrichtigkeit richtet sich danach, ob er selbst aufrichtig in seinem Wunsch ist, freundschaftliche Beziehungen zu jemandem zu pflegen. Die Geburtstagsgeschichte ist ein weiteres Beispiel für das, was wir vielleicht die Schmeichelei der kleinen Aufmerksamkeiten nennen würden. Ein drittes Beispiel ist sein Umgang mit Namen.

Carnegie erzählt die Geschichte von Jim Farley, der unter Roosevelt Postminister wurde, nur weil er sich, wie Carnegie behauptet, Namen von Menschen merken konnte. Farley hatte nie eine höhere Schule von innen gesehen, aber er war ein geselliger Mann, der die Vornamen von fünfzigtausend Menschen kannte. »Jim Farley entdeckte schon früh«, schrieb Carnegie, »daß der Durchschnittsmensch an seinem eigenen Namen mehr interessiert ist als an allen anderen Namen der Welt zusammen. Wer den Namen des anderen behält und ihn immer wieder ausspricht, macht dem Betreffenden ein diskretes, aber sehr wirkungsvolles Kompliment. Wer ihn aber vergißt oder falsch schreibt – der setzt sich selber in ein ungünstiges Licht.«[30] Mächtige Männer, so sagt Carnegie, blockieren die Fusion von Unternehmen, wenn der entstehende Konzern nicht auch ihren Namen trägt, und Reiche stiften freudig Millionenbeträge, nur um ihren Namenszug auf einem Krankenhaus oder Museum zu sehen. »Vergessen Sie nie, daß für jeden Menschen sein Name das schönste und wichtigste Wort ist.«[31]

Die Technik, den Namen einer Person wiederholt ins Gespräch einzuflechten, ist unter Verkäufern und Politikern durchaus bekannt. Sie legen größten Wert darauf, sich möglichst viele Namen zu merken. Bill Clinton soll die Namen mehrerer tausend Menschen im Gedächtnis gehabt haben, und die Regierung unter George Bush war damals als »Dankeschön-Präsidentschaft« bekannt, weil er so viel Wert darauf legte, bei jeder Gelegenheit Dankkarten zu schreiben.

Der einfachste und leichteste Kniff, Freunde zu gewinnen, ist nach Carnegie ein Lächeln. Charles Schwab hatte seiner Darstellung nach ein Lächeln, das eine Million Dollar wert war. Warum? Weil ihm sein Lächeln seinen guten Job eingebracht hatte. Was bewirkt ein Lächeln? (Ich klinge schon wie Carnegie; er hat diese Wirkung auf andere.) »Ein Lächeln will sagen: ›Ich mag Sie.‹«[32] Im 19. Jahrhundert hätte ein solches Lächeln die Menschen stutzig gemacht (»Warum lächelt der Mensch mich jetzt an?«), aber im neuen Zeitalter der großen unpersönlichen Konzerne, in denen sich Arbeiter allmählich wie die vielbeschworenen Rädchen im Getriebe fühlen, bewirkte Schwabs offenes Grinsen, daß die Menschen sich als etwas Besonderes fühlten. Es wärmte die kalten Flure des herzlosen amerikanischen Konzerns. Schwab war der erste der großen Konzernvorstände, die ihren Unternehmen ein Gesicht gaben.

Carnegies goldene Regel, seine Version des reziproken Altruismus, lautet: »Lächeln Sie anderen zu, und sie werden zurücklächeln.« Wir sind weit von Chesterfields Rat abgekommen, *agréable* zu sein – also charmant und schlagfertig und elegant und ein guter Walzertänzer. Für Carnegie kommt es letztendlich nur auf ein freundliches Gesicht an. Er rät dazu, zu lächeln, auch wenn einem eigentlich nicht danach zumute ist, immer zur vollen Stunde zu lächeln, zu lächeln, wenn man traurig ist, Fremden zuzulächeln, einfach nur um in Übung zu kommen. Im Grunde hat er wissenschaftlich gesehen recht, denn Untersuchungen haben gezeigt, daß der körperliche Akt des Lächelns, ganz unabhängig von den Umständen, den Serotonin-Spiegel im Blut und damit die Stimmung steigen läßt. Wie Carnegie es ausdrückt: »Tun Sie so, als fühlten Sie sich glücklich. Das wird Ihnen nämlich helfen, sich glücklich zu fühlen.«[33] Zufällig ist dies auch eines der Grundprinzipien all dieser Therapien in zwölf Schritten. Wie Lincoln schon sagte: »Die meisten Leute sind ungefähr so glücklich, wie sie sein wollen.«

Carnegie erzählt die Geschichte eines griesgrämigen Aktienhändlers, den er dazu brachte, auch einmal zu lächeln. Der Mann schockiert seine Frau und seine Angestellten mit seiner neuen Freundlichkeit. Seine Frau wird fröhlicher. Seine Angestellten sind zufriedener. Das Geschäft boomt. »Ich stelle fest, daß Lächeln mir Dollars bringt, viele Dollars jeden Tag.« Letztendlich ist ein Lächeln nur ein Handelsartikel. Es hilft Ihnen, das zu verkaufen, was Sie verkaufen wollen, und das zu kaufen, was Sie kaufen wollen. Wenn Sie die Frau anlächeln, die in der Caféteria die Sandwiches schmiert, wird sie Ihnen mehr Schinken aufs Brot legen. Aber vergessen Sie nie: Es muß aufrichtig sein, denn nur ein aufrichtiges Lächeln, sagt Carnegie, »bringt einen guten Preis auf dem Markt«. Also machen auch Sie diesen Posten zu Geld.

## Wie man die Welt auf die Herrschaft der Konzerne vorbereitet

Gott spielt in *Wie man Freunde gewinnt* nicht einmal eine Nebenrolle. *Poor Richard's Almanack,* in vieler Hinsicht ein Vorgänger von Carnegies Bestseller, wirkt im Vergleich wie ein religiöses Traktat, und Franklin war bestenfalls Agnostiker. Aber er sagte wenigstens noch, daß Gott denen hilft, die sich selbst helfen. Carnegie sagt einfach: *Hilf dir selbst.* Carnegie bereitete die Menschen nicht auf den Himmel vor, sondern auf die neue amerikanische Wirtschaft.

Auf den ersten Blick sieht es so aus, als helfe Carnegie seinen Lesern, eine größere Autonomie zu erlangen, aber wie der französische Philosoph Michel Foucault wohl einwenden würde, ist es eine Autonomie, die nur die Ausübung von Macht verhüllt – eine Autonomie, die nicht autonom ist. Foucault würde sagen, daß Carnegie einfach nur den Austausch von Geld und Konzernmacht erleichtert; er schafft einfach nur eine gelehrigere und fröhlichere Arbeiterschicht, eine freundlichere und angenehmere Managerschicht. Foucault würde wahrscheinlich auch sagen, daß die Veränderung von den Erbauungsbüchern des 19. Jahrhunderts hin zu Carnegies Handbuch des Einschmeichelns in einer wachsenden Kolonisierung des inneren Selbst liegt, des Selbst, das vom Kommerz eingenommen wird.

Letztlich verkauft Carnegie die neue Form des Kapitalismus in Amerika. Ein Teil davon ist die Notwendigkeit, sich anzupreisen. Sie selbst sind Ihr Produkt Nummer eins. Männer und Frauen werden immer öfter in großen Konzernen arbeiten, in denen es besser ist, zuzuhören und zu lächeln, statt ein störrischer Bilderstürmer zu sein. Konzerne wollen im Grunde keine innengeleiteten Individuen, sie wollen außengeleitete Persönlichkeiten. Sie bilden eine Welt, in der Schmeichelei und Arschkriecherei die Menschen voranbringen.

Carnegie rät eigentlich niemandem, absolute Spitzenpositionen anzupeilen. Er sagt vielmehr: So können Sie die nächste Stufe auf der Leiter erklimmen. Die meisten Menschen, die seine Lehrgänge besuchten oder sein Buch lasen, waren an eine Glasdecke gestoßen. Carnegie erklärt ihnen, wie sie den Durchbruch zur nächsten Stufe schaffen können, nicht, wie sie das Eckbüro in der obersten Etage bekommen. Er bringt ihnen nicht bei, wie Charles Schwab zu sein, sondern wie einer der unzähligen stellvertretenden Direktoren unter ihm.

Meist rät er zu einer einschmeichelnden Passivität, die anderen hilfreich erscheinen muß. In der Einleitung zitiert er stolz John D. Rockefeller mit den Worten: »Die Fähigkeit, mit Menschen umzugehen, ist eine so käufliche Ware wie Zucker oder Kaffee.

Und ich zahle für diese Fähigkeit mehr als für jede andere unter der Sonne.« Andersherum rät Carnegie Arbeitsuchenden, zum Chef zu gehen und zu sagen: »Ich glaube, ich kann Ihnen helfen, noch reicher zu werden.« Es ist also ein geschlossener Kreislauf. John D. kann jeden Betrag zahlen, um Sie zu kriegen, und Sie können ihn noch reicher machen.

Auf einer gewissen Ebene signalisierte *Wie man Freunde gewinnt* einen Schritt weg vom Pessimismus der Depressionszeit hin zu einem Wiedererwachen des amerikanischen Optimismus. Andererseits aber stand das Buch gleichzeitig, wie wir gesehen haben, für eine Veränderung im amerikanischen Wesen. Für Christopher Lasch vollzog sich hier der Übergang von einem Zeitalter des Individualismus hin zu einem Zeitalter des Narzißmus.

»Der *self-made man* früherer Zeiten« schreibt Lasch, »war stolz darauf, Charakter und Redlichkeit seiner Mitmenschen beurteilen zu können; heute mustert er ängstlich die Gesichter seiner Kollegen, nicht um ihre Kreditwürdigkeit zu prüfen, sondern um abzuschätzen, ob sie für seine Schmeicheleien empfänglich sind. Bedenkenlos praktiziert er die klassischen Verführungskünste und hofft, ihr Herz zu gewinnen, während er ihnen die Taschen leert.«[34] Damit liefert Lasch auch eine treffende Beschreibung von Dale Carnegie.

Die Ära der Persönlichkeit wurde von dem repräsentiert, was William H. Whyte den *Organisationsmenschen* nannte, der in einer Organisation lebte, in der Konformität, nicht Individualität, gefordert war. Der joviale, lärmend-freundliche Verkäufer mußte lernen, sich ein bißchen zurückzuhalten. Im Ethos des Verkäufers war die Persönlichkeit das Kapital. In der modernen Ära des *soft sell* jedoch sollte sie nicht im Mittelpunkt stehen; sie sollte ein Spiegel, keine Leuchte sein, und darauf hinarbeiten, die Wünsche der Kunden – oder des Chefs – widerzugeben.

Als Amerika vom Zeitalter des Charakters in das der Persönlichkeit hineinwuchs, brauchten die Amerikaner ganz offenbar mehr Lob, mehr Bestätigung, mehr positive Verstärkung. Und sie bekamen das alles durch Bücher des Typs *Wie man Freunde gewinnt* und durch die bedingungslos positive Sichtweise der

Selbsthilfe-Bewegungen nach dem Zweiten Weltkrieg, die Carnegies Arbeit als Sprungbrett benutzten.

Die Suche der Amerikaner nach Erleuchtung hat sich immer wieder auf die althergebrachte Religion oder die neumodische Selbsthilfe gestützt. Optimal war es natürlich, wenn beides zusammenkam: Man kann reich sein und in den Himmel kommen. Man kann Erfolg haben und muß sich deswegen nicht schuldig fühlen. Dahinter stand nicht die Macht des positiven Denkens, sondern des Wunschdenkens.

## Wie man ohne Mühe gleichzeitig Freunde gewinnt, innere Zufriedenheit findet und einen strafferen Po bekommt

Carnegie war weder der erste noch der letzte der großen amerikanischen Selbsthilfe-Gurus. Selbsthilfe ist älter als der Staat. Puritanische Selbsthilfebände betonten die grundlegenden Tugenden Arbeit, Sorgfalt und Sparsamkeit. Das Thema setzte sich in den McGuffey-Lesebüchern für Kinder im 19. Jahrhundert fort, die über 100 Millionen Mal verkauft wurden und ihren Lesern nahelegten, man könne mit einem guten Gewissen reich werden, wenn man nur hart arbeitete und nach den Regeln spielte.

Nach dem Bürgerkrieg faßte eine neue Idee Fuß. *Mind Power* oder *Mind Cure* – die Vorstellung, daß positives Denken alles kontrolliere, von der Gesundheit bis zum Vermögen. Phineas P. Quimby, einer der Väter von *Mind Cure* in Amerika, predigte, daß Krankheit eine unglückliche mentale Täuschung sei. »Ich leugne Krankheit als eine Wahrheit«, schrieb er, »gebe aber zu, daß sie als eine von Generation zu Generation weitergegebene und schließlich als wahr akzeptierte Täuschung existiert.« Eine seiner Patientinnen war eine Mrs. Mary Patterson, die später als Mary Baker Eddy die Sekte *Christian Science* gründete. Es gibt nichts Selbstschmeichelnderes, als zu glauben, daß man selbst absolut alles kontrolliert, was einem passiert. Ein anderer Autor der *Mind Power*, Orison Swett Marsden, behauptete in seinem 1921 erschienenen Buch *Masterful Personality:* »Sie können Menschen dazu zwingen, Sie zu mögen!« Die Zauberformel all dieser Bücher war, daß es tatsächlich eine Zauberformel gab.

In der Vorstellungswelt von *Mind Power* war das Unbewußte nicht Freuds Miasma aus Geschlechtstrieben und Todesinstinkten, sondern eine wohltätige Quelle von Kraft und Kreativität. Die Autoren nahmen einfach Freuds Gedanken und schnitten sie Hollywood-gerecht zu, gaben ihnen ein Happy End. Dieser optimistische psychologische Ansatz war der Vorläufer der Don't-worry-be-happy-Pop-Psychologie und der Selbstverwirklichungsbewegungen im Amerika der siebziger und achtziger Jahre des 20. Jahrhunderts. Carnegie nahm die Grundidee der *Mind Power* und reinigte sie von jeglicher Spiritualität.

Nach dem Ersten Weltkrieg verbannte der Aufschwung der Psychologie und Psychiatrie die Pseudowissenschaft der Geistheilung und des *New Thought* ins Reich der Spinnerei. Doch die Bedeutung des positiven Denkens schien zu wachsen. 1923 eroberte die optimistische Botschaft eines Franzosen namens Émile Coué Amerika. Innerhalb weniger Monate begannen Millionen von Amerikanern ihren Tag mit dem wiederholten Aufsagen seiner selbstschmeichelnden Formel: »Tag für Tag werde ich in jeder Hinsicht besser und besser.« Carnegie gibt mit einem gewissen Stolz zu, er sei von Coué beeinflußt worden. Dessen Philosophie sollte der Heilung psychischer Störungen dienen, aber sie sprach auch die Gefühle amerikanischer Geschäftsleute an. »Er hat die richtige Idee«, sagte Henry Ford, ein Idol Carnegies.[35] Coués spirituelle Philosophie verwandelte sich schnell in eine Art amerikanische Fast-Food-Erfolgsformel mit Büchern wie S. A. Harringtons *Success Nuggets: »Pep« in Capsule Form.*[36] Nehmen Sie täglich eine.

Napoleon Hills Buch aus dem Jahr 1937, *Denke nach und werde reich,* das kurz nach *Wie man Freunde gewinnt* herauskam, hatte eine noch magischer wirkende Formel als Carnegies. Er behauptete, daß es einen überall vorhandenen Äther gebe, der »Vibrationen« von Reichtum und Armut, Erfolg und Scheitern transportiere, und daß man lernen müsse, die richtigen Schwingungen durch positive Gedanken anzuziehen. Er gab seinen Lesern den Rat, wenigstens einmal am Tag die Augen zu schließen und ihre Gedanken zwanzig Minuten lang auf Geld zu konzentrieren. David Riesman nannte Hills zentrale Idee einen »Couésmus auf wirtschaftlichem Gebiet«.[37] Sein Werk ist in Deutschland bis heute erhältlich.

Das positive Denken erreichte seinen Höhepunkt mit dem Buch von Norman Vincent Peale, einem gescheiterten Journalisten, der dann Methodistenprediger wurde. Von 1952 an stand *Die Kraft positiven Denkens* beinahe vier Jahre lang an der Spitze der Bestsellerlisten und wurde zu einem vertrauten amerikanischen Mantra. Peale hatte wie Carnegie eine Art nationalen »Minderwertigkeitskomplex« diagnostiziert und setzte alles daran, ihn zu kurieren. Sie wollen glücklich sein? fragte Peale. Okay, dann denken Sie glückliche Gedanken. Es war ein infantilisierter Emerson.

Wie Carnegie war auch Peale offenbar eher daran interessiert, äußeres Ansehen als innere Werte zu schaffen. Er predigte Glauben, aber es war ein Glaube, der, wie er sagte, den Menschen zu einem »beliebteren, angeseheneren und geschätzteren Individuum« machen sollte.[38] Und als ob die kommerzielle Ausrichtung noch nicht deutlich genug wäre, rät Peale seinen Lesern außerdem, »eine Fusion mit Gott« zu schließen. Wie so viele Prediger des positiven Denkens, die ihm in so verschiedenen Bewegungen wie den Anonymen Alkoholikern und Scientology folgen sollten, behauptete Peale, das größte Problem des Menschen überhaupt sei eine negative Einstellung.

Carnegie versucht mit *Sorge dich nicht – lebe,* seinem nächsten Buch, daran anzuknüpfen und den Übergang von der Jagd nach äußeren Leistungen hin zu einem Bemühen um innere Zufriedenheit nachzuvollziehen. Aber *Sorge dich nicht, lebe* zielt zu kurz, denn auch Carnegie diagnostiziert zwar die Unsicherheit in Amerika, aber sein Heilmittel geht nicht unter die Haut. Es hat weder einen spirituellen noch einen psychologischen Unterbau. Es ist eine Art Verkäufer-Behaviorismus. Legen Sie Ihre Sorgen in luftdichten Schubladen ab, sagt er, und denken Sie nur an heute. Dieser Vorschlag soll inspirieren, aber er wirkt zutiefst oberflächlich und vereinfacht.

In den letzten dreißig Jahren hat sich das Interesse vom Äußeren zum Inneren verschoben. Dies ist zum Teil sicher auch eine Reaktion auf Dale Carnegies Weltsicht. Der politische Aktivismus und die Beschäftigung mit immateriellen Zielen, die in den sechziger Jahren mit Macht nach vorn drängten, waren auch eine Reaktion auf die fade Konformität der fünfziger Jahre, zu der Carnegie nicht unwesentlich beigetragen hatte.

Carnegie hätte die neue Selbstdarstellung als Opfer seit den siebziger Jahren verstanden und sie als ein Bedürfnis nach Aufmerksamkeit aufgefaßt. All die Talkshow-Moderatoren mit ihrem bunten Reigen von »Opfern« sind so etwas wie einfühlsamere Dale Carnegies. Vergessen Sie nicht, wie Carnegie angefangen hatte: Er bat die Menschen, aufzustehen und über das zu reden, was sie wütend machte. Letztendlich ist es immer noch besser, als Opfer im Fernsehen zu sein, als irgendein Dummkopf zu bleiben, dem niemand Beachtung schenkt.

Die Selbstdarstellung als Opfer wird so zu einer modernen Form der Anerkennung der Berühmtheit, wie flüchtig auch immer. Die Schmeichelei der modernen Selbsthilfe- und Rehabilitationsbewegung besteht darin, daß sie anerkennt, daß Ihr Problem für Sie wichtiger ist als das von irgend jemand anderem. Aber der Lack ist ab. Wie Wendy Kaminer, eine kluge Kritikerin der Selbsthilfe, schreibt, erlaubt sie den Menschen, sich selbst an die erste Stelle zu setzen, auch weil sie ihnen nicht hilft, ihre Beschwerden in einen größeren Rahmen einzuordnen. Das ist eine Form der modernen Schmeichelei.

Doch Ende der neunziger Jahre des 20. Jahrhunderts ist der Glanz des »Opfertums« etwas verblaßt. Eine mehr als ausgelastete Wirtschaft und ein neues goldenes Zeitalter haben die Menschen anmaßender, wenn nicht selbstbewußter gemacht. Was wir in den neunziger Jahren gesehen haben, ist eine Art einschmeichelnder Individualismus, dem die Schroffheit und innere Lenkung fehlen, nicht aber das unerbittliche Streben nach Erfolg und Eigennutz. Das besessene Streben nach dem eigenen Nutzen wird verdeckt von einer oberflächlichen und einschmeichelnden Freundlichkeit. Wohlstand ist zum eigentlichen Maßstab geworden. Es gibt keine Leistung mehr außerhalb des wirtschaftlichen Erfolgs.

In einem gewissen Sinne sind wir wieder bei Dale Carnegies mechanistischer Sicht der zwischenmenschlichen Beziehungen gelandet. Er reagierte allergisch auf alles Spirituelle: Er verstand Pawlow, hätte auf Deepak Chopra aber zutiefst verwirrt reagiert. In *Sorge dich nicht – lebe,* dem Nachfolger von *Wie man Freunde gewinnt,* erinnert sich Carnegie daran, daß er einfach ein schlechtes Gefühl dabei hatte, Priester zu werden, wie seine Mutter es wollte. In einem seltenen Moment der Selbstbeobachtung sagt er, er habe es nicht tun können, weil er sich nicht dazu habe durchringen können, etwas zu glauben, was so schwer faßbar sei. »Ich glaubte, daß alles Leben plan- und ziellos sei. Ich glaubte, daß hinter dem Menschen genausowenig ein göttlicher Wille stehe wie hinter den Dinosauriern, die vor zweihundert Millionen Jahren die Erde bevölkerten.«[39]

Carnegie hat nie etwas vorgetäuscht. Er täuschte keine Spiritualität oder tiefe Einsicht vor, die er nicht besaß. Er stellte ein paar grundlegende Regeln auf, die ganz offenbar funktionierten, und er brachte den Menschen bei, sie zu befolgen. Er erzählt uns sogar, daß er schon als Junge gelernt habe, wie man glücklich und erfolgreich sein könne. Sein Guru war sein – und des Menschen – bester Freund.

> *Als ich fünf Jahre alt war, kaufte mein Vater für fünf Cents einen kleinen gelbhaarigen Welpen. Er war die Freude meiner Kindheit.*
> *Jeden Nachmittag gegen halb fünf saß er im Hof und blickte unverwandt die Zufahrt entlang, und sobald er meine Stimme hörte, schoß er wie ein Pfeil los und rannte atemlos den Hügel herauf, um mich mit Freudensprüngen und aufgeregtem Gebell zu begrüßen.*
> *Tippy war fünf Jahre lang mein ständiger Begleiter. Dann wurde er eines Nachts, wenige Meter von mir entfernt, vom Blitz erschlagen. Sein Tod war für mich eine Tragödie.*

Dann spricht Carnegie über seinen dahingeschiedenen Freund:

> *Tippy hatte nie ein Buch über Psychologie gelesen. Er hatte es nicht nötig. Sein natürlicher Instinkt sagt ihm, daß jemand, der sich für andere interessiert, in zwei Monaten mehr Freunde gewinnt als einer, der immer nur versucht, die anderen für sich zu interessieren, in zwei Jahren.*[40]

So ein kleiner Hund, führt Carnegie weiter aus, ist der »kompetenteste Sachverständige auf diesem Gebiet.« Endlich hat Carnegie seinen einzigen echten Fachmann für zwischenmenschliche Beziehungen gefunden, und es ist ein Fachmann, den er nicht als möglichen Rivalen fürchten muß. Befassen Sie sich einfach mit Tippys Technik, sagt er. Tippys Schwanzwedeln ist das aufrichtigste Lächeln überhaupt. Und das kann man nicht lehren.

Kapitel 9

# Die Kunst des Einschmeichelns

## Die ganze Welt ist eine Bühne

Im Jahre 1959 hielt der große Soziologe Erving Goffman einen Gastvortrag, in dem er seine Theorien des menschlichen Verhaltens darlegte, wie er sie auch in seinem außergewöhnlichen Buch *Wir alle spielen Theater* beschrieben hatte. Goffmans Theorie ist als der »dramaturgische Ansatz« bekannt geworden, weil er sagt, das Leben sei im Grunde wie ein Theaterstück, in dem wir alle Schauspieler seien, die sich für andere porträtieren, die ebenfalls zu Darstellern ihres selbst werden.[1] Er sagt, daß wir uns bei jedem Zusammentreffen mit anderen in einem möglichst positiven Licht zu zeigen versuchen, daß wir alle den Eindruck, den wir machen, zu kontrollieren versuchen, und daß es eine stillschweigende gesellschaftliche Übereinkunft, »eine Arbeitsübereinstimmung« gibt, die besagt, daß wir jedem erlauben, sich so zu präsentieren, wie er es wünscht.[2]

Am Ende des Vortrags stand ein Student auf und stellte in einem ziemlich unwirschen Ton eine Frage: *Ist Ihre Theorie,* so fragte er, *nicht nur einfach das »Die ganze Welt ist eine Bühne und wir sind nur die Spieler darin«-Klischee, das Shakespeare schon vor vierhundert Jahren benutzte?* Goffman, ein ziemlich introvertierter Mensch, stockte kurz und antwortete dann: *Ah, gut, gestatten Sie mir auch eine Frage: Einmal abgesehen davon, daß es kein Publikum gibt – können Sie mir sagen, inwiefern das Leben grundsätzlich anders ist als das Theater?*[3]

In vieler Hinsicht war Goffman eher ein Künstler als ein Sozialwissenschaftler. Er hatte wie Proust ein Auge für die feinsten Einzelheiten der zwischenmenschlichen Beziehungen, drückte seine Erkenntnisse allerdings in der ziemlich trockenen und mechanischen Prosa der Sozialwissenschaften aus. Goffman begriff das soziale Verhalten als eine einzige riesige Verschwörung. Jedermann spielt dabei mit, und das Spiel heißt Täuschung. Wir sind alle, so sagt Goffman, einfach »geplagte Erzeuger von Eindrücken«.[4] Jeden Tag benutzen wir mit der stillschweigenden Zustimmung aller anderen Myriaden kleiner und großer Täuschungen, mit deren Hilfe die Gesellschaft funktioniert. Ohne sie würde die höfliche Fassade der Zivilisation zusammenbrechen, und wir wären mit ziemlich unangenehmen Situationen konfrontiert. Statt dessen bemühen wir alle uns nach Kräften, jeden sozialen Kontakt ohne »Szene« zu überstehen.

Jeder, so Goffman, spielt in der Gesellschaft eine Doppelrolle: »Eine defensive Orientierung darauf hin, sein eigenes Gesicht zu wahren, und eine schützende Orientierung darauf hin, das Gesicht des anderen zu wahren.« Takt ist das einzige, was zwischen uns und den Horden der Urzeit steht. »Ein Großteil der Aktivität während eines Treffens«, so schreibt er, » kann als ein Versuch von seiten aller Beteiligten verstanden werden, die Zusammenkunft und all die unerwarteten und unabsichtlichen Ereignisse zu überstehen« – ohne in jemandem ein Gefühl der Peinlichkeit aufkommen zu lassen. Goffman bemerkt beispielsweise, wie wir alle dazu neigen, die Unzulänglichkeiten oder Fehler einer Person in ihrer Anwesenheit zu beschönigen. Damit schützen wir auch uns selbst – denn wir wissen, daß es eines Tages auch anders herum kommen kann.

Zur gleichen Zeit, als Goffman den dramaturgischen Ansatz beschrieb, begann Edward E. Jones, ein anderer Soziologe, ihn auszuprobieren. Goffmans Arbeit war auf Beobachtung gegründet, Jones hingegen arbeitete empirisch. Er versuchte die Verhaltensweisen in Experimenten zu belegen, die Goffman im Alltagsleben beobachtet hatte. Jones selbst war besonders daran interessiert herauszufinden, auf welche Weise wir entscheiden, »wie andere wirklich sind«, und wie wir alle unsere eigene Präsentation dessen kontrollieren, »wie wir selbst wirklich sind«.[5]

Wie Goffman glaubte Jones, daß wir alle den Eindruck, den wir auf andere machen, zu manipulieren suchen. Selbst wenn wir einfach nur sagen: »Würden Sie mir bitte den Pfeffer 'rüberreichen«, haben wir eine gewisse Selbstpräsentation vor unserem geistigen Auge, die wir gern erreichen möchten. Vielleicht flüstern wir die Bitte, weil wir die Gastgeberin nicht glauben lassen möchten, das Essen brauche mehr Würze, oder vielleicht sprechen wir laut, um einen resoluten Eindruck zu machen, oder vielleicht sagen wir es freundlich, um anzudeuten, daß wir gute Manieren haben.

Bewußt wie unbewußt nutzen wir alle strategische Selbstpräsentationsmöglichkeiten, um den Eindruck zu schaffen, den wir vermitteln wollen. Jones studierte und testete vierzig Jahre lang einen Typ strategischer Selbstpräsentation, das Einschmeicheln oder die Ingratiation, wie der von Jones geprägte Fachausdruck lautet. Was Freud für die Psychoanalyse, war Jones für die Ingratiation. Jones beschrieb seine eigene Arbeit als die Untersuchung eines Phänomens mit langer literarischer und kultureller Geschichte und als den Versuch, es in »das Feld systematischer psychologischer Forschung« einzuordnen.[6] Sich einzuschmeicheln, sagte Jones, sei eine allgegenwärtige Strategie, die wir alle benutzen, um unsere eigenen »Resultate« zu manipulieren und zu kontrollieren, um den Begriff des Soziologen zu verwenden.[7] Jeder zwischenmenschliche Kontakt, so Jones, bringt eine Gelegenheit für »soziale Belohnungen und Bestrafungen« mit sich, und das Einschmeicheln ist eine unserer primären Taktiken, um die Belohnungen zu bekommen und die Bestrafungen zu vermeiden.[8]

Vom rein praktischen Standpunkt aus gesehen begriff Jones Schmeichelei und jede Form der Ingratiation als austauschbar. Er nannte sie »Schwester«-Begriffe. Er machte nur den Unterschied, daß die Ingratiation allein darauf abziele, Aufmerksamkeit zu erregen, während es bei Schmeicheleien darum gehe, sich einen Vorteil zu sichern. Jones prägte auch den Ausdruck vom »Dilemma des Schmeichlers«: Schmeichelei ist dann am wenigsten wirksam, wenn die Annäherungsversuche des Schmeichlers am durchschaubarsten sind – also wahrscheinlich dann, wenn der Schmeichler am stärksten abhängig ist. Mit anderen Worten: Je verzweifelter wir sind, desto durchschaubarer sind meist unsere Absichten und desto geringer ist unsere Erfolgswahrscheinlichkeit.

Jones' Forschungen machten auch einen Begriff populär, den Goffman zuerst benutzte: »Eindrucksmanipulation«. Goffmans Verwendung des Begriffs war zunächst beschreibend; er meinte damit das Verhalten und die Strategien, die wir nutzen, um die Eindrücke, die wir machen, so gut wie möglich zu kontrollieren (*spin control* ist heute der beliebtere Ausdruck dafür). Seit Goffman und Jones wird der Begriff »Eindrucksmanipulation« fast ausschließlich von Management-Professoren, Autoren von Business-Ratgebern und Organisationspsychologen im Dienste von großen Firmen gebraucht. Heute beschreibt er alles von der Frage, welche Krawatte man beim Vorstellungsgespräch tragen oder wie ein Geschäftsführer sich vor seinem Aufsichtsrat verhalten sollte, bis dazu, welche Öffentlichkeitsarbeit eine Fluggesellschaft nach einer Flugzeugkatastrophe machen sollte. Hier gilt das Einschmeicheln als ein Unterpunkt der Eindrucksmanipulation.

Am Anfang seines Klassikers *Ingratiation* aus dem Jahr 1964 schreibt Jones, daß »Ingratiation« und »Schmeichelei« beide »leicht pejorativ« besetzt seien. Das ist weit entfernt von Dantes achtem Höllenkreis. Der Schmeichelei wird schon seit langem kaum noch moralische Verachtung entgegengebracht. Jones beobachtet zum Beispiel, daß ein Kritiker, der die Darbietung eines Schauspielers als »einschmeichelnd« beschreibt, meint, er sei vielleicht ein bißchen zu bemüht oder ein wenig ölig. Die Menschen mögen keine Schmeichelei im täglichen Leben, weil dabei »manipulative Absicht und betrügerische Durchführung« mitspiele.[9]

Jones nennt Schmeichelei eine »subversive Maskerade« und sagt, sie sei »unzulässig« – denn sie verletze Goffmans Gesellschaftsvertrag, der darauf beruht, daß wir alle in jeder sozialen Gelegenheit dem anderen helfen, das Gesicht zu wahren.[10] »Einschmeichelndes Verhalten«, schreibt er, »nützt die Logik des sozialen Austauschs aus, während es ihn [gleichzeitig] untergräbt.«[11] Der Schmeichler signalisiert, daß er den grundlegenden gesellschaftlichen Vertrag akzeptiert, und verletzt ihn dann insgeheim.

Statt bei einem Austausch nur das Gesicht zu wahren, erlaubt die Ingratiation nach Jones einer Person, aus diesem Austausch »mit einem besseren Gesicht als zu Beginn« hervorzugehen. Sie ist eine Möglichkeit, die Machtbeziehung zwischen dem

Schmeichler und seiner Zielperson zu verändern. Sie ist »nicht-normatives Verhalten unter einem normativen Deckmantel«, sagt er, und deshalb »illegitim«.[12]

Jones liefert ein weiteres Bespiel, wie Schmeichelei funktioniert und das soziale Geflecht zerreißt. Dabei greift er auf die Erkenntnisse des Soziologen George Homans zur »verteilenden Gerechtigkeit« zurück, der Vorstellung, daß in jeder normalen sozialen Interaktion Gewinne und Vorteile gerecht verteilt sind. Von dieser Annahme gehen wir immer aus. Aber Schmeichelei und Ingratiation, so Jones, verschieben die Gewichte zugunsten des Schmeichlers – er versucht, einen größeren Gewinn durch minimale Extra-Kosten zu erreichen. Er will etwas für nichts. »Der Schmeichler ist letzendlich darauf aus, Verpflichtungsgefühle zu schaffen, die zu seinen Vorteil zurückwirken.«[13]

Jones sagt wie viele andere, daß Schmeichelei vor allem deshalb funktioniert, weil wir Menschen mögen, die allem Anschein nach wie wir sind. Jones führt die Arbeit des Psychologen Fritz Heider an, der davon ausgeht, daß eine Person, wenn sie wahrnimmt, daß die andere sie mag oder respektiert, dazu neigt, dieses Gefühl zu erwidern. Ein Grund dafür ist laut Heider, daß wir uns bei einem Ungleichgewicht der Zuneigung unbehaglich fühlen. Wir mögen es nicht, Menschen *nicht* zu mögen, die uns mögen. Also steigt der Schmeichler in unserer Wertschätzung. Es ist nicht so sehr reziproker Altruismus als vielmehr reziproke Annehmlichkeit. Und wie Jones feststellt: »Es ist die Wahrnehmung, gemocht zu werden, nicht die wirkliche *Tatsache,* gemocht zu werden«, die uns dazu bringt, im Gegenzug jemanden zu mögen.[14]

Es gehört zu den Hauptprinzipien der Sozialpsychologie, daß das menschliche Verhalten mehrdeutig und ein unzuverlässiger Indikator interner Zustände ist. Mit anderen Worten sind wir einfach nicht sehr gut darin, herauszufinden, was andere wirklich denken oder fühlen. Ein Grund dafür liegt nach Jones darin, daß wir alle unsere wahren Gefühle die meiste Zeit verbergen. Und wir haben große Schwierigkeiten, solche Täuschungen aufzudecken. Alle experimentellen Studien zum Lügen haben gezeigt, daß wir keine bessere Quote beim Aufdecken von Lügen als beim Roulettespiel haben. Jones erklärte einmal, daß wir überhaupt keine Freunde hätten, wenn wir durch eine Laune der Evolution alle Bildschirme in der Stirn hätten, die zeigten, was wir wirklich denken und fühlen.

Und er hebt hervor, daß Schmeichelei ein besonders mehrdeutiges Verhalten ist. Er nennt es »kognitiv unzugänglich«.[15] Ein Kompliment kann ein strategischer Trick oder einfach nur ein Akt der Höflichkeit sein. Ein Großteil unseres alltäglichen Verhaltens besteht nun mal im rituellen Austausch vorgeschriebener Freundlichkeiten. Besonders undurchsichtig wird Schmeichelei aber dadurch, daß sowohl ihr Ziel wie auch ihr Inhalt eine Täuschung sind. Ja mehr noch, der Schmeichler verbirgt seine Hintergedanken oft sogar vor sich selbst, so daß es für den wissenschaftlichen Beobachter beinahe unmöglich ist, »zwischen echter Bewunderung und falschem Lob zu unterscheiden«.[16] Wir werden von unserer eigenen Vorstellung hinters Licht geführt, um das zu vermeiden, was Soziologen »Dissonanz« nennen – dieses unbehagliche Gefühl, ein Heuchler zu sein.

Gegen Ende seines Lebens kam Jones zu dem Schluß, daß vieles, was er ursprünglich für bewußte Strategie gehalten hatte, eigentlich unbewußt und automatisch ablief, eine, wie er es nannte, »Reaktionsneigung« auf bestimmte »Stichworte« in der sozialen Umgebung, die die momentane Abhängigkeit eines Menschen anzeigt. In anderen Worten: Einen Großteil der Schmeichelei absolvieren wir, ohne darüber nachzudenken. Das heißt aber nicht, daß die Ziele oder Wirkungen dieser Schmeichelei anders sind, sondern nur, daß dieses Verhalten noch tiefer verwurzelt ist, als Jones ursprünglich gedacht hatte.

## Eine Systematik der Taktiken

Lassen wir die abstrakten Theorien und sehen wir, wie Jones bei der Erforschung der Ingratiation vorging. Zunächst einmal seine Arbeitsdefinition: Ingratiation war »eine Klasse strategischer, unzulässigerweise entwickelter Verhaltensweisen, die eine bestimmte andere Person bezüglich der Attraktivität der eigenen persönlichen Qualitäten beeinflussen sollen«.[17] Jones untersuchte die Ingratiation aus drei Blickwinkeln: aus der Sicht des Handelnden oder »Ingratiators«, aus der Sicht des Subjekts oder »Ziels« und aus der Sicht des Beobachters oder Zuschauers.

Vier Haupttypen taktischen Verhaltens standen auf dem Prüfstand: Komplimente und Lob, im Soziologendeutsch »Fremdverstärkung«; »Meinungskonformität«, die Zustimmung zu allem; »Selbstpräsentation«, die eine Vielfalt von Formen von der Prahlerei bis hin zum Name-dropping annehmen kann; und schließlich »Gefälligkeiten«. Jones betont, daß es viele andere soziale Taktiken gibt, um Vorteile und Macht zu gewinnen, wie etwa Selbstvermarktung, »Exemplifikation« (der Versuch, als Heiliger zu gelten), Drohungen und Bitten, daß aber Ingratiation die häufigste ist. Im Grunde ist seiner Meinung nach Ingratiation ein Bestandteil fast aller anderen Formen strategischen Verhaltens.

## Fremdverstärkung – oder: Sie sehen wunderbar aus!

In meiner College-Zeit schlenderte ich einmal über den Campus und traf zufällig einen Professor, den ich sehr bewunderte. Ich grüßte ihn, und er erklärte seinem Begleiter, einem anderen Professor: »Das hier ist einer unserer vielversprechendsten jungen Männer.« Mir schwoll die Brust. An jenem Abend sah ich ihn noch einmal bei einem Vortrag, und ich hörte zufällig, wie er einem anderen Kollegen einen Studenten mit den Worten vorstellte: »Das hier ist einer unserer vielversprechendsten jungen Männer.« Und das war's dann.

Nun konnte es dafür natürlich die verschiedensten Erklärungen geben: Vielleicht waren wir beide wirklich zwei der »vielversprechendsten jungen Männer« der Universität; vielleicht sagte er das über alle seine Studenten; oder vielleicht sagte er es einfach, um sich bei mir und meinem Kommilitonen einzuschmeicheln. Jones betont, daß es eine Unzahl möglicher Erklärungen für ein Kompliment wie dieses gibt, und nur eine davon ist, daß die Person, die es macht, wirklich daran glaubt.

Der Professor hatte eingesetzt, was Jones »Fremdverstärkung« nennt und was unserem landläufigen Verständnis von Schmeichelei am nächsten kommt: Komplimente machen. Jones nennt das »direkt verstärkende, bewertende Reaktionen auf die Zielperson«, mit anderen Worten: Man sagt jemandem, wie hübsch er aussieht oder wie gut er eine Aufgabe erledigt hat, und erzeugt dadurch den allgemeinen Eindruck: »Du bist der Größte überhaupt« oder »Ich schätze Sie wirklich sehr.« Die Komplimente sind vielleicht übertrieben oder erfunden, vielleicht aber auch ernst gemeint. »Direkte Heuchelei«, stellt Jones trocken fest, ist nicht unbedingt nötig.

Jones gibt dazu das Beispiel eines jungen Mannes, der einer Bekannten bei einem Treffen erklärt, sie sei eine »schöne, empfindsame Frau«. Jones meint, daß es wenigstens fünf mögliche Interpretationsmöglichkeiten von seiten der Frau gibt: (1) er will etwas von mir; (2) er ist so ein Mensch, der immer positive Kommentare abgibt; (3) das ist kein angemessener Kommentar für die Gelegenheit (sagen wir ein Studentenfest); (4) er versucht, meine Gefühle nicht zu verletzen; (5) er meint es wirklich so. Wenn sie zu Schluß (1) kommt, sinkt ihr Gegenüber in ihrer Wertschätzung; im Fall (2) geschieht wahrscheinlich dasselbe; bei (3) ebenfalls; (4) wird einen leichten Anstieg in ihrer Wertschätzung verursachen; (5) wird zu einem größeren Anstieg führen.

Wenn man also Menschen Komplimente macht, sollte es tunlichst nicht so aussehen, als ob man etwas von ihnen will; man sollte dasselbe Kompliment nicht mehr als einer Person machen; man sollte das Kompliment nicht von der Gelegenheit abhängig machen; es sollte nicht so aussehen, als ob man die Person bemitleide und versuche, ihr Vertrauen zu stärken.

Im allgemeinen rät Jones auch von ausgefallenen oder extremen Komplimenten ab, weil sie (a) unberechtigt wirken und (b) der Zielperson peinlich sein könnten. Ich würde noch eine weitere Einschränkung hinzufügen: Verwenden Sie keine abstrakten Superlative wie »Du bist der Größte.« Durch seine extreme Form und seine Allgemeinheit fehlt einem solchen Lob die Glaubwürdigkeit. Großzügiges Lob erfordert diplomatisches Geschick, sagt Jones: »Der Kommunikator muß Komplimente machen, die großzügiger sind, als sie der Empfänger erwartet oder zu verdienen glaubt, und dennoch muß er den Eindruck vermitteln, daß er selbst an ihre Berechtigung glaubt.«[18]

Wie also soll man Glaubwürdigkeit erzeugen? Das heißt: Wie sollte ein Schmeichler seine Schmeichelei aufbauen, um sicherzustellen, daß die Zielperson sie akzeptiert und nicht durchschaut? Jones hat hier mehrere Vorschläge:

*Vermeiden Sie es, gleichzeitig ein Kompliment zu machen und um einen Gefallen zu bitten.*[19] Zum Beispiel: »Wissen Sie, Professor Flutesnoot, dies ist das beste Seminar, an dem ich je teilgenommen habe. Könnte ich eine erweiterte Fassung Ihres Referats bekommen?« Mark Twain sagte einmal: »Ein Kompliment, für das man bezahlen muß, hat keinen Wert.«

*Schmeicheln Sie den Menschen hinter deren Rücken.* Jones hat festgestellt, daß man Glaubwürdigkeit mit einer ziemlich gewundenen Methode erzeugen kann: Komplimente an einen Dritten. Das heißt, reden Sie schmeichelhaft über eine Person, und wenn ihr das Lob zu Ohren kommt, wird sie glauben, daß es echt sei. Auch Lord Chesterfield riet seinem Sohn zu einer solchen Vorgehensweise und sagte völlig zu Recht, daß sie »von aller Schmeichelei die angenehmste und deshalb auch die wirksamste ist«. Sie ist das perfekte Verbrechen, bei dem keine Spuren zurückbleiben.

*Lassen Sie das Kompliment plausibel wirken.* Es ist wahrscheinlich nicht klug, Ihrem fetten Onkel Otto zu sagen, daß er gertenschlank wirkt.

*Loben Sie nicht das Offensichtliche.* Jones führt wiederum Lord Chesterfield an, der seinem Sohn rät, den Menschen nicht mit den Dingen zu schmeicheln, die sie ganz offensichtlich gut können, sondern mit dem, was sie besser machen wollen.

Jones rät uns, wenn wir auf Schmeicheleien zurückgreifen wollen, genau zu überlegen, was die Zielperson hören will und ob sie es glauben wird oder nicht. Womit wir bei der interessanten Frage des Selbstwertgefühls der Zielperson wären. Man sollte annehmen, daß Sie der Person schmeicheln, die nach Selbstbestätigung hungert, während Sie Schmeicheleien bei einem Menschen vermeiden, der sowieso schon glaubt, er habe das Pulver erfunden.

Es gibt ziemlich viele Untersuchungen über den Zusammenhang von Selbstwertgefühl und Reaktionen auf Schmeicheleien. Einige Forscher stellten die Hypothese auf, daß Menschen mit niedrigerem Selbstwertgefühl empfänglicher für Schmeicheleien seien als solche mit hohem Selbstwertgefühl. Aber viele Studien zeigten, das genau das Gegenteil der Fall ist.

Jones führt eine Untersuchung der University of California in Los Angeles an, aus der hervorgeht, daß wir den Menschen, die den Anschein erwecken, uns zu mögen, nur dann Zuneigung entgegenbringen, wenn wir uns auch selbst mögen. Wenn man also jemandem mit hohem Selbstwertgefühl schmeichelt, dann bekräftigt man nur die Einschätzung des Individuums. Ein junger Mann kommt in das Büro seines Vorgesetzten und sagt: »Herr Schmidt, ich fand es brillant, wie Sie das mit dem XYZ-Abschluß gemacht haben.« Herr Schmidt denkt sich: Ja, nicht wahr, ich bin ein brillanter Kopf, und dieser junger Mann ist ziemlich klug, daß er das bemerkt. Wie Samuel Johnson schon sagte: »Jeder Mensch schätzt bereitwillig das Lob, das er erhält, und betrachtet den Satz, der zu seinen Gunsten fällt, als einen Satz voll Urteilskraft.«[20]

Wenn er aber andererseits genau dasselbe zu einem Herrn Schmidt sagen würde, der, wie sich herausstellt, ein ziemlich geringes Selbstwertgefühl hat, dann würde dessen innere Stimme vielleicht so darauf reagieren: Hmmm, wir alle wissen, daß ich nicht brillant bin – meine Arbeit am XYZ-Abschluß war bestenfalls mittelmäßig –, warum also will sich dieser kleine speichelleckerische Wurm bei mir einschmeicheln? Ein niedriges Selbstwertgefühl, so ergab sich bei dieser Studie, macht uns Lob gegenüber skeptischer.

Aus derselben Untersuchung geht auch hervor, daß manchmal Abneigung Zuneigung hervorbringt – wenn die Zielperson ein sehr niedriges Selbstwertgefühl hat. Deutch und Solomon fanden heraus, daß eine Person, wenn sie eine sehr schlechte Meinung von sich hat, jemanden mögen oder respektieren wird, der offenbar ihre Einschätzung teilt. Wie eine Freundin von mir einmal sagte: »Mein Freund und ich haben nur eines gemeinsam: Wir hassen mich beide.«

Jones berichtet von einer Untersuchung, bei der eine junge Frau eine Gruppe junger Männer bewertete. Alle durften danach ihre Beurteilung durch die Frau lesen und wurden dann gefragt, ob sie sie mochten oder nicht. Wenn die Männer von der Frau negativ beurteilt wurden, mochten Individuen mit niedrigem Selbstwertgefühl sie weniger als jene mit hohem Selbstwertgefühl. Wenn die Aussage nicht ganz klar war, mochten Männer mit hohem Selbstwertgefühl sie lieber als die mit niedrigem. Wenn die Frau sie aber mochte, dann wurde sie auch von allen gleichermaßen gemocht. Die Forscher schließen daraus, daß Menschen mit niedrigem Selbstwertgefühl neutrale oder unklare Kommentare negativ deuten, während Menschen mit hohem Selbstwertgefühl sie positiv interpretieren.

Jones liefert eine dem gesunden Menschenverstand durchaus bekannte Theorie in bezug auf das Selbstwertgefühl, die Chesterfields oben zitierte Punkte wiedergibt. Er sagt, daß jemand, der ganz fest davon überzeugt ist, daß er schrecklich singt, Komplimente über seine Stimme nicht glaubhaft finden wird. Wenn er allerdings *unsicher* in Hinblick auf die Qualität seiner Singstimme ist und vielleicht Bestärkung in dieser Hinsicht will oder braucht, dann wird er auf ein Lob positiver reagieren. Kluge Schmeichler, so sagt Jones, werden dem »Unsicherheitsreduktionsprinzip«, wie er es nennt, folgen.[21]

Um es noch einmal zusammenzufassen: Selbst die Studien mit verschiedenen Ergebnissen bei hohem und niedrigem Selbstwertgefühl haben ergeben, daß ein Lob im allgemeinen eine positive Reaktion des Adressaten hervorruft, egal, was er von sich selbst denkt. Der Unterschied besteht darin, daß Menschen mit hohem Selbstwertgefühl das Lob selten in Frage stellen, weil es sich mit dem deckt, was sie selbst über sich denken, während Menschen mit niedrigem Selbstwertgefühl eher skeptisch sind.

Im allgemeinen, so Jones, funktioniert Fremdverstärkung gut, solange die Zielperson nicht glaubt, daß der Schmeichler tiefere Beweggründe für seine Aussage hat. Praktisch alle Studien zeigen, daß eine positive Bewertung Zuneigung hervorruft, solange die Zielperson glaubt, daß der Schmeichler dabei nichts zu gewinnen hat. Sobald sie aber merkt, daß ihr Gegenüber einen eigenen Vorteil im Auge hat, sinkt die positive Wertung.

Die Regeln lauten also nach Jones: Vermeiden Sie es, der Zielperson Komplimente zu machen, durch die deutlich wird, daß Sie eine Belohnung erwarten; achten Sie darauf, daß das Kompliment glaubwürdig ist; loben Sie eine Eigenschaft, hinsichtlich derer die Zielperson unsicher ist; machen Sie nicht den Eindruck eines Menschen, der einfach alles lobt. Wenn Sie als Mann zum Beispiel die Frau, mit der Sie verabredet sind, beeindrucken wollen, sagen Sie nicht jedem anderen Mädchen in der Disco, daß es hinreißend sei.

Jones schlägt mehrere Möglichkeiten vor, eventuelle eigennützige Motive zu verschleiern. Ein Weg ist, ein kleines Quantum Kritik unter das Lob zu mischen. Loben Sie zuerst, und zwar ausgiebig, und dann nörgeln Sie ein kleines bißchen: *Ich fand Ihren Roman großartig, aber die eine Szene mit dem Pferd war vielleicht unnötig*. Seien Sie nicht durchgängig positiv. Vermeiden Sie Vergleiche (»Sie sind ein viel besserer Schriftsteller als X«). Eine andere Möglichkeit besteht darin, anfangs distanziert oder neutral zu sein und dann im Laufe der Zeit immer positiver zu werden und mehr Komplimente zu machen. Wir betrachten so jemanden gern als besonders urteilsfähig. Ein Experiment, das Jones anführt, zeigt, daß wir positivere Gefühle Menschen gegenüber haben, die uns allmählich lieber mögen, als wenn sie uns schon von Anfang an Zuneigung entgegenbringen.

Jones führt zwei andere Situationen an, die die Wirkungskraft der Fremdverstärkung beeinträchtigen, und zeigt, wie man mit ihnen umgehen kann.

*Rituelle Komplimente.* Jones stellt fest, daß bestimmte Gelegenheiten offenbar ein Kompliment nötig machen, und wenn man einen Vorteil aus seiner Schmeichelei ziehen will, muß man sicherstellen, daß das eigene Lob nicht als oberflächlich und mechanisch wahrgenommen wird. Wenn man beispielsweise eine Mutter und ihr Neugeborenes besucht, ist man quasi verpflichtet, das Baby süß zu finden. Man muß etwas sagen. Hier besteht die Gefahr darin, kein Kompliment zu machen.

In Situationen, die ein Kompliment erfordern, dürfen Sie also nicht zurückhaltend sein. Als ich auf der Highschool war, gab mir meine Mutter den Rat, nie zu einer Frau zu sagen: »Hey, du hast dir die Haare schneiden lassen!« Besser man sagt einfach nur: »Ich finde deinen Haarschnitt gut« oder gar nichts. Noch besser ist es nur dann, wenn man genauer wird: »Du siehst mit Pony großartig aus!«

*Wie findest du mein Haar?* Vorsicht, wenn jemand Sie nach Ihrer Meinung fragt. Also, wie hat dir das Stück gefallen? Oder: Ich habe gerade das Wohnzimmer neu eingerichtet, was sagst du dazu? Oder aber jemand bittet Sie um Ihre Ansicht zu einem noch heikleren Thema, etwa: Denkst du, daß ich klug bin? »Im großen ganzen«, so Jones und seine zeitweilige Mitarbeiterin Camille Wortman, »verlangen die Menschen nicht unbedingt nach der Wahrheit, wenn sie uns fragen, was wir von ihnen denken.«[22] Nicht unbedingt? Sie wollen absolut nicht die Wahrheit hören, wenn die Wahrheit wehtun könnte. Jones meint, sie wollen Komplimente, keine Offenheit: Unterstützung, keine Kritik. Eine selbstbewußte Person versteht vielleicht, daß sie alles Lob, das sie womöglich erntet, entwertet, weil sie so begierig darauf drängt. Aber das ist selten. Ich hatte Freunde, Schriftsteller, die mir sagten: »Ich möchte gern, daß du diesen Text liest, aber sag mir nur, wenn du es gut findest.« Wenn ich den Text lese, werde ich sagen, daß ich ihn gut finde. Und wie Jones schreibt, wird der »raffinierte Schmeichler« in mir anhand solcher Anfragen erfahren, welche Felder der Unsicherheit er in Zukunft ausbeuten kann.

Hat ein unverdientes Kompliment eine Kehrseite? Hat Chesterfield recht, wenn er sagt, daß es nicht schadet? Zumindest, so Jones, könnte es den Adressaten glauben machen, er sei kompetenter oder ansprechender, als er in Wirklichkeit ist, und eine solche Wahrnehmung könnte ihn dazu verleiten, sich um einen Job oder eine Stelle zu bewerben, für die er nicht qualifiziert ist und die deshalb zu einer Enttäuschung für ihn wird. Es könnte einen Menschen in eine Situation bringen, in der er scheitern muß. Ein Student wird vielleicht von seinen Lehrern zu Unrecht gelobt, setzt alles daran, an einer Elite-Universität angenommen zu werden, und ist dann bei der Ablehnung am Boden zerstört. Lob kann gefährlich sein, wenn es jemanden dazu bringt, etwas zu tun, wozu er nicht fähig ist.

Dazu kommt der Ärger im Umgang mit Menschen, die eine zu hohe Meinung von sich haben, Menschen, die ihre eigene Kompetenz und Attraktivität überschätzen. Dabei haben wir das gleiche Problem wie bei der Heuchelei – die Diskrepanz zwischen Schein und Wirklichkeit. Wir haben eine Abneigung gegen alles Überschätzte, auch gegen überschätzte Menschen. Ein Freund von mir pflegt zu sagen: »Wenn Idioten doch nur wüßten, daß sie Idioten sind.«

# Meinungskonformität – Ja, da haben Sie völlig recht

Die zweite Taktik, die Jones untersucht, wird von den Soziologen »Meinungskonformität« genannt – oder für den Laien: die Zustimmung zu allem und jedem. Es gab nach dem Zweiten Weltkrieg sehr viele Studien zur Konformität, aber fast alle konzentrierten sich auf Konformität als einem Ergebnis gesellschaftlichen Drucks und nicht auf Konformität als einer Taktik der gesellschaftlichen Beeinflussung.

Der Strategie liegt eine sehr einfache Überlegung zugrunde: Genau wie wir Menschen mögen, die offenbar uns mögen, zeigen Studien auch, daß wir Menschen mögen, die offenbar die gleichen Werte und Überzeugungen haben wie wir. Kurz gesagt mögen wir Menschen, die wie wir sind, und wir mögen Menschen, die die gleiche Meinung haben wie wir – und wir gehen davon aus, daß dies sehr häufig ein und dieselben Menschen sind.

Meinungskonformität kann sehr vielfältige Formen annehmen, alles von einfacher Zustimmung (»Ja, Stefan, das ist eine großartige Idee für die Besprechung«) über Nachahmung (wenn der Chef am »legeren Freitag« immer einen roten Rollkragenpullover trägt, dann tragen Sie den auch) bis hin zu raffinierteren Versuchen, Positionen zu artikulieren, die jemand anders Ihrer Meinung nach vertritt (»Wenn ich Sie also recht verstehe, dann würde ich sagen, Ihre Idee zur Erhöhung der Gewerbesteuer ist gut durchdacht«).

Viele der Einschränkungen, die man bei Komplimenten machen muß, gelten auch für die Meinungskonformität: Man sollte kein Schleimer sein oder allzu offensichtlich den eigenen Vorteil im Auge haben. Man sollte nicht wie jemand wirken, der einfach um des Zustimmens willen zustimmt. Sklavisches Jasagen sollte man immer meiden, es wirkt kritiklos. Und sagen Sie nicht nur dann ja zu allem, wenn Sie auf eine Gehaltserhöhung aus sind.

Um nicht als Arschkriecher zu gelten, schlägt Jones vor, daß man am besten die Meinung des Chefs vorausahnt und sie zum Ausdruck bringt, bevor er selbst es tut. Nennen wir das eine vorauseilende Konformität. Wenn Sie also bemerken, daß Ihr Chef von einem Kollegen beeindruckt ist, sollten Sie ihm vorschlagen, diesem Kollegen die freie Stelle in der Marketing-Abteilung zu geben. Gut mitgedacht, Schmidt.

Um es nicht so aussehen zu lassen, als seien Sie jemand, der immer mit jedem einer Meinung ist, sollten Sie Ihrer Zielperson die Gelegenheit geben, zu beobachten, daß Sie mit anderen durchaus auch Meinungsverschiedenheiten austragen. Wenn Sie Ihren Chef beeindrucken wollen, dann stimmen Sie nicht mit anderen auf der Konferenz überein (es sei denn, Ihr Chef ist deren Meinung). Sie wollen doch nicht, daß Ihr Chef denkt, Sie seien einer von denen, die immer so reden wie der, mit dem Sie zuletzt gesprochen haben.

Eine andere Möglichkeit zu zeigen, daß Sie nicht nur ein Echo sind, sieht nach Jones so aus: Tun Sie so, als ließen Sie sich allmählich von den Ansichten der Zielperson überzeugen. Zeigen Sie zunächst ein wenig Widerstand und gehen Sie dann langsam zur Meinung der Zielperson über.

Es kommt dabei darauf an, die Zustimmung so zu formulieren, daß die Befangenheit und die Unsicherheit der Zielperson abnehmen. Eine Studie kam zu dem Ergebnis, daß ein Schmeichler noch bessere Erfolge mit dieser Taktik erzielt, wenn gerade jemand anders anderer Meinung war. Einer weiteren Studie zufolge sollte man besser einer Meinung beipflichten, die nicht verifizierbar ist (»Ja, Sie haben ganz recht, Michael Jordan war wirklich der Größte überhaupt«), als einer, die jeder nachprüfen kann (»Stimmt, die Staatsverschuldung liegt bei über drei Billionen Dollar«). Bei objektiv nicht nachprüfbaren Behauptungen ist die Person, die sie aufstellt, etwas unsicherer, und dadurch wird die Zustimmung zu einem wirksameren Werkzeug des Einschmeichelns. Meinungskonformität ist also auch wirksamer, wenn die Zielperson eine relativ ungewöhnliche oder unpopuläre Meinung vertritt (»Ja, Sie haben völlig recht, man muß den Menschen sagen, daß die Steuern steigen werden«).

Die Kehrseite der Meinungskonformität ist, daß man leicht in den Ruch gerät, keine eigenen Ideen zu haben und total abhängig zu sein. Oder ein fieser kleiner Arschkriecher. Untersuchungen zeigen, daß wir Menschen mögen, die nicht sklavisch ja sagen. Und ganz besonders mögen wir Menschen, die auch in Situationen, in denen sie eigentlich abhängig sind, nicht zu allem Ja und Amen sagen. Wir geben solchen Menschen einen »Glaubwürdigkeitsbonus«, sagt Jones. Wir deuten eine Absage an die Konformität als Integrität.

## Ich möchte ja nicht angeben, aber ...

Selbstpräsentation ist eine schwierige Strategie. Studien zeigen, daß wir Leute hassen, die sich selbst anpreisen.[23] Wenn man aber von jemandem verlangt, bei Zielpersonen um Zustimmung zu werben, dann tut er dies, indem er sich selbst lobt. (Bei Frauen ist das übrigens etwas weniger oft so als bei Männern.) Viele Untersuchungen haben ergeben, daß Menschen, denen man den Auftrag gegeben hat, sich für eine andere Person anziehend zu verhalten, sich sehr viel positiver beschreiben als Menschen, denen man gesagt hat, sie sollen einfach »sie selbst« sein.[24] Das Dilemma des Selbstanpreisers liegt darin, daß man einen Menschen, den man eigentlich beeindrucken will, abstoßen kann, wenn man das Eigenlob zu durchschaubar macht. Also seien Sie nicht zu überzeugt von sich.

Jones betrachtet die Selbstdarstellung als offene wie auch verdeckte Tätigkeit. Er untersucht die Art, wie wir Aussagen über uns selbst machen (»Wissen Sie, ich bin der Typ Mensch, der mit anderen gut zurechtkommt«) und wie wir andeuten oder behaupten, bestimmte Charakteristika zu besitzen (ein überquellendes Bücherregal legt nahe, daß wir viel lesen).

Natürlich steht dahinter die Überlegung, sich selbst so zu zeigen, daß die zwischenmenschliche Anziehung gestärkt wird, so daß die andere Person Sie als Freund oder Kollegen haben will. Also versuchen Sie natürlich nicht, rüberzubringen, was für ein fieser und egozentrischer Typ Sie sind, sondern betonen Ihre Freundlichkeit, Großzügigkeit und Vertrauenswürdigkeit. Allerdings sagt Jones, das es eine Alternative gibt: Entweder können Sie sich ganz allgemein als einen absolut netten Typen darstellen, mit dem man Pferde stehlen kann, oder Sie können ein Chamäleon spielen und Ihr Auftreten ganz auf die Vorlieben der Zielperson zuschneiden.

Chesterfield bekennt, daß er ein Chamäleon war: »Bei den Menschen war ich ein Proteus«, schrieb er seinem Sohn, »und nahm jede mögliche Form an, um ihnen allen zu gefallen: Unter den fröhlichen war ich der fröhlichste; unter den ernsten der ernsteste.« Um diese Strategie zum Erfolg werden zu lassen, muß man richtig vorhersagen, was die Zielperson mag, und das ist nicht so einfach, wie Chesterfield meint. Der ernsteste Mensch möchte vielleicht lieber mit einer Stimmungskanone zusammensein und nicht mit einem anderen Trauerkloß.

Wenn man jemandem etwas über sich selbst erzählt, um sich einzuschmeicheln, sollte man besser ein bißchen zurückhaltend sein. Wenn Sie einem Kollegen erzählen, daß Sie an der Studentenolympiade teilgenommen haben, dann gehen Sie mehrere Risiken ein: (a) könnte Ihr Kollege glauben, daß Sie lügen oder übertreiben, und das würde ihn ja nun gar nicht beeindrucken, oder (b) er könnte glauben, daß Sie ihn beeindrucken oder einschüchtern wollen, was beides nicht besonders schmeichelhaft ist. (Außer vielleicht, daß es zeigt, daß Sie ihn für so wichtig halten, daß Sie ihn beeindrucken möchten.)

Außerdem gibt es noch das Paradox des Selbstanpreisers: Wir glauben, daß wirklich fähige Menschen sich nicht ihrer Kompetenz rühmen müssen. Ihre Leistungen sprechen für sich.

Die beste Strategie ist es, wenn jemand anders Ihre Zielperson fragt: »Hey, wußten Sie, daß Kelly an der Studentenolympiade teilgenommen hat?« (Dies ist die Selbstpräsentations-Version der Komplimente über eine dritte Partei.) Jones empfiehlt auch, die Zielperson so zu lenken, daß sie irgendwann nach Ihren Leistungen fragt. So müssen Sie nicht selbst damit anfangen.

Es gibt eine Vielzahl anderer, mehr oder weniger direkter Formen einschmeichelnder Selbstpräsentation.

*Hintergrund.* Eine bekannte Taktik besteht darin, eine gemeinsam gemachte Erfahrung zu betonen. »Wissen Sie, ich war während des Vietnam-Kriegs auch in der Nationalgarde.« Dies ist im allgemeinen völlig gefahrlos. Wenn Sie hören, daß Ihr neuer Chef aus derselben Kleinstadt kommt wie Sie, werden Sie ihm dann nicht erzählen, daß Sie aufs selbe Gymnasium gegangen sind?

*Um Rat fragen.* Ein weiterer raffinierter Weg, sich bei jemandem einzuschmeicheln, ist es nach Jones, ihn um Rat zu fragen. »Wissen Sie, ich überlege, ob ich vielleicht Jura studieren soll, Frau Meyer, und ich wüßte gern, was Sie dazu meinen.« Oder: »Erzählen Sie mir, wie Sie als Schriftsteller angefangen haben, denn ich möchte auch gern einen Versuch als Autor starten.« Eine solche Bitte zeigt implizit, daß wir die Urteilskraft und das Fachwissen der Zielperson schätzen.

*Ein Geheimnis verraten.* Wenn man jemandem etwas Privates von sich anvertraut, dann heißt das, daß man dem anderen traut und die Beziehung vertiefen möchte. Bei einigen Studien hat sich laut Jones herausgestellt, daß es sich negativ auswirken kann, wenn man zu früh etwas zu Persönliches offenbart. Vielleicht möchten Sie Ihrem neuen Chef doch nicht gleich auf die Nase binden, daß sie Transvestit sind.

*Name-dropping.* Eine Taktik besteht darin, zu zeigen, wie unglaublich wichtig und beliebt Sie sind, und eine Möglichkeit dazu ist – besonders in New York und Hollywood –, ab und zu einen berühmten Namen zu erwähnen. »Oh, vor ein paar Tagen habe ich mit Bobby De Niro zu Mittag gegessen, und er sagte ...« Oder: »George Soros hat mir gerade gestern erzählt ...« Dies ist eine ähnliche Form der Selbsterhöhung wie die Prahlerei, und es gelten auch dieselben Regeln. Die Zielperson könnte annehmen, daß Sie das alles erfinden, aber sie könnte auch denken: Hmm, ich würde De Niro sehr gern einmal treffen, vielleicht ist er an meiner Drehbuchidee interessiert? Oder aber: Wenn dieser Typ ein Freund von De Niro ist, dann ist er wahrscheinlich ziemlich interessant. Die Menschen, die mit Name-dropping arbeiten, sind meist Individuen mit relativ niedrigem Selbstwertgefühl, das sie durch die Nähe zu den Schönen und Berühmten dieser Welt steigern möchten.

*Bescheidenheit – bis zu einem gewissen Punkt.* Wenn Selbsterhöhung abstoßend und unattraktiv ist, was ist dann mit dem Gegenstück, Selbsterniedrigung und Demut? Jones sagt, viele Untersuchungen hätten gezeigt, daß eine wohlüberlegte Demut sehr anziehend ist. Jones empfiehlt, bei trivialen Dingen (»Ich kann keinen Knopf annähen, und wenn mein Leben davon abhängen sollte«) den Eindruck der Bescheidenheit zu erwecken und bei echten Leistungen offensiver zu sein. Das Problem bei der Bescheidenheit ist, daß diese Technik nur funktioniert, wenn man einen gewissen Erfolg vorzuweisen hat. Wenn Sie ziemlich viele Dinge haben, derentwegen Sie demütig sein sollten, ist es nicht die klügste Technik.

*Dale Carnegie hatte recht.* Jones listet einige kleine Dinge zum Thema Selbstpräsentation auf, die wirklich einschmeichelnd wirken. Lächeln Sie. Schauen Sie den Leuten in die Augen. Schauen Sie Ihrem Gegenüber nicht über die Schulter, wenn Sie auf einer Party mit ihm reden. Stellen Sie Fragen. Benutzen Sie im Gespräch bestärkende Ausdrücke wie »Wirklich!« oder »Interessant!« oder »Stimmt«. Nicken Sie. Nennen Sie Ihren Gesprächspartner beim Namen. Jones zitiert eine amüsante Untersuchung, bei der eine sehr attraktive Frau jeweils zwei Männer interviewte. Bei dem einen nannte sie den Namen einmal zu Beginn des Gesprächs und dann nie wieder. Beim anderen wiederholte sie den Namen mehrmals im Laufe der Sitzung. Die Männer, deren Namen mehrmals genannt wurden, mochten die Interviewerin deutlich lieber als diejenigen, deren Name nur einmal kurz erwähnt wurde.

## Ich kann es für Sie zum Großhandelspreis besorgen

Hinter dieser Taktik, anderen einen Gefallen zu tun, steht, daß wir Menschen mögen, die nette Dinge für uns tun. Jones zitiert George Homans, der das *quid pro quo* der Gefälligkeiten ganz wunderbar erklärt hat: »Wir bringen andere dazu, uns Dinge zu geben, die wir dringender wollen als sie, indem wir ihnen Dinge geben, die sie dringender wollen als wir.«[25]

Die Dynamik des Gefallensaustauschs hat viel mit dem Komplimentemachen gemeinsam. Aber es gibt einen großen Unterschied: Gefallen sind mehr als nur Worte. Zu einem Gefallen gehört normalerweise eine Handlung, nicht einfach nur Süßholzraspeln, sondern echter Schweiß. Ein Gefallen ist die offensivste Einschmeichelungstaktik überhaupt. Und mehr als jede andere Aktivität kann ein Gefallen die Hintergedanken des Schmeichlers allzu deutlich hervortreten lassen.

Jones betont, daß der Schmeichler immer den Eindruck vermeiden muß, aufgrund seines Gefallens im Gegenzug irgendeinen Vorteil zu erwarten. »Der Ärger mit Gefallen aus der Sicht des Schmeichlers ist immer, daß dann die Fragen der Verpflichtung, der Erwiderung und des Austauschs so deutlich vor Augen stehen.«[26] Anders als die Strategie mit Komplimenten oder Meinungskonformität könnte es in diesem Fall nützlich sein, der Zielperson zu zeigen, daß Sie auch anderen einen Gefallen tun; so gewinnt sie vielleicht den Eindruck, daß Sie wirklich eine nette und vernünftige Person und kein schmieriger Schmeichler sind.

Die Wirksamkeit des Gefallens hängt in Teilen davon ab, ob die Umstände angemessen sind oder nicht. Jones sagt, daß unangemessene Umstände uns auf die Möglichkeit eines Hintergedankens aufmerksam machen. Wenn jemand anhält, um uns beim Wechseln eines platten Reifens zu helfen, ist das eine Sache, aber wenn uns jemand ein offenbar gestohlenes Auto schenkt, ist es eine andere. Ein zu großer Gefallen von jemandem, den wir nicht gut genug kennen, kann in uns ein Gefühl des Unbehagens statt der Dankbarkeit hervorrufen. Je teuerer der Gefallen, desto enger sollte die Beziehung sein. Ihr Bruder kann Ihnen ein Auto schenken, aber nicht der Typ auf der anderen Seite des Großraumbüros. Jones führt Studien an, die zeigen, daß ein Gefallen in formellen oder stark strukturierten Situationen als unangemessen gilt. Man erwartet von einem Finanzbeamten nicht, daß er einem während der Buchprüfung ein paar Tips zum Steuersparen verrät – auch wenn das noch so nett wäre.

## Statusunterschiede – Schmeichelei nach oben und nach unten

Die Erforschung des Schmeichelns ist, so Jones, eng mit der Erforschung der Macht verbunden. In jeder Gesellschaft gibt es Machtasymmetrien, strategische Arschkriecherei. Ja, bei einigen Formen der Ingratiation geht es nur um den Wunsch, gemocht zu werden, aber bei den meisten auch um einen Austausch zwischen Menschen in unterschiedlichen Machtpositionen und mit unterschiedlichem Status.

Bei der Schmeichelei, so Jones, ändert der Status alles.

Im allgemeinen gilt, daß die Schmeichelei um so subtiler sein muß, je größer der Statusunterschied ist. Je geringer der Unterschied, desto direkter die Schmeichelei. Schmeichelei auf gleicher Ebene ist das Einfachste. Schmeicheleien fließen wie Wasser von selbst nach unten.

Schmeichler mit hohem Status können im allgemeinen Zielpersonen mit niedrigerem Status gefahrlos schmeicheln. Andersherum funktioniert das nicht so gut.

Menschen mit niedrigerem Status, die etwas von Menschen mit höherem Status wollen, müssen vorsichtiger vorgehen. Für jene, die nach oben schmeicheln, ist Konformität meist die beste Wahl. Einerseits riecht es nicht unbedingt gleich nach irgendwelchen Hintergedanken, wenn man mit seinem Chef einer Meinung ist. Er erwartet es wahrscheinlich. »Zustimmung«, sagt Jones, »stärkt die Gültigkeit der Ansichten des Anführers, ohne unbedingt Fragen nach anderweitigen Absichten zu provozieren.«[27] Der Chef vermutet wohl kaum taktische Gründe dahinter, denn: *Es ist kaum überraschend, daß meine Angestellten dem zustimmen, was richtig ist.*

Komplimente, Gefallen und Selbstanpreisung sind nicht gerade die Mittel der Wahl beim Aufwärts-Schmeicheln, weil sie manipulativ oder sogar impertinent wirken. Und die Bescheidenheit können Sie gleich ganz vergessen. Sie stehen schon ganz unten.

Wenn Sie überhaupt noch daran zweifeln, in welche Richtung die Schmeichelei normalerweise geht, dann lesen Sie die beiden folgenden Aussagen und sagen Sie mir, welche wohl erfolgreicher sein dürfte:

1. »Sie machen gute Arbeit. Es ist gut, Sie im Team zu haben. Ich bin froh, daß Sie für uns arbeiten.«
2. »Sie machen gute Arbeit. Es ist gut, Sie als Chef zu haben. Ich bin froh, daß ich für Sie arbeite.«

Probieren Sie Nr. 2 aus, wenn Ihnen Ihr Job egal ist.

Schmeichelei nach oben verletzt oft die Rollenvorschriften von Menschen mit niedrigem Status. »Es ist anmaßend«, sagt Jones,

»wenn ein Untergebener implizit für sich das Urteilsvermögen in Anspruch nimmt, einen Vorgesetzten zu bewerten.«[28] *Wer sind Sie, daß Sie es wagen, mich zu loben, weil ich meine Arbeit gut mache?* Wie Jones sagt: »Jemanden von Angesicht zu Angesicht positiv zu beurteilen setzt voraus, daß Sie in einer Position sind, in der Sie Beurteilungen abgeben dürfen.«[29] Es ist also eine zweischneidige Sache: Ein Kompliment von einem Untergebenen könnte andeuten, daß dieser Untergebene vorher nicht der Meinung war, daß sein Chef gute Arbeit leistete.

Personen mit hohem Status, die nach unten schmeicheln, müssen sich kaum Gedanken darüber machen, ob die Zielperson ihre Motive durchschaut. Sie wird wahrscheinlich denken, daß Lob zu den Aufgaben des Chefs gehört. Worüber sich der Schmeichler mit hohem Status aber sehr wohl Gedanken machen muß, ist das Risiko, seine Stellung zu unterminieren und sein Ansehen zu schwächen. Schmeichler mit hohem Status können nicht auf die Meinungskonformität als Mittel zurückgreifen, denn das würde ihren Status untergraben. Jones stellt fest, daß Respekt und Sympathiewerte oft in umgekehrter Beziehung zueinander stehen. Das heißt, der Chef kann an Respekt verlieren, indem er versucht, nett zu sein, oder aber seine Sympathien verlieren, indem er sein Ansehen zu steigern versucht. Wenn Sie der Chef sind, dann Vorsicht bei dem Versuch, sich mit den Angestellten zu verbrüdern.

Eine Möglichkeit von Menschen mit hohem Status zu schmeicheln, ohne Respekt oder Sympathien einzubüßen, ist die Selbsterniedrigung. Selbsterniedrigung bei einem Vorgesetzten ist sehr einnehmend. Jones führt Untersuchungen von Blau und anderen an, die zeigen, daß Menschen mit hohem Status häufiger ihre positiven Eigenschaften auf wichtigen Gebieten betonen und auf weniger wichtigen Gebieten zur Untertreibung neigen. Bei Menschen mit niedrigem Status ist es genau umgekehrt: Sie spielen ihre wichtigen Fähigkeiten herunter und betonen ihre weniger wichtigen. Keine gute Strategie.[30]

»Der Trick bei einem guten Schmeichler«, sagt Jones, »besteht darin, mit Bescheidenheit auf die sichere Akzeptanz einiger weniger Schwächen hinzuweisen, die im Zusammenhang mit den eigenen Stärken ganz offensichtlich trivial sind.«[31] Menschen mit hohem Status können es sich leisten, bescheiden zu sein. »Bescheidenheit steht den Großen gut an«, schreibt der französische Autor Jules Renard. »Schwierig ist es, bescheiden zu sein, wenn man ein Niemand ist.«

Im allgemeinen ist es viel leichter, andere für sich einzunehmen, als sie davon zu überzeugen, daß man kompetent ist. Wenn man aber zwei Menschen mit gleicher Kompetenz nimmt, dann wird derjenige es weiter bringen, der gemocht wird. Der Schmeichler wird vorwärts kommen und die Schmeichelei einsetzen, wenn er (a) glaubt, daß er damit durchkommt, wenn er (b) nicht von irgendwelchen moralischen Bedenken gehemmt wird, und wenn (c) der Einsatz, den er gewinnen kann, das Risiko wert ist.

Menschen mit hohem Status müssen sich keine Gedanken über mögliche Fehler machen. Jones hat beobachtet, daß ihre Beliebtheit oft nach einer Peinlichkeit oder einem Fauxpas noch anwächst. Er untermauert dies mit der Tatsache, daß die Popularität von John F. Kennedy nach dem Fiasko in der Schweinebucht stieg. Die Meinungsumfragen lieferten auch ein positiveres Bild für Bill Clinton nach dem Lewinsky-Skandal. Die Forscher gehen davon aus, daß ein Anzeichen der Fehlbarkeit bei Menschen in hohen Positionen sie menschlicher und damit liebenswerter macht.[32]

Etwas ähnliches wurde bei einem Experiment festgestellt, bei dem Testpersonen gebeten wurden, einer Tonbandaufnahme mit dem Interview eines Quiz-Kandidaten zuzuhören. Für die Hälfte der Testpersonen war der Interviewte ein außerordentlich erfolgreicher Student. Für die andere Hälfte war er einfach durchschnittlich. Etwa in der Mitte des Interviews hörte jeweils die Hälfte der Testpersonen jeder Gruppe, daß der Interviewte eine Kaffeetasse umkippte und sich mit Kaffee bekleckerte. Die Ergebnisse zeigten, daß der kluge Kopf, der den Kaffee umgeschüttet hatte, besonders positiv gesehen wurde. Der Durchschnittstyp, der sich mit Kaffee übergoß, wurde einfach als der geborene Verlierer wahrgenommen. Der kluge Student hingegen wurde dadurch sympathischer. Wenn Sie also Angst haben, daß Ihre Untergebenen Sie als vollkommen und überlegen wahrnehmen, dann schütten Sie sich doch bei der nächsten morgendlichen Arbeitsbesprechung einmal den Cappuccino über Ihren Armani-Anzug.

## Dem Schmeichler schmeicheln

Wie kann man reagieren, wenn man mit Komplimenten überschüttet wird?

Man kann peinlich berührt sein. Man kann mit »Sie schmeicheln mir« antworten. Oder man kann »Danke« sagen.

Im Grunde ist übermäßige Schmeichelei peinlich und beendet zudem noch jedes Gespräch. Was kann man schon auf Sätze wie: »Sie sind ein Genie« antworten?

»Danke« fällt da als Möglichkeit eigentlich aus.

Ein solches Lob ist immer peinlich und kann sich gegen den Schmeichler wenden.

Wenn jemand auf ein eher akzeptables Kompliment hin »Sie schmeicheln mir« sagt, dann ist das eine zweischneidige Antwort. Man kann sie positiv oder negativ auslegen – positiv in dem Sinne, daß die Person bescheiden und dankbar ist; oder negativ in dem Sinne, daß die Person eigentlich damit sagt: »Oh, Sie setzen eine Form des strategischen oder unaufrichtigen Lobes bei mir ein.« Wir interpretieren diese Antwort eher als eine bescheidene Ablehnung als eine Betrugsanklage, aber ein Unterton des letzteren schwingt immer mit.

Es wäre außerordentlich ungewöhnlich, wenn jemand eine Szene machte oder unangenehm auf Schmeicheleien reagierte. Im Grunde versuchen wir eigentlich immer, dankbar zu wirken, auch wenn wir es nicht sind. Wir tun so, als hielten wir das Lob für aufrichtig. Wenn man dankbar wirkt, läßt man den Schmeichler wahrscheinlich glauben, daß er erfolgreich war. Er glaubt nun, daß er seine Zielperson zu seinen Gunsten beeinflußt habe, und vielleicht liegt es ganz in unserem Interesse, ihn das glauben zu lassen.

Jones listet fünf grundlegende Reaktionen auf eine Schmeichelei auf, die auf einer Skala zwischen Vertrauen und Zuneigung bis hin zu Mißtrauen und Abneigung liegen.

1. *Zuneigung, Zugehörigkeit, Anziehung.* Schmeichelei ruft oft einfach diese drei Gefühle hervor. Einen Punkt für den Schmeichler.
2. *Reziproke Gefühle / Erwiderung.* Die Zielperson hat das Gefühl, sie würde das Kompliment gern erwidern oder sie habe sogar die Pflicht dazu. Dies kann sogar leicht negativ ausschlagen, besonders wenn der reziproke Gefallen aufwendig oder nervend ist.
3. *Toleranz oder Nachsicht.* Jones bezeichnet dies als das »kleinste erhoffte Ergebnis«. Es gibt dem Schmeichler Schutz – den er vielleicht auch erreichen wollte. Die Schmeichelei ruft keine Anziehung oder Zuneigung hervor, sondern vielmehr eine Art gönnerhafter oder verächtlicher Toleranz. Sie sind ein Wurm, aber ich werde Sie nicht rausschmeißen.
4. *Peinlichkeit und Ärger.* Jones nennt das den »Bumerang-Effekt«. Sie wissen nicht, was Sie sagen oder tun sollen, und empfinden dieses Gefühl als peinlich.
5. *Widerwille und Empörung; Vergeltung.* Diese Reaktion ist selten. Nur wenige Menschen wollen den Schmeichler wirklich bestrafen. »Kriecherische Schmeichler werden oft hinter ihrem Rücken kritisiert«, sagt Jones, »sind aber selten offener Kritik ausgesetzt.«[33] Oder einer Kündigung.

Goffman haben wir die machiavellistischste Antwort auf Schmeicheleien zu verdanken. Wie er feststellt, ist es höflich, jemandem, der uns lobt, mit freundlichen Dankesworten zu begegnen. Wir tun dies, selbst wenn unsere innere Reaktion negativ ist. Und es ist im Grunde ziemlich klug, denn so schmeicheln wir uns selbst beim Schmeichler ein.[34] Wir müssen nur akzeptable Laute von uns geben, so daß der Schmeichler den Eindruck gewinnt, er sei erfolgreich gewesen, und uns deshalb lieber mag. Dahinter steht der Gedanke: *Hmm, da* du *nur so tust, als würdest du mich mögen, werde* ich *einfach so tun, als würde ich dich mögen, und wenn der Zahltag kommt, wirst du sehen, ob deine widerliche Schmeichelei dich irgendwie weitergebracht hat.* Da der Schmeichler einen bewußten Versuch unternommen hat, Zustimmung zu erlangen, sieht er im allgemeinen ein positives Feedback als einen Beweis für seinen Erfolg an. Jones meint, der

Schmeichler könne letztendlich tatsächlich dazu kommen, die Dinge, die er über die Zielperson gesagt habe, zu glauben. Dies ist besonders der Fall, wenn der Schmeichler sich wegen seiner Schmeichelei ein wenig schuldig fühlt. Wir wollen uns selbst davon überzeugen, daß wir keine Hintergedanken haben. Jones sagt, daß wir den Aussagen sympathischer gegenüberstehen, mit denen wir übereinstimmen. Tja, das ist ein bißchen beängstigend.

## Wann sollte man sie einsetzen, wann nicht?

Im Jahr 1994 machte der experimentelle Sozialpsychologe Randall Gordon an der University of Minnesota in Duluth eine sogenannte »meta-analytische« Auswertung aller empirischen Studien, die von Sozial- und Betriebspsychologen zum Thema Schmeichelei in den letzten vierzig Jahren durchgeführt worden waren. Eine meta-analytische Auswertung ist eine statistische Zusammenfassung aller bisherigen Ergebnisse. Gordon untersuchte 155 Artikel, und seine Studie beruht auf 69 von ihnen.

Die Ergebnisse bestätigen fast alle Behauptungen von Jones. (Ziemlich viele davon stammten ja auch von ihm.) Die Untersuchungen zeigten, daß mit Ausnahme des Gefallensaustauschs alle Kategorien der Ingratiation – also Komplimente, Meinungskonformität und Selbstpräsentation – eine positive Auswirkung auf die Wahrnehmung hatten. Nur Selbstanpreisung hatte einen negativen Effekt. Männer waren einerseits als Zielpersonen eher zugänglich für Schmeicheleien als Frauen und andererseits kritischer, wenn sie sie als Beobachter wahrnahmen. Alle Richtungen von Ingratiation riefen positive Effekte hervor, aber Versuche nach unten oder unter Ebenbürtigen waren deutlich erfolgreicher als die nach oben. Schmeichelei nach unten erzeugte die größte Zuneigung. Je größer die Statusunterschiede waren, desto höher waren die Risiken der Schmeichelei nach oben. Alle Formen der Schmeichelei unter Personen mit gleichem Status waren positiv. Bei der Schmeichelei nach oben war Meinungskonformität eine erfolgreichere Taktik als Komplimentemachen. (Aber Komplimente funktionierten auch, da einige Zielpersonen mit hohem Status Meinungskonformität einfach als normales Verhalten betrachteten.) Bei der Schmeichelei nach unten waren Komplimente wirksamer als Meinungskonformität. Zur Bestätigung von Jones' Behauptung, daß man nicht zu durchschaubar oder zu unklar beim Schmeicheln sein sollte, zeigte die Untersuchung, daß ein niedriges bis mäßiges Niveau der Durchschaubarkeit die positivsten Ergebnisse brachte.[35]

Alle Studien beweisen, daß Schmeichler von ihren Zielpersonen positiver beurteilt wurden als von Beobachtern. Schmeichler mag niemand – außer den Geschmeichelten. Mehrere Untersuchungen kamen zu dem interessanten Ergebnis, daß Schmeichler sich eine positive Meinung von ihrer Zielperson bilden, wenn die Zielperson mit Meinungskonformität reagiert, während Beobachter sich eher eine positive Meinung von Zielpersonen bilden, die den Appellen des Schmeichlers widerstehen. Mit anderen Worten, wir mögen Menschen, die offenbar mit uns einer Meinung sind, und wir mögen Menschen, die mit Schmeichlern nicht einer Meinung sind. Die Studien belegten Jones' »Dilemma des Schmeichlers« und zeigten, daß die Erfolgsaussichten einer Schmeichelei mit ihrer Offensichtlichkeit abnehmen. Sie bestätigten auch das wunderbare kleine Wurmloch in seiner Theorie: daß nämlich eine Schmeicheltaktik, die als völlig normativ angesehen wird, nicht funktioniert. Ein bißchen Durchschaubarkeit ist besser als gar keine oder zuviel. Also seien Sie nicht zu subtil – oder zu offensichtlich.

Gegen Ende seines Lebens kam Jones zu dem Schluß, daß die meisten einschmeichelnden Avancen nicht wirklich bewußt oder ein Ergebnis überlegter strategischer Planung seien. Die meisten von ihm beschriebenen Verhaltensweisen, so meinte er, sind »antrainierte Reaktionen auf die Bedingung der Abhängigkeit«.[36] Damit will er sagen, daß viel von dem, was wir tun, aus automatischen oder gedankenlosen Reaktionen besteht, die das Ergebnis einer lebenslangen Sozialisierung sind. Eine völlige Offenheit und Freimütigkeit als mögliche Reaktion in sozialen Situationen ziehen wir nie auch nur in Betracht. Wir haben alle gelernt, zu nicken und zu lächeln, die Zunge im Zaum zu halten, zustimmend zu murmeln und Danke zu sagen.

Auch gut, denn moderne Unternehmensstudien versuchen die Idee der Schmeichelei insgesamt abzuschaffen. Da viele Konzerne heute einen eher kollegialen als hierarchischen Führungsstil pflegen, sind Schmeicheleien nach oben oder nach unten auch nicht mehr das, was sie mal waren. Die alte Kommandokette stirbt aus. »Es ist heute am Arbeitsplatz nicht mehr politisch korrekt, vom Vorgesetzten oder Untergebenen zu sprechen«, sagt Fred Luthans, Autor des klassischen Unternehmenshandbuchs *Organizational Behavior.* »Wir verwenden diese Ausdrücke nicht mehr. Sie sind nicht kompatibel mit dem neuen Arbeitsumfeld.« Luthans verkündet, daß Schmeichelei out sei; notwendig ist dagegen seiner Meinung nach »Anerkennung«. Ein Manager sagt heute nicht mehr: »Sie leisten gute Arbeit«, sondern so etwas wie: »Ich habe gesehen, daß Sie gestern bis Mitternacht hiergeblieben sind, um an diesem Bericht zu arbeiten.« Luthans fügt hinzu: »Ich würde nicht einmal sagen: ›Vielen Dank, wir wissen Ihre gute Arbeit zu schätzen.‹ Das würde heutzutage schon als Anbiederung gelten.«

Ich vermute, Jones und sicher Goffman würden sagen, daß die Schmeichelei einfach nur subtiler werden muß. Als Sam Walton, der Gründer von Wal-Mart, seine Angestellten seine »Kollegen« nannte, war das auch eine Form von Schmeichelei.

Ingratiation ist, so Jones, ein gesellschaftliches Schmiermittel. Sie verbirgt und überdeckt, was wirklich im Inneren abläuft. Durchschaubarkeit ist gefährlich. »Die Vorteile von klaren Informationen«, sagt Jones, »würden zu einem Preis eingekauft, der vielleicht unter dem Gesichtspunkt, daß man das gesellschaftliche System aufrechterhalten will, unerträglich hoch wäre.«[37] Mit anderen Worten: Offenheit ist gefährlich. Ein bißchen Schmeichelei in der sozialen Interaktion gibt uns allen mehr Spielraum. Sie erlaubt uns, unsere Illusionen aufrechtzuerhalten. Sie ist netter und angenehmer. Sie stellt jeden zufrieden, denn bei einer gelungenen Schmeichelei fühlt sich die Zielperson glücklicher und der Schmeichler erfolgreicher. Jeder gewinnt.

In seinem letzten Buch, das kurz vor seinem Tod erschien, zitiert Jones einen der klügsten Beobachter der menschlichen Natur überhaupt, um zu belegen, daß Schmeichelei nicht immer strategisch und insgesamt nicht immer etwas Schlechtes ist. »Jedes unverdiente Lob als üble Schmeichelei anzuklagen«, schrieb Samuel Johnson in *Lives of the Poets*, »und anzunehmen, daß der Lobredner immer um die Falschheit seiner Behauptungen weiß und fühlt, offenbart ganz sicher große Unkenntnis der menschlichen Natur und des menschlichen Zusammenlebens. Bei Entscheidungen, die nicht von Regeln, sondern von Erfahrung und Vergleichen abhängen, ist das Urteil immer bis zu einem gewissen Grad von der Zuneigung abhängig. Der Wunsch zu bewundern kommt der Bewunderung sehr nahe.«

Es ist kein böser Wunsch. Und überhaupt, was ist daran so schlimm?

Kapitel 10

# Die Hauptstädte moderner Schmeichelei

## Das Erzmodell des modernen Schmeichlers

Jede Zeit hat ihre charakteristischen Schmeichler. Platons Gorgias war ein oberflächlicher Redner, der sich gewandt bei seiner Zuhörerschaft anbiederte. Molières Monsieur Jourdain versuchte sich wie ein Hanswurst in die Aristokratie einzuschleichen und war sich komischerweise nicht der Tatsache bewußt, daß man ihn dort ausnutzte. Dickens' schmieriger und scheinheiliger Uriah Heep schmeichelte sich selbst und anderen, indem er sich als besonders »demütig« ausgab.

Für mich war Eddie Haskell das Modell des modernen Schmeichlers.

Eddie war eine Figur aus *Leave it to Beaver,* einer klassischen Situationskomödie der sechziger Jahre, von der unter dem Titel *Erwachsen müßte man sein* 1965 auch dreizehn Folgen in Deutschland ausgestrahlt wurden. Vielleicht kennen Sie auch den Kinofilm *Beaver ist los* von 1997, eine Neuauflage. Die Serie berichtete vom Leben der Cleavers, einer ganz normalen amerikanischen Durchschnittsfamilie aus den Vorstadt, zwei gutmütigen Eltern, Ward und June, und zwei Jungen, Wally, dem ernsthaften älteren Bruder, und Beaver, dem mutwilligen jüngeren. Wallys Freund war ein gewisser Eddie Haskell, ein magerer Junge mit lockigen Haaren und scharfen Zügen.

Sobald Eddie bei den Cleavers zur Tür hereinkam, erklärte er Mrs. Cleaver so höflich, wie ein Zwölfjähriger nur sein kann: »Sie sehen heute wieder wunderbar aus, Mrs. Cleaver«, worauf eine leicht überraschte June Cleaver erwiderte: »Oh, vielen Dank, Eddie.« Wenn Mr. Cleaver zu Hause war, machte Eddie ihm Komplimente zu seiner Arbeit oder zum Aussehen seiner Arbeitsstiefel. Eddie nannte seine eigenen Eltern beim Vornamen.

Im Umgang mit Erwachsenen war Eddie furchtbar kriecherisch und übertrieben wohlerzogen. Im Umgang mit Gleichaltrigen war er ein intrigantes kleines Arschloch. Eddie war ein Hinterhof-Machiavelli im Hosentaschenformat, die glattzüngige Schlange eines vorstädtischen Garten Eden. Die Schmeichelei hatte er mit der Muttermilch eingesogen. Er setzte sie ohne nachzudenken ein, um die Menschen zu entwaffnen, sie von dem Plan, den er gerade ausheckte, wie immer er auch aussehen mochte, abzulenken. Und er wurde nicht einmal rot dabei.

Damals verabscheute ich Eddie, weil er den Erwachsenen in den Arsch kroch, und sah darin einen Verrat an dem, was ich als die notwendige jugendliche Auflehnung gegen alles Erwachsene ansah. Eddie war nicht die Art Kind, die andere Kinder besonders mochten. Heute, als Erwachsener, ist mir klar, daß Eddie einfach nur klug und frühreif und seine chamäleonhafte Art eine gute Vorbereitung auf einen erfolgreichen Lebensweg war.

Mark Twain hat einmal gesagt, daß es nur natürlich sei, in der Jugend liberal und im Alter konservativ zu sein. Als Heranwachsender glaubt man, daß Eddie irgendwann auf die Schnauze fallen wird; als Erwachsener weiß man, daß das unwahrscheinlich ist.

Eddie Haskell war ein Kind Dale Carnegies, das Ergebnis der neuen amerikanischen Ära des Lächelns, der Handelsvertreter und der Dienstleistungen. Und Eddie wurde erwachsen. Man sieht seinesgleichen heute in Konzernen, Werbeagenturen, Konferenzzimmern. Wie Eddie sind sie alle strategische Schmeichler, allerdings oft ohne eine besondere Strategie. Sie sind unterschiedslose Schmeichler, Typen, die ihr Lob großflächig verteilen, um ihr eigenes schwaches Selbstwertgefühl zu stärken. Bill Clinton war ein Eddie Haskell im Oval Office, der glattzüngige Charmeur, der sagt, was die Menschen seiner Meinung nach hören wollen, und dann tut, was er will.

# Der Halo-Effekt

Eddie steht für zwischenmenschliche Schmeicheleien. Aber für unsere Zeit ist ein anderer Typ von Schmeichelei eigentlich noch charakteristischer: Eddie ist im Grunde ein Niemand; die Schmeichelei im großen Stil findet man heute im Prominenten-Kult.

In den dreißiger Jahren des 20. Jahrhunderts prägte der amerikanische Psychologe Edward Thorndike den Begriff des »Halo-Effekts«. »Halo« stammt von dem griechischen Wort »halos« (Hof) ab und bezeichnet in der Astronomie Lichtflecken, die einen hellen Hof zum Beispiel um Sonne und Mond bilden. Davon abgeleitet bezeichnet Halo im Englischen aber auch den Heiligenschein, und auf eine Art Heiligenschein wollte Thorndike auch hinweisen. Unter William James in Harvard hatte er sich mit der Verhaltenspsychologie der Tiere befaßt und wurde später Professor an der Columbia University. Er war ein Vorreiter der wissenschaftlichen Überzeugung, daß sich durch verstärktes Lernen Nervenverbindungen im Hirn bilden.

Der Halo-Effekt wird von Sozialwissenschaftlern als ein Prozeß definiert, durch den wir festgestellte positive Eigenschaften mit anderen positiven Eigenschaften in Verbindung bringen, auch wenn es dort eigentlich keine Verbindung gibt. Das klassische Beispiel dafür sind Forschungen, die zeigen, daß wir unbewußt solchen Menschen günstige Charaktereigenschaften wie Intelligenz, Freundlichkeit und Anstand zuschreiben, die unserer Meinung nach gut aussehen.

Ein ganzes Bündel von Studien hat gezeigt, daß wir unsere Vorurteile dabei gar nicht wahrnehmen. Forschungen mit Grundschulkindern lassen vermuten, daß Erwachsene aggressive Handlungen weniger negativ werten, wenn sie von gutaussehenden Kindern ausgeführt werden, und daß Lehrer unbewußt von der Annahme ausgehen, daß attraktive Kinder intelligenter sind als unattraktive. In einer weiteren Studie bewerteten die Forscher in Pennsylvania die körperliche Anziehungskraft von vierundsiebzig männlichen Angeklagten in Strafprozessen und stellten fest, daß gutaussehende Angeklagte zu signifikant niedrigeren Strafen verurteilt wurden und ihnen eine Gefängnisstrafe doppelt so häufig erspart blieb wie unattraktiven.[1]

Meiner Meinung nach treten wir dem Ruhm in unserer Gesellschaft heute mit ähnlichen positiven Vorurteilen gegenüber; es gibt einen weitgestreuten Halo-Effekt um Berühmtheiten herum. Wir schenken Prominenten unser Vertrauen, ohne nachzudenken. Das automatische Anbiedern bei den Berühmten dieser Welt produziert eine Art unverdientes gesellschaftliches Lob. Wir sind darauf konditioniert, zu glauben, daß alles, was mit Berühmtheit in Verbindung steht, klüger, sexuell anziehender, glücklicher, fröhlicher, interessanter – *besser* ist. Die Werbung nutzt diesen Aspekt des Halo-Effekts schon seit Jahrzehnten. Wenn etwa Mika Häkkinen für eine Telefongesellschaft wirbt, dann übertragen wir die positiven Gefühle für den Rennfahrer auch auf die von ihm benutzte Telefonverbindung. Er prägt das Produkt positiv. Dies ist nicht unbedingt eine neue Art von Schmeichelei, sondern eine Epidemie der alten Art, zurückzuführen auf die Allgegenwart der Massenmedien. Im Grunde wissen wir, daß Prominente oft einfach deshalb berühmt sind, weil sie eben berühmt sind, aber wir gehen auch automatisch davon aus, daß sie besser sein und mehr geleistet haben müssen, eben *weil* sie berühmt sind.

In New York City, wo ich lebe, herrscht eine zügellose Prominentophilie. Viele Menschen leiten einen Großteil ihres Selbstwertgefühls aus ihrer Nähe zu irgendwelchen Berühmtheiten ab. Die positiven Werte, die wir mit Prominenz verbinden, färben auf sie ab, so daß sie eine bessere Meinung von sich haben. Die Anbetung der Berühmten ist so groß, daß es schon zu einer Mini-Berühmtheit reicht, wenn man auch nur mit jemand wirklich Bekanntem befreundet ist. Eine von Andy Warhols nicht ganz so berühmten Beobachtungen war, daß man den Ruhm einer anderen Person nutzen kann, um den eigenen zu steigern. Daraus entwickelt sich das Prinzip: Ich bin vielleicht selbst nicht berühmt, aber ich kann selbst kurzfristig zu Ruhm aufsteigen, indem ich mit jemandem Berühmten befreundet bin. Ein geborgter Heiligenschein. Es ist eine bewußtere Version jenes seltsamen Phänomens, daß Menschen sofort idiotisch grinsen und wie verrückt winken, wenn in einer Sportarena, bei einem Konzert oder einer sonstigen Massenveranstaltung eine Fernsehkamera auf sie gerichtet ist. Wenn ein Marsmensch dies sähe, könnte er glauben, daß diese Kameras geheimnisvolle unsichtbare Strahlen aussenden und die unglückseligen Menschen so veranlassen, sich unberechenbar aufzuführen.

In New York werden Menschen oft so eingeführt: »Ich möchte dir Samantha vorstellen. Sie ist eine Freundin von Al Pacino.« Das ist ja nun eine sehr seltsame Formulierung. Wenn uns jemand als ein Freund von irgend jemand anders vorgestellt wird, kennen wir diesen anderen jemand normalerweise. Etwa: »Ich möchte dir Samantha vorstellen – sie ist eine Freundin von Jake Gibbs, der früher mal dein Nachbar war.« »Ah, hallo Samantha«, könnten wir dann sagen, »wie geht's Jake denn so?« Diese Vorstellung paßt zu der vertrauten und traditionellen Rolle eines Gastgebers, der erklärt, wo zwei Menschen, die sich nicht kennen, doch eine Verbindung haben, die auf den ersten Blick nicht erkennbar ist.

Ich bin nicht mit Al Pacino befreundet; ich habe den Mann nie kennengelernt. Aber natürlich kenne ich Pacino so, wie wir alle berühmte Menschen kennen. Eigentlich weiß ich viel mehr darüber, was er gerade so treibt, als über den guten alten Jake Gibbs. Aber ich würde im Traum nicht daran denken, Samantha zu fragen: »Und, wie geht's Al so?«, denn die Vorstellung zielt nicht darauf ab, eine Verbindung herzustellen, sondern sie will Eindruck schinden mit der Tatsache, daß diese Person, die dir vorgestellt wird, eine Freundin von jemand Berühmtem ist.

Die meisten Menschen bekommen Berühmtheit und Prominenz durch die Medien nur gebrochen vermittelt. Wir konsumieren Prominenz durch Fernsehen, Zeitungen und Zeitschriften, und die Medien projizieren den Halo-Effekt auf eine riesengroße Leinwand, auf der jeder ihn sehen kann. Sie haben zu diesem ganzen Phänomen beigetragen, indem sie ihrerseits immer die Menschen feiern, die berühmt sind. Es ist ein vertikal vernetztes Wirtschaftssystem, denn die Medien machen zuerst den Ruhm und verkaufen uns dann Geschichten über die berühmten Menschen, die sie geschaffen haben. Die Medienmogule produzieren einen Kinofilm, werben auf ihren Fernsehkanälen für ihn und bringen dann die Gesichter der dazugehörigen Stars auf die Titelseiten ihrer Zeitschriften. *Das* ist Synergie.

Diese Arbeitsweise ist nicht neu, aber sie ist nie so allgegenwärtig gewesen. Ein Stück weit kann man sie auf den Ausspruch von Henry Luce zurückführen, daß Persönlichkeiten die Nachrichten machen. Dies ist die moderne, mediengerechte Fassung von Carlyles Geschichtstheorie, daß große Männer die Geschichte machen, nicht die Geschichte große Männer. Ob wir Carlyle hierin zustimmen oder nicht – ich bin nicht seiner Meinung –, der Punkt ist, daß es viel leichter ist, Geschichtswerke über Persönlichkeiten zu schreiben, zu lesen und zu verarbeiten als über komplexe und unpersönliche Geschichtskräfte. Der Halo-Effekt wurde dann angeheizt durch noch frivolere Versionen des Gedankens von Luce: die Boulevardisierung des Journalismus, die fast im Handstreich alle Fernsehreporter dazu brachte, ihr Gegenüber erst einmal zu fragen, was es denn *fühlt,* und nicht, was es *denkt.* All dies hat zu einer Erosion des analytischen und abstrakten Denkens beigetragen. In den Medien analysieren wir keine Ideen mehr, sondern Persönlichkeiten.

Diese Carlyle-Light-Tendenz wird durch ein Phänomen gestützt und ermutigt, das die Soziologen »Korrespondenzverzerrung« nennen. Das heißt, daß wir alle in uns die Neigung haben, das Verhalten von anderen aus ihrer Person heraus zu erklären statt aus den Umständen der Situation. (Dies gilt nur für andere, nicht für uns selbst. Bei uns selbst haben wir viele Ausreden parat.) Wenn wir zum Beispiel jemanden stolpern sehen, glauben wir automatisch, daß er stürzt, weil er tolpatschig ist, nicht weil vielleicht der Boden rutschig ist oder er in einer kleinen Unebenheit hängengeblieben ist, die wir nicht sehen können. Natürlich sind unserer Meinung nach auch die meisten Unfälle auf menschliches Versagen zurückzuführen.

Diese Korrespondenzverzerrung läßt uns bei der Erklärung von Vorgängen oft fundamentale Fehler machen. Wir sagen, daß ein bestimmter Politiker einen Gesetzesentwurf durchbrachte. Oder ein bestimmter Spieler sein Team zum Sieg führte. Oder ein bestimmter Regisseur einen Film schuf – und das, obwohl wir wissen, daß kein einzelner für solche Dinge verantwortlich ist. Und daß hinter jedem dieser Beispiele eine Mannschaftsleistung mit komplexen Beziehungen von Ursache und

Wirkung steht. Solche Aussagen sind mehr als einfach nur handliche Kürzel. Sie spiegeln eine Kombination aus der Korrespondenzverzerrung und unseren Vorurteilen über Berühmtheit wider. In einem Zeitalter, das Freud als überholt betrachtet, schreibt die Volkskultur fast alles der Persönlichkeit zu. Das veranlaßt uns, manchen Menschen zu viel zuzutrauen – und anderen zu wenig.

Ruhm und Bekanntheit sind heute der größte gemeinsame Nenner unserer Gesellschaft. Die Zeitschriften haben offenbar nur noch Berühmtheiten auf ihren Titelblättern. Selbst seriöse Zeitschriften wie etwa das *Architectural Digest,* das früher einmal schöne Häuser auf dem Deckblatt zeigte, bringt heute John Travolta und seine Frau vor ihrem schönen Haus als Cover. Der verstorbene John F. Kennedy Jr. brachte ein politisches Monatsmagazin heraus, das beinahe immer Filmstars auf den Titelblättern hatte. Dabei sind Berichte über Berühmtheiten eine minderwertige Kunstform; sie sind an sich schmeichelhaft, auch wenn der Journalist denkt, er sei objektiv oder sogar grob.

In den Fernsehnachrichten ging es früher um Geschichten über Ereignisse; heute geht es meist um Berichte über berühmte Menschen oder Menschen, die gerade durch sie für kurze Zeit berühmt werden. Die amerikanische Fernsehserie *Biography* – ein Wort, das einst eine gewisse Ernsthaftigkeit versprach – bietet »Profile« (ein Wort, das Oberflächlichkeit anzeigt) von Candice Bergen und Tom Hanks. (Übrigens, wann hat man eigentlich angefangen, Biographien von *lebenden* Personen ernst zu nehmen? Es gab einmal eine Zeit, da mußte man erst sterben, bevor einem die Ehre einer »ernsthaften« Biographie zuteil werden konnte.) In den Nachrichtenshows geht es nicht mehr so sehr um Nachrichten als vielmehr um etwas, was früher unter dem Titel »ergreifendes Schicksal« lief. Die wichtigsten Personen bei diesen Shows sind nicht die Produzenten oder die Gastgeber, sondern diese Typen mit den überquellenden Adreßbüchern (oder überladenen Palm Pilots) und Fingern, die blitzschnell Telefonnummern wählen können. Sie angeln sich die berühmten Gäste, die auch alle anderen Shows suchen. Und die Showmaster umschmeicheln diese Gäste dann mit Essenseinladungen oder kleinen Geschenken.

Sie werden so hartnäckig hofiert, wie wir es sonst nur von romantischen Verliebten kennen. Barbara Walters, eine der berühmtesten amerikanischen Fernsehmoderatorinnen, schrieb zum Beispiel folgendes an Colin Powell, als sie ihn überreden wollte, in ihre Sendung zu kommen: »Lieber General Powell, ich hoffe, daß es mit dem Buch gut vorangeht und daß wir vielleicht anfangen können, darüber nachzudenken, wann wir ein Interview zu Ihrem Buch führen könnten. Wir würden ihm enorm viel Zeit und Aufmerksamkeit widmen, zudem auch ein Riesenpublikum bieten. Ich verspreche Ihnen, es wird ein wundervoller Start für das Buch.« Vorauseilende Schmeichelei. Als der Talkmaster Sam Donaldson Brenda L. Hoster in seine Show bekommen wollte, die erste Soldatin, die einen Kameraden, Major Gene C. McKinney, wegen sexueller Belästigung verklagte, schickte er ihrem Anwalt folgenden Brief: »Wir sind der Ansicht, daß das, was ihr passiert ist, schockierend und gleichzeitig leider allzu häufig ist. Uns geht es nicht nur um die ›Quotenjagd‹, sondern um eine Veränderung in der Einstellung zur sexuellen Belästigung.« Wie kriecherisch. Er bekam seinen Gast.[2]

Journalisten berufen sich oft auf das Recht der Öffentlichkeit auf Information als eine Allzweckentschuldigung für ihr manchmal hysterisches Verhalten und ihre ständigen Übergriffe auf die Privatsphäre. Aber dieser Vorwand ist nur Selbstschmeichelei und ein Anbiedern bei der Öffentlichkeit. Eigentlich sagen die Journalisten damit: *Das Recht der Öffentlichkeit auf Information ist, was immer wir verkaufen und was immer die Öffentlichkeit kauft.* Es besteht aber ein großer Unterschied zwischen dem Informationsrecht und dem Interesse der Öffentlichkeit. Oft will die Öffentlichkeit persönlichen Tratsch und Klatsch, aber das heißt nicht, daß sie ein Recht darauf hat. Im Grunde bin ich der Meinung, daß eines der wenigen Dinge, die zu wissen die Öffentlichkeit ein Recht hat, die »Quelle« von dubiosen Geschichten in den Nachrichten ist, aber genau die geben die Journalisten nicht an. Und das liegt im Interesse der Journalisten, nicht in dem der Öffentlichkeit.

Um ein Stück vom Ruhm abzubekommen, heuern heute alle möglichen Leute in allen möglichen Berufen Agenten und Werbefirmen an, »um sich da draußen einen Namen zu machen«.

Chirurgen und Zahnärzte und Scheidungsanwälte und Immobilienmanager haben ihren Mann für die Werbung. Es gibt Menschen, die sich Sprecher leisten, weil berühmte Menschen eben Sprecher haben und sie so auch berühmt werden. Und dann scharen sich die Sprecher natürlich auch um ihre berühmten Schützlinge, um sich im Abglanz des Ruhms zu sonnen.

Ein großer Vorteil der modernen Berühmtheit ist, daß sie jedem Berühmten verspricht, ihm alle Fehler sofort zu vergeben. Eine der großen Fehleinschätzungen des 20. Jahrhunderts war F. Scott Fitzgeralds Beobachtung, daß es im Leben eines Amerikaners keinen zweiten Akt gibt. Es gibt einen dritten, vierten, fünften, es gibt offenbar unzählig viele Akte, solange man berühmt ist, denn man kann sich immer, wie die Medien sagen »neu erfinden« – was immer das heißen soll. Heute entschuldigt Ruhm und Erfolg alles, insbesondere die Aufdringlichkeit, Schamlosigkeit und neurotische Selbstverliebtheit, die man so oft braucht, um Ruhm und Erfolg zu haben.

Der Halo-Effekt funktioniert auch umgekehrt, und so kommt es zur Dämonisierung von Menschen. Wir sind nämlich besonders schnell bei der Hand, wenn es darum geht, jemandem Schlechtes zuzuschreiben. Wir können nicht abstrakt analysieren, wenn wir etwas aus welchem Grund auch immer nicht mögen, also nennen wir es einfach böse und personifizieren es. Die Amerikaner sind nicht im Irak einmarschiert; sie haben Saddam bombardiert. Sie versuchen nicht, die Serben zu schlagen, sondern Slobodan Milosevic. Kuba *ist* Castro. Wir leben mit der kindischen, von den Medien noch genährten Vorstellung, daß wir nur eine Person beseitigen müssen, und das ganze komplexe Problem, daß sich über Hunderte oder sogar Tausende von Jahren hinweg aufgebaut hat, fällt beim ersten Fingerschnipsen in sich zusammen. Wir spotteten, als der Iran unter Khomeini Amerika zum Großen Satan machte, aber genau das tun auch wir mit unseren Feinden.

Teil dieser Suche nach Ruhm und dem Halo-Effekt kann dem zugeschrieben werden, was der postmoderne französische Philosoph Jean Baudrillard als die Erosion der tatsächlich gelebten Erfahrung bezeichnet. Durch unseren Zugang zu allen möglichen Medien konsumieren wir rund um die Uhr gewaltige Mengen

Erfahrung aus zweiter Hand. Durch das Fernsehen, Filme und das Internet wird diese vermittelte Erfahrung konkreter und wichtiger für uns als unsere gelebte Erfahrung. Ruhm und Prestige werden für uns realer als tatsächlich Erlebtes. Deshalb ist es für mich interessanter, eine Freundin von Al Pacino als von Jake Gibbs zu treffen.

In diesem neuen vergoldeten Zeitalter entsteht der Halo-Effekt auch bei großem Reichtum. Reichtum zieht heute automatisch Ruhm nach sich, und diese Kombination ist für Schleimer und Schmeichler einfach unwiderstehlich. Das ist an sich nichts Neues. Schon für Jesus war die Anbetung des Geldes eine typische Sünde seiner Zeit. Heute jedoch erleben wir das Umschmeicheln des Geldes in einer ganz neuen Dimension, denn früher verstanden die Menschen die Jagd nach dem großen Geld als Mittel zum Zweck, nicht als Zweck an sich, während wir offenbar überzeugt sind, daß die Jagd nach Reichtum sich schon selbst rechtfertigt. Eine Umfrage unter College-Studenten im Jahr 1998 zeigte, daß der wichtigste Grund für den Besuch der Universität darin lag, später mehr Geld zu verdienen. Zugegeben, es gibt offenbar eine größere Bereitschaft zu wohltätigen Spenden, aber wie bei Bill Gates geht diese Spendenbereitschaft oft mit einer fortgesetzten verrückten und gierigen Jagd nach immer noch mehr Geld einher. Dahinter steht der Gedanke: *Ich kann die Hälfte meiner Spielzeuge weggeben und habe immer noch mehr als du.*

Der phantastische Reichtum der Cyber-Barone und Dot.Com-Milliardäre hat sogar einen Heiligenschein um ihren Stil – oder ihren Mangel daran – wachsen lassen. Da die meisten dieser Milliardäre ihrer eigenen Aussage nach weltfremde Computertrottel – und stolz darauf – sind, ist die vertrottelte Weltfremdheit an sich cool geworden. Diese neuen Reichen sind die modernen Rollenvorbilder des schnellen Aufstiegs. Auf Titelbildern werden sie mit virtuellem Heiligenschein dargestellt. Ihr Reichtum und ihre neue Finanzmacht haben die Etikette auf dem Markt verändert; so zeigte sich Gerry Levine, der Boß von Time Warner und eigentlich ein Vertreter des alten Geschäftsethos, auf der Pressekonferenz, auf der er die Übernahme von Time Warner durch AOL verkündete, in der Uniform des neuen Dot.Com-Stils – Khakihosen und ein Freizeithemd ohne Krawatte. Diese neuen Konsortien treten übrigens immer mit einer sehr öffentlichen Schmeichelei ins Leben: *Wir fusionieren, um Ihnen, dem Verbraucher, bessere Leistungen anbieten zu können.*

Das Gegenstück zum schnellen Geld, daß man offenbar als Dot.Com-Gründer verdient, ist die schlagartige Vermehrung von Fernsehshows, bei denen es um die Idee des plötzlichen Reichtums geht. Aber natürlich sehen die Dot.Com-Gründer nur so aus, als seien sie von heute auf morgen reich geworden. (Gleichzeitig schmeicheln Investoren ihrem aufgeblasenen Ego, indem sie sie mit Geld überschütten, auch wenn ihre Unternehmen noch keine müde Mark verdienen.) Die Fernsehshows wiederum schmeicheln unserer Habgier und unserer Ansicht, daß wir als Amerikaner nicht nur ein Anrecht darauf haben, nach Glück zu streben, sondern es auch zu bekommen, was zur Wende unseres Jahrhunderts praktisch mit sofortigem Reichtum gleichzusetzen ist. Die einfache Gleichung vom Geld als Schlüssel zum Glück ist ein moderner Reflex auf Tocquevilles Beobachtung, daß das Geld in keinem anderen Land eine so erhebliche Rolle im Denken der Menschen spielt. Einige Dinge ändern sich nie.

Die übliche amerikanische Begeisterung für die Jugendkultur ist im Zeitalter des Internet noch stärker kommerzialisiert worden. Wir haben nicht nur einfach Kinder mit Web-Seiten vor uns, sondern Kinder mit Kreditkarten und Software-Unternehmen, an die sich ein immer größerer Prozentsatz der Werbung, der Fernsehprogramme und der Filme wendet. Die Babyboomer in der Manageretage stolpern über die eigenen Füße in ihrem eifrigen Bemühen, der Cyber-Generation in den Arsch zu kriechen, ihren minimalen Aufmerksamkeitsspannen zu schmeicheln, üble Werbung mit einem Haß auf alle über dreißig zu entwerfen – immer in der Hoffnung, ein Stück vom großen Geld dieser Milchgesichter abzubekommen.

Aber die Cyberjugend ist anders. Sie steht nicht für einen Rückgriff auf die Selbstvermarktung nach Dale Carnegie, sondern für eine neue Art des Selbstvertrauens nach Emerson. Diese

Jugendlichen sind die Kinder von Benjamin Franklin, dessen Prüfstein für jede Art von Verhalten nicht die Moral, sondern die Wirksamkeit war. Viel stärker als die Babyboomer sind sie selbstgeleitet, kümmern sich nicht darum, was die Welt von ihnen denkt, und sind immun gegen die Schmeicheleien, mit denen man sie überschüttet. Teilweise ist das der Tatsache zu verdanken, daß sie ihr Leben stärker als jede andere Generation vor ihnen mit Hilfe von Computern, Videospielen und dem Internet im Kopf haben leben können. Das hat sie stärker isoliert, aber auch weniger unsicher gemacht. Es ist nicht die moralische Sicherheit des 19. Jahrhunderts, sondern die todsichere Überzeugung davon, daß sie die Zukunft sind. Sie sind übersättigt und zynisch, wenn es um die Werbung und die Filme geht, die man für sie macht, aber gleichzeitig verstärkt das ihre Überzeugung, der Nabel dieses neuen Universums zu sein. Emerson würde ihren Geist wiedererkennen, nicht aber ihre Werte.

Ein Kennzeichen des Halo-Effekts ist die Verzerrung, die er bei Beurteilungen und bei der Art, diese Beurteilungen abzugeben, verursacht. Es gibt unzählige Beispiele dafür, eins davon ist die Inflation der Sprache, mit der wir die Berühmten und nicht ganz so Berühmten beschreiben. Dadurch ist die Sprache der Schmeichelei zu einer beinahe wertlosen Währung geworden, die sich wieder neu erfinden muß. Die Inflation der Sprache hat die Bedeutung des ganz normalen Lobs untergraben. Während die alten Griechen in der *Schmeichelei* eine Verzerrung der Sprache und einen Mißbrauch der Redekunst für die Zwecke der Übertreibung sahen, erleben wir ähnliches bei der wahl- und hemmungslosen Verwendung von Worten wie »Visionär«, »Genie«, »Charisma« und »talentiert«.

Früher einmal war »Genie« für Menschen mit herausragendem Intellekt oder unvorstellbaren Fähigkeiten reserviert. Genie war selten und fast etwas Magisches. Heutzutage liest man über Maskenbildner und Herausgeber von Zeitschriften und Werbedirektoren von Fernsehsendern, die »Genies« sind. In Unternehmensdarstellungen werden die Manager routinemäßig als »Genies« bezeichnet. Eine ähnliche Inflation findet bei der Verwendung des Wortes »Visionär« statt, einem Begriff, der früher noch seltener war als »Genie« und für Genies verwendet wurde, die den Lauf der Geschichte änderten. Gestern allerdings las ich in der *New York Times,* daß ein Stadtentwickler, der ein Industriegebäude in Brooklyn zu Wohnzwecken umbaut, »ein großer Visionär« sei. (Beachten Sie: nicht nur einfach ein Visionär, sondern ein *großer* Visionär.) Wenn ein Immobilienmensch in Brooklyn schon ein »großer Visionär« ist, was sind dann Robert Moses oder Frederick Law Olmsted oder Baron Hausmann, ganz zu schweigen von Menschen wie Luther, Darwin oder Freud? Das Wort »Charisma«, das ursprünglich im Altgriechischen die seltene und göttliche Gabe der Gnade meinte, beschrieb früher meist die magnetische Anziehungskraft unglaublich einnehmender Menschen. Heute dagegen werden absolut uncharmante Milliardäre wie Ronald Perelman oder Donald Trump beinahe durchgängig als charismatisch bezeichnet. Und jeder ist heute »talentiert«. Einst war ein »Talent« eine herausragende künstlerische Begabung, aber jetzt las ich in einer Kurzbiographie eines Hollywood-Managers, daß auch er ein »Talent« sei, was wie ein Widerspruch in sich klingt – es sei denn, es bedeutet, daß er ein unglaublich begabter Speichellecker ist, ein genialer Arschkriecher.

Gibt es heute nicht öfter stehende Ovationen als jemals zuvor? Bei Theateraufführungen, Versammlungen, Reden und Konferenzen sind sie offenbar Pflicht geworden. Als Kind waren solche Beifallsstürme für mich etwas überaus Seltenes und kennzeichneten normalerweise ein wirklich denkwürdiges Ereignis. Wenn Redner oder Schauspieler heute keine *standing ovation* bekommen, haben sie offenbar den Eindruck, das Publikum sei gleichgültig und ihre Vorstellung mittelmäßig gewesen.

Auch die Bezeichnungen für Sachen zeigen diese Inflation. Vor nicht allzu langer Zeit hatten amerikanische Unternehmen, wie die Regierung, einen Präsidenten und einen Vizepräsidenten. Heute haben große Konzerne buchstäblich Hunderte Vizepräsidenten. Es gibt *senior vice presidents* und *executive vice presidents of marketing and public relations.* Diese Titel haben keine beschreibende Funktion mehr. Sie sind Statussymbole. In ihrem Wert ähneln solche Jobtitel ein wenig den bombastischen Titeln, die einst bei Hofe verliehen wurden.

Auch Euphemismen sind eine Form der Schmeichelei. Im Internet sind werbende Firmen heute »Partner«. Ein »Advertorial« in einer Zeitschrift ist nur eine elegante Umschreibung für eine Werbung mit ein bißchen Information darin. Während des Skandals um Monica Lewinsky schmeichelte der Abgeordnete Henry Hyde sich selbst, als er eine frühere ehebrecherische Affäre als »Jugendsünde« bezeichnete: Er war damals einundvierzig. Unternehmen versuchen Arbeitnehmer und Aktionäre durch Euphemismen ruhig zu halten: Arbeiter zu feuern hieß früher Rationalisierung, heute heißt es »Gesundschrumpfen«.

Die Selbsthilfe-Bewegungen verdrehen die Sprache in ihrem Bemühen, die Menschen mit Schmeicheleien zu der Ersatzspiritualität zu bekehren, die sie manchmal vertreten. Die in solchen Gruppen oft gehörte Behauptung, daß »es keinen Tod gibt«, ist vielleicht die größte Schmeichelei überhaupt. Gurus bieten immer eine tautologische Schmeichelei, indem sie den Menschen einreden, sie könnten ihre eigene Göttlichkeit erfahren, wenn sie sich den Lehren des Gurus öffneten – und 49,99 für sein Video auf den Tisch legten.

Auch die kommerzielle Schmeichelei im direkten Umgang wird immer aufdringlicher. Vor kurzem habe ich festgestellt, daß, wenn ich zufällig einmal eine Flasche Wein in einem Restaurant bestelle (eine Sache, von der ich keine Ahnung habe), der Kellner garantiert lächelt und mir »eine gute Wahl« bestätigt. Im ersten Moment fühle ich mich erleichtert, bevor mir klar wird, daß er das auch gesagt hätte, wenn ich eine Flasche Rachenputzer bestellt hätte. Heute sprechen Verkäuferinnen in Boutiquen nur noch mit Ausrufezeichen: »Das sieht *super* aus an Ihnen!« Läden bieten persönliche Einkaufsberaterinnen an, die im Grunde persönliche Schmeichlerinnen sind. Wir beobachten hier die Kommerzialisierung des strategischen Lobes. Tatsächlich ist die aufdringliche Werbung immer mehr zur Verkaufsphilosophie aller Läden geworden – vielleicht sogar der gesamten Nation. Alles wird so ausgestellt und beworben, daß man es vom Fleck weg kaufen möchte.

In mancher Hinsicht ist die Schmeichelei auch unpersönlicher geworden. Die Technik formt die kulturellen Umgangsformen, und hier wirkt Schmeichelei analog, nicht modern und digital. In

E-mails fallen alle Begrüßungsformeln und Abschiedsworte weg. Als Medium ist die Computerpost weniger formal und direkter, deshalb gibt es keinen Raum für die Zurückhaltung und die Andeutungen der altmodischen Kommunikation per Brief. Die wichtigste rhetorische Neuerung im Gefolge der e-mails ist die hysterische Beleidigung, nicht die Schmeichelei. Altmodische Schmeichelei würde in einer e-mail fehl am Platze wirken, sie wäre zu formal, zu stilisiert, zu ernst. In Chatrooms schätzt man Schnelligkeit und Direktheit; Schmeichelei ist dort eher eine versteckte Beleidigung als ein Kompliment. Cyber-Kids bevorzugen wie Emerson »die grobe Wahrheit« im Umgang mit ihren Freunden. Es geht nicht darum, zu sagen, was der andere hören will, sondern, was er wissen muß. So sieht Parrhesie im 21. Jahrhundert aus.

Und schließlich gibt es heute eine Noteninflation als eine Form der Schmeichelei. Wenn ich Ihnen eine Eins gebe, obwohl Sie eine Drei verdient hätten, ist das falsches Lob; mehr Lob, als angemessen war. Wenn eine Drei die letzte gerade noch akzeptable Note ist und Noten darunter praktisch nicht mehr vergeben werden, ist das eine Art garantierter Schmeichelei.

Diese ganze Inflation hat eine Art notwendigen und eingeforderten Austausch von Schmeicheleien in Gang gesetzt. Es herrscht die unausgesprochene Meinung, daß der Empfänger einer Schmeichelei eine Gegenleistung schuldig ist. Bei vielen Gelegenheiten ist es beinahe schon eine Beleidigung und nicht wohlwollende Neutralität, wenn wir jemandem *nicht* schmeicheln. Es erinnert mich an ein Spiel, daß wir zu Hause spielten: Einer von uns, meist meine Mutter, sagte zu meinem Vater, meiner Schwester oder mir: »Ich habe ein Kompliment für dich (das jemand anders dir gemacht hat).« Der Trick dabei war, daß man, wenn man es bekommen wollte, selbst ein Kompliment machen mußte. Es war eine Art erzwungener gegenseitiger Schmeichelei, die tatsächlich dafür sorgte, daß sich jeder ein bißchen besser fühlte. Aber es war kein Lob ohne Hintergedanken. Es war ein Austausch von Schmeichelei, der auch deshalb solchen Spaß machte, weil er so durchschaubar war. Die Schulden wurden eingefordert und sofort zurückgezahlt.

## Eine Stadt mit nördlichem Charme und südlicher Effizienz

Der Soziologe Edward Jones hat festgestellt, daß einige Subkulturen sichere Zufluchtsstätten der Schmeichelei und Anbiederung sind, während andere einen Mangel daran zu verzeichnen haben. Er beobachtete, daß es Organisationen und gesellschaftliche Umgebungen gibt, in denen Anbiederung offiziell sanktioniert ist. In Amerika sind es vor allem zwei: Washington und Hollywood.

In bezug auf Schmeicheleien ist Washington, D.C. den europäischen Höfen der Renaissance in vielem näher als unserer modernen Zeit. Der Präsident ist der König, und er ist umgeben von allen möglichen hohen und niederen Adeligen, von Senatoren und Kongreßabgeordneten bis zu Lobbyisten und dem Apparat in Washington. Wie die Herzöge und Barone den Königshof in ihren eigenen Höfen nachahmten, so spiegelt jedes Abgeordnetenbüro den Hof des Präsidenten wider. Jeder Senator und Kongreßabgeordnete hat wie der Präsident einen Stabschef, einen Pressesprecher, einen Sekretär für die Termine usw. Der einzige Unterschied liegt darin, daß die Abgeordneten nicht direkt über ihren Büros wohnen wie der Präsident.

Genau wie der niedere Adel sich an den Königshöfen aushalten ließ, lebt auch die zweite Riege in Washington von diesen politischen Höfen. Die Anwälte und Denkfabrik-Intellektuellen und Journalisten der Stadt balgen sich alle um die Krümel vom Tisch der Regierenden. Die Lobbyisten sind gewissermaßen professionelle Speichellecker; sie laden Beamte zu aufwendigen Essen ein, schwatzen und schmeicheln sich den Weg in ihre Büros frei und bieten Werbematerial und oft mehr als das in Form von Wahlkampfunterstützungen und Parteispenden an. Gleichzeitig müssen sie ihren eigenen Konzernchefs schmeicheln, denn den Erfolg oder Mißerfolg eines Lobbyisten kann man nur völlig subjektiv bewerten. Sie müssen ihren Arbeitgeber davon überzeugen, daß sie die Hunderttausende von Dollars, die sie einstecken, auch wirklich wert sind.

Außenstehende nehmen das Pressecorps in Washington als Gegner des Präsidenten wie des Kongresses wahr. Wenn man aber einmal miterlebt hat, wie Journalisten in Washington mit ihren schlecht sitzenden Anzügen und abgerissenen Schuhen versuchen, sich bei den Volksvertretern und ihrem Stab einzuschmeicheln, kann man daran nicht mehr glauben. Zwischen den Reportern und denen, über die sie schreiben sollen, besteht im allgemeinen ein Stillhalteabkommen nach Goffman, das auf eine gegenseitige Wahrung des Gesichts ausgerichtet ist. Es funktioniert so: Der Journalist schreibt oder sagt nie, was er wirklich über das Thema weiß, zum Beispiel wie dumm, unerträglich oder ängstlich der Politiker ist; und der Politiker läßt sich nie darüber aus, wie wenig der Journalist doch über das weiß, worüber er schreibt.

Der bei weitem leichteste und dämlichste Job im Journalismus Washingtons ist der des Berichterstatters aus dem Weißen Haus. Diese Reporter tauchen zwar für die Kameras bei den Pressekonferenzen des Präsidenten auf und spreizen dort ihr schillerndes Gefieder, aber eigentlich sind sie in eine häßliche Baracke mit winzigen Zimmerchen in der Nähe des Pressebüros verbannt, wo sie den ganzen Tag auf Handouts in Form von Presseerklärungen warten oder auf Neuigkeiten in Form von durchsickernden Informationen, die der Pressesprecher ihnen wie Almosen zuteilt. Es ist eher eine Aufgabe für einen Stenographen als für einen Journalisten – ein Gerangel um Gerüchtefetzen, die als Nachrichten durchgehen.

Das mit Abstand unerträglichste Ritual in Washington, an dem die Presse und ihre Jagdbeute beteiligt sind, ist das jährliche Abendessen der Korrespondenten im Weißen Haus. Journalisten aus den Nachrichtenorganisationen des Landes werfen sich in ihre geliehenen Smokings und konkurrieren miteinander darum, wer den interessantesten prominenten Gast, meist eine Film- oder Fernsehschauspielerin der zweiten Garnitur, einlädt. Der widerlichste Moment kommt immer dann, wenn der Präsident selbst Preise an verschiedene Journalisten vergibt, die sie vielleicht aufgrund kritischer Artikel über ihn gewonnen haben. Der stolze, aber ein bißchen verlegene Journalist bekommt den Preis vom Präsidenten überreicht und posiert dann für ein Foto mit dem Führer der freien Welt. Später, nach der amüsanten Rede des Präsidenten, in der er der versammelten vierten Gewalt ein bißchen die Ohren langzieht, erheben sich alle Journalisten von ihren Sitzen und bringen ihm stehende Ovationen dar.

In Washington gibt es die Rituale pflichtgemäßer Schmeichelei immer noch in überreicher Fülle. Die stehenden Ovationen, die der Präsident jedes Jahr für seine Rede zur Lage der Nation erhält, wirken immer anachronistischer. (Nur in dem Jahr, als Clintons *Impeachment*-Verfahren lief, saßen einige störrische Republikaner auf ihren Händen.) Politiker sagen wahrscheinlich, daß dieser Empfang einfach auf die Ehre des Amtes zurückzuführen sei, aber kein anderes Amt bekommt jemals so laute Beifallsarien und Hurrarufe. Man sehnt sich direkt nach den Zeiten, als der Bericht zur Lage der Nation dem Kongreß als Rede auf dem Papier zugestellt und von einem Sekretär verlesen wurde.

George Washington lehnte es ab, Präsident auf Lebenszeit zu werden und mit dem Ehrentitel »Eure Exzellenz« angesprochen zu werden. Obwohl er durchaus einen Sinn für das gute Leben hatte, wäre er entsetzt über das übertriebene Drum und Dran der modernen Präsidentschaft. Niemand reist mit mehr Gepäck als ein amerikanischer Präsident. Zwei Boeing 747: eine für ihn und eine für seine verschiedenen gepanzerten Limousinen. Die Motorrad-Eskorten des Präsidenten sind manchmal mehr als einen halben Kilometer lang und bringen das Leben in jeder Stadt, durch die er fährt, völlig zum Erliegen, damit der Präsident dorthin kommt, wo er hinwill, meist zu jemandem, der Wahlkampfspenden für ihn gesammelt hat. Wir sind weit entfernt von damals, als der neu gewählte Präsident Thomas Jefferson auf einen Platz fürs Abendessen am Tisch seiner Pension warten mußte.

Jeder Höfling der Renaissance würde die steife und befehlsbereite Haltung der Bediensteten im Weißen Haus und im Kongreß in Anwesenheit ihrer jeweiligen Chefs wiedererkennen. Senatoren und Kongreßabgeordnete durchschreiten die großen, mit poliertem Marmor ausgekleideten Gänge des Kapitols – die Referenten immer die obligatorischen ein oder zwei Schritte hinter ihnen. »Stab« ist die Allzweck-Bezeichnung für all die Menschen, die unseren Repräsentanten in irgendeiner Form dienen.

Die Geschichte jener Minister, die Schmeicheleien einsetzten, um ihren Chef zu beeinflussen, beginnt nicht erst mit Henry Kissingers gnadenloser und schleimiger Kriecherei vor Richard Nixon. Es war Disraeli, der den berühmten Ausspruch tat, daß Minister mit Schmeicheleien, wenn sie sie denn einsetzen, nicht knausern sollten. »Jeder mag Schmeicheleien«, erklärte er Matthew Arnold, »und wenn man einen König besucht, sollte man sie möglichst dick auftragen.« Kardinal Richelieu war berühmt für die Komplimente, mit denen er schwache Könige manipulierte, und er war berühmt als jemand, der selbst gern Komplimente hörte.

Nixon bekam viele Schmeicheleien zu hören, nicht nur von Henry Kissinger, sondern vor allem von Daniel Patrick Moynihan, der verstanden hatte, wie man die Rolle des Höflings klug ausfüllte. Moynihan empfahl seinem Präsidenten einmal ein wissenschaftliches Buch mit der Bemerkung, daß nur ein Intellekt wie der des Präsidenten es wirklich zu schätzen wisse. Ein paar Tage später berichtete ihm ein Referent des Präsidenten, daß Nixon das Buch verschlinge und ein bestimmtes Kapitel besonders gut finde. Moynihan antwortete, er könne dazu nichts sagen, er habe das Buch nie gelesen. Während der Präsidentschaft von Jimmy Carter hieß es, der Erfolg von Joseph Califano sei darauf zurückzuführen, daß er die Worte »Mr. President« in einem englischen Satz häufiger unterbringen könne als jeder andere. Dale Carnegie wäre stolz gewesen.

Ein Geheimnis des langjährigen Erfolges von Dick Morris bei Bill Clinton war, daß er Clintons Lieblingsbild von sich selbst als einer Gestalt der Weltgeschichte schmeichelte. Als einziger unter Clintons Referenten diskutierte Morris mit ihm darüber, wo unter den amerikanischen Präsidenten er denn wohl stehe. Sie gehören einfach deshalb nicht zu den Lincolns, Roosevelts, Wilsons und Washingtons, sagte Morris, weil Sie nicht in Kriegszeiten regiert haben, aber Sie gehören sicher zur nächst folgenden Gruppe.

Schmeichelei steht noch höher im Kurs, wenn der Präsident in Bedrängnis ist. Ein außergewöhnliches Beispiel einer solchen Schmeichelei war der Tag des *Impeachment,* als sich Dutzende Kongreßabgeordnete auf dem Rasen des Weißen Hauses einfanden, um Lobeshymnen auf den Mann zu singen, der jetzt als zweiter Präsident der Vereinigten Staaten unter Amtsanklage stand. Clinton wurde von Vizepräsident Gore eingeführt, dessen Job grob gesagt darin bestand, am lautesten und längsten über die Witze des Präsidenten zu lachen. Mit Worten, die er sicher eines Tages bereuen wird, wenn er es nicht jetzt schon tut, führte Gore seinen Boß ein: »Ich bin stolz darauf, für einen Mann zu sprechen, den die Geschichte als einen unserer größten Präsidenten betrachten wird.«

Einen kleinen Einblick in die persönlichen Schmeicheleien, die dem Präsidenten zuteil werden, bekam man, als die Clinton-Administration in einem Versuch, Kathleen Willey, eine frühere Stabsangehörige des Weißen Hauses, zu diskreditieren, ihre privaten Briefe an den Präsidenten veröffentlichte. Kurz zuvor hatte Willey den Präsidenten in der Sendung *60 Minutes* beschuldigt, sie im Oval Office sexuell belästigt zu haben.

Willey war die attraktive Witwe eines finanziellen Förderers des Präsidenten und hatte drei Jahre lang in der Kontaktstelle des Weißen Hauses gearbeitet. Ihre Aufgabe bestand darin, Briefe zu beantworten und bei der Vorbereitung von Festen zu helfen. Sie hat zwei Kinder und keinen College-Abschluß.

Im November 1993 schrieb sie dem Präsidenten ein paar Zeilen:

Lieber Mr. President,

Was für eine wunderbare Woche Sie hatten! Glückwünsche zu all Ihren wohlverdienten Erfolgen.

Ich würde sehr gern ein paar Minuten Ihrer Zeit in Anspruch nehmen, um etwas für mich sehr Wichtiges zu besprechen.

Ich hoffe von Ihnen zu hören.

Herzlichst, Kathleen

Ganz offensichtlich kennt sie nicht Mark Twains Ratschlag, das Kompliment und die Bitte um einen Gefallen nicht miteinander zu verbinden. Aber offensichtlich war auch Präsident Clinton sich dessen nicht bewußt, denn er traf sich kurz darauf mit ihr.

Ein paar Monate später schreibt sie dem Präsidenten, daß sie »gerne für eine Position als Botschafterin in Betracht gezogen werden würde«, da ihre beiden Söhne jetzt auf dem College seien und sie mehr Zeit als früher habe. Sie endet mit den Sätzen: »Bitte nehmen Sie meine besten Wünsche für Ihre historische Reise in den Nahen Osten nächste Woche entgegen – ich muß Ihnen nicht noch einmal sagen, daß ich Ihnen gern auf jede nur erdenkliche Weise behilflich bin. Herzlichst, Kathleen.«

Im Juni 1994 schreibt sie noch einmal.

Lieber Mr. President,

Ich wollte Ihnen nur kurz sagen, wie herzlich und tief empfunden Ihre Rede am D-Day war.

Es gab schon viele glänzende Momente, aber an diesem Tag war ich besonders stolz darauf, daß Sie unser Präsident sind.

Kathleen

Inzwischen ist sie noch einmal mit dem Präsidenten zusammengekommen und hat sich dann mit verschiedenen Leuten seines Stabes getroffen, um über ihre Bewerbung als Botschafterin zu sprechen. Sie will mit Leon Panetta, dem Stabschef, sprechen, aber Mr. Panetta ist zu beschäftigt.

Inzwischen übermittelt sie dem Präsidenten, er sei beim Dinner der Korrespondenten im Weißen Haus »ausgelassen« gewesen. Und sie schickt ihm eine Krawatte. Er schreibt zurück: »Ich liebe die Krawatte.«

Im Dezember 1994 folgt diese Notiz:

Lieber Mr. President,

ich habe diese Woche sehr oft an Sie gedacht – es gibt so viele Menschen, die an Sie glauben und an das, was Sie für unser Land zu tun versuchen.

Seien Sie gewiß, daß ich als Ihr begeistertster Fan überhaupt Ihnen jeden Tag für Ihre Hilfe bei der Rettung meines wunderschönen Staates [Virginia] danke.

In Dankbarkeit, Kathleen.

Drei Monate später schreibt sie ihm, sie habe gehört, daß die Position des amerikanischen Repräsentanten bei der Internationalen Gemeinschaft für die Bewahrung der Natur frei sei, und sie »möchte Sie gerne, sobald es Ihnen irgendwie paßt, treffen, um über diese Anstellung zu sprechen«.

Das tun sie auch, aber leider, leider, bekommt sie den Job nicht.

## Das amerikanische Volk ist das Größte

Schmeichelei ist, wie wir wissen, keine Einbahnstraße. In vieler Hinsicht ist die Schmeichelei, die der Präsident an das weise und gerechte und faire – und leichtgläubige – amerikanische Volk richtet, viel interessanter als umgekehrt. Wenn Patriotismus, wie Samuel Johnson einst sagte, die Zuflucht des Gauners ist, dann ist das Einschmeicheln beim Volk wahrscheinlich die bevorzugte Taktik dieses Gauners.

Menschen in Demokratien wollen und brauchen Lob. Wir müssen gelobt werden, weil wir verdammt noch mal in einem freien Land leben und vielleicht einmal keine Lust mehr haben könnten, unsere Steuern zu zahlen oder einen Krieg zu führen oder all das zu leisten, was irgendein Präsident für unsere bürgerlichen Pflichten hält. Demokratische Regierungen leiten, wie Jefferson uns sagt, »die ihnen zustehende Macht aus dem Konsens der Regierten« ab, und diesen Konsens schwatzen demokratische Regierungen uns oft durch Schmeichelei ab. Unsere Führer erzählen uns, wie klug wir sind, wodurch wir uns nicht mehr ganz so schuldig fühlen angesichts der Tatsache, daß sich selbst an Präsidentschaftswahlen weniger als fünfzig Prozent der Wahlberechtigten beteiligen. Offenbar wächst das Lob auf die Tugendhaftigkeit der Öffentlichkeit proportional zur Wahlenthaltsamkeit. In seinem Buch *Time Past, Time Present* bezeichnete Bill Bradley dieses Ritual als »gedankenlose Lobhudelei der amerikanischen Tugend«.

Die Griechen verhöhnten diese Art der Lobhudelei als die mieseste Form der Demagogie. Offenbar haben unsere letzten Präsidenten alle ihren Plutarch nicht gelesen. Das Mantra, mit dem

Jimmy Carter bekannt wurde: »Ich möchte eine Regierung, die so gut ist wie das amerikanische Volk«, funktionierte in beide Richtungen: Es schmeichelte der Öffentlichkeit, indem es die Amerikaner insgesamt als den Inbegriff von Güte und Anstand anpries, und es deutete gleichzeitig an, daß der grinsende Jimmy ebenso gut und anständig war wie die Amerikaner, weil er es wußte. Aber ich frage mich, ob die Amerikaner wirklich eine Regierung haben möchten, die so gut ist wie sie selbst. Wollen sie eine Regierung, die gierig Nachmittags-Talkshows anschaut, den Namen des pakistanischen Regierungschefs nicht kennt und der Demokratie ziemlich apathisch gegenübersteht?

In mancher Hinsicht gründete Ronald Reagan seine ganze politische Laufbahn auf solche Komplimente an das amerikanische Volk. »Ich habe mich nie geirrt, wenn ich der Weisheit des amerikanischen Volkes vertraut habe«, sagte er mehr als ein Mal. Er sang ständig Lobeshymnen auf die in der Natur der Amerikaner verankerten Werte Rechtschaffenheit und Anstand. Aber wie so viele andere seiner Visionen war auch dies ein Bild von Amerika, das er nicht so sehr aus der Erfahrung, sondern vielmehr aus der sich selbst darstellenden Volkskultur gewonnen hatte. Er griff auf ein schöngefärbtes Bild von Amerika zurück, das immer nur in der Phantasie der Amerikaner existierte.

Auch Bill Clinton hat sich ohne großes Nachdenken auf die amerikanische Tugend und Weisheit berufen. An dem Tag, an dem das Repräsentantenhaus für die Eröffnung des *Impeachment*-Verfahrens stimmte, erklärte Bill Clinton: »Ich vertraue der Weisheit des amerikanischen Volkes. Es entscheidet fast immer richtig, wie es das schon in den letzten zweihundert Jahren getan hat.« In seiner eloquenten Verteidigungsrede für Mr. Clinton zitierte Dale Bumpers, der frühere Senator von Arkansas, einen weiteren Präsidenten: »›Vertraue dem Volk, es schafft das‹, hat Harry Truman einmal zu mir gesagt.« In Wirklichkeit aber vertraute Clinton auf die überdrüssige Duldsamkeit des amerikanischen Volkes, seine gutmütige Bereitschaft, ihn nicht hängen zu lassen, und seinen Widerwillen, in der Mitte eines auch noch so schmutzigen Stromes die Pferde zu wechseln.

Clinton hat eigentlich immer das Gegenteil von dem gezeigt, was die Griechen in einer Demokratie für unabdingbar hielten:

Parrhesie oder Offenheit. Während Offenheit die Vermittlung unangenehmer Wahrheiten bedeutet, hat Clinton die Kunst zur Vollendung getrieben, alle Wahrheiten, die auch nur ein bißchen unangenehm sein konnten, mit Zuckerguß zu überziehen oder in tiefstes Dunkel zu hüllen. Sein ständiger Gebrauch von Legalismen, Euphemismen und Ausflüchten ist ein Beispiel aus dem Lehrbuch für das, was die Griechen als einen Mißbrauch der Rhetorik anprangerten.

Clintons zweites Werkzeug zum Einschmeicheln beim Volk war seine Fähigkeit, als interessierter Zuhörer wahrgenommen zu werden. Für einen Politiker ist es sehr viel wichtiger, als Zuhörer zu gelten, als wirklich zuzuhören. Seit 1992 beschrieben Reporter Clinton als »ins Zuhören versunken« oder als »aktiven Zuhörer« oder, wie jemand es damals ausdrückte, als »Aerobic-Zuhörer«. Seine Wahlkampfleute lobten sehr klug, daß er so angestrengt zuhöre, daß er einem die Worte quasi von den Lippen sauge. Clinton trieb die Kunst, so zu tun, als sei der Wähler, mit dem er gerade sprach, in diesem Moment das wichtigste Wesen auf der ganzen Welt, zur Vollendung. (Sie gehört auch zu den großen Künsten des Verführers.) Im Wahlkampf von 1992 kultivierte er die passende Pose: leicht nach vorn gebeugt mit dem Kinn auf der Faust – der Zuhörer. Die First Lady schaute aufmerksam zu. Als Hillary Clinton 1999 im Bundesstaat New York herumreiste und um Unterstützung für ihre Senatskanditatur warb, nannte sie diese Wahlkampfreise ihre »Zuhör-Tour«.

Ein neues Accessoire in der Kunst der Schmeichelei des obersten Bosses ist der Fingerzeig des Präsidenten. Ich glaube, er kam unter Ronald Reagan das erste Mal zum Einsatz, und seine Ursprünge liegen unzweifelhaft im Showgeschäft. Reagan betrat die Bühne für eine Rede, er und Nancy winkten in die Menge, Reagan sah – oder wahrscheinlich tat er nur so, als sehe er – ein vertrautes Gesicht und zeigte auf die Person. Oft gab er Nancy auch noch einen kleinen Stups, damit auch sie lächeln und zeigen konnte. Das sollte den Präsidenten menschlicher machen, er sollte wie jemand wirken, der tatsächlich persönliche Freunde hat. Der Fingerzeig wurde von George Bush übernommen, der ihn ungeschickter als sein Vorgänger, dafür aber um so öfter einsetzte. Auch Clinton hat ihn aufgegriffen und virtuos benutzt. Und er hat noch einen weiteren Trick von Reagan geklaut – von Nancy diesmal: eine sehr öffentliche Schmeichelei, die als private Kommunikation getarnt ist. So formte er vor seiner Rede zur Lage der Nation 1999 wie auch 2000 mit dem Mund die Worte »I love you« an seine Frau, die oben auf der Tribüne saß. Irgendwie kann ich mir nicht vorstellen, daß einer jener Präsidenten, mit denen sich Clinton so gern verglich – Lincoln, Franklin D. Roosevelt, Wilson – stumm die Worte »Ich liebe dich« an seine Frau richtete, bevor er seine Rede begann.

Allerdings hatte der größte Rhetoriker als Präsident in der amerikanischen Geschichte die Latte der Schmeichelei wirklich sehr niedrig gelegt. Als Abraham Lincoln sagte, man könne einige Menschen die ganze Zeit, alle Menschen einige Zeit, aber nicht alle Menschen die ganze Zeit zum Narren halten, zeigte er damit eine nicht gerade besonders hohe Wertschätzung der amerikanischen Weisheit. Wenn sich einige Menschen die ganze Zeit und alle Menschen einige Zeit zum Narren halten lassen, dann hat man zu jeder gegebenen Zeit einen guten Prozentsatz des amerikanischen Volkes, der gerade hinters Licht geführt wird. Lincoln glaubte nicht, daß diese Vereinigten Staaten eine Regierung haben sollten, die so naiv ist wie das amerikanische Volk.

## Die Stadt des Glamours

Im Jahre 2000 berichtete die *New York Times,* daß die Schauspielerei als Berufsziel bei den jungen Menschen in den Vereinigten Staaten immer größeren Anklang finde. Schon bei einer Umfrage von *USA Today* im Jahr 1998 gaben 51 Prozent der befragten Männer an, ihr Kind solle später lieber ein Hollywood-Schauspieler als ein Senator der Vereinigten Staaten werden. Heute stehen Schauspieler nicht mehr auf der gleichen Stufe wie Schuhputzer, und sie dürfen auch auf den normalen Friedhöfen ihre letzte Ruhe finden. Es ist der perfekte Beruf für ein narzißtisches Zeitalter, denn nur für den Schauspieler ist die Rolle wichtiger als das ganze Stück.

Die Hollywoodkultur wird durch Schmeichelei am Leben erhalten. Den Filmstars schmeicheln natürlich alle, und sie schmeicheln sich selbst, aber außerdem gibt es noch ausgeklügelte Hierarchien der Schmeichelei um andere Machtbastionen herum. Regisseure schmeicheln Produzenten, Produzenten schmeicheln Studioleitern, und Agenten schmeicheln allen. Auch dem Star des Monats, dem gerade angesagten Schauspieler, Produzenten, Regisseur, Agenten schmeichelt jeder. Und jeder, mit Ausnahme der Schauspieler, ist fest davon überzeugt, daß Schauspieler lächerlich sind, aber niemand denkt im Traum daran, es ihnen unter die Nase zu reiben.

Ein Produzent, der im letzten Jahrzehnt eine Reihe einigermaßen erfolgreicher Filme abgeliefert hat, drückt es so aus: »Die Bewunderung für Schauspieler ist enorm. Sie sind narzißtische Kinder, die sich oft anomal verhalten, was wiederum zum Teil durch all diese Bewunderung noch gefördert wird. Vor zweihundert Jahren hätten sie noch nicht einmal ein anständiges Begräbnis bekommen. Heute sind sie Idole und Helden.«

Und behandelt dieser Produzent Schauspieler wie narzißtische Kinder? »Man *muß* einem Filmstar schmeicheln. Wenn man es nicht tut, ist man dumm. Der Punkt dabei ist allerdings, daß sie oft gar nicht merken, daß man ihnen schmeichelt. Wenn du ihnen erzählst, daß sie brillant sind, dann sagt du für sie nur etwas so Banales wie ›2+2=4‹« Der beste Weg, ihnen zu schmeicheln, ist ihre Intelligenz. Hier treffen wir wieder auf unseren alten Freund, das Credo des Verführers. »Man sagt: ›Das war großartig, was du gestern über Drehbuchautoren gesagt hast‹ oder ›über das Handelsdefizit‹ oder ›über den Brotpreis‹, selbst wenn es das Dümmste war, was man je gehört hat. Niemand sagt ihnen, daß irgend etwas, was sie von sich geben, etwas anderes als brillant sei, selbst wenn es atemberaubend dumm ist.«

Das letzte Glied der Schmeichelkette in Hollywood ist das D-Girl. »D-Girl« steht für »Development-Girl« (Development-Boys scheint es nicht zu geben). Eine technische Arbeitsbeschreibung sähe so aus, daß ein D-Girl für einen Star oder Produzenten arbeitet und Ideen für Filme und Drehbücher aufspüren soll. In der Praxis aber sind sie auch eine Mischung aus Sekretärin, Laufmädchen, schmückendem Beiwerk, Chauffeurin und Sündenbock. In ihrem Buch mit dem Titel *Development Girl: The*

*Hollywood Virgin's Guide to Making It in the Movie Business* gibt Hadley Davis wichtige Ratschläge, die Erfolg in diesem Job versprechen. Der wichtigste lautet: Lügen. Lügen, um zu schmeicheln, aber auch, um zu schützen. »Ein übertriebenes Gefühl der eigenen Bedeutung ist in der Unterhaltungsbranche überaus verbreitet«, schreibt sie. »Erzählen Sie Ihrem Chef nie, daß sein Name nicht zugkräftig genug war, um einen Tisch im Restaurant zu bekommen. Schließlich gibt es immer einen freien Tisch und immer einen extra freigehaltenen Mittelplatz in der fünften Reihe für einen VIP.« Und geben Sie sich alle Mühe, niemanden vor den Kopf zu stoßen, rät sie; Sie müssen auch aufpassen, daß das Ego der anderen keine blauen Flecken kriegt. Sie gibt ein Beispiel, wie man mit jemandem umgeht, den der Chef nicht unbedingt sprechen will. Sagen Sie: »Ich weiß, er brennt darauf, mit Ihnen zu reden – er wird soooo enttäuscht sein.« Das ist besser als: »Oh ja, er ist da. Er sitzt in seinem Büro und blättert in *Vanity Fair,* und er will nicht mit Ihnen sprechen, weil Sie nicht wichtig genug sind. Und ach ja, übrigens, er wird Sie nicht zurückrufen, heute nicht, morgen nicht, nie.«[3]

In den achtziger und neunziger Jahren des 20. Jahrhunderts hoben die Medien den Agenten als *die* Schlüsselfigur in Hollywood in den Himmel – ein Eingeständnis der Tatsache, daß im Grunde die Schmeichelei in Hollywood regierte. (Das Phänomen steht auch für den Aufstieg des Mittelsmannes in der Dienstleistungsgesellschaft, wo nicht Inhalt, sondern Vermittlung das Wichtigste ist.) Die Glorifizierung des Agenten wurde personifiziert durch die Vergöttlichung von Michael Ovitz, dem Gründer der *Creative Artists Agency,* der durchgängig als »der mächtigste Mann in Hollywood« beschrieben wurde. Eine traditionelle Aufgabe eines Agenten ist es, seinem Klienten das Händchen zu halten. Schmeichelei wurde ein so notwendiger und wichtiger Teil der Arbeitsweise in Hollywood, daß der professionelle Schmeichler an die Hebel der Macht kam.

Die Verehrung für Michael Ovitz erreichte ungeahnte Höhen. Der ehrfurchtsvolle Ton, in dem man von seinen verschiedenen Eigenschaften sprach. Seine Wertschätzung der Kunst. Diese eleganten Armani-Anzüge an seinem gedrungenen kleinen Körper. Die Tatsache, daß er I. M. Pei engagierte, um das Büro der *Creative Artists Agency* zu gestalten. Daß er Sun-Tzu las. Seine chaotischen und unoriginellen Gedanken zu den neuen Medien. – All dies wurde beschrieben, als ob man einem großen Künstler bei der Arbeit zusehe. Er wurde überall als Visionär gepriesen.

Doch wenn man das ganze Drumherum wegläßt, entsprang all seine Macht im Grunde nur einer einzigen Sache, seinen Verbindungen zu den Filmstars. Ovitz war ihr Guru. Er pumpte ihr Selbstwertgefühl auf. Und da Filmstars in der Lage sind, einen Film zu »schmeißen«, war Ovitz mächtig. Sein zweites Geheimnis war natürlich, daß er ein gnadenloser Schmeichler war, der seine Klienten und alle möglichen anderen Leute mit Geschenken und Komplimenten überschüttete – nachzulesen etwa in der Autobiographie des Disney-Geschäftsführers Michael Eisner.

CAA war berühmt für großzügige Geschenke an die Klienten. Tatsächlich ist das Verteilen von Geschenken eine traditionelle Form der Schmeichelei in Hollywood. Jedes Jahr zu Weihnachten versuchen die Studios einander mit ihren teuren und interessanten Geschenken zu übertrumpfen, die sie an die Mitglieder der »Community«, an Produzenten, Drehbuchautoren, ja sogar Journalisten verteilen. Und die Geschenke, die die Filmfirmen ihren Stars machen, sind auch nicht gerade kleinlich. Bei einem Film schenkte Steven Spielberg jedem seiner Stars einen Miata-Sportwagen. Nun ist ja bei einer Gage von 5 Millionen Dollar für eine Arbeit von fünf Wochen ein Sportwagen im Wert von etwa 100000 Dollar eigentlich nur ein Trinkgeld, aber er wirkt wie das zusätzliche kleine 25-Cent-Werbegeschenk, das ein Kind bekommt und das es viel inniger liebt als irgendwelche teureren Geschenke.

Wenn es auch subtiler ist, den Filmstars ihres Verstandes wegen zu schmeicheln, so geht es doch bei der Minimum-Schmeichelei, der ersten Stufe der Schmeichelei, überall in Hollywood zunächst einmal um das Aussehen. Selbst die Männer in Hollywood schmeicheln einander wegen ihres Aussehens. »Gut siehst du aus« oder »Hey, du siehst großartig aus« ist an die Stelle des »Wie gehts?« als gängige Grußformel getreten. Niemand hat das Gefühl, daß es taktlos oder ein bißchen vulgär oder unpassend oder sogar anmaßend sein könnte, jemandem wegen seines Aussehens Komplimente zu machen. Es gilt nicht als Einbruch in die Privatsphäre. In Hollywood ist es einfach der Preis, den man zahlen muß, um dazuzugehören. Jeder ist eine wandernde Werbetafel und gibt sich selbst der Bewunderung preis. Auf dem Weg zur Oscar-Verleihung drehte sich Dustin Hoffman letztes Jahr zu Joan Rivers um, die gerade die lange Reihe der eintreffenden Stars interviewte, und sagte mit filmreifer Begeisterung: »*Mein Gott,* sehen Sie gut aus!« *Sehen Sie aber gut aus* ist so allgegenwärtig, so alltäglich, daß man schon echten Enthusiasmus in die Stimme legen muß, damit es überhaupt noch registriert wird. Allein für diesen Satz hätte Hoffman schon eine Oscar-Nominierung verdient.

Der namenlose Produzent, den ich vorhin erwähnte, empfindet große Verehrung für einen seiner Partner, den er als einen »großen Schmeichler« beschreibt. »Da ist also diese Studiomanagerin«, sagt er, »und die ist so häßlich, daß sie die Milch zum Stocken bringt, und mein Freund sagte zu ihr: ›Was haben Sie in letzter Zeit gemacht, Sie sehen wirklich großartig aus!‹ Aber er sagte es mit einem solchen Enthusiasmus, daß es echt wirkte, und sie lächelte.« Aber er räumte auch ein, daß es Menschen gibt, denen man einfach nicht schmeicheln kann. »Dem Elefantenmenschen kann man wohl kaum sagen: ›Schicke Frisur haben Sie da!‹«

Wenn die Journalisten in Washington oft auf den Knien herumrutschen, kriechen die Journalisten in Hollywood auf dem Boden. Zugegeben, es gibt eigentlich keinen Grund, mit einem Schauspieler auf dem Kriegsfuß zu stehen. Es geht ja um zu wenig. Aber selbst eine gelegentliche unangenehme Frage ist Schauspielern schon peinlich. Hier ist ein nettes Beispiel des Genres der gegenseitigen Schmeichelei in einem Frage-und-Antwort-Spiel zwischen Sharon Stone und einer Reporterin der Zeitschrift *Elle.*

INTERVIEWERIN: Wie sehen Sie sich selbst in zehn Jahren?
STONE: Oh, ein bißchen wie Sie, denke ich. Ich schreibe Kurzgeschichten.

INTERVIEWERIN: Sind sie gut?
STONE: Das können Sie selbst besser einschätzen als ich.
INTERVIEWERIN: Haben Sie sie jemanden lesen lassen?
STONE: Nur Leute, die mich so gern mögen, daß sie mich notfalls auch belügen. *[lacht]*

Stone enthüllt mit diesen Sätzen ein feines Verständnis für die Kunst und Wissenschaft der Schmeichelei. Zunächst schmeichelt sie sich bei der Interviewerin ein, indem sie sagt, daß sie »ein bißchen wie sie« werden will. Dann gibt sie zu, daß sie ihre Texte, da sie sich über die Qualität ihrer Arbeit unsicher ist, nur Menschen gibt, die ihr schmeicheln werden – was in ihrem Fall so ziemlich jeder ist. Warum eine unangenehme Wahrheit hören, wenn man statt dessen ein angenehme Lüge bekommen kann?

Aber selbst diese Form des Interviews ist manchen Stars heutzutage nicht mehr gut genug. Wir erleben das Phänomen, daß Schauspieler Schauspieler interviewen, also Journalisten spielen. In der Zeitschrift *Jane* ist das nur noch so. In *Harper's Bazaar* interviewt Ellen Degeneres Elizabeth Hurley. (Wenigstens ist das ganze nicht als »Gespräch« aufgemacht.) Und offenbar ist kein Interviewer mehr gut genug für Sharon Stone, denn in einer späteren Ausgabe von *Harper's Bazaar* interviewt sie sich selbst. Früher retuschierten die Zeitschriften nur die Bilder.

Im Showgeschäft ist das Einschmeicheln beim Publikum die Parallele zum Einschmeicheln beim *demos*. Es ist eine angenehme Form der Demagogie. Wenn der große Jackie Gleason früher die Bühne in Miami Beach für seine Fernsehshow betrat, bellte er: »Das Publikum in Miami Beach ist das größte Publikum der Welt!« Und das Publikum in Miami Beach feierte sich selbst. Das ist heute so normal im Showgeschäft, daß es kaum noch registriert wird. Als Billy Crystal die Fernsehübertragung der Oscar-Verleihung moderierte, erzählte er dem Publikum in Los Angeles: »Ihr seid die Größten!« Und als Aretha Franklin letztes Jahr ein Konzert in New York gab, sagte auch sie: »Ihr seid die Größten!« und fügte dann hinzu: »Nur in New York« – und das New Yorker Publikum klatschte. Dies ist natürlich reziproke Schmeichelei; im Austausch gegen die Schmeicheleien des Showstars belohnt das Publikum ihn mit noch begeisterteren Ovationen.

Eines der großen Beispiele einer institutionellen Schmeichelei im Showgeschäft war der Zweite Mann in der Talkshow wie Ed McMahon ihn personifizierte. Jeden Abend saß Ed als der perfekte freundliche Schoßhund des Showbusiness neben Johnnys großem Schreibtisch. Nach Johnnys Monolog vollführte Ed eine formvollendete Verbeugung vor dem König der Late Night Show. Er war ein jovialer Claqueur: Er lachte zuerst und am lautesten über Johnnys Witze, er lachte noch lauter, wenn Johnny sich über ihn lustig machte, und er machte das Publikum im vollen Ernst auf jedes Lob und jeden Preis aufmerksam, den Johnny gerade erhalten hatte, den zu erwähnen er aber viel zu bescheiden war.

Die Institution des Talkshow-Schoßhündchens scheint allmählich zu verschwinden. Sowohl David Letterman als auch Jay Reno setzen ihre gutmütigen Bandleader als komisches Beiwerk ein. (Das spart auch Gehälter; Johnny hatte Ed *und* Doc Severinsen.) Nur Conan O'Brien hat noch einen Zweiten Mann. Es ist wahrscheinlich ein Zeichen der Reife im Showgeschäft, daß diese Rolle ausstirbt. Der Gastgeber, der nicht auf einen Lakaien angewiesen ist, steht offenbar fester auf den eigenen Füßen.

Einer der letzten Reservate des Schoßhündchens im Showgeschäft ist das Interview, zu dem der Filmstar fast immer in Begleitung eines nervösen Werbemenschen auftaucht, der seine Antworten überwacht, sicherstellt, daß der Journalist keine aufmüpfigen Fragen stellt, und den Zimmerservice anruft. Einen Mann für die Öffentlichkeitsarbeit (wie auch einen Leibwächter) zu haben, bedeutet (a) daß man wichtig genug ist, um einen solchen Schutz zu brauchen, aber auch (b) daß man sich nicht selbst richtig schützen kann.

Der Ernst der Talkshows ist ebenfalls einer Art ironischem Dunst gewichen. Heutzutage ist ein Großteil des öffentlichen Lobes zur Ironie geworden, als ob man sich schämen müsse, etwas Nettes oder etwas Unverdientes zu sagen. Während Johnnys Einführungen eigentlich ziemlich ernst waren, sind die Gesprächseröffnungen heute eher eine Mischung aus Schmeichelei und Ironie. Altmodischer Ernst wird oft karikiert. Bei einem Auftritt bei David Letterman sagte der Komiker Bill Murray vor nicht allzu langer Zeit: »Dave, ich möchte dir einfach einmal danken für all die großartige Unterhaltung, die du Nordamerika geschenkt hast. Und nicht nur Nordamerika, Dave, der ganzen Welt!«[4]

Hollywood hat auch die Schmeichelei durch Beleidigung, besser bekannt als »Verriß«, populär gemacht. Dieses Ritual des Showgeschäfts war ursprünglich im Friars Club in New York angesiedelt, wo Komiker von ihren Kollegen beim Mittag- oder Abendessen »verrissen« wurden. Heute ist die Idee des Verrisses allgegenwärtig; mittelmäßige Fernsehschauspieler haben zur besten Sendezeit Verrisse im Kabelfernsehen. Ein Verriß ist eine Verspottung des Spotts; dahinter steht die Idee, daß man nur diejenigen durch den Kakao zieht, die man irgendwie schätzt. Ich tue also jemandem den Gefallen, mich über ihn lustig zu machen. Wie Edward Jones schon bemerkte, entspringt diese Form der Anbiederung dem traditionellen männlichen Verhalten, sich als ein Zeichen der Zuneigung gegenseitig aufzuziehen. Es ist das verbale Äquivalent zu einem Knuff in die Rippen. Wenn ein Trainer dich piesackt, weißt du, daß er dich mag. Don DeLillo beschreibt in seinem Roman *Unterwelt* eine Szene, in der Jackie Gleason im Spaß seinen alten Kumpel Toots Shor beleidigt. Shor, so schreibt DeLillo, »liebt die Beleidigungen, das Lästern und Aufziehen, und er steht da und strahlt, Liebe unter Blähbirnen. Das ist das Größte, was sich zwischen Männern einer bestimmten Geistesart abspielen kann – der aggressive Spott, mit dem sie ihre Gefühle ausdrücken.«[6]

Eine weitere ständig wiederkehrende Selbstschmeichelei im Showgeschäft allgemein und in Hollywood ganz besonders sind die eleganten Preisverleihungen. Früher gab es die Oscars und die Tonys und die Grammys, heute aber sind da auch noch die MTV Video Music Awards, die VH1 Fashion Awards, die People's Choice Awards, und die dümmsten von allen, die Golden Globes. Sie alle haben eine Aura von Selbstverliebtheit in Kombination mit Selbstgratulation – *Wir interessieren uns nur für uns selbst, aber auch alle anderen interessieren sich für uns.*

Jahrelang waren die Golden Globes die Witzveranstaltung schlechthin im Showgeschäft. Sie wurden von einer Gruppe, der sogenannten Hollywood Foreign Press Association, ins Leben gerufen, einer Ansammlung von ein paar Dutzend ausländischen Reportern, die ein Mittagessen mit freien Getränken und ein paar zweitklassigen Filmstars abzocken wollten. Sie waren die einzigen Juroren, und niemand von ihnen hatte je auch nur einen Artikel unter seinem Namen in einer amerikanischen Zeitschrift veröffentlicht. Was die Stars betrifft, so hieß die Devise: Wenn du kommst, kriegst du einen Preis, und so kam auch Tom Selleck zu seiner Auszeichnung als bester Schauspieler. 1982 ehrte die Association Pia Zadora mit dem Preis als Shooting Star des Jahres, nachdem ihr Ehemann, der israelische Industrielle Meshulam Riklis, alle Juroren zu einem Galadiner eingeladen hatte. Der Preis war eigentlich nicht sehr hoch.

Hollywood sah die Golden Globes allerdings als eine weitere Möglichkeit, kostenlos in die Schlagzeilen zu kommen, und schließlich ist es, wie Jack Nicholson es so treffend ausdrückte, als er im vorletzten Jahr einen davon bekam, » großartig, wenn die Leute einen mögen«. Die Wende kam, als NBC begann, die Preisverleihung im Fernsehen zu übertragen. Jetzt tauchen A-Schauspieler und -Regisseure wie Julia Roberts und Steven Spielberg in Abendkleid und Smoking dort auf. Dennoch spielen immer noch ein paar Dutzend Journalisten ohne besondere Kenntnisse im Showgeschäft die Jury. Heute biedern sich die Schauspieler bei ihnen an. Bei der Preisverleihung 1998 sagte Matt Damon, nachdem er einen Preis für das beste Drehbuch entgegengenommen hatte, hinter der Bühne: »Das ist das Tollste, was mir je passiert ist.« (Ohne jede Ironie.) Chris Carter, der Schöpfer der Serie *Akte X,* nannte seinen Golden Globe »die höchste Ehrung, die es gibt«. Ein Journalist, der die letztjährige Verleihung besuchte, sagte, er habe den Satz: »Ich liebe Ihre Filme« häufiger gehört als je zuvor.

Die traurige Prominentengeschichte handelt heutzutage davon, wie schwer die Berühmten mit dem Ruhm und mit den Medien zu kämpfen haben. Rührselige Ruhmgeschichten. Sie sind noch schmeichelhafter als die Lobeshymnen, die man über Stars auf dem Weg nach oben lesen kann. Doch die meisten von denen, die sich über die Zudringlichkeit der Medien beschweren, haben den Zenit ihres Ruhms schon erreicht. Als aufgehender Stern am Show-Himmel beschwert man sich nicht über Medien-Aufmerksamkeit. Anfangs sind der Star und die Presse einer Meinung: Wir beide wollen den Namen des Stars in der Zeitung.

Aber wie Heraklit schon vor dreitausend Jahren gesagt hat: Der Weg nach oben und der Weg nach unten sind gleich. Es hängt alles nur davon ab, wo auf der Leiter man gerade steht.

Die Regel lautet: *Beim ersten Mal klingt es immer positiv.* Keine Fernsehshow oder Zeitschrift präsentiert ihren Zuschauern oder Lesern eine neue Person oder Berühmtheit mit den Worten: »Hier ist noch so ein untalentierter Trottel, von dem Sie noch nie gehört haben.« Wenn man dem Leser oder Zuschauer jemanden Unbekannten als Arschloch darstellt, dann wird der Zuschauer oder Leser sagen: »Was zum Teufel geht mich diese Person an?« Geschichten über neue Berühmtheiten sind immer positiv.

*Steigen Sie nicht zu hoch.* Sobald eine Berühmtheit eine gewisse Prominenz erreicht hat, wird irgendein Medienknecht alles daran setzen, ihm oder ihr einen Dämpfer zu verpassen. Jede journalistische Berichterstattung über ein Thema oder eine Person hat einen Erzählbogen, und einem Aufstieg folgt fast immer ein Fall. Es ist sehr viel weniger interessant, jemanden weiterhin zu rühmen, der doch schon in den Himmel gelobt worden ist, als einfach zu sagen: Im Grunde wird er oder sie gnadenlos überschätzt.

Aber in Hollywood geht es nicht um traurige Geschichten oder etwa ums Filmemachen, sondern um die Freude am Verkaufen, und damit meine ich nicht nur Kinokarten. Wir sprechen über all den Krimskrams, der heute zu einem Film gehört: T-Shirts, CDs, Spiele und Puppen. Beim Verkaufen, das haben wir bei Mr. Carnegie gelernt, geht es um Schmeichelei und ein angenehmes Wesen, und so sucht Hollywood nicht so sehr nach großartigen Schauspielern, sondern vielmehr nach großartigen Verkäufern. Einen haben sie mit dem überaus netten und einschmeichelnden Will Smith geschaffen, der heute der vielleicht höchstbezahlte Star in Hollywood ist. Wie Ned Zeman in einer Titelgeschichte von *Vanity Fair* über Smith schrieb: » Das einzige, was man wirklich und tatsächlich an Will Smith hassen kann, ist, daß man ihn nicht zum besten Freund hat und nie haben wird.« Dale Carnegie würde sich vor Gram verzehren.

Wie sein Vorbild Michael Jordan weiß auch Smith, daß es darauf ankommt, das Publikum durch Schmeicheleien dahin zu bringen, daß es glaubt, man sei sein bester Freund. Der moderne

Verkäufer ist ein Meister der weichen Verkaufstaktik: ein bißchen Frechheit, während man gleichzeitig immer die Werte des kritischen Verbrauchers vertritt und bestärkt. Smith' lockere und gemäßigte Haltung in allen Medien faßt das zusammen. Wir schmeicheln ihm, er schmeichelt uns, indem er so freundlich ist, und dann schmeichelt er sich selbst. »Ich bin fest davon überzeugt, daß ich Präsident der Vereinigten Staaten sein könnte«, sagt er in jener Titelgeschichte von *Vanity Fair.* »Ich glaube, ich könnte gewinnen, wenn ... es das wäre, was ich mit meinen Leben anfangen möchte.«

## Schmeichelei ist wie Hühnerbrühe – sie kann nicht schaden

Wie bereits dargestellt behauptete Montaigne, daß Schmeichelei in Zeiten der Unsicherheit aufblühe. Im alten Rom, so erklärte er, war die Rhetorik überaus ausgefeilt, als die politischen Unruhe besonders groß war. Dahinter steht die Vorstellung, daß die Menschen in Zeiten des Aufruhrs weniger sicher sind und sich dies in einem Anschmiegen an die Macht und einem Bedürfnis nach Bestätigung manifestiert.

Die Unsicherheit unserer Zeit läßt sich nicht so sehr auf politischen Aufruhr, sondern vielmehr auf gesellschaftlichen Wandel zurückführen. In den Naturwissenschaften, der Medizin, der Elektrotechnik und der Computerwelt vollzieht sich der Wandel sehr viel schneller als je zuvor. Die Genetik verändert das, was den Menschen ausmacht. Wir leben in einem Hypertext-Universum. Das Internet hebt die Entfernung auf und macht die Zeit zur einzigen Variablen bei Arbeit und Kommunikation. Das Bild ist Wirklichkeit geworden.

Einst gliederte sich die Philosophie in eine Reihe von gegensätzlichen Annahmen – Gott existiert oder Gott existiert nicht. Heute aber sind alle binären Gegensätze wahr. Die moderne Wirklichkeit enthält die These wie auch die Antithese ohne die Notwendigkeit einer Synthese. Die Technik wird uns befreien / Die Technik wird uns zu Sklaven machen. Die gesellschaftliche Aktivität nimmt zu / Überall herrscht Apathie. Jerry Lewis ist absurd / Jerry Lewis ist ein Genie. All diese einander widersprechenden Annahmen sind wahr. Wie die Teilchenphysik gezeigt hat, kann ein Elektron gleichzeitig an zwei verschiedenen Orten sein.

Alle diese neuen Ideen lassen uns Rückhalt im Vertrauten suchen. Bei einem Großteil der Schmeichelei geht es heutzutage um Bestätigung, um das verständliche Quid pro quo der gegenseitigen Schmeichelei. Es gibt eine Art gesellschaftsweit verbreitetes Schmeichelspiel, wie ich es am Eßtisch bei uns zu Hause spielte. Ich erzähle dir etwas Nettes über dich, wenn du mir etwas Nettes über mich sagst. Bei der Einführung zu ihrem Film auf dem Toronto Film Festival bat die Dichterin Maya Angelou ihr Publikum: »Wenn Sie den Film nicht mögen, sagen Sie kein Wort.« Wenn man nichts Nettes zu sagen hat, sollte man den Mund halten. Schmeichelei funktioniert unter der Voraussetzung, daß wir alle versprechen, daran zu glauben.

Aber manchmal sind wir unsicher im Hinblick auf die Schmeichelei, weil sie auf eine Diskrepanz zwischen unserem inneren und unserem äußeren Selbst hinweist. Sind wir scheinheilig, wenn wir dieser anderen Person schmeicheln? Sind wir unehrlich, wenn wir Schmeicheleien annehmen und uns darüber freuen? Allerdings erscheinen diese Fragen heute, in einer Zeit, in der wir komplexer über soziale Interaktion nachdenken und in der unser äußeres Selbst unser inneres eingeholt zu haben scheint, weniger quälend. Die Diskrepanz zwischen innerem und äußerem Selbst nimmt ab, weil beides sich vermischt hat.

Das Problem bei den verschiedenen Formen moderner Schmeichelei, über die wir gesprochen haben, liegt darin, daß es zu viel unverdientes öffentliches Lob gibt. Ich habe Angst, daß die Allgegenwart dieser öffentlichen Schmeichelei die Authentizität des privaten Lobs untergräbt. Es wäre traurig, wenn privates Lob so verlogen werden würde wie der Großteil des öffentlichen Lobs. Aber ich glaube eigentlich nicht, daß diese Gefahr jetzt schon besteht. Im privaten Bereich finden die Menschen eine angemessene Sprache, um rüberzubringen, was sie sagen wollen. Wenn diese Sprache das öffentliche Lob widerspiegelt, na gut; wenn wir einen eigenen Weg zu einer neuen Sprache des privaten Lob finden müssen, um so besser. Probleme bekommen wir erst, wenn wir aufhören, im privaten Bereich überhaupt zu loben.

Letztendlich müssen wir die Schmeichelei in Kauf nehmen, um das Lob zu bewahren. Kleine Schmeicheleien sind Teil des Mörtels, der die Gesellschaft zusammenhält. Sie gehören zu den alltäglichen Ritualen, die aus der Zivilgesellschaft das machen, was wir an ihr schätzen. Schmeichelei ist eines jener kleinen Dinge, die, selbst wenn sie nicht aufrichtig gemeint sind, das tägliche Leben ein bißchen angenehmer machen. Ich spreche nicht über eine strategische manipulative Doppelzüngigkeit, die Menschen unverdiente Verdienste zuschreibt. Ich spreche über das Lob, das wir untereinander als ein Mittel zur Wahrung des sozialen Friedens austauschen.

Durch Transparenz wird die Gesellschaft nicht anständiger und lebenswerter, ebensowenig wie durch überhandnehmende unaufrichtige Schmeichelei. Aber es gibt sicher ein Mittel der Wahl: Die taktischen Unterlassungen des täglichen Lebens machen Gesellschaft erst möglich. Aus Mitgefühl und Bequemlichkeit kratzen wir nicht an den Selbstbildern anderer Menschen. Ist das eine Form von Schmeichelei? Ich glaube schon. Schadet sie? Ich glaube nicht. Wie Lord Chesterfield schon sagte: Wenn einige Männer und Frauen sich selbst für ein bißchen klüger oder ein bißchen attraktiver halten, als sie eigentlich sind, was macht das schon? Die Vorteile überwiegen die Kosten. Wenn jemand sich ein bißchen klüger oder attraktiver fühlt, weil man ihm sagt, er sei klüger oder attraktiver, als er eigentlich ist, dann wird ihn das wahrscheinlich ein bißchen klüger und attraktiver machen. Und netter. Es ist eine gesellschaftliche Verbesserung. Es macht das Leben ein bißchen angenehmer. Ich vertraue darauf, ich hoffe, ich bete, daß Sie, kluger und geneigter Leser, meiner Meinung sind – oder zumindest meine Bemühungen nicht tadeln.

# Epilog: Wie man schmeichelt, ohne ertappt zu werden

- ***Seien Sie individuell.*** Vergessen Sie die abgedroschenen Standardkomplimente wie »Sie sind der Beste!« Sagen Sie lieber: »Ich habe Ihren ersten Roman geliebt, der nur in Neuseeland erschienen und jetzt vergriffen ist.«
- ***Finden Sie etwas, was Sie wirklich mögen.*** Wenn Sie ein bißchen Bedenken haben, ein Lob aus dem hohlen Bauch heraus zu erfinden, suchen Sie etwas, was Sie wirklich bewundern, und loben Sie das. Vielleicht ein bißchen intensiver als verdient.
- ***Verbinden Sie nie ein Kompliment mit der Bitte um einen Gefallen.*** Wenn Sie etwas für ein Kompliment verlangen, wecken Sie den Argwohn des Empfängers.
- ***Beachten Sie, wie weit Sie zu weit gehen können.*** Übertreiben Sie es nicht. Wenn Sie den Bogen überspannen, machen Sie die Menschen mißtrauisch. Und außerdem: Wenn Sie das Bedürfnis Ihrer Zielperson nach Schmeicheleien übersättigen, haben Sie Ihre Ressourcen verbraucht. Mark Twain bemerkte einmal, daß es vernünftig sei, die Wahrheit zu sagen, damit man sich nicht so viele Lügen merken müsse. Das gleiche gilt für die Schmeichelei: Bleiben Sie auf dem Boden der Tatsachen.
- ***Seien Sie ein bißchen esoterisch.*** Wenn Sie jemandem schmeicheln, der an Schmeichelei gewöhnt ist, suchen Sie sich etwas Ungewöhnliches aus. Erzählen sie Tom Hanks nicht, daß Sie ihn in *Forrest Gump* mochten, sondern erklären Sie ihm, daß Sie die Kamerafahrt in der ersten Szene von *That Thing You Do!* bewundern.
- ***Haben Sie keine Angst, Menschen zu schmeicheln, die, wie Sie glauben, schon genug Komplimente bekommen.*** Wenn sie eine

Menge Schmeicheleien bekommen, dann brauchen sie auch eine Menge davon. Und sie können immer mehr gebrauchen. Es ist eine unerschöpfliche Ressource. Und sie kostet nichts.

- ***Schmeicheln Sie den Menschen hinter deren Rücken.*** Der Trick dabei ist, daß die Zielperson Sie dann nicht der Schmeichelei verdächtigt. Sie gelangt über einen Dritten zu ihr – »Er sagte, daß du brillant bist!« –, und plötzlich steigen Sie im Ansehen Ihrer Zielperson.
- ***Definitiv keine Superlative.*** Wenn Sie jemandem sagen: »Sie sind der Größte« oder: »Sie sind der Beste«, wirkt das abgedroschen und billig. Nur Muhammad Ali ist »der Größte«.
- ***Vergleiche kommen nie schlecht an.*** Erzählen Sie der Zielperson, daß sie besser sei als jemand, den sie kennt und respektiert. Das ist immer sehr dankbar und gibt dem Kompliment einen Touch Realitätsnähe. Genau wie wir vor allem jene Menschen beneiden, die uns vom Status her am nächsten sind, so sind wir auch besonders geschmeichelt, wenn wir angeblich besser sind als unsere Nachbarn.
- ***Sagen Sie nie: »Du warst so viel besser als ich je gedacht hätte.«*** Deuten Sie in einem Kompliment nie an, daß Sie zuvor eine schlechtere Meinung von Ihrer Zielperson hatten.
- ***Verdammen Sie nicht mit schwachem Lob.*** Was sagen Sie, wenn Ihr Freund einen lausigen Film inszeniert hat, Sie aber nicht lügen möchten. Geben Sie ihm einen Klaps auf die Schulter und sagen Sie: »Du alter Gauner, du kannst es wohl einfach nicht lassen, oder?« Wenn Sie sagen, das etwas »ganz gut« war, wird Sie das nicht beliebter machen.
- ***Machen Sie nie verschiedenen Leuten dasselbe Kompliment.*** Wenn Sie das tun, und Ihre Zielpersonen bemerken es, dann untergräbt das den Wert des Kompliments und läßt Sie wie einen kleinen Speichellecker dastehen, der seine Schleimereien unterschiedslos allen zukommen läßt.
- ***Mischen Sie ein paar Tropfen Wermut ins Zuckerwasser.*** Mit anderen Worten: verbinden Sie ein paar winzige Bröckchen Kritik mit Ihrem immensen Lob, z.B.: »Ich fand, im ersten Akt lief das Stück ein bißchen langsam an. Aber davon abgesehen fand ich es besser als Eugene O' Neills *Eines langen Tages Reise in die Nacht.*«

- ***Seien Sie nie offen, wenn jemand es von Ihnen verlangt.*** Alle sind auf Komplimente aus, nicht auf Offenheit – also wird alles, was auch nur im geringsten negativ klingt, sofort als harsche Kritik gedeutet.
- ***Stimmen Sie zu, aber nicht immer.*** Wenn Sie das einsetzen wollen, was die Psychologen »Meinungskonformität« nennen, dann stimmen Sie nicht jeder kleinen Einzelheit zu. Finden Sie eine triviale Sache, bei der Sie ein bißchen anderer Meinung sein können. Dann wirkt Ihre begeisterte Zustimmung zu den wesentlichen Dingen echter.
- ***Lächeln Sie, wenn Sie ein Kompliment machen.*** Genießen Sie das Loben. So ist das Risiko, ertappt zu werden, geringer, und die Chance, aufrichtig zu wirken, größer. Empfinden Sie Vergnügen dabei, Vergnügen zu bereiten.
- ***Fangen Sie langsam an und bauen Sie darauf auf.*** Untersuchungen zeigen, daß wir eher diejenigen mögen, die allmählich dazu kommen, uns zu schätzen, als diejenigen, die uns von Anfang an Zuneigung entgegenbringen. Wir halten sie für urteilsfähiger.
- ***Geben Sie ein Geheimnis preis.*** Enthüllen Sie etwas Privates. (Aber zum Beispiel nicht, daß Sie ein schamloser Schmeichler sind.) Dies läßt vermuten, daß Sie Ihr Gegenüber mögen und ihm vertrauen, daß Sie es für verständnisvoll und diskret halten, und daß Sie die Beziehung vertiefen möchten. Sie schmeicheln ihm mit Ihrem Vertrauen.
- ***Bitten Sie um Rat.*** Wir mögen Menschen, die uns für eine Autorität halten. »Oh, Mr. Green, ich habe vor, diese Fabrik in Wisconsin zur Herstellung von Kleincomputern zu benutzen. Sie haben viel Erfahrung mit solchen Dingen – was meinen Sie dazu?«
- ***Sticheln und spotten Sie.*** Das Verriß-Kompliment. »Du fauler alter Bastard, da hast du mal wieder einen dicken Fisch an Land gezogen.« Das funktioniert im allgemeinen nur unter Männern.
- ***Bitten Sie um eine kleine Gefälligkeit.*** Wie Plutarch und La Rochefoucauld schon sagten, mögen wir Menschen, denen wir einen Gefallen erweisen, mehr als Menschen, die uns einen Gefallen tun.

- ***Entdecken Sie eine Schwäche und loben Sie ihr Gegenteil.*** Machen Sie dem Geizkragen ein Kompliment für seine Großzügigkeit. Erzählen Sie der prätentiösen Frau, wie bodenständig sie sei.
- ***Eröffnen Sie ein Konto für Komplimente.*** Das heißt, machen Sie kleine Einlagen in Form von Komplimenten und Gefälligkeiten, besonders bei Gelegenheiten, bei denen Sie Ihre Zielperson nicht für einen kleinen Kriecher halten kann. Dann können Sie ihr Konto belasten, wenn Sie wirklich selbst einmal einen Gefallen abrufen müssen.
- ***Erzählen Sie dem Geschäftsführer nicht, er sei ein Genie, wenn Sie nur ein kleiner Angestellter sind.*** Je höher der Statusunterschied zwischen Ihnen und Ihrer Zielperson ist, desto subtiler sollte Ihre Schmeichelei sein.
- ***Aber Sie können dem kleinen Angestellten sagen, daß er ein Genie ist, wenn Sie der Geschäftsführer sind.*** Schmeichelei nach unten ist immer leichter und wirkungsvoller. Der Empfänger ist dankbarer und weniger mißtrauisch, weil der Komplimentefluß nach unten natürlicher wirkt.

# Wie man Schmeicheleien entgegennimmt: Es ist nicht so leicht, wie es aussieht

- *»Sie schmeicheln mir.«* Sagen Sie dies nur, wenn Sie die zuckersüße Schmeichelei mit einem kleinen Widerhaken zurückgeben wollen. Auf einer Ebene sieht es so aus, als wollten Sie Ihrem Gegenüber danken; auf einer anderen klagen Sie ihn der Doppelzüngigkeit an.
- *»Ich fühle mich geschmeichelt.«* Das kann mit einer gewissen Wärme gesagt werden, so als ob Sie die Freundlichkeit der Person anerkennen, oder es kann mit einer Art unaufrichtiger Bescheidenheit gesagt werden – das heißt, daß ich voll und ganz mit Ihrer Bewertung übereinstimme, es aber unhöflich wäre, das so zu sagen.
- *»Das ist sehr nett von Ihnen.«* Das deutet im Grunde an, daß Sie tatsächlich sehr von dem Kompliment beeindruckt sind, daß Sie es mögen und daß Sie gern mehr davon hören würden.
- *»Sie sind zu freundlich.«* Dies drückt eine formelle, altmodische Art von Freundlichkeit aus, aber es hat auch einen leichten Anklang von Arroganz oder Überlegenheit. Andererseits ist es ein reziprokes Kompliment. Sie loben den anderen im Gegenzug.
- *»Ich hoffe, du sprichst dann auch auf meiner Beerdigung.«* Das ist ironisch; es erkennt das Kompliment an und zeigt gleichzeitig, daß man es nicht ganz ernst nimmt.
- *»Laß den Quatsch.«* Hier macht der Ton die Musik. Wenn man es witzig sagt, dann ist es okay, es ist wie eine Art Blinzeln. Wenn es allerdings ernst klingt, dann hat sich das Arschkriechen ganz und gar nicht gelohnt.
- *Schweigen.* Auch hier gibt es Schweigen und Schweigen. Wenn man das Kompliment einfach nur hinnimmt wie Regen über

dem Meer, schön und gut. Wenn es ein absichtliches, lastendes Schweigen ist, dann lassen Sie den Schmeichler einfach im Regen stehen. Das ist beinahe so aggressiv wie eine Zurückweisung eines Kompliments. Niemand sagt: »Du armseliger kleiner Schleimscheißer, halt's Maul.«

- *»Ach Unsinn.«* Sie wollen sich nicht darauf einlassen; Sie wollen nicht einmal eingestehen, daß das Kompliment berechtigt sein könnte.
- ***Ignorieren Sie es, aber lassen Sie die Person wissen, daß Sie es wahrgenommen haben.*** Dies kann durch ein Lächeln oder einen wissenden Blick geschehen, aber Sie danken dem Schmeichler nicht, weil Sie nicht mit einem implizierten Quid pro quo konfrontiert werden wollen. Es ist das Geschenk unter dem Weihnachtsbaum, dessen Schleife Sie nicht aufziehen wollen.

*»Ich freue mich so, daß Sie das ›Handbuch für Schmeichler und Arschkriecher‹ für eines der besten Bücher halten, das Sie je gelesen haben. Möchten Sie vielleicht noch ein Exemplar kaufen?«*

# Danksagung

Es ist keine Schmeichelei, sondern eine einfache Tatsache, daß dieses Buch ohne die folgenden Menschen nicht möglich gewesen wäre: Marc Abraham, Kurt Andersen, James Basker, Marvin Bressler, Tricia Brock, Benedict Carton, Anita Dunn, Jake Gibbs, David Kuhn, Julian Levinson, Eugene Linden, David Michaelis, Tara McGann, Mary McGlynn, Adav Notia, Lawrence O'Donnell Jr., Dennis Ortiz, Pip Pfaff, Terron Schaefer, Gabriel Snyder, Chris und Priscilla Whittle und Robert Wright. Ich möchte Jim Kelly und Walter Isaacson für Gefälligkeiten danken, von denen ich gar nichts wußte; Joanne Gruber für ihren strengen Rotstift; meiner Agentin Joy Harris für ihre Unterstützung und nie versagende gute Laune; Ana DeBevoise dafür, daß sie immer das reinste Vergnügen war; und meiner Lektorin Alice Mayhew dafür, daß sie mehr Geduld mit mir gehabt hat, als ich es verdient hätte.

# Anmerkungen

## Ein oder zwei Worte zur Etymologie der Schmeichelei

1 Friedrich Kluge, *Etymologisches Wörterbuch der deutschen Sprache*, Berlin/New York 1999[23], s.v.
2 *Etymologisches Wörterbuch des Deutschen*, Berlin 1993[2] s.v.
3 Dante Alighieri, *Die göttliche Komödie*, übers. v. Hermann Gmelin, Stuttgart 1954, »Die Hölle«, 18. Gesang, S. 77.
4 *Deutsches Wörterbuch* von Jacob und Wilhelm Grimm, Bd. 9, »Schiefeln – Seele«, Leipzig 1899, s.v. »Schmeichler«, Sp. 992, in der Orthographie modernisiert.
5 *Julius Cäsar*, II,i,208, nach der Übersetzung von August Wilhelm von Schlegel.
6 *Deutsches Wörterbuch*, s. v. »schmeicheln«, Sp. 985, in der Orthographie modernisiert.

## Kapitel 1

1 Robert Wright, *Diesseits von Gut und Böse*, München 1996, S. 382f.
2 Steven Pinker, *Wie das Denken im Kopf entsteht*, München 1998, S. 243f.
3 Frans de Waal, *Unsere haarigen Vettern*, München 1983, S. 17.
4 Ebenda, S. 41.
5 Ebenda, S. 19.
6 Eugene Linden, »Apes and Humans: A Curious Kinship«, *National Geographic*, März 1992.
7 De Waal, S. 45.
8 Ebenda, S. 218.
9 John Mitani, »Review of Kanzi«, *Scientific American*, Juni 1995, Bd. 272, Nr.6.
10 De Waal, S. 218.
11 Pinker, S. 189ff., bes. S. 236f.
12 Wright, S. 452.
13 George C. Williams, *Adaptation and Natural Selection. A Critique of Some Current Evolutionary Thought*, Princeton 1974, S. 94. Vgl. Wright, S. 306.

14 Wright, S. 149.
15 Richard Dawkins, *Das egoistische Gen,* Heidelberg/Berlin/Oxford 1994, S. 68.
16 Ebenda, Vorwort von Robert Trivers, S. VI. Vgl. Wright, S. 422.
17 Wright, S. 103.
18 Wright, S. 90f.
19 Michael T, McGuire, *The Neurotransmitter Revolution,* Carbondale 1994, S. 140.

## Kapitel 2

1 Lionel Casson und die Herausgeber der Time-Life-Bücher, *Ancient Egypt,* Alexandria,Va., 1978, S. 103.
2 Hellmut Brunner, *Die Weisheitsbücher der Ägypter. Lehren für das Leben,* Düsseldorf/Zürich 1997, S. 114.
3 Ebenda, S. 117.
4 Ebenda, S. 129f.
5 Ebenda, S. 117f.
6 J. M. Roberts, *The Penguin History of the World,* New York 1995, S. 84.
7 Die Einzelheiten zum Begräbnis Sinatras in der *New York Post* vom 24. Mai 1998.
8 Casson, S. 15f.
9 Bob Brier, »The Great Egyptians«, produziert von The Learning Channel (BMG Video). Geschrieben und gesprochen von Bill Brier.
10 Miriam Lichtheim, *Ancient Egyptian Literature: A Book of Readings,* Bd. I, Berkeley 1975, S. 4
11 William C. Hayes, *The Scepter of Egypt: A Background for the Study of the Egyptian Antiquities in the Metropolitan Museum of Art,* Cambridge, Mass., 1965, S. 78
12 Sir Alan H. Gardiner, *Geschichte des alten Ägypten,* Stuttgart 1965, S. 102.
13 Lichtheim, S. 74.
14 David P. Silverman (Hg.), *Das Alte Ägypten,* München 1997, S. 216.
15 Ebenda, S. 154f.
16 Ebenda, S. 155.
17 Bob Brier, »The Great Egyptians«.
18 Es gab einige weitere Ausnahmen: Eine lebensgroße Granitstatue von König Sesostris III. zeigt ihn mit enorm großen, abstehenden Ohren, so daß er wie ein Taxi mit zwei offenen Türen aussieht.
19 Vgl. Adolf Erman, *Die Literatur der Ägypter,* Leipzig 1923, S. 162.

## Kapitel 3

1 Genesis 1,26. Alle Bibelzitate aus der Einheitsübersetzung.
2 Genesis 1,27.

3 Jack Miles, *Gott. Eine Biographie*, München/Wien 1996, S. 111.
4 Viele Wissenschaftler haben darauf verwiesen, daß es eigentlich zwei Schöpfungsgeschichten im Buch Genesis gibt. In der ersten, oben zitierten, schnippt Gott einfach mit den Fingern und schafft Mann und Frau. In der zweiten Geschichte, ein paar Kapitel weiter, formt Gott Adam aus der »Erde vom Ackerboden« und bringt dann Eva aus Adams Rippe hervor. Während der erste Adam urtümlich und fast wie ein Gedanke ohne Körper wirkt, ist der zweite »weltlicher«. Dieser Adam macht nicht einfach nur alles falsch, er hat gar keine andere Chance.
5 Karen Armstrong, *Nah und schwer zu fassen der Gott. Dreitausend Jahre Glaubensgeschichte von Abraham bis Albert Einstein,* München 1993, S. 322.
6 Deshalb gebot Gott den Engeln auch, sich vor Adam niederzuwerfen: Immerhin ist er ein Abbild des Herrn.
7 Genesis 3,9.
8 Genesis 3,11.
9 Genesis 3,12.
10 Genesis 3,19.
11 Genesis 3,22.
12 Miles, S. 463.
13 Harold Bloom, *The Book of J*, 1990, S. 207.
14 Exodus 34,14.
15 2. Samuel 6,6f.
16 Miles, S. 160.
17 Jesaja 42,14.
18 Numeri 14,11f.
19 Ijob 40,12.
20 Miles, S. 469.
21 Ezechiel 20,26.
22 Bloom, S. 15.
23 Deuteronomium 30,11.
24 2. Samuel 7,4–7.
25 Jesaja 44,6f.
26 Jesaja 41,4.
27 Exodus 34,6f.
28 Und mit »keiner« meint er natürlich die Israeliten, weil sie alles für ihn sind.
29 Jesaja 1,2f.
30 Gott erwartete von den Israeliten ähnliches wie von seinen Engeln. Die Engel sind wie afrikanische Sänger, die die Tugenden des Herrn vor seiner Ankunft ausrufen: »Heilig, heilig, heilig ist der Herr der Heere. Von seiner Herrlichkeit ist die ganze Erde erfüllt.« (Jesaja 6,3).
31 Kohelet 10,4.
32 Kohelet 10,20.

33 Genesis 28,20–22.
34 Exodus 17,1–4.
35 Deuteronomium 28,63–67.
36 Deuteronomium 6,4–6.
37 1. Könige 19,18.
38 Sprichwörter 1,7; 9,10; 15,33.
39 Armstrong, S. 86.
40 Sich selbst als auserwählt wahrzunehmen, war natürlich keine Spezialität der Juden. Als die Kreuzfahrer des Mittelalters nach Osten ritten, um die Juden und Muslims zu vernichten, nannten sie sich das neue erwählte Volk. Alle drei monotheistischen Religionen haben ihre Geschichte als Theologie der Auserwähltheit interpretiert. Und es geht nicht nur um Religionen; auch Nationen halten sich zuweilen für auserwählt. Die Franzosen haben sich im 18., die Briten im 19. und die Amerikaner im 20.Jahrhundert für eine Art auserwähltes Volk gehalten.
41 Armstrong, S. 272.
42 Sigmund Freud, *Der Mann Moses und die monotheistische Religion*, Frankfurt am Main 1975, S. 74.
43 Freud, S. 107.
44 Shakespeare, *König Cymbelin*, V, iv.
45 Exodus 25, 1–7.
46 Exodus 29,20.
47 Siehe Exodus 25,8ff.
48 Exodus 25,10–12.
49 Exodus 28,31–33.
50 Genesis 8,21.
51 Genesis 17,16.
52 Genesis 18,9–15; 17,15–22.
53 Genesis 17,10f.
54 Deuteronomium 10,16.
55 Genesis 22,1–2.
56 »Highway 61 Revisited«, Text und Musik von Bob Dylan (Warner Bros., Inc., 1965).
57 Genesis 22,12.
58 Ijob 32,21f.
59 Ijob 7,17f.
60 Ijob 38,2.
61 Ijob 38,4–6, 12.
62 Ijob 40,2–5.
63 Im Gegensatz dazu gibt der Koran Gott neunundneunzig Namen und Attribute.
64 Paulus denkt ebenso, wenn er sagt: »Denn das Törichte an Gott ist weiser als die Menschen, und das Schwache an Gott ist stärker als die Menschen.« 1. Korinther 1,25.

65 Armstrong, S. 570, Anm. 85.
66 Jesaja 1,11.
67 Jesaja 1,16f.
68 Jesaja 43,19.
69 Miles, S. 430f

## Kapitel 4

1 Aristophanes, *Die Ritter,* Vers 214–217. Zitiert nach Aristophanes, *Sämtliche Komödien,* Bd. 1, übersetzt von Ludwig Seeger, Zürich 1952.
2 Ebenda, Vers 1112–1121.
3 Ebenda, Vers 1260–1262.
4 Platon, *Der Staat,* übersetzt von Rudolf Rufener, Zürich 1950. Siehe Buch VIII »Regierungsformen«. Hier 558b, S. 419.
5 Ebenda, 558c, S. 420.
6 Platon, *Gorgias,* 449D. Zitiert nach Platon, *Werke des Aufstiegs,* übersetzt von Rudolf Rufener, Zürich 1948, S. 92.
7 Siehe John T. Fitzgerald (Hg.), *Friendship, Flattery, and Frankness of Speech: Studies on Friendship in the New Testament World,* New York 1996, S. 32.
8 Isokrates, Brief 4,5, zitiert nach: Isokrates, *Sämtliche Werke,* Bd. II, in der Übersetzung von Christine Ley-Hutton, Stuttgart 1997. Vgl. David Konstan, *Friendship in the Classical World,* Cambridge 1997, S. 93.
9 Diogenes Laertes 6,69. Vgl. Fitzgerald, S. 233.
10 Konstan, S. 4.
11 Ebenda, S. 113.
12 Aristoteles, *Nikomachische Ethik,* Buch IV, 1126b, zitiert nach der Übersetzung von Franz Dirlmeier, Darmstadt [9]1979, S. 89.
13 All diese Zitate ebenda, Buch II, 1108a, S. 40.
14 Ebenda, Buch IV, 1126b, S. 88.
15 Ebenda, 1123b–1125a, Zitat S. 81, S. 83.
16 Fitzgerald, S. 10.
17 *Nikomachische Ethik,* Buch VIII, 1155a, S. 170.
18 Ebenda, Buch IX, Zitat 1168b, S. 206.
19 Fitzgerald, S. 144.
20 *Nikomachische Ethik,* Buch VIII, 1158b–1159a, S. 180f.
21 Horaz, Epistel I,17,52ff., zitiert nach: Horaz, *Satiren und Briefe,* in der Übersetzung von Rudolf Helm, Zürich/Stuttgart 1962.
22 Ebenda, Ep. I,18,1ff.
23 Ebenda, Ep.II,1,15ff.
24 Ebenda, Ep. I,18, 89f.
25 Tacitus, *Historien* I,15.
26 Plutarch, »Wie man den Schmeichler vom Freunde unterscheidet«, Kap. 2. Alle Plutarch-Zitate stammen aus dem genannten Aufsatz in

den *Moralia,* Buch I, englische Übersetzung: London 1986. Der deutsche Text richtet sich nach: *Griechische Prosaiker in neuer Übersetzung,* Bd. 33, Plutarchs Werke, Bd. 20, *Moralische Schriften,* Bd. 1, übersetzt von Johann Christian Felix Bähr, Stuttgart 1828.

27 Fitzgerald, S. 64.

28 Plutarch, »Wie man den Schmeichler vom Freunde unterscheidet«, Kap. 1.

29 Ebenda, Kap. 19.

30 Ebenda, Kap. 18.

## Kapitel 5

1 C. S. Lewis, *The Allegory of Love,* New York 1975, S. 11.

2 Paul Zumthor in: *A Handbook of the Troubadours,* hg. von F. R. P. Akehurst und Judith M. Davis, Berkeley 1995, S. 17.

3 Hans Gert Tuchel, *Die Trobadors,* Bremen 1966, S. 41, Das Gedicht von Arnaut von Marueil bei Friedrich Diez, *Die Poesie der Troubadours,* Leipzig [2]1883, S. 140f.

4 Friedrich Diez, *Leben und Werke der Troubadours,* Zwickau 1829, S. 163.

5 Ebenda, S. 88. Eine andere Übersetzung (von Franz Hüffer, 1869) findet sich bei Erhard Lommatzsch, *Leben und Lieder der provenzalischen Troubadours,* Bd. 2, München/Salzburg [2]1972, S. 391. Ebenda, S. 188, das Zitat von Arnaut de Mareuil in der Übersetzung von Hermann Suchier (1900).

6 Übersetzung von Friedrich Diez aus dem Jahre 1829, zitiert bei Erhard Lommatzsch, *Provenzalisches Liederbuch,* Berlin 1917, S. 289.

7 Ebenda, S. 291f.

8 Ebenda, S. 284, Übersetzung von Paul Heyse aus dem Jahr 1852.

9 *Wie es euch gefällt,* IV,i,107.

10 Diez, *Poesie,* S. 137.

11 Diez, *Leben und Werke,* S. 40, zitiert auch bei Lommatzsch, *Provenzalisches Liederbuch,* S. 282.

12 Denis de Rougemont, *Die Liebe und das Abendland,* Zürich 1987, S. 46.

13 Diez, *Poesie,* S. 147.

14 De Rougemont, S. 329.

15 Ebenda, S. 118.

16 Diez, *Leben und Werke,* S. 38, zitiert auch bei Lommatzsch, *Provenzalisches Liederbuch,* S. 280.

17 De Rougemont, S. 214.

18 Diez, *Poesie,* S. 124, zitiert auch bei Lommatzsch, *Provenzalisches Liederbuch,* S. 281.

19 Diez, *Poesie,* S. 134.

20 Zumthor, S. 96f.

21 Andreas Capellanus, *Über die Liebe,* übersetzt von Hanns Martin Elster, Dresden 1924, S. 10f.
22 Ebenda, S. 339f.
23 Ebenda, S. 49.
24 Ebenda, S. 58.
25 Ebenda, S. 53.
26 Zumthor, S. 63.
27 Lewis, S. 2.
28 Capellanus, S. 190.
29 Lewis, S. 15.
30 Capellanus, S. 196 (beide Zitate).
31 Ebenda, S. 380.
32 Ebenda, S. 67.
33 Ebenda.
34 Ebenda, S. 82.
35 Ebenda, S. 102.
36 Ebenda, S. 126.
37 Ebenda, S. 84.
38 De Rougemont, S. 208.
39 Larry D. Benson, *Contradictions: From Beowulf to Chaucer: Selected Studies of Larry D. Benson,* hg. von Theodore M. Andersson and Stephen A. Barney, Brookfield 1995.
40 De Rougemont, S. 329.

## Kapitel 6

1 Daniel Javitch, »Il Cortegiano and the Constraints of Despotism« in: *Castiglione: the Ideal and the Real in Renaissance Culture,* hg. v. Robert W. Hanning und David Rosand, New Haven 1983, S. 17.
2 Ebenda, S. 25.
3 Frank Whigham, *Ambition and Privilege: The Social Tropes of Elizabethan Courtesy Literature,* Berkeley 1984, S. 132.
4 Whigham, S. 100.
5 Kenneth Burke bemerkt, daß die epideiktische Rhetorik, also Rhetorik, die als Prunk eingesetzt wird, in Zeiten »des rhetorischen Verfalls« üblich wird, »so, als die demokratischen Funktionen der öffentlichen Debatte nach dem Fall der Republik in Rom beschnitten wurden«. (Whigham, S. 186).
6 Ebenda.
7 Ebenda, S. 7.
8 Ebenda, S. 10.
9 Ebenda, S. 23.
10 Ebenda, S. 24.
11 Ebenda, S. 5.
12 Ebenda, S. 124.

13 John Robert Woodhouse, *Baldesar Castiglione. A Reassessment of The Courtier*, Edinburgh 1978, S. 8.
14 Baldessare Castiglione, *Der Hofmann*, 2 Bände, Leipzig 1907.
15 Ebenda, Bd. 1, S. 139.
16 Ebenda.
17 Ebenda, S. 140f.
18 Ebenda, S. 141.
19 Ebenda, S. 67.
20 Ebenda.
21 Whigham, S. 94.
22 Ebenda, S. 92.
23 Castiglione, Bd. 2, S. 111.
24 Ebenda, Bd. 1, S. 97.
25 Ebenda.
26 Ebenda, Bd. 2, S. 106.
27 Niccoló Machiavelli, *Der Fürst*, übers. v. Ernst Merian-Genast, Stuttgart 1961.
28 Ebenda, S. 122.
29 Ebenda, S. 119.
30 Ebenda, S. 130.
31 Ebenda.
32 Ebenda. Das folgende Zitat mit den Schmeichelworten für Lorenzo findet sich auf S. 139.
33 Der Schmeichler, so behauptet er, ist eine Art Pedant. Pedanten haben Wissen, keine Weisheit. Der Schmeichler ist wie der Pedant ein Mensch, der den Preis von allem und den Wert von nichts kennt. Montaigne sagt, er möge Männer nicht, die ihren Worten nach weise, ihren Taten nach aber falsch seien.
34 Michel de Montaigne, *Essais*, erste moderne Gesamtübersetzung von Hans Stilett, Frankfurt am Main 1998, III,1: Über das Nützliche und das Rechte, S. 392.
35 Ebenda, III,8 »Über die Gesprächs- und Diskussionskunst«, S. 468. Er zitiert sogar eine Folgerung, die die Freudsche Idee der Projektion vorwegnimmt: »... wir ... verabscheuen bei andern die Fehler, die in uns viel deutlicher vorhanden sind ...«
36 Ebenda, III,9 »Über die Eitelkeit«, S. 484.
37 Ebenda, III,8 »Über die Gesprächs- und Diskussionskunst«, S. 473.
38 Ebenda, I,9 »Über die Lügner«, S. 23.
39 Ebenda, III,1 »Über das Nützliche und das Rechte«, S. 394. Man könnte argumentieren, daß schlichte Rede maßlos in dem Sinne ist, daß niemand sie benutzt. Die Menschen sind so sehr an rhetorische Blüten und falsches Lob gewöhnt, daß Schlichtheit extrem wirkt. Montaigne macht diesen Einwand natürlich nicht – er sieht ihn überhaupt nicht.

40 Ebenda.
41 Ebenda, I,40 »Betrachtung über Cicero«, S. 131.
42 Ebenda, auch das folgende Zitat.
43 Ebenda, I,13 »Förmlichkeiten bei der Begegnung mit Königen«, S. 29.
44 Ebenda, II,16 »Über den Ruhm«, S. 309, das folgende Zitat III,7 »Über die Nachteile einer hohen Stellung«, S. 461.
45 Francis Bacon, »Über Anhänger und Freunde«, in: Bacon, *Essays,* hg. v. L. L. Schücking, Leipzig 1940, S. 220.
46 Ebenda, »Über Freundschaft«, S. 124f.
47 Ebenda, »Über das Lob«, S. 234f. Vgl. Plinius d. J., *Briefe* III,18,1–3, und Tacitus, *Agricola* 41.
48 Bacon, »Über Höflichkeit und Anstand«, S. 231.
49 Ebenda, »Über das Lob«, S. 234. Er zitiert Tacitus, *Annalen* XV,48.
50 Philip Dormer Stanhope Earl of Chesterfield, *Briefe an seinen Sohn Philip Stanhope über die anstrengende Kunst, ein Gentleman zu werden,* München 1984, S. 11.
51 Ebenda, S. 405f.
52 Ebenda, S. 12 (Brief vom 24.7.1739). Später, viel später, bekennt Chesterfield: »Meine Leidenschaft, zu gefallen, war so stark, daß ich dir ehrlicherweise gestehe, ich wünschte, jedes Frauenzimmer, das ich sah, in mich verliebt zu machen, und jeden Mann, dem ich begegnete, dahin zu bringen, daß er mich bewunderte.« S. 368 (24.6.1751).
53 Ebenda, S. 56 (16.10.1747).
54 Ebenda, S. 28 (25.7.1741).
55 Ebenda, S. 54 (9.10.1747).
56 Ebenda, S. 56 (16.10.1747).
57 Ebenda, S. 59f., das zweite Zitat S. 57f.
58 Ebenda, S. 58.
59 Ebenda, S. 99 (5.9.1748).
60 Ebenda, S. 58f. (16.10.1747) Das folgende S. 99 (5.9.1748).
61 Ebenda, S. 271 (13.6.1751). Die Betrachtungen über das Hofleben S. 83ff. (10.5.1748).
62 Ebenda, S. 272 (13.6.1751).
63 Brief vom 9.10.1746, in der deutschen Briefsammlung nicht enthalten. Vgl. *Lord Chesterfields Letters,* Oxford 1992, S. 47.
64 Chesterfield, *Briefe an seinen Sohn,* S. 89 (1.7.1748).
65 Ebenda, S. 130f. (20.12.1748)
66 Ebenda, S. 54 (9.10.1747).
67 Ebenda, S. 116 (19.10.1748).
68 Ebenda, S. 59 (16.10.1747).

## Kapitel 7

1 Anderthalb Jahrhunderte später wurde eine der aufstrebenden Universitätsstädte des Westens nach Bischof Berkeley benannt.

2 Thomas Jefferson, »A Summary View of the Rights of British America,« 1774.
3 Perry Miller, *The New England Mind,* Cambridge, Mass.,1982, S. 46.
4 Ebenda, S. 304.
5 Ebenda, S. 302.
6 Andrew Delbanco, *The Death of Satan,* New York 1995, S. 50.
7 Ebenda, S. 33.
8 Miller, S. 42.
9 Andrew Delbanco, *The Puritan Ordeal,* Cambridge, Mass., 1989, S. 66.
10 Ebenda, S. 67.
11 Stephen Spender, *Love-Hate Relations,* New York 1974, S. 39.
12 George Washington, *Rules of Civility,* hg. u. komm. v. Richard Bookhiser, New York 1997, S. 32.
13 Alle Zitate der einzelnen Regeln stammen aus den *Rules of Civility.*
14 Catherine Drinker Bowen, *Miracle at Philadelphia,* S. 195.
15 Ebenda, S. 194.
16 Bookhiser, *Rules of Civility,* S. 36.
17 Richard Bookhiser, *Founding Father,* New York 1996, S. 5.
18 Bookhiser, *Rules of Civility,* S. 46.
19 Benjamin Franklin, *Leben und Schriften,* Teil I, *Selbstbiographie,* übersetzt von A. Binzer, Kiel 1829, S. 102, das folgende Zitat S. 88.
20 Bowen, S. 17.
21 Max Weber, *Die protestantische Ethik und der Geist des Kapitalismus,* 1904/05, Hamburg $^{4}$1975, S. 43f. Vgl. Christopher Lasch, *Das Zeitalter des Narzißmus,* München 1980, S. 80.
22 Franklin, S. 103.
23 Ebenda, S. 15.
24 Ebenda, S. 113f.
25 Bowen, S. 45.
26 Alexander Hamilton, James Madison, John Jay, *Die Federalist Papers,* übers. und komm. von Barbara Zehnpfennig, Darmstadt 1993, Artikel 63, S. 379, u. ö.
27 Ebenda, Artikel 1, S. 55.
28 Ebenda, Artikel 71, S. 424, genauso das folgende.
29 Ebenda, Artikel 1, S. 55, das folgende Artikel 71, S. 424.
30 Dies ist ein von David Riesman benutzter Ausdruck, auf den wir im nächsten Kapitel zurückkommen werden.
31 Ralph Waldo Emerson, *The Selected Writings of Ralph Waldo Emerson,* hg. v. Brooks Atkinson, New York 1992, S. 76. Vgl. die deutsche Auswahl von Susanne Schaup: Ralph Waldo Emerson, *Spanne deinen Wagen an die Sterne,* Freiburg i.Br. 1980, in der leider nur ein Teil der hier zitierten Texte zu finden ist.
32 Emerson, *The Selected Writings,* »The Over-Soul«, S. 250.
33 Ebenda.

34 Ebenda, S. 21.
35 Ebenda, S. 15f.
36 Ebenda, »The American Scholar«, S. 65.
37 Ebenda, »Friendship«, S. 210f.
38 Ebenda, »New England Reformers«, S. 415.
39 Ebenda.
40 Ebenda, »Manners«, S. 358.
41 Robert D. Richardson, Jr., *Emerson: The Mind on Fire,* Berkeley 1995, S. 527f.
42 Richardson, S. 528.
43 Alexis de Tocqueville, *Über die Demokratie in Amerika,* Teil I, Stuttgart 1959, »Die Gesellschaftsordnung der Angloamerikaner«, S. 59
44 Bowen, S. 46.
45 Spender, S. 58.
46 Tocqueville, Teil 1, S. 62.
47 Tocqueville, *Über die Demokratie in Amerika,* Teil II, Stuttgart 1962, »Über den Individualismus in den demokratischen Ländern«, S. 114.
48 Ebenda.
49 Ebenda, Teil I, »Über die Bundesverfassung«, S. 225.
50 Ebenda, Teil I, »Über die Allmacht der Mehrheit in den Vereinigten Staaten und über ihre Wirkungen«, S. 295f.
51 Ebenda, Teil II, »Weshalb die nationale Eitelkeit der Amerikaner unruhiger und streitbarer ist als die der Engländer«, S. 244.
52 Ebenda, Teil I, »Über die Allmacht der Mehrheit in den Vereinigten Staaten und über ihre Wirkungen«, S. 298.
53 Ebenda, Teil I, S. 297.
54 Ebenda, Teil I, S. 299.
55 Ebenda, Teil I, S. 285f.
56 Ebenda, Teil I, S. 294.
57 Ebenda, Teil II, »Weshalb die nationale Eitelkeit der Amerikaner unruhiger und streitbarer ist als die der Engländer«, S. 245.
58 Ebenda, Teil II, »Wie die Amerikaner die Gleichheit von Mann und Frau auffassen«, S. 233.
59 Ebenda, Teil II, S. 232.
60 Ebenda, Teil II, »Weshalb die Amerikaner inmitten ihres Wohlstandes so ruhelos sind«, S. 153.
61 Karen Halttunen, *Confidence Men and Painted Women: A Study of Middle-Class Culture in America, 1830–1870,* New Haven and London, 1982, S. 192.
62 Ebenda, S. 6.
63 Ebenda, S. 30.
64 Ebenda, S. 34.
65 Ebenda, S. 52.
66 Ebenda, S. 94.

67 Steven Starker, *Oracle at the Supermarket: The American Preoccupation with Self-Help Books,* New Brunswick, N.J., 1989, S. 19f.
68 Richard M Huber, *The American Idea of Success,* New York 1971.
69 Halttunen, S. 199–202.
70 Ebenda, S. 205.

## Kapitel 8

1 Gail Thain Parker, »How to Win Friends and Influence People: Dale Carnegie and the Problem of Sincerity«, *American Quarterly* 29, Nr. 5 (Winter 1977), S. 506.
2 Christopher Lasch, *Das Zeitalter des Narzißmus,* München 1980, S. 83.
3 Parker, S. 507f.
4 Timothy B. Spears, »›All Things to All Men:‹ The Commercial Traveler and the Rise of Modern Salesmanship«, *American Quarterly* 45, Nr. 4 (Dezember 1993), S. 527.
5 Richard M. Huber, *The American Idea of Success,* New York 1971, S. 233.
6 Richard Conniff, »The So-So Salesman, Who Told Millions How to Make It Big«, *Smithsonian* 118 (Oktober 1987).
7 Steven Starker, *Oracle at the Supermarket: The American Preoccupation with Self-Help Books,* New Brunswick, N.J., 1989, S. 63ff.
8 Dale Carnegie, *Wie man Freunde gewinnt. Die Kunst, beliebt und einflußreich zu werden,* München 1981, S. 29f.
9 Ebenda, S. 30.
10 Ebenda, S. 31.
11 Ebenda. Er gab ebenfalls zu bedenken, »daß in neunundneunzig von hundert Fällen kein Mensch sich jemals selbst beschuldigt, mag er auch noch so sehr im Unrecht sein«. Eine andere Möglichkeit, seine Philosophie zu betrachten, besteht einfach darin, seine Gleichung umzukehren und das Positive, die Schmeichelei, für das Negative, die Kritik, einzusetzen. Sie würde dann etwa wie folgt lauten: »Schmeichelei ist nützlich, weil sie den Menschen zufriedenstellt und ihn gewöhnlich völlig entwaffnet. Schmeichelei ist sicher, weil sie den kostbaren Stolz des Menschen bewahrt, das Gefühl seiner Wichtigkeit erhöht und seine Sympathien weckt.« Und genau dazu rät er im Grunde.
12 Ebenda, S. 84.
13 Ebenda, S. 126.
14 Ebenda, S. 95.
15 Ebenda, S. 14. Vgl. Huber, S. 26.
16 Carnegie, *Wie man Freunde gewinnt,* S. 20.
17 Ebenda, S. 23.
18 Um diese Fähigkeit zu erlernen, bietet Carnegie sogar Tips an. An das Ende von Kapitel 1 hat er einen Abschnitt mit dem Titel »Neun Ratschläge, wie Sie das meiste aus diesem Buch herausholen können« an-

gehängt. Darunter finden sich die folgenden: Nr. 2: » Lesen Sie jedes Kapitel zweimal, ehe Sie das nächste in Angriff nehmen«, Nr. 5: »Nehmen Sie das Buch jeden Monat wieder neu zur Hand«, und Nr. 7: »Machen Sie sich einen Sport daraus, die Regeln zu lernen, indem Sie jemandem aus der Familie oder einem Freund jedesmal ein Geldstück bezahlen, wenn er Sie dabei ertappt, daß Sie einen der Grundsätze verletzen.« Das ist Behaviorismus nach Carnegie-Art.

19 Carnegie, *Wie man Freunde gewinnt,* S. 40.
20 Ebenda, S. 45
21 Donald Meyer, *The Positive Thinkers: Religion as Pop Psychology, from Mary Baker Eddy to Oral Roberts,* New York 1980, S. 182.
22 Carnegie, *Wie man Freunde gewinnt,* S. 51.
23 Ebenda, S. 55.
24 Ebenda, S. 56.
25 Ebenda, S. 61.
26 Ebenda, S. 271.
27 Ebenda, S. 56.
28 Ebenda, S. 133f.
29 Ebenda, S. 91.
30 Ebenda, S. 108.
31 Ebenda, S. 115.
32 Ebenda, S. 97.
33 Ebenda, S. 101f.
34 Lasch, S. 77.
35 Huber, S. 177.
36 Ebenda, S. 194.
37 David Riesman, Reuel Denney, Nathan Glazer, *Die einsame Masse,* Hamburg 1958, S. 162.
38 Huber, S. 317.
39 Dale Carnegie, *Sorge dich nicht – lebe! Die Kunst, zu einem von Ängsten und Aufregungen befreiten Leben zu finden,* Bern/München 1984, S. 204.
40 Carnegie, *Wie man Freunde gewinnt,* S. 83f.

## Kapitel 9

1 Goffmans Arbeitsfeld in der Soziologie wird oft als »symbolischer Interaktionismus« bezeichnet.
2 Erving Goffman, *Wir alle spielen Theater. Die Selbstdarstellung im Alltag,* München 1969, S. 13.
3 Gespräch des Autors mit Randal Gordon.
4 Goffman, S. 230.
5 Edward E. Jones, *Interpersonal Perception,* New York 1990, S. XII.
6 Edward E. Jones, *Ingratiation: A Social Psychological Analysis,* New York 1964.

7 Im Vorwort seines bahnbrechenden Werkes *Ingratiation* sagt er, daß Wissenschaftler, die sich mit Homosexualität, Drogenabhängigkeit oder Schizophrenie beschäftigen, selten gefragt werden, wie sie auf ihr Studiengebiet kamen. Wenn man aber die Schmeichelei zum Forschungsfeld wählt, will jeder wissen, ob man nicht vielleicht selbst ein kleiner Arschkriecher sei. Jones ist der Ansicht, daß es doch eigentlich Legitimation genug ist, sich mit etwas zu beschäftigen, das sich in unserer Gesellschaft als allgegenwärtig erweist und das wir alle wissentlich oder unwissentlich jeden Tag einsetzen.
8 Jones, *Interpersonal Perception,* S. 193.
9 Jones, *Ingratiation,* S. 3.
10 Ebenda, S. 5.
11 Jones, *Interpersonal Perception,* S. 177.
12 Jones, *Ingratiation,* S. 5.
13 Ebenda, S. 7.
14 Ebenda, S. 26.
15 Jones, *Interpersonal Perception,* S. 178.
16 Jones, *Ingratiation,* S. vi.
17 Edward E. Jones und Camille Wortman, *Ingratiation: An Attributional Approach,* Morristown, N.J., 1973, S. 2. Dabei muß man im Auge behalten, daß alle Studien von Jones, und quasi alle anderen, die bei ihm angeführt werden, College-Studenten als Testpersonen haben. Soziologen sind Akademiker, und sie experimentieren auf eigene Kosten. Es sind keine Situationen, die im echten Leben angesiedelt sind, aber der ganze Sinn solcher sozialwissenschaftlicher Untersuchungen ist, daß die Ergebnisse auf jeden anderen übertragbar sind, daß sie tief verwurzelte und intrinsische menschliche Reaktionen testen. Dennoch ist festzuhalten, daß, wie der Soziologe Marvin Bressler betont hat, »das meiste, was wir über Sozialpsychologie wissen, Testergebnisse aus dem relativ geschlossenen Teilnehmerkreis von College-Studenten sind«.
18 Jones, *Ingratiation,* S. 27.
19 Jones und Wortman, S. 5.
20 Jones, *Ingratiation,* S. 378.
21 Ebenda, S. 30.
22 Jones und Wortman, S. 12.
23 Ebenda, S. 29.
24 Jones, *Ingratiation,* S. 41.
25 Ebenda, S. 44.
26 Jones und Wortman, S. 20.
27 Jones, *Ingratiation,* S. 121.
28 Ebenda, S. 93.
29 Ebenda, S. 123.
30 In *Ingratiation* führt Jones eine Studie an, die er unter Studienanfängern und Studenten höherer Semester des Naval ROTC Programms

der Duke University durchführte. Man sagte den Teilnehmern, daß die Kriegsmarine das Führungspotential untersuche und herausfinden wolle, ob kompatible, miteinander harmonierende Gruppen eine bessere Umgebung für das Erkennen des Führungspotentials bildeten als inkompatible Gruppen. Sie wurden in Paaren getestet, jeweils ein Student mit hohem Status, der schon länger studierte, und einer mit niedrigem Status, der Studienanfänger. Sie sollten Informationen untereinander austauschen. Einer Gruppe sagte man, es sei für sie wichtig, miteinander zu harmonieren. Einer Gruppe sagte man, es sei wichtig, genau zu sein. Die Duos in den Kompatibilitäts-Gruppen stimmten stärker miteinander überein als die Menschen in den Duos, bei denen es auf Exaktheit der Informationen ankam. Die Teilnehmer mit hohem Status paßten sich eher bei unwesentlichen Themen an, die für den Statusunterschied nicht relevant waren; sie versuchten ihre Zugänglichkeit zu zeigen und dabei ihre Macht aufrechtzuerhalten. Die Teilnehmer mit niedrigerem Status paßten sich eher bei Themen an, die relevant für Statusunterschiede sind, als bei dafür unwesentlichen Themen. Testpersonen mit hohem Status reagierten bei wichtigen Dingen bescheidener, während jene mit niedrigem Status bescheidener im Hinblick auf die anderen Themen wurden; sie wollten nicht vermessen wirken, indem sie bei wichtigen Dingen bescheiden waren, wollten aber ebensowenig den Kollegen mit hohem Status herausfordern. Die Studie zeigte, daß die Individuen mit niedrigem Status ihren Kollegen mit hohem Status schmeichelten, daß diese Schmeichelei den Testpersonen mit hohem Status jedoch verdächtig vorkam.

31 Jones, *Interpersonal Perception*, S. 181.
32 Jones und Wortman, S. 28.
33 Jones, *Ingratiation*, S. 166.
34 Jones und Wortman, S. 49.
35 Randall Gordon, »Impact of Ingratiation on Judgments and Evaluations: A Meta-Analytical Investigation«, *Journal of Personality and Social Psychology* 71, Nr. 1(1996), S. 54–70.
36 Jones und Wortman, S. 51.
37 Ebenda.

## Kapitel 10

1 Robert B. Cialdini, *Die Psychologie des Überzeugens*, Bern / Göttingen / Toronto / Seattle 1997, S. 203.
2 Beide Beispiele aus: Lawrence K. Grossman, »TV-News: The Great Celebrity Chase«, *Columbia Journalism Review*, Juli-August 1988.
3 Hadley Davis, *Development Girl: The Hollywood Virgin's Guide to Making It in the Movie Business*, New York 1999, S. 67f., 88.
4 *Late Night with David Letterman*, CBS, 13. November 1997.
5 Don DeLillo, *Unterwelt*, Köln 1998, S. 64.

# Personen-und Werkregister

Werktitel (Bücher, Zeitschriften, Filme, TV-Serien) sind kursiv gesetzt.